現代日本人の中国像

日中国交正常化から天安門事件・天皇訪中まで

馬場公彦

Baba Kimihiko

新曜社

本書を読まれる方へ

本書は前著『戦後日本人の中国像――日本敗戦から文化大革命・日中復交まで』（二〇一〇年、新曜社）の続編である。前著が一九四五年の敗戦から日中復交がなされた一九七二年までの二七年間を扱ったのに対し、本書は翌一九七三年より天皇訪中の九二年末までの二〇年を扱う。より現在に近い時期を扱うので、タイトルを「戦後日本人」から「現代日本人」に改めた。取り上げる素材、分析方法、叙述の仕方などは前著をおおむね踏襲している。

とはいえ、本書で抽出した「中国像」は、前著のそれとはかなり様相を異にしている。この差異は、何よりも前著の二七年間が日中断交時期であった（いっぽう台湾の中華民国政府とは国交があった）のに対して、本書は国交がなされた（いっぽう台湾の中華民国政府とは断交した）後の時期であるという違いによるものである。人・物資・情報が直接往来可能な二国間関係と、それが不可能であるか極めて制限されている二国間関係とでは、交流のあり方が根本的に異なり、他者認識のありようも大きく異なってくる。

ようやく両国間に直接交流の道が開け、書物や想像のなかでしか知らなかった相手の顔を見つめあうようになってから、今までわずかに四〇年を閲したに過ぎない。両国には悠久の交流の歴史があり、長年にわたり培ってきた文化的紐帯が両国の友好の基礎にあると言い慣わされてきた。だが、瞳に映った相手の姿は同質性よりは異質性の方が目につき、最近では誤解が理解を、嫌悪感が親近感を上回りつつある。毒ギョーザ一つで交流が滞り、両国関係が凍りつくほどである。二〇一〇年からの尖閣諸島（釣魚島《ちょうぎょとう》）問題以降は、両国関係は悪化の一途をたどり、軍事的エスカレーションを招いて、沈静化の兆しがなかなか見えない。両国の紐帯は意外にも脆弱であり、復元力はさほど強くない。両国はまだ稚気に満ちた子ども同士のつきあいさながらだ。良識ある大人のマナーを身につけるには、交流の量的拡大と時間の蓄積と質的深化が足りないのだろう。

もし国交正常化以降の百年の日中関係史が将来書かれるとしたら、本書で扱った二〇年は、「旧約聖書・創世記」のような神話時代に相当するのかもしれない。以後の二〇年のうちに中国はとてつもなく強大化し、その巨像の成長過程を建国以後の六〇年の歴史へと遡及してみても、把捉することは不可能である。今になってみると、筆者には胡耀邦という人物がとても愛おしい。中国人に敬愛された彼を、日本人はなぜもっと理解しようとしなかったのか、彼の命運がそうであったように、か弱く傷つきやすい日中関係の雛を、巣立ちの日までなぜもっと大事に育くんでこなかったのか。彼のことを想起するとき、胸は切なく痛む。

さらに前著で果たせなかったこととして、本書では戦後日本人の台湾に対する認識、モンゴルに対する認識についても専論した。これは日本人の中国像を、比較のなかで相対化させることで際立たせてみたいという意図によるものである。

草創期の日中関係には、今からは想像を絶するような蜜月時代があり、大平正芳・中曾根康弘、かたや鄧小平・胡耀邦と、良好な両国関係の樹立に尽力したトップリーダーがいた。その間に継起した出来事を日本人はどう認識し、歴史に刻んできたのか。新しい日中関係の嚆矢となる創世の歴史を、記録としてとどめておきたいという意図が、本書にはある。

現代日本人の中国像　目次

証言編

装幀――難波園子

言説分析編

序章　日本人の中国像の変遷——戦前、戦後、そして現代へ

一　日本人の中国像の解明——「市民外交」「国民世論」という視点から

市民外交研究の必要

日本現代史において、ここ二〇一〇年代に入ってから飛躍的に研究が進んだテーマが二つある。沖縄返還に関わる日米「密約」と、日中国交正常化交渉の研究である。いずれも、四〇年ほど前の一九七二年に達成された、日本が敗戦によって生じた欠損状態を回復し、真の独立を実現するための「民族」の生存欲求に基づく悲願であった。密約研究の盛り上がりの背景には、二〇〇九年の民主党への政権交代と、翌年の普天間基地移設問題の再燃があった。

日中国交正常化は、外務官僚・首相官邸など、首脳レベルが主役の対中外交交渉の成果であった。それまでの断交期では国際共産主義運動や「友好人士」・民間人による交流活動が両国関係を支えていた。そこで、復交に至る日中関係史を回顧するには中国側のいう「人民外交」(「民間外交」)の視点からも考察しなければならない。

これまでの日中関係史研究の大半は、国際関係論・外交史研究の方法を踏まえ、政府間関係に着目し、対中・対日政策決定過程の解明に費やされてきた。そこでは、両国関係を規定するアクターとして、外交の正式ルートに属する政治家・財界人に主要な関心が払われ、副次的に両国の民間貿易機関・友好商社・政財界人など日中友

好関係を維持・発展しようとする非正式接触者の役割が注目されてきた。(1)

というのは、日中関係が正式接触者による首脳間外交（「官官外交」）のパイプでほぼ覆い尽くせるのは、国交正常化後から一九八〇年代末までの間に挟まれた、せいぜい二〇年弱に過ぎない。それ以前は国交が断絶し、首脳間外交は成立し得ず、「民間大使」西園寺公一《きんかず》やLT・MT貿易当事者など、非正式接触者が首脳外交の代替的機能を果たしていた。(2) いっぽう、九〇年代以降は外交のアクターは両国首脳にとどまらず、財界有志・地方行政担当者・国際NPOなど多元化し、外交のイッシューも単なる国益という観点だけでなく、よりいっそう国民の関心や感情に顧慮せざるを得ないかたちで立てられている。北京五輪開催前年の二〇〇七年のチベット問題や、二〇一〇年の尖閣諸島沖での漁船追突事故を契機とする領土領有権をめぐる対立を想起するまでもなく、いまや日中問題の主役は国民であり、世論や国民感情が関係をこじらせている。日本人がいかなる中国認識に基づき、いかなる中国論を公表してきたのか、その結果いかなる中国観や中国像が醸成されてきたかについての研究は、急務の課題である。

しかしながら、学術活動を通した調査研究、マスメディアを通して流布される知識人の公論、国民意識などの分野は検討の対象にされてきていない。国交正常化交渉を淵源とする歴史認識問題は、湾岸戦争以降、日本の軍事的国際貢献論議のなかで、また一九九五年の沖縄米兵による少女暴行事件以降、日米同盟の漂流状態が顕著になるなかで、新たな局面を見せている。日中の国民感情を制御してきた「日中友好」の精神と、首脳間の正常化交渉の経験則は、その効力が減退してきた。

また、両国関係を規定する上で大きなウェイトを占める国力についていえば、政治的経済的にみて両国の関係がほぼ拮抗しているのは、今世紀にいたってはじめて現出したことであって、近代以降は言うに及ばず、中華人民共和国建国後に限ってみても、中国に比べて日本の国力は圧倒的で、非対称的であった。交流の形態においては、日中間の人・物資・情報の流れは限定的で、中国情報はごくわずかしか日本に伝えられなかったし、訪日中国人の数は、訪中日本人に比べてはるかに少なく、日本から中国へのほぼ一方通行の状態であって、対等な相互交流とは言いえず、非対称的だった。

にもかかわらず、従来の日中関係史においては日中間の対称性と双方向性が暗黙の前提とされてきたかのように見えるのは、日中関係が旧来の古典外交的な観念に依拠した両国の外交当局者同士の交流という前提に立っていたからであって、そこには民間あるいは国民という要素が排除されるか、副次的な位置に置かれてきたことに由来するものと思われる。両国関係における国民という要素は、せいぜい国民意識というレベルで、それも国交正常化以後、世論調査によるデータを通して、大雑把な共通質問項目に対する回答の数量的変化という形で、その経年変化がたどられてきたにすぎなかった。

そこで、日本人の中国に対する、中国人の日本に対する相互認識というレベルで、両国関係の実態を把握するためには、単に公式関係だけではなく、「マルチトラック外交」(3)の視点から、日中関係のアクターを両国首脳・外交当局だけでなく、民間・市民へと多元的に拡大し、両国関係を規定する非国家的要因をも考慮した、「市民外交」という視点に立たなければならない。具体的なアクターとして、ジャーナリスト、公論を発表する公共知識人、国際統一戦線に基づく両国共産党を中心とする社会主義者、日中友好運動の関係者、学生運動や社会運動の活動家、などをも考察の対象にする必要がある。両国関係の形成の要因として、単に両国首脳間の対外政策決定過程だけでなく、相互認識をめぐる知識人の公論形成から「国民世論」の形成へと広げていかなければならない。従来は民間勢力が外交に介入することは「外交の一元化」を妨げるとみなされ敬遠される傾向にあったが、今は官邸だけでなく、NPO・地方自治体・財界など、市民が外交の主役として積極的に評価されている。

例えば従来の日中関係史の記述においては、文革期の一〇年間は、外交関係がほとんど途絶していたことから、ほとんど空白の時期とされ、日中関係史研究においてもまた研究蓄積はほぼ皆無の状態である。しかしながら、文革期は、少なくとも日本国内に限ってみたとき、実に多くの知識人や運動家たちが中国論を展開し、論壇を賑わせており、メディアで公表された中国関連の報道・論評は、物量的にも、中国論者の広がりという点からも、それまでをはるかに凌いでいたという厳然たる事実がある。(4)

前著の方法論と得られた知見――対中認識経路を通した中国像

そこで筆者は日本人の中国認識に焦点を絞り、戦後から日中国交回復までの国交断絶期二七年間において、日本国民の中国に関する世論形成において重要な領導作用を果たしてきた公共知識人たちの中国論に着目した。その中国論が公論として日本社会に流通し、日本人の間にいかなる中国像が醸成されていったのかについて、経年的にトレースしようとして研究した成果が、前著『戦後日本人の中国像――日本敗戦から文化大革命・日中復交まで』(新曜社、二〇一〇年)である(以下、本書では「前著」と称する)。前著では、一九四五年の敗戦から七二年の日中国交正常化にいたる二七年間の国交断絶期における戦後日本の公共知識人たちの中国論を時系列的にたどった。その二七年間に発行された総計二四種の総合雑誌に掲載された中国関連記事二五五四本を収集し、それらの記事についての定量的および定性的な言説分析を行ない、中国論の内実の経年変化を追った。

これまで戦後日本の精神史を叙述する際には、国際的契機としては第二次大戦でアメリカと対戦して敗戦し、アメリカ軍を主体とするGHQ/SCAPによる占領を蒙ったことから、アメリカ要因を強調しすぎる傾向があった。戦後日本における中国要因については、中国研究者が日本・日本人という要素を極力離れて、中国という対象を純粋に客観化しようとしてきたために、これまであまり顧慮されてこなかった。そこで、戦後日本の精神史をたどるうえで、そこに公論における中国論義をクロスさせることによって、中国で同時代に生起している事象に対する日本人の関心や対中認識のありようが思想界・言論界に及ぼした知的達成の輪郭とその歴年変化をたどってみようというのが、著者の研究のもう一つの動機であった。戦後日本人の対中認識の系譜を、社会思想・社会運動・隣接諸学理との影響関係に留意しながら、戦後日本の思想史・精神史の文脈上に再定置し、戦後史における中国要因を顕在化させてみたいと思い立ったのである。

前著をまとめるにあたって取り入れた方法論をここで改めて確認しておきたい。「日本人の中国像」というとき、それは同時代の日本人によって観察された中国に関する何らかのイメージが集積し定着したものであると、ひとまずは言い換えることができよう。ただの中国イメージは現実中国の総体そのままではなく、観察者の関心に応じて切り取られた想像空間のなかの仮想現実である。脳科学的にいうならば、この中国像は、さまざまな中国事象を感覚器官が受容したさいの解読のコードとなり、コードを通して解釈された中国情報に感情をともなった意味が付与され、中国認識となる。(5) このコードを「認識経路」と称する。この認識経路を明らかにし、その変遷をたどれば、日本人の中国像の歴史的形成過程が明らかになるということである。認識経路は複線かつ流動的なもので、多彩な相手イメージを形成していく。日本人の視線によって切り取られた中国像の輪郭をなぞることで、日本人の中国に対する関心のありかが類推されてくる。逆にいえば、日本人の視界に映らない現実中国の諸側面もあり、日本人の視界に入らなかったからといって、そのような中国の現実が存在しなかったわけではない。そこで、この場合の視界を「関心圏」と言い換えることができる。

中国に対する透視図はいかにして形成されるのか、雑誌メディアで流通する中国情報・中国論のありようを踏まえて、改めて中国像の形成の実態を考えてみよう。中国の関連情報は、日本人の関心や国益観念に基づいて、ジャーナリスト・調査員・研究者などによって調査され収集され、各種メディアを通して流される。この発信側と受容側の間に中国関連の「情報圏」が成立していることが条件となって、そこに受け手の「関心圏」が重なる部分集合が、中国像の醸成される磁場となる。

送られた中国情報は中国論者の意図によって特徴づけられた「認識経路」を通して論題に置き換わる。意図とは国益観念から設定されたいくつかの利害関心や政策目的を指す。具体的には、民族の独立を達成すること、経済の相互依存・互恵関係を安定的に維持・発展させること、侵略の物質的・道義的責任を果たし戦後処理を済ませ講和を実現すること、日米同盟を堅持し反共主義を貫くこと、などである。つまり、「情報圏」成立の前提として、情報の受容者にとっての「知りたい」という関心があることと、情報の送り手にとっての「知らせたい」という世論喚起への衝動ないしは職能意識があることである。さらに、その衝動の基底には輿論の力で現状を打破し変革しようと企てる投企的心理がある。

「認識経路」は、時期ごとにいくつかの類型を析出できるが、[6] 日本人の中国論の場合、学知的系譜から見た類型を大別すると、学理研究（古典中国学）系と現状分析（地域研究）系の二種にまとめられる。[7] 中国論者の属性についても、論者の意図やメディア・フレームや国家の戦略によっていくつかの類型があり、どの属性が主流言説を担うかは、時期によって固定的ではなく、国際環境の変化や国内要因によって属性の数的優位の変動が見られ、論壇の担い手は、主流・傍流が入れ替わりつつ推移していく。[8]

書き手によって立てられた中国論の問い、すなわち論題は、中国論者によって公論の形でその主張がまとめられ、編集者の加工を介してメディアを通して読者・国民に伝達・流布される。公論が読者・国民にアピールするには、同時代の普遍言説に依拠して、その公論の正当性を主張しなければならない。普遍言説とは、その時代の主流を形成している思潮のことで、共産主義のインターナショナリズム、西側を結束させる反共主義、反戦平和論者の非同盟中立主義、戦前からのアジア主義の記憶、などがあった。

普遍言説に乗って、公論が国民感情との共鳴板を持つとき、支持層は飛躍的に拡大し、国民世論が形成される。主流意識を形成するためにはそれが国益に合致しているかどうかという表側の意図とともに、イデオロギーをめぐる国際的な情報戦の影響という裏側の意図も作用する。この時期の日本の場合、占領主体はアメリカであり、文化広報・援助物資・各種検閲（書籍・雑誌・放送・映画・郵便・電話など全般にわたる）などを通して強力な情報統制を行なった。国際共産主義運動の高まりにより、ソ連と中国の政治的・文化的影響力も大きな影響力をもった。

いっぽう、英国や台湾からの情報工作にはあまり顕著な影響を受けた形跡はない。とりわけ台湾の場合、第五章で専論するように、一九七二年の日台断交までは、日本国内で発行されていた二四種の雑誌のうち、台湾当局の流す情報をそのまま伝達するような雑誌はなかったし、台湾関連の記事もさほど多くは見られなかった。国府台湾とは正式の外交関係があったにもかかわらず、日台間の民間交流は日中間に比べて乏しく、日本人の台湾問題に関する関心も低く、台湾から日本への世論工作も不活発であった。

二　「旧中国」から「新中国」へ

辛亥革命の同時代認識――失敗した革命

前著は一九四五年の敗戦直後以降発行された総合雑誌を素材とし、敗戦以降の日本人の中国論を分析対象とした。そのさい、その直前までの戦時期における中国認識、ひいては近代以降の中国認識についてはは分析もしておらず言及もしていない。従って、前著の反省的自覚として、戦後日本人の中国論が、「戦前・戦中のそれまでの中国論とどう質的・量的に変化したのか、あるいはかなりの連続性が認められるのか、あるいは変化に歴史経路依存性はあるのか、ということについて、本書では十分な見通しが得られていない」と表明せざるをえなかった。(9)

前著刊行後、この残された課題について、関連資料の収集が困難であることと、先行研究に乏しいことから、本格的な研究はしていないが、若干の見通しをつける作業に着手し、成果の一端を論文に発表した。(10)そこで、叙述の順序は逆になるが、前著の前史として、近代以降から日本敗戦までの日本人の中国像の変遷を略述しておきたい。そこから敗戦後の日本人の中国像にどうつながるのか、粗い素描に過ぎず、前著第一章と若干重複するが、おおまかな道筋をつけておきたい。

今からちょうど百年前、一九一一年に辛亥革命が起こった。おりしも、日本では日清戦争・日露戦争勝利を経て大正に改元し、藩閥政治を打破し憲政擁護運動と民主主義の実現を目指す社会運動を推し進めつつあった。女性解放思想や社会主義思想など、新しい思想が花開き、国民に広く浸透し始める時期でもあった。

当時の日本人は、中国南方の「革命派」によって引き起こされた隣国の武力蜂起を「支那革命」「革命乱」などと称し、清朝打倒に衝撃を受け、立憲君主制を選び取った自国の明治維新の体験と引き比べながら、立憲共和制という政体を選択した彼らの革命を「共和革命」として認識した。

武力革命を経て、果たして強固で安定した統一権力は成立するのか、その権力は孫文を中心とする南方革命派が握るのか、袁世凱を核心とする北方派が握るのか。日本人は革命の推移を見守りながら、静観すべきか、関与すべきか、関与するならば北方派につくのか南方派につくのか、革命の推移を見守った。やがて孫文は袁世凱に総統を譲り、革命派は再蜂起に失敗し、陸続と日本に亡命し、袁世凱は帝制への復帰に傾いていく。かくして革命の前途に失望し、「革命は死産した」との見立てが強くなり、革命や共和は中国人の国民性や中国の伝統には根づかないという議論が優勢になっていった。(11)

日清戦争・日露戦争勝利で朝鮮を併合し、「満洲」の利権の一部を確保した日本は、西洋列強が第一次大戦により欧州戦線で疲弊し、中国における列強の勢力が弱まった隙に、それまでの領土保全・不干渉静観論から、領土分割・積極関与論へと転じ、「満洲」領有論(12)・東モンゴル進出論(13)・長江流域経済進出論(14)を展開していった。このような日本の対外的拡張政策と行動を支えたものは、日清戦争勝利以来の中国・中国人に対する軽侮の国民感情であり、琉球併合から日露戦争勝利にいたる過程での、琉球を版図に組み入れ、台湾を領有し、韓国を併合することで内国および海外植民地を拡大していった実績を踏まえての、満蒙の確保と中国本土への侵出の欲求であった。多くの日本人は、辛亥革命をそれまでの中国史における禅譲―放伐の伝統的革命類型に流し込んで理解しようとしたり、革命派の動きを各王朝末期の民衆反乱との類似性で理解しようとしたりするなど、中国史における連続性の枠組みで捉えようとする傾向が顕著であった。その結果、革命のダイナミズムを民族性本質還元論として理解し、中国人の国民性を「宗族主義的な個人主義」「打算的な経済主義」といったステレオタイプで捉えたうえで、結局「支那は変わらない」という印象を導き出すこととなった。(15)

そのなかで、辛亥革命における、それまでの王朝交替との非連続性・画期性に着目し、近代へと架橋する「思想上のレヴォリユーション」が生起したととらえたのが、歴史学者の白鳥庫吉《くらきち》であった。白鳥は今回の革命の真因は「急激なる改革の新思想と、在来の旧思想との軋轢に外ならぬ」のであり、目下の混沌・紛擾は、いずれ「或種の中央集権を有する一国となつて、世界列強の間に立ち行くの資格を有する」にいたる「フアースト、ステツプ」であると言った。(16)当時は早稲田大学の総長で、後に首相として対華二十一カ条要求を突き付けた大隈重信もまた、当初は従来の伝統的革命観の延長線上に辛亥革命を捉えることをせず、「曾て無い所の欧羅巴の文明思想が支那に刺撃を与へた、これが支那人を駆て国家の政治組織を改造するの必要を感ぜしめたのである」と述べていた。(17)

国民革命の同時代認識――見失われた「抗戦建国」の現実

一九二六年、中国国民党と中国共産党の合作の下、国民革命軍の北伐によって軍閥混戦の状況を脱して、翌年、統一政権として南京国民政府が樹立された。この間、近代国民国家の建設を目指して「国民革命」が進められた。その後、国共分裂、関東軍による「満洲」略取、「満洲」事変による「満洲国」建国、一九三六年の西安事変を契機として「一致抗日」へと転換した第二次国共合作、盧溝橋事件により勃発した日中戦争などをへて、国民党は全面的な「抗戦建国」を綱領に掲げた。ヨーロッパで世界大戦が勃発し、日本軍の真珠湾奇襲による太平洋戦争が勃発すると、中国は連合国の一員として抗日戦争を世界戦争のなかの反ファシズム戦争の一部と位置づけた。

その間、国民党は「訓政」から「憲政」へと移行していく国家建設の道筋を提示し、新生活運動などの革命運動を実践した。共産党は辺境に根拠地を建設し土地革命を行なうことにより、農村が都市を包囲する武装革命を提起した。国共双方で革命のモデルは異なってはいたが、抗日戦争を戦いながら、諸政府の乱立状態や日本の傀儡政権ではなく、近代的統一国家の建設と国民経済の発展を目指すナショナリズム運動が全土で展開された。(18)

いっぽう日本が中国に対して行なったことは、満洲事変から日中戦争への戦線拡大は、中国本土から「満蒙」を分離し、次に華北を分離するという領土の分割ないしは併呑が実態であったが、「唇歯輔車」「日支提携」「日華親善」「東亜共同体」「東亜新秩序」といった美名のもとに侵略の現実は糊塗された。多くの日本人が伝統的に抱いてきた中国に対する文化的親近感が強調されたが、実際は近代化が遅れ国力が貧弱であることは中国人の国民性に由来するものだという侮蔑感を露わにしていた。だが、戦争は長期化し、中国側の抵抗には強固な戦略的組織性が示されていた。当時の日本人の多くは、中国側の抗戦力の実態を見誤り、戦争とともに革命が進行していたという現実をほとんど認識することはなかった。

当時発行されていた総合雑誌や中国専門雑誌において発表された、公共知識人による中国論を通しての中国認識のあり方に目を向けると、大陸帝国としての日本の国際的地位を所与のものとし、「支那は国家に非ず」という前提に立って、侵略と傀儡政権樹立による植民地化を正当化するのが支配的主流言説であった。そのいっぽうで、一九三六年から盧溝橋事件にかけて、中西功・戸坂潤・尾崎秀実《ほつみ》・鈴江言一《げんいち》・尾崎庄太郎・大上末広らマルキストや、矢内原忠雄のようなリベラリストを中心として、中国の民族的・近代国家的統一や民族資本による経済建設を展望した「支那統一化論争」や、中国に対する現状認識を改め、大陸政策を見直すことを進言する「支那再認識論」を提示する言説もあった。(19)

また、ジャーナリストで中国研究者でもある橘樸《たちばなしらき》のように、中国の農民やギルドや郷紳層などの在地社会の基層組織が、地域社会の自治を通して下からの連帯と協同によって近代国家を形成していく「国民革命」の動態分析を行なう者もいた。(20)国策会社満鉄の調査部によって一九三九年に行なわれた「支那抗戦力調査」では、中国の民族主義の力量を正当に評価し日本軍の撤退を予測していたが、東条首相によって握りつぶされ公表されなかった。

日本敗戦と中国建国――伝統中国から革新中国へ

一九四五年の日本の敗戦は、同時代中国に対する誤った認識に気づかせる契機でもあった。武装解除された軍部が軍国主義の元凶とされたことは言うまでもないが、中国社会の停滞性を強調し伝統的中国観を脱しないシノロジスト（「支那学者」）、中国の後進性や中国人の侮蔑的イメージを流し続けた「支那通」、さらには土地改革や中国共産党の支配区について十分な現地調査をしていない社会科学者までもが、民族意識や抗日意識の高まりを見逃していたばかりか、「日支親善」の欺瞞的な幻想を振り撒き、侮蔑的イメージを増幅させたとし、批判の対象となった。そのシノロジストのなかにも、従来の「漢学」的・「支那」学的な中国観を反省し、中国革命の歴史的画期性に注目し、新たな研究の視角と認識枠組みの構築を訴える人びとがいた。

彼らに代わって同時代中国の現状と前途を活き活きと伝える新たな情報源として注目されたのが、第一に延安を中心として中国共産党の支配区から復員した元捕虜兵士たちであった。彼らは中国共産党や八路軍の活動にじかに接していたため、その情報価値は高く、抗日戦争と中国革命の正当性を主張した。彼らのほか、上海の東亜同文書院や東北の満鉄調査部などに所属した日本人コミュニストたちも、中国から帰還後、積極的に中国関連記事を掲載した。戦後直後に現代中国を研究し教育する機関や大学での講座が皆無となり、研究の空白が生じたさい、戦時中のアジア調査・研究機関に所属していたり、社会主義運動に関わった日本共産党員の中国研究者などを一堂に集め、一九四六年一月に民間研究所である中国研究所が設立された。一九四五―五〇年の間に発表された中国関連記事のうち、ほぼ三分の一はこの中国研究所所員によって書かれたものであった(21)。

第二に注目された新たな情報源は、中国での取材活動が可能であった、欧米の親中派ジャーナリスト・研究者や外国通信社の通信記事であった。主な書き手はエドガー・スノー、アグネス・スメドレー、アンナ・ルイズ・ストロング、ジャック・ベルデン、オーエン・ラティモアなどで、中国研究所所員の場合と同様に、四五―五〇年の期間に掲載された中国記事のうち、外国人の記事は三割弱を占めた。(22)

日中戦争において中国と直接関わった日本人の論者は、敗戦後、なぜ日本軍が圧倒的に軍事的劣勢にある中国に敗れたのか、日中戦争の敗因を自問し、中国に対する侮蔑に満ちた認識のありかたを反省した。また、中国侵略に対する加害責任を痛感し贖罪意識を抱いた。日本は、ポツダム宣言を受諾し武装放棄したことで、日本人は中国軍による報復の恐怖に晒された。しかし、終戦の放送の同日に流された蒋介石総統の武力報復を企図せずとの声明に接したことで、日本の中国論者は中国政府の寛大な措置に対して恩義を抱いた。(23)

むろん、贖罪と恩義は台湾の国民党政権に対しても共有するものであったが、敗戦直後の占領下においては、米軍の民間検閲局（ＣＣＤ）の検閲制度に従わざるをえなかった。プレス・コードにより、「大東亜戦争」を是認したり、極東軍事裁判（東京裁判）を批判したりする記事は掲載が許されず、右派の保守的な言説空間は極めて狭かった。(24)また非軍事化・民主化が至上課題とされた占領政策は、平和日本の象徴へと転化し「国民統合の象徴」となった天皇制とともに、戦後日本の再建の基礎となった。そのさい、脱植民地化は非軍事化と一体のものとみなされ、脱植民地化という固有のモメントを覆い隠してしまった。(25)このような背景から、日本が半世紀にわたって領有し、特異な歴史的経緯を有する台湾とその住民の存在は視界から遠ざかってしまった。実際に一九四五―五〇年の時期において、日本人自身による台湾関連の記事は皆無で、記事のほとんどすべてが台湾での現地取材が許された西側記者のものである。(26)

国共内戦においても、当初は国民党側の軍事的優勢が際立っていたが、左派偏重の中国認識枠組みは継続し、政権の正統性は共産党の側にあるという言説の方がはるかに優勢で、土地改革や労農階級の動向に注目が集まった。人民解放軍が攻勢に転じ、国民党政府の崩壊が確実視されると、トルーマン米政権は国民党に対する軍事援助を打ち切り、国共内戦不介入の政策決定を行なった。一九四九年八月、米国務省が発表した大部の『中国白書』は、国民政府の失敗を厳しく批判しており、刊行と同時に邦訳が出て、日本の論壇に衝撃を与え、国民党の腐敗・堕落・人民離反のマイナス・イメージによって共産党贔屓の傾向が増幅された。[27]

日本にとって、一九四九年一〇月一日の中華人民共和国の成立は、中国共産党が主体となって日本という帝国主義・ファシズム勢力を全土から駆逐し、土地改革によって労農階級を立ち上がらせ、アメリカの支援を受けた国民党軍に勝利し、新しい統一国家を樹立したと捉えられた。中国共産党は統一政権を担う正統な権力とされ、農民を主体とする「中国革命」と、清新な「新中国」のイメージが日本人のなかに醸成された。かくして、それまでの「旧中国」＝伝統中国とは明らかに一線を画す中国像が定着していった。

だが国際情勢は東西対立の様相を濃厚にし、アメリカが対ソ反共陣営の構築という極東戦略を明確にし始めるのに対して、中国はソ連からの物質的技術的援助への依存を深めていった。日本人は、占領を脱して国際社会への復帰を果たそうとするとき、西側との部分講和を通して反共陣営に加わるか、社会主義圏を含む全面講和かの政治的選択を迫られた。多くの中国論者は全面講和による平和共存を主張し、日本の「対米一辺倒」と再軍事化を批判したが、部分講和論者は中国の「対ソ一辺倒」と「革命輸出」による日本の共産主義化を警戒した。「清白中国」のイメージは揺らぎ始め、次第に「紅色中国」化していった。

三　本書のねらいと時期区分

本書の方法

本書のねらいは、前著の問題意識を引き継ぎ、一九七二年の中国交正常化以降の日中関係を、日本で発行された総合雑誌に公表された中国関連記事の動向に着目することで「市民外交」の視点から明らかにすることにある。

時期としては前著がカバーした七二年末を継いで、七三年から、八九年の天安門事件を経て、天皇訪中があった九二年末までの丸二〇年間を扱う。資料は前著同様、日本の総合雑誌に掲載された全一一誌、総計一六〇四篇の論文を分析の素材とする。

なぜこの二〇年間を調査上の時期区分としたのか。

第一に、日中二国関係においても、世界のなかの日中関係においても、この二〇年が一つの画期性を帯びた時期だからである。すなわち、一九七二年を契機として、日中が断交から復交の関係に入ったこと、同時に台湾とは断交状態に入ったこと、世界における冷戦崩壊の前後に、天安門事件という前著の文化大革命に匹敵するほどの世界を揺るがす大事件がおきたこと、事件の収束の象徴的儀式として天皇訪中があったこと、天皇訪中が契機となって、日中関係が、より平等互恵で未来志向の関係へと大きく開けていったこと、などである。

第二に、九〇年代以降、日中関係は不可逆的とも言いうる変化を見せるからである。いかなる変化であるかは、本論の後、終章で論じることとなるが、一言でいえば、中国の台頭と日本の停滞により、両者の総合国力（経済力・軍事力・国際的発言力・文化力など）が接近し二〇一〇年以降は拮抗し、両国関係がいよいよ非対称から対称的な関係に変貌してきたことにある。世代交代も進み、かつての戦争体験世代や、中国革命世代（中国革命を体験した中国人とそれに憧れた日本人）、日中友好を推進した世代がいなくなり、戦争を知らない世代、中国革命を体験しない世代、中国革命に幻想も憧れも抱いたことのない世代、日中友好の時代を知らない世代が、両国社会の人口構成のマジョリティとなり、日本における中国像、中国における自画像が大きく変容していったのである。

第三に、日本人の中国像を析出する前著および本書での作業方法は、九〇年代以降、その有効性がますます限定的になっていくからである。すなわち、情報発信力としても、国民世論の喚起力としても、日本の総合雑誌の機能は著しく減退し、それに代わってテレビのような映像メディア、ファクス、メール、インターネット、SN

Sなどのデジタルメディアが普及力と影響力をはるかに凌いでいくからである。従って、同じテーマで九〇年代以降の状況を探ろうとすれば、本書の方法論および素材を踏襲するわけにはいかない。

とはいえ、本書が前著のアプローチをただ踏襲すればいいわけではない。日中国交正常化という両国関係の根本的な変化は、日中の相互認識のありようを探求する上でも、二つの大きな構造的変化をもたらした。

第一に、相互交流の拡大と深化にともなう認識のありようの構造的変化である。国交回復以降、政府間交流だけでなく、とりわけ日中平和友好条約締結と改革開放政策採択を経ての八〇年代以降、両国民の直接交流が拡大したことで、日本の中国認識だけでなく、中国の日本認識についても、情報の公開と発信が進んだ。そのことで、一方通行の認識経路ではなく、双方向的な認識のありようについても素材が集まり、相互認識の解明に新たな局面が生まれたことである。ただし、本書では、中国の日本認識については資料的制約もあって充分には考察されておらず、断片的な叙述にとどまっている。

第二に、日中国交は日台断交であり、中国像にもう一つの認識対象が加わったことである。日台断交は政府間の公式外交関係の遮断を意味したが、民間外交・非公式外交はむしろ大いに活発化した。そのことで、それまでは戦後日本人の視野にはなかなか入ってこなかった台湾および台湾人の存在感が高まり、「二つの中国」が現実味を帯び、あるいは中国認識のオルタナティヴ経路あるいはサブ経路としての台湾認識経路が新たに加わっていったのである。この第二の視点については、第五章で専論する。

本書の構成

第一―四章では一九七三―九二年までの時期を四期に区分し、前著同様、時期ごとに中国論を担った論者の属性傾向に着目し、各時期に集中的に取り上げられた雑誌記事を論題ごとに分類し、論点、論調傾向、政策決定および世論形成への影響力などを分析する。

第一章は日中復交（一九七三年）から平和友好条約締結（一九七八年）までの時期を対象にする。国交は正常化したものの、中国は文革の末期であって、国内政情は不安定で、国外情勢もまたソ連との軍事的緊張が高まっており、民心は動揺しており、対外開放には踏み切っていなかった。脱文革の潮流のなかで、壁新聞や第一次天安門事件などを通して、中国の悩める庶民の声が伝わり始めた。いっぽう、日台断交による政府間関係の遮断とは裏腹に、台湾関連情報が誌面を賑わせはじめた。

第二章は中越戦争（一九七九年）から民主化運動が盛り上がり始める一九八七年までの時期を対象にする。中国は対外開放政策へと舵を切り、日中間の民間交流は活発になっていき、中国への親近感が増していった。だが、直接目にした中国社会は、それまでの革命中国像や改革中国像をいずれも裏切るような異質性の際立つものでもあった。党中央の権力闘争も激しく、日中関係にも歴史問題という形で暗い影を落とした。

第三・四章は一九八九年の天安門事件前後から、天皇訪中（一九九二年）までの時期を対象とする。天安門事件は、国内の知識人・学生が公正な民主化、先進的な西洋文明を摂取した近代化を主張し、国外ではソ連のペレストロイカが進行するなかで起こった、党中央の指令に基づいて人民解放軍が出動した民主化弾圧事件であった。第三章では、事件の背景と経過をたどり、日本での天安門事件論の特徴を分析する。事件後、西側諸国の経済制裁により国内経済は冷え込んだが、間もなく急速な回復を遂げる。鄧小平「南巡講話」は回復の原動力を示唆する象徴的イベントだった。第四章では、中国崩壊論や悲観論が大勢を占めるなかで、なぜ中国は経済回復ができたのか、暗転から好転への構図を探る。国内引締めを強めつつも、西側制裁解除により国際社会への復帰を求める中国は、打開の道を日本に求め、天皇訪中を要請する。日本の中国論は訪中反対が主流であったが、結果的に訪中は成功し、新たな日中関係の扉を開いたのだった。

第五章は、前著・本書を貫通して、戦後日本の台湾認識の変遷を追う。日本人にとっての台湾像は単に中国像のサブでも裏面でもない。特殊な歴史的経緯を抱え、日中関係と公式非公式の関係が入れ替わり、一つの中国、二つの中国のはざまで揺れ動き、しかも本省人を主体とする台湾人の住む台湾本土という面も持っている。その複雑さゆえに、単線的な台湾像を抽出することは不可能である。本章では、前著および本書の第四章まではいささか異なる方法論のもとに、日本人の台湾像の変遷を、さまざまな位相から編年的に跡づけることに挑んだ、試論的論文である。

終章では、日本の敗戦から今日までの日本人の対中認識のありようについて、前著と本書の総括を行なう。日本人の中国像という学術的課題を究明するにあたって設定した「中国認識経路」という作業仮説につき、「一〇のアスペクト論」を展開し、「認識経路」の構造と機能を解明するための理論的モデルを提示する。さらに、今日の日中関係を、この「一〇のアスペクト論」を援用して考察し、今後のあるべき日中関係を展望したい。

補章として、戦後日本人のモンゴル像について専論したものを収録した。こちらは前著および本書とは方法論も対象も異なる。雑誌記事を対象にせずに、主には戦後日本のモンゴル関連の文学作品を素材としている。叙述も編年風ではなく、文学作品を主題別に分類した。本章は戦後日本人の中国像、あるいは台湾像の応用編（あるいは番外編）のように受け取られるかもしれないが、中国について論じた同一の著者が、このようなモンゴル像をも披瀝していたという事実を提示したかったのである。つまり中国文明の影響圏にありながらも、中国文明とは歴史的・民族的淵源も、その文化的生活的様相も異にする文明圏に対して、日本人は特異とも言うべき独特の感性と認識の系譜を持っていたということである。その系譜の裏側には（あるいは表側には）、モンゴル像と対比すればこそ明瞭に浮かび上がる中国像の存在を意識せざるを得ない。

第一章　戦後日本人は文革の終わりをどう迎えたか　一九七三―七八年

――日中復交から平和条約締結まで

一　混迷する中国政治、足踏みする日中関係

一九七二年九月二九日、日中共同声明が調印され、二七年間に及ぶ両国の断交状態に終止符が打たれた。日本にとって中国との国交正常化は、第二次大戦に敗れて国交が断たれ、中国大陸および台湾から邦人が引き揚げて以降、終戦処理をして講和し、公式の外交関係を回復させることで、国際社会と平和を維持しつつ協調していくための、きわめて大きな政治課題であった。また、中国はアジア太平洋戦争の最大の対戦国であり、国民に多大な犠牲を強いた。日本人にとって対中復交は、過去の侵略の事実を明らかにして反省し、加害責任を果たすことで、両国間の政治的心理的支障を取り除き、世界最大の人口を擁する隣国との交易を拡大し、人的交流を活発化していくことを目指した、国民的課題でもあった。したがって、一貫して国交正常化問題は、日本の論壇の中国論において国益と道義に関わる最大のテーマであった。

一九七二年以降、両国関係はそれまでの「人民外交」「民間外交」「半官半民外交」方式から、「官官外交」「首脳間外交」方式となった。とはいえ、日中両国は復縁した恋人同士のように、一挙に蜜月状態に入ったわけではなかった。不退転の決意で国交回復を成し遂げた田中首相は金脈問題で辞任、三木首相に続く福田首相は東南ア

ジア歴訪で「全方位外交」を提唱し、国際関係が複雑化するなか、七八年八月に北京で日中平和友好条約に調印した。その間、ほぼ六年間、「反覇権条項」をめぐって両国間の条約締結交渉は足踏み状態が続いた。

いっぽう中国は文化大革命という巨大な政治運動の磁場に置かれていた。しかも、めまぐるしい政治変動のなかで、中国の動向は混迷をきわめた。民衆は行方の定まらぬ政治運動に翻弄され、若者は地方の農村に下放されたままの状態に置かれながら、建国以来はじめて指導層の言いなりではない政治的意思を表明するようになった。ポスト毛沢東をにらんだ国内の政治的基盤はあまりにも脆弱で、日本との安定的な外交関係を構築する条件は整っていなかった。いっぽう日本は中国と復交したものの、先行して和解を果たした米中との三国の間で、対ソ包囲網のパワーゲームに巻き込まれていくことを余儀なくされた。

中国は文革をいっそう深化させるのか、政治優先から経済優先へと、脱文革路線に舵を切るのか、文革路線を全面否定して反文革に突き進むのか、中国革命のビジョンは不透明感を増した。米中接近や諸外国との国交により国際的孤立から脱し、国連に加盟し国際社会に踏み出した中国の新たな外交戦略として、鄧小平は第三世界の結束を呼びかけた。だが、なりふりかまわぬ反ソ外交に走り、国際社会の支持を失っていった。

本章では前著と同じ方法を用いて、前著で扱った時期に引き継ぎ、一九七三年から七八年までの五年間の総合雑誌の掲載記事の定量・定性分析を試みる。この時期区分を設定することについては、復交後から日中条約締結までという外交上の仕切りを前提としてはいるが、現実を反映した有効な区分である。というのは、中国側は七八年末の第一一期三中全会までは本格的な対外開放をせず、日中交流の実態は復交前と大きな変化がなかったからである。

分析対象とする雑誌については、前著の最終時期に発行されていた一五誌のうち『前衛』『月刊社会党』は政党機関誌であることから本書では外し、『情況』は関連記事がわずかであることから扱わず、『文藝春秋』（文藝春秋）、『中央公論』（中央公論社）、『世界』（岩波書店）、『日本及日本人』（日本新聞社）、『思想の科学』（思想の科学社）、『展望』（筑摩書房）、『朝日ジャーナル』（朝日新聞社）、『自由』（至誠堂）、『現代の眼』（現代評論社）、『潮』（潮出版社）、『現代』（講談社）、『諸君』（文藝春秋）、『正論』（産経新聞出版局）の一三誌を採用し、記事本数を雑誌ごとに集計した（表1-1）。歴年推移でみると、七三年、七六年、七八年が多くなっている。七三年は国交正常化後の諸情勢の変化、批林批孔運動、七六年は周恩来・毛沢東死去、第一次天安門事件、七八年は日中条約締結、鄧小平来日、ベトナム停戦後の情勢などの論議が盛り上がったことがその背景にある。

この時期の中国論の書き手はいかなる人びとだったのかを知る手がかりとして、これら雑誌の寄稿者の掲載本数を頻度順に示した（表1-2）。主な寄稿者の属性は大きく四種に分類できよう。すなわち、①現代中国研究者、②現役あるいはかつての北京特派員を中心とするジャーナリスト（柴田穂《みのる》・吉田実《まこと》・辻康吾・伴野朗《とものろう》・田所竹彦・森恭三など）、③台湾出身の運動家・研究者（林景明・戴國煇《たいこくき》など）、④作家（井上靖・司馬遼太郎・陳舜臣など）である。さらに①の現代中国研究者は、冷静に中国を客体として観察するチャイナ・ウオッチャー・タイプ（中嶋嶺雄・太田勝洪《かつひろ》・矢吹晋・石川忠雄・衛藤瀋吉・徳田教之《のりゆき》・山内一男など）と、中国革命に共感し文革を一定程度支持するタイプ（菊地昌典・小島麗逸《れいいつ》・安藤彦太郎・武藤一羊《いちよう》など）に大別できる。最多頻度となる竹内実はその双方の型を併せ持った稀有な書き手である。

では彼らは同時代中国についてどのような問いを立て、どのような思考回路を通して、どのような解を導き出していったのだろうか。それらの中国論が集積されて、結果としてどのような中国認識が形成され、どのような中国像が構築されていったのだろうか。記事内容に即して明らかにしていきたい。

表1-1　総合雑誌別中国関連記事（1973-79年）

雑誌名	1973	1974	1975	1976	1977	1978	雑誌累計
日本及日本人	3	2	0	0	0	0	5
文藝春秋	6	4	2	8	10	22	52
諸君	12	7	4	8	4	8	43
自由	23	8	7	7	10	21	76
中央公論	15	12	8	34	12	23	104
世界	16	9	4	8	9	12	58
潮	11	6	1	11	2	6	37
朝日ジャーナル	17	7	7	25	12	27	95
現代	3	2	3	4	2	8	22
思想の科学	2	0	0	0	0	7	9
展望	4	3	3	5	3	2	20
現代の眼	2	6	5	19	11	3	46
正論	0	12	6	8	8	33	67
各年累計	114	78	50	137	83	172	634

表1-2　寄稿者ランキング（1973-78年）

人名	本数	人名	本数	人名	本数
竹内実	22	夏之炎	6	池田大作	4
中嶋嶺雄	21	矢吹晋	6	石川忠雄	4
柴田穂	19	林景明	6	猪木正道	4
吉田実	17	衛藤瀋吉	6	岡田英弘	4
井上靖	14	岡崎嘉平太	5	高坂正堯	4
菊地昌典	10	小島麗逸	5	丁望	4
司馬遼太郎	10	戴國煇	5	唐銘淑	4
佐藤藤三郎	8	西川潤	5	伴野朗	4
陳舜臣	8	野村浩一	5	長谷川慶太郎	4
辻康吾	7	辻村明	5	包若望	4
太田勝洪	6	安藤彦太郎	4		

＊ただし４本以上寄稿者に限る

二　脱文革・ポスト毛沢東の行方——批林批孔運動から第一次天安門事件へ

国交正常化以後——主流は客体観察型実利派論者に

国交正常化直前の論壇において最大のテーマは、当然のことながら復交是非論であり、立論の根拠を大別して論調を分けると、国際情勢の趨勢を見極めながら、国益の観点から地政学的に復交の損得を分析する実利派と、日本の過去の侵略について認罪し戦争責任を全うし復交を果たすべきだとする道義派の二つの立場があった(1)。さらに復交論とは別に、当時進行中の文化大革命を注視しつつ、毛沢東の革命理論や林彪の軍事理論を援用し、従来の平和主義や議会主義ではなく、武装闘争方式に拠る世界革命の実現を目指そうとする、主に新左翼活動家による文革論議があった(2)。

国交正常化以後、復交論のうち道義派は、宿願をひとまずは果たしたということで、論壇から次第に姿を消し、わずかに民間交流を支えた友好人士や、復交に功績のあった「掘井人」(井戸を掘った人)が、平和条約締結を急げというメッセージを送り、周恩来を追悼する記事を寄稿するにとどまった(3)。

結局のところ、国交正常化後の論壇において主流を占めたのは、国益重視の復交論を展開した実利派中国論者であった。雑誌としては『自由』と一九七三年末に創刊された『正論』の路線が時流にうまく乗り、ほぼ毎号のように柴田穂(サンケイ新聞論説委員、元北京特派員)と中嶋嶺雄が寄稿し、論壇の中国論を牽引した。彼らに代表される中国を客体として観察するチャイナ・ウオッチャーたちは、同時代中国のイデオロギーを「紅」(政治優先の革命路線)と「専」(経済優先の実務路線)に分かちながら動向を分析し、要人たちを文革派と実権派に分類して権力関係を分析し、中南海の権力政治の観点から中国のあらゆる現実を読み解いて見せた。毛沢東・周恩来・鄧小平・江青・王洪文・華国鋒など、その時々の政治的要人の伝記が多くみられるのが、この時期の中国関連記事の顕著な特徴である。中国はもはや〈学ぶ〉対象ではなくなり、〈眺める〉対象となった。中国研究者は中国を外在的・客観的・冷静に観察することを求められ、現地語を使いこなし、正確で豊富なデータと専門知識を備えた独自の技能を有する専門家集団化した。彼らのことはやがてチャイナ・ウオッチャーと呼びならわされていった。

文化大革命以後――ユートピアからディストピアへ

文革論については、紅衛兵が街頭から消えて下放され、日本の学園紛争が鎮まり、七一年九月の林彪クーデターの真相が七三年の批林批孔運動の頃から明らかになるのを契機として、文革の影響を受けた左翼活動家の間では中国革命に投企する熱気が急速に冷め、論壇から消えていった。一九六七年北京の紅衛兵の渦に飛び込んだ津村喬は、七八年に北京を再訪し、あの紅衛兵たちはどこへ行ったのか、いまどうしているのかと慨嘆した。(4)「造反有理」「自力更生」の精神に魅せられて、依然として文革礼賛の記事を寄稿する、菊地昌典・安藤彦太郎・日高六郎など一部の論者はいた。(5)あるいは、中国革命に憧れ投企したその余熱が冷めやらぬまま、別のテーマに関心を移す論者もいた。大資本や帝国主義に抑圧される地域・国ぐに・民衆との連帯を訴える津村喬のコミューン論や、武藤一羊・北沢洋子らの第三世界論や、中国独特の自主的な生産方式の取組みに注目し、中国に即した近代化のモデルとして評価しようという小島麗逸・中岡哲郎・宇井純らの内発的発展論がそうだった。

とはいえ、元紅衛兵や下放青年のうち、過酷な生活に耐え切れず香港や台湾に逃げ延びた亡命者や、文革中に獄中に入れられ釈放された外国人の声などから、文革の生々しく悲惨な現実が、数多くの証言によって確かな事実として伝えられるようになった。(6)多くの論者にとってもはや極度に理想化された文革ユートピア像はリアリティを持ちえなくなり、文革へのユーフォリア〈陶酔感〉は醒め、ユートピア〈幻想〉はディストピア〈幻滅〉へと反転していった。

おりしも一九七四年二月、『収容所列島』の作家ソルジェニーツィンがソ連から国外追放となった。埴谷雄高《はにやゆたか》は、ラーゲリの「地獄代表」としてソルジェニーツィンのペンの勇気をたたえる。レーニンが「国家の死滅」を唱えたにもかかわらず、軍隊の位階制の復活や賃金格差など、革命が後退している現実を直視し、ソ連は国境・軍隊・排外主義による国家権力意志を貫こうとしているとする。その上で、社会主義国同士が戦争を起こしかねなくなっている中ソ対立の現状を、「革命の堕落の最極限」と指摘する。また文革については、劉少奇国家主席が放逐されるや革命が終息したのは、「古来からの帝王の纂奪方式を紅衛兵の大衆動員という新しい方法で目ざましく、あるいは、より正確にいえば、緻密巧妙に目をくらましておこなったに過ぎ」ないとする。[7]

社会主義国の過酷な現実のまえに、社会主義の理想像は失墜し、日本の運動家や論壇に暗い影を投げかけるなかで、改めて文革をどう評価するか、かつて文革を支持し賞賛した中国論者には重い課題がつきつけられた。結局のところ、ソ連社会主義と中国社会主義を比較して、たとえばラーゲリと五七幹部学校・下放は同じか違うか、[8]ポスト毛沢東時代の中国を中国社会主義の変質と見るか、政治と生産の二つの波動の優先順位が交替しているにすぎないと見るか、[9]といった問答しか立てられなかった。

文革が発動されたとほぼ同時に、文学者たちが思想改造運動や検閲によって筆を折られ自己批判を余儀なくされていることを憂慮し、[10]いち早く毛沢東との訣別を宣言したのが竹内実であった。[11]竹内は復交の実現をむろん歓迎したが、日本の前のめりの、なしくずし的な友好ムードに違和感を覚えた。日本人はかつて中国革命や新中国を熱く支持したが、文革はこの中国肯定の熱気に冷水を浴びせ、それまでの中国イメージを大きく転換した。しかしながら日本人は文革に権威を求め、権威と一体化しようとした。結局のところ日本人は信仰対象を中国革命から文革に移行したにすぎないのではないか、と竹内は自問した。そしていまや国交正常化によって「財界主導型（日本）と穏歩漸進型（中国）の結合による国家間の関係」が強化されるにつれて、それまでの文革に抱いていたリアリティはしぼんでしまい、信仰の対象としての中国像にはもはや終止符が打たれ、信仰は「第三世界イデオロギー」へ移行するだろうが、「そこに生じた心理的な空白」は、「財界主導型外交が埋め」ていくだろうと見る。(12) ではいったい文革とは何なのか、文革に迫ろうとする中国人の文学作品がいっこうに中国のメディアに現われてこないなかで、日本人は文革の記憶を共有できず、文革の傷痕の意味を問うこともせず、文革に同調して賛美と豹変を繰り返してきたにすぎないのではないか。竹内は、国交回復から一足飛びに友好へと突き進む風潮に対して、こう感慨を漏らす。「友好は易しく、理解は難い」(13)。

熱気の伝わらない批林批孔運動――孔子批判の意図は

一九七一年九月の林彪事件のあと、それまでの造反派と実権派の権力闘争は、四人組の文革派と周恩来・鄧小平の脱文革派の間で、暗闘の様相を呈していた。文革は終わろうとしているのか、第二の文革が始まろうとしているのか。その帰趨の定かでないところで、最初に中国から投げかけられた問いは、一九七三年八月七日の『人民日報』に掲載された楊栄国論文「頑迷な奴隷制擁護の思想家――孔子」を皮切りとする批林批孔運動をめぐる評価であった。クーデターを企てた林彪らを反党反革命集団と批判することはわかるが、なぜ孔子批判なのか、人民戦争論を唱えた林彪が極左ならわかるが、なぜ極右の尊儒派とされるのか、尊法反儒（法家を尊び儒家に反対する）闘争の本当の狙いは何なのか、中央権力の意図をめぐりさまざまな推論が展開された。

柴田穂・中嶋嶺雄は林彪極左集団批判を通して、脱文革・非毛沢東化に進むことを恐れた江青・姚《よう》文元ら文革派が反発して林彪極左批判を極右批判に切り替え、暗に現実主義的な脱文革路線を進める周恩来を批判していると見る。(14) さらに中嶋は、モスクワ－ウランバートルに滞在したあと、六六年以来八年ぶりに北京を訪れてみると、中国の公式紙誌が伝える「批林批孔」運動の高揚とはうらはらに、かつて訪れた文革のときのような緊迫感がなく、政治優先主義の社会的雰囲気が消え去り、現実には「毛沢東体制下の非毛沢東化」が進んでいて、周恩来らの実務派官僚主導体制が整いつつあることを肌で感じ取った。(15) 同様に竹内実もまた、文革派による孔子批判の形を

とった周恩来批判であり、反文革・脱文革の過程で復活した人びとを打倒する運動とみた。(16)

いっぽう、周恩来路線批判は孔子批判の主流ではないと見る矢吹晋や、(17)儒教批判のねらいは「家族エゴイズム」を改めさせ中国が直面する人口問題を解決することにあり、始皇帝再評価のねらいは国家統一を果たした始皇帝を持ち上げることでモンゴルを属領化したソ連を批判することにあるという、宮崎市定などの見立てもあった。(18)また、林彪の修正主義を批判し、奴隷制を擁護する儒教を批判する、大衆に対する理論学習を新たな文化創造の取組みとして高く評価する安藤彦太郎のような議論も根強く、(19)批林批孔運動を文革の継承と発展とする立場からの解説本も数種類出された。(20)とはいえ、日本の論壇において中国で同時期に生起している事態について、日本人の学習の対象として中国側の公式プロパガンダに沿った見方を紹介するような記事は、おそらく批林批孔運動と「農業は大寨《だいさい》に学べ」運動が最後であり、(21)これ以後は、日本人にとって同時代中国は観察と分析の対象ではありえても、学びの対象ではもはやなくなっていった。

一九七五年一月一三日、第四期全人代第一回会議で周恩来総理が末期ガンをおして政府活動報告を行ない、農業・工業・国防・科学技術の「四つの近代化」実現の目標を提示した。その一年後に周恩来は死去し、天安門事件、鄧小平の解任、華国鋒の登場と続き、批林批孔運動の焦点となった文革派と実務派の政治抗争は、いよいよ毛・周以後の政治体制への局面へと移り、「紅」から「専」へ、言い換えれば政治主義から経済主義への転換点をもたらす客観情勢が顕著になってきた。

経済学者の小島麗逸は、一九七三年に初めて訪中し、農民が意識変革をして迷信を克服したことを報告した。(22)さらに、多くの下放青年を中心に都市から農村へ全国規模の大量の人口移動がなされ、「大寨」モデルが喧伝されていた頃、それまでのソ連型の中央集中的重工業中心の蓄積方式から、農村・山岳・砂漠区に労働力を配置した農業重視の蓄積方式へと移行し、「革命がより底辺に深化し、都市化なき社会主義へと向う」と評価した。(23)それから約二年後、小島の先生にあたる経済学者の石川滋は、農業から工業への転換と、農業機械化による生産力構造の変化を目指す上で、小規模な生産隊をベースとする人民公社体制や、自力更生型の誘因システム・配分原理が阻害要因になるとして、都市労働力を確保すべく作付統制・配給統制・人口移動統制を緩和して市場的採算性の原則を農村に導入せざるをえないかどうかの転換点のミクロ問題が核心になると論じ、中国経済の評価軸が逆転した[24]。

伝わり始めた中国民衆の肉声——李一哲壁新聞と第一次天安門事件

中国内部においては、人びとは社会の動乱に翻弄され、文革や文革派に対する恨みが充満していた。文革への幻滅感が拡がるなかで、一九六八年以降、下放された元紅衛兵の知識青年の間で、独立した思考に基づいて率直な思いを表明する個人意識が目覚めてきた。青年の独立した思考に基づく批判精神ということであれば、加々美光行は文革初期の段階ですでに「出身階級決定論」(出身階級によってその人間の政治的・階級的立場が機械的に決定されること)をめぐる論争や抗争に見られていたことを指摘していたが[25]、個人意識が覚醒する直接のきっかけは、ほかならぬ七一年九月の林彪事件であった。

毛沢東の唯一の忠実な戦友にして後継者とされた林彪が、毛沢東の暗殺を企て、ソ連に投降しようとしたという「叛党叛国」的行為が本当にあったとしたならば、林彪が発動した文革それ自体、間違っていたのではないかと、知識青年たちの間に疑念が浮かんだ。林彪集団による毛沢東からの奪権の証拠物件として「五七一工程紀要」が批林整風運動のキャンペーンに使われた。ところが、知識青年たちは「紀要」に書かれた「彼らの社会主義は社会ファシズムだ」「党と国家の政治生活を封建独裁式の家父長生活にした」「衆叛親離」(大衆に背かれ親しい者にも見放されている)というクーデターの理由づけを読んで、これを反面教師としてではなく、まさに本当のことだとして「正面教師」として受け取った[26]。これほど大胆かつあからさまに毛沢東を批判し、文革以後の政策の誤りを批判した先例はなかった。林彪事件は知識青年たちに毛沢東への無条件の忠誠という呪縛を解き、独立して思考する勇気を与え、造反の狂熱から理性的批判へと向かうきっかけを作った(27)。

このような青年の批判精神が同時期の日本に伝わった事件が、批林批孔運動のさなか、一九七四年一一月に李一哲（李正天・陳一陽・王希哲連名のペンネーム）による壁新聞「社会主義の民主と法制について――毛主席と第四期全人代に捧げる」だった。壁新聞は広州市内に張り出され、広州市民の間に共感を呼んだ。そこでは林彪反革命路線を批判する文革派を、「復辟《ふくへき》」（王座返り咲き）を画策する者と批判していた。竹内実は壁新聞を読んで、「かれらは、自分たちが利用されたあと、ほうりだされた人間であることを自覚しているが、それによって自暴自棄になってはいない」との感想を抱いた(28)。

一九七六年一月八日、周恩来総理が死去、一五日に追悼大会が人民大会堂で行なわれ、鄧小平が弔辞を読んだ。四月五日の清明節を前に天安門広場の人民英雄記念碑を中心に周恩来を偲ぶ民衆二〇〇万人が集まり、四人組反対を叫び、花輪や詩を捧げた。彼らと民兵・軍隊・警察が衝突し、流血騒ぎとなって鎮圧された（第一次天安門事件）。事件は反革命政治事件とされ、鄧小平の党内外の職務が取り消され、華国鋒が第一副主席兼国務院総理に任命された。

中嶋嶺雄はこの驚天動地の天安門事件を、「大衆の造反であり、レジスタンスだった」とし、広場に集まった市民は「決して付和雷同した者でも烏合の衆でもなく、黙黙と集まって一つの明白な意思表示をおこなうという自覚的な政治感覚」があったとみなした(29)。

一九七六年七月、河北省唐山をマグニチュード七・八の大地震が襲い、二四万人の死者を出した。九月九日、毛沢東主席が死去、一八日、天安門広場で追悼会が開かれ、王洪文が主宰、華国鋒が弔辞を読んだ。日本の新聞は各紙とも大きく毛沢東の死亡記事を掲載し、その功績に賛辞を送った(30)。論壇各誌も周恩来死去の時と同様、特集を組み、関連記事を多く連ねた。華国鋒は毛沢東の「既定方針通り行なう」と言明し、毛主席記念堂の設置や、『毛沢東選集』第五巻の出版に速やかに着手することで権力継承の正統性を演出しようとした。それにもかかわらず、日本では論壇の主流をなしたキーワードは「非毛沢東化」であり、毛沢東批判の潮流は不可避との見立てであった。毛沢東死去の一カ月後、華国鋒は四人組逮捕に踏み切り、民衆は大喝采を送った。だが、権力基盤の強化にはつながらず、七七年四月に鄧小平が復活、翌年一一月には華国鋒自身が自己批判を余儀なくされた。

文革の終わり――そのトラウマの遺産

中国の国内情勢は長かった文化大革命の終わりを告げ、声なき民衆は文革の悪夢が過ぎ去ることを願っていた。日本では文革への共感や興奮が冷め、革命中国というレンズでは、もはや現実の中国を正しく理解できないことに気づかされ、毛沢東思想は現実を変革し理想の世界像を提示するテキストではなくなった。

フランスにおいても、サルトルのようなソ連社会主義やフランスの伝統左翼に失望した知識人が、毛沢東の「造反有理」の思想に魅せられ、文化大革命に大きな影響を受けていた。彼らは若者を中心に保守層のなかにまで中国への「好意的な好奇心と一種の毛沢東びいきの感情」をかきたてた。かくして、既成の官僚体系に反乱を起こす多くの〈マオイスト〉が生まれた。だが彼ら〈マオイスト〉の「中国革命によせる情熱の炎」も、一九七六年秋に四人組が追放されると消え失せていった(31)。

同じような同時代中国への遠方からの「同調」や「陶酔」はアメリカの学界・知識界にも見られ、H・ソールズベリ、J・K・ガルブレイス、W・ヒントン、I・ミュルダールなどのジャーナリストや学者は文革中国に大きな知的刺激を受けた(32)。現実中国の推移に応じて、「過剰な期待が過剰な幻滅」に変じたのは、日本に限らず、これら西側先進諸国の知識界においても見られた現象だった。だが、そのなかからフランスにおいてはJ－L・ゴダールのようなヌーベルバーグ映画、M・フーコー、J・デリダ、J・ラカンのような一群の近代批判の哲学体系や思想潮流を生んだ(33)。アメリカにおいては、公民権運動やベトナム反戦運動や文化大革命に影響を受けて一九六〇年代半ばに結成されたCCAS（憂慮するアジア研究者の会）を母体として、それまでのJ・K・フェアバンク、E・O・ライシャワーのような近代化理論のアジア研究を批判して知的革命を起こした、M・セルデン、J・W・エシェリック、H・ビックス、B・カミングスのような一群のアジア研究者が出て[34]、今日にまで世界的に影響力の及ぶアジア研究の主流を形成するに至っている。

現実の中国において、そこに生きる人びとが文革をいかに生き、そこからどう脱していったのかを検証する作業は中国研究者の責務である。と同時に立てられるべき問いは、文革に影響を受けた在外の人びとが、いかなる思考を紡ぎ、それまでの中国認識にいかなる転換をもたらし、いかなる独自の知的成果を達成し、そこで得られた知見が今日の知的潮流にどのように継承されているのだろうか、ということである。文革全面否定という中国の公式決議に安住して、事実の隠蔽と記憶の忘却にまかせ、文革の歴史を空白のまま放置しておいてはならない。文革が終わり、日本の知識界が今なお文革のトラウマにさいなまれる時期にあろうとも、「文革の遺産」を再考する作業に着手していかねばならない。

三　中米平和共存・中ソ対立・第三世界外交——「覇権条項」をめぐる国際情勢

米ソ二正面作戦からソ連主要敵へ

中ソ論争は、一九五六年のフルシチョフ首相によるスターリン批判に端を発する。中国は六二年のキューバ核ミサイル危機に際して米ソが核戦争を回避したことに反発して核開発に踏み切り、六四年に核実験を成功させ、中ソ対立は激化した。翌年の米国のベトナム北爆、インドネシア九三〇事件、一〇月にアルジェで予定されていた第二回AA会議の流会などにより、社会主義圏におけるソ連の影響力は拡大し、中国は国際社会にむけては「アメリカ帝国主義」「ソ連修正主義」の両大国への批判を展開し、中間地帯の取り込みに腐心したが、アルバニア以外に親密な国家間外交関係を持たない国際的孤立に追い込まれた。国内的には文化大革命を発動させて鎖国主義をとった。六九年三月、中ソ国境ウスリー江の中ソ軍事衝突により、中ソ全面戦争に拡大する懸念のなか、九全大会が開かれ、林彪が毛沢東の後継になることを決定した。米中双方の思惑が交錯し、七一年七月のキッシンジャー秘密訪中により毛沢東は外交政策を大転換し、米中平和共存を図り、正面の敵を「ソ連修正帝国主義」に絞った。その直後の九月に林彪事件が起こったのである。

日中国交正常化以後、日中共同の当面の目標は平和友好条約の締結であった。日本にとっては米中の対ソ包囲網に巻き込まれ、ソ連と対峙するパワーゲームのプレイヤーとしての役割を期待された。いっぽうで日ソ平和条約の締結もまた、日中平和条約と並んで、戦後の日本外交の悲願であった。対中外交交渉としては中国側が主張する「覇権条項」を、反ソ包囲網と受け取られないものにするための条文づくりが焦点となった。

中ソ関係についていえば、確かに中国は対ソ戦にそなえて国防を強化し、核実験を引き続き強行し、いたるところで地下壕を掘り進めた。だが、アメリカ人記者が伝えるＣＩＡの調査によると、中ソ国境には戦争の前触れとなるような動きはなく、両国軍とも国境線よりはるか後方に退いていた。「いったい中国の指導者たちは何を恐れ、何に向かって「防衛のための戦い」を押し進めようとしているのだろうか」と、記者は結んでいる(35)。

中米関係については、アメリカ・ウオッチャーの松尾文夫によれば、両国の長期の戦略的見地からしたたかな友好関係が導き出されており、日中平和友好条約交渉の焦点となっている「反覇権条項問題」は、「この米中の「戦略的な関係」と密接不可分の関係」にあり、米側は日米安保体制の維持は「日本軍国主義復活の危険を封じ込め」、「ソ連に対抗する米中日の三角関係の安定に貢献する」と分析した(36)。

日中平和友好条約締結——譲歩したのはどちらか

日中共同声明から六年余、平和友好条約締結に向けての作業は、「反覇権条項」をめぐって両国間の調整がつかなかった。とはいえ、その間に航空・海運・貿易・漁業の各協定締結を目指して地道な実務協議が重ねられ、経済界を中心に着実に両国間の交流は促進した。いずれの協定とも論壇では大きな話題にはならなかったが、難航した航空協定については、共同声明の折の台湾断交のいきさつが尾を引いて、当時ドル箱の台湾航空路断絶反対の輿論が青嵐会を中心に展開された。青嵐会は七三年七月、正常化交渉を牽引した田中内閣に反対する反主流派をなす自民党若手タカ派議員によって結成されていた[37]。日中航空協定批判の言論の場を提供したのが保守リベラルの『自由』で、石川忠雄・岡田英弘・石原慎太郎などが寄稿した。いずれもメッセージは日本の外交当局に向けられたもので、中国のパワーポリティックスに巻き込まれて、台湾との実務関係の破棄に突き進まないようにせよとし、協定締結後は台湾航路断絶を招いた外務当局を痛烈に批判した[38]。

条約締結に向けて、日本国内の機運が盛り上がっていた一九七八年四月、尖閣諸島付近に一〇〇隻余りの中国漁船団が出現、「釣魚島は中国領土」の垂れ幕を掲げ、領海を侵犯した。福田首相は「沈着冷静な対応」を強調、中国側も「漁船出現は偶発的なもの」と柔軟な態度を見せたが、本格的な交渉を前に領土問題の存在が顕在化した。入江通雅は尖閣諸島が日本領であることの歴史的根拠を述べ、海底油田の探査を再開し、国益の実現に努めよ、アメリカとの安保条約を今後とも堅持せよ、と提言した[39]。『正論』では数号にわたって「オピニオン正論」欄を中心に、猪木正道・志水速雄・高坂正堯・衛藤瀋吉・佐瀬昌盛ら常連の論者らが、尖閣侵犯事件は偶発的なものではない、日中条約締結交渉であいまいな処理をするなと、中国側の領有権主張に対する批判論を展開した。条約批准書交換で来日した鄧小平が、「尖閣問題の解決は一時棚上げし、次世代に託す」との記者会見を行ない、ひとまずは決着がついた。とはいえ、二〇一〇年の中国漁船の海上保安庁巡視船衝突事件や、一二年八月の香港活動家による尖閣諸島上陸事件を見るにつけ、尖閣諸島問題をめぐる事件は、民間の動き、政府の対応など、この時に端を発する事件と同じような筋書きでいつも繰り返されていることに気づかされる。

中国側の要求する「反覇権条項」をめぐり双方折合いがつかず、膠着状態のあと、一九七八年七月に北京で再開された条約締結交渉では、園田外相と黄華外交部長会談の最終局面で、日本側の提示した「第三国条項」に同意するとの中国側の「飛躍的譲歩」（外務省筋）により、締結に至った。後述する日本と東南アジア諸国との間の不協和音に苦慮した福田首相が、「全方位外交」「等距離外交」を提唱したことが、条文に反映された形であり、外交当局としては満足のいく交渉であった。かくて八月一二日に北京で日中平和友好条約が調印され、一〇月二三日に鄧小平副総理が訪日し、批准書が交換され、発効した。(40)

条約についての論壇の評価としては、大別して日中提携優先派と中ソ等距離派との間で正否が分かれたが、前者の立場をとる田川誠一や吉田実を除けば、(41)総じて厳しい評価であった。永井陽之助は、日本国民の価値観に基づく優先順位は米・中・ソだが、「民族生存の戦略的基礎」からすれば、米・ソ・中の順位であるべきとの立場から、覇権条項を呑んで馴れないパワーゲームに手を出すことは、ソ連の眼には「〝日中軍産複合体〟」と映るし、国際社会は「反ソ＝米日中三国同盟の成立」と捉えるから、無謀な行為に走らず、ソ連とも平和条約あるいは善隣協力条約の交渉に入れ、いまこそ「〝全面〟講和」のときだ、と主張した。(42)細谷千博も永井と同様、日中条約は中国との友好関係をソ連に優先させる選択であり、ソ連には「対ソ包囲網」の企てと映るから、日ソ間のパイプを太くし、多国間外交を積極的に展開せよと述べた。(43)

過去六年間にわたる交渉過程を外務省側からウオッチした記事として、小林裕は、ポスト毛周時代に入り、華国鋒体制固めを急ぎたい中国側の舞台の上での交渉に過ぎず、中ソ等距離から日中提携強化に振り子を振ってしまい、「飛躍的譲歩」をしたのはむしろ日本側だったとして、日本側外交当局に厳しい評価を下した。(44)西村多聞は、「したたかな商人（中国）に値を高く吊り上げられ、前金（「反覇権」）を支払わされたうえ、さらにある程度は高い買い物もやむをえまいと思い込まされていた客（日本）が、最後に予想外の（商人にとっては織り込みずみの）値引きをさせることができた、と喜んでいる」という図柄で表現して見せた。(45)中嶋嶺雄は中国が脱文革時代を迎え、「〝富国強兵〟の道を邁進し」ているのに、「対中国シンパシー」や文革の「革命的エクスタシー」などにより、中国への「エモーショナルな共感と一種の理想化」が、「科学的・客観的な中国認識を阻害」していると、日本の中国認識のあり方に警鐘を鳴らした。そのうえで、「中国の軍事的強大化に資することの危険を十分に防止し得る歯止め」を持てとし、インドシナ戦争で敗北したアメリカは「中国と反〝覇権〟連合を形成」し、「米・日・中の〝太平洋横断的連携〟」により、対ソ戦略に対処しようとしているのであって、中ソ対立を利用できない立場にある日本としては、この「潜在的な圧力」に屈してはいけないと述べた。(46)

中国の第三世界外交

文化大革命の帰趨は不透明感を増し、路線対立によりジグザグを繰り返すなか、中ソ対立がエスカレートし、中国は対米接近に踏み切り、中国を取り巻く国際情勢はいっそう流動化した。一九七四年四月、鄧小平副総理は国連資源特別総会で「三つの世界論」の演説を行なった。「三つの世界」とはいかなる世界構造の分析枠組みに基づいているのか、そこからどのような中国外交戦略が導き出されるのか。太田勝洪は、それまで中国の対外政策を規定してきた中間地帯論からの発展として、次のような解読を試みた。——鄧は国際情勢の現状を「天下大乱」と捉え、社会帝国主義(ソ連)の出現により、社会主義陣営はすでになくなったとし、世界を米ソ第一世界、発展途上国の第三世界、その中間の第二世界の三つに分かつ。そして中間地帯論の時代と同様、中国は米ソ超大国の強権政治に反対しているが、中米ではなく中ソ対立を主要な敵対的矛盾へと転じる。だが、中ソ間に介在する中間地帯諸国はもはやなくなっている。そこで両超大国への批判は持続しつつ、中国は覇権に反対し超大国にならないと宣言し、第三世界に属すると明言して第三世界への傾斜を強め、第三世界諸国との関係強化のための外交活動を活発に展開している。(47)

実際の第三世界に対する中国の外交活動は、明らかにソ連を主要敵としてソ連に大きな外交的打撃を与えることを目的としたもので、これまで中国と関係の良くなかった西側諸国と関係を結んだ。だがチリのアジェンデ政権を武力で打倒した軍事政権を承認したり、アンゴラ紛争においてソ連の軍事援助とキューバの大量派兵のテコ入れを受けて内戦を制したMPLA（アンゴラ解放人民運動）を見捨てて米国の支援を受けた右翼民族主義勢力に軍事援助を行なったり、ソ連の支持を受けてパキスタンから分離独立したバングラデシュの国連加盟問題で拒否権を発動するなど、第三世界の民族解放運動を支援するとの理念を掲げながら、実際には敵の敵は味方という「夷を以て夷を制す」さながらの、なりふりかまわぬ外交戦術を展開した。[48]

このような中国の対第三世界外交は、それまでの理想主義的な革命外交との落差を際立たせ、第三世界の解放勢力そのものが中国から離反した。[49] かつて中国の革命・共産党・毛沢東に出会い、新中国に中国の未来を託し、文革に魂を揺さぶられた日本の論者もいっそう困惑した。武藤一羊は日本人の中国認識のありようを根本的に問い直し、中国を「没価値的研究対象」として「ただの国」と見ていた研究者に中国共感派は敗れたのだと言い放った。[50] こうして彼らかつての日本の中国支持者たちは、中国に失望し、新たな希望を第三世界の民衆に託し、世界を動かす矛盾を東西対立にではなく南北対立に見出すようになった。

中越対立——社会主義友好国の亀裂

国交正常化後の日本の外交も順風満帆とはいかなかった。一九七三年八月の金大中拉致事件や、翌年一月の田中首相の東南アジア歴訪におけるタイとインドネシアでの反日デモなど、良好だった周辺の非共産主義諸国との関係に軋みが生じた。論壇においても日本の「有事立法」を危惧し、東南アジアへの「経済侵略」を告発する記事が増えていった。『潮』一九七三年一一月号の特集名は「南侵する日本人とアジアの構造」であった。『世界』は、金大中拉致事件を境に朝鮮・韓国関連記事が中国関連記事を上回るようになっていった。[51]

一九七三年一月、ベトナム戦争の和平協定が成立し、七五年四月にベトナム軍がサイゴンに無血入城し、米軍はベトナムから完全撤退した。対ソ依存を深めるベトナムに対し中国は援助を打ち切り、カンボジア・ポルポト政権を支持した。ベトナムはカンボジア解放軍について「袖の中で蜂を育てた」と言い、カンボジアとの国境紛争が顕在化した。中国がベトナムを「小覇」と、ベトナムが中国を「北賊」と呼ぶ緊迫した空気のなか、ベトナム国内の華僑が迫害され、華僑送還問題が浮上した。[52]ついに七八年一一月、中国との国境付近で武力紛争が発生し中越戦争へと発展した。こうして中ソ対立を背景にして、社会主義国の友好国同士の亀裂が露わになっていった。

四　台湾という視座

蒋介石総統死去——台湾の中国化から台湾化へ

日中共同声明発表の日、それは日本と中国が復縁した日であると同時に、日本と台湾が断交した日でもあった。それまで日本の戦後論壇において台湾が視界に入ってくるのは意外に遅く、台湾に関する諸問題が論題に立てられることは少なかった。五〇年間領有したにもかかわらず、敗戦直後に日本人によって書かれた台湾関連記事は皆無に等しい。ようやく論議の対象になるのは、一九五四年と五八年の二度にわたり、人民解放軍が台湾海峡をはさんで金門・馬祖両島を砲撃した台湾海峡危機のおりに限られており、[53]五五年頃から台湾住民の自決権や台湾独立の主張が紹介されるようになりはしたが、総じて扱いは小さなものだった。

断交後の台湾はどうなったのか。日中共同声明が発表された一九七二年九月二九日、台湾の中華民国外交部は対日断交声明を発表、日本大使館は日の丸を降ろして日台交流協会になり、台北日本人学校正門のプレートの頭にあった「日本大使館附属」の字が消された。断交後の台湾を訪れた作家の高村暢児は、日本人学校の校長の悲痛な声を伝えた。「わたしは戦争体験もあり、終戦の日を台北で迎えています。切腹しておわびするようなことになっても、最後まで学校に踏みとどまる覚悟」ですと。台北の日本企業では東京からの派遣社員たちが、最悪の場合は引き揚げることになるかもしれず、バンコクのような排日運動が起こらないかと怯えていた。台湾の公私立大学の教員たちは田中政府糾弾の集会を開き、アジアの経済大国日本の責任を問いただした。そのなかでも相も変わらず一日平均百人の日本人旅行者が台湾を訪れ、夜の台北の歓楽街で「セックス・アニマル」と呼ばれていた[54]。

中嶋嶺雄は、台湾自身は相次いで各国との外交関係を失ったが、飛躍的な経済成長と貿易拡大を遂げ、蔣経国主導下に本省人の政治登用など、「台湾の台湾化」が着実に進行しているとし、蔣介石以後をにらんで、「台湾共和国」が出現するかもしれないと、挑発的な試論を展開した[55]。

一九七五年四月五日、蔣介石総統が死去した。日本人にとって蔣介石は日中戦争の軍事・政治双方にわたるキーパーソンであり、終戦の折の「以徳報怨」演説に触れた多くの日本人は、日本人を怨まず無賠償を明言したことへの恩義を感じ、その間、蔣介石について夥しい記事や論評が書かれた。しかし、戦後になると、日本の新聞や論壇で蔣介石の消息や言論はほとんど伝えられなくなり、記事がみられるとしても、その大半は台湾政府の流す反共プロパガンダの類でしかなく、日本人の関心は遠のいた。後の毛沢東主席の時と比べると、日本での蔣介石の死亡記事の扱いは小さかった。国共内戦に敗れ、台湾に敗走した結末によって、中国共産党の流す国民党および蔣介石へのネガティヴ・キャンペーンとも相まって、強圧的反革命的なイメージは終生拭われることがなかった。日本の大衆メディアにおいて、歴史的かつ客観的に蔣介石を位置づけようという機運は、『産経新聞』に一九七四年八月から七六年末にかけて長期連載された「蔣介石秘録」の大プロジェクトをわずかな例外として（第五章四参照）、起こらないまま世を去った。蔣介石にとって台湾での戦後二六年間は、大陸奪還という反共の執念を燃やし続けた日々だった。台湾はあくまで仮住まいの地であり、大陸反攻の計画を立てていたが、いつしか計画は心理作戦の様相となり、台湾建設に比重が移っていった。

小林文男は晩年の蔣介石の心境を、「絶望的となった大陸復帰よりも台湾に自己の考える三民主義の楽土をつくること、台湾を三民主義模範省として内外に誇示すること、それが残された生涯の事業であると自覚したのではないか」と推測した[56]。また石川忠雄・柴田穂・中嶋嶺雄は、大陸での革命・戦争指導については厳しい評価を下したが、台湾にきてからの蒋介石の統治は実績を上げたとし、また六二年頃からは蒋経国が指導権を継承し、台湾内部の結束を固め、綱紀粛正に努め、民間交流を活発化していることから、日本は台湾との実務関係の重要性を認識し、自主外交を展開せよと説いた[57]。

「中村輝夫」の生還——問い直される植民地化と脱植民地化

一九七四年一二月二六日、横田庄一、小野田寛郎《ひろお》ら元日本兵の発見に次いで、インドネシア・モロタイ島で元日本陸軍一等兵「中村輝夫」が発見された。間もなく中村は台湾のかつて「高砂族」と呼ばれた先住民族のうちの「アミ族」で、中国名「李光輝」、アミ族名「スニオン（スリヨン）」であることがわかり、翌年一月八日に台湾に帰った。それまでも日本人に、台湾には山地住民（高山族）がいて、「皇民化」政策により「高砂義勇隊」として戦地に送られていたことが知られてはいた。彼らの多くは、失効した日華平和条約や国籍条項の壁に阻まれ、軍人軍属軍夫として従軍した際に軍票で支払われた給与で貯めた旧日本軍の貯金通帳が未払いのままで、軍人恩給・戦没者への弔慰金・遺族年金などが支給されないまま、「旧日本軍人」として不遇な戦後を送っていた。彼らが日本を告発すると同時に日本を愛し、日本の軍歌を歌い、天皇を崇拝し、「日本精神」を誇っていたことは、日本の戦争責任について自覚的であろうとする日本人を困惑させた[58]。

「中村輝夫」の生還は、これら「歴史の谷間に放置された人びと」の存在を可視化し、日本政府の戦後処理・補償問題を焦点化させた[59]。日中が接近したころ「「南京大虐殺」のまぼろし」を書いて、論壇に南京事件の事実性への疑念を突き付けた鈴木明は、生還した中村を追って台湾を訪れ、中村の家で彼と会い、三人の「元高砂族兵士」を訪ねた。鈴木は日台問題の複雑なパズルが解けず、こう感慨を漏らす。「中村さんの生還は、戦争中空しく荒野に朽ち果ててゆき、戦後三〇年間、唯の一度として思い出されることもなかった「高砂族兵士」の霊魂が、そのまま彼の中にのり移ったということなのかもしれない。そして間違いなく、中村さんは日本人の心を突き刺し、沢山の問題を提起した」[60]。

台湾出身の研究者戴國煇は、「中村輝夫」の生還が投げかけた問題を、清算されていない日本の植民地統治の責任問題として、台湾に原点をおいて近代日本の植民地統治の意味を明らかにし、歴史的教訓の糧とすることを思い立った。戴は「中村」を「植民地統治の最底辺の犠牲者であり、侵略戦争の擬制的加害者であった一方、もともとは「聖戦」の弾丸よけ的存在でしかなかった」と喝破した。台湾少数民族が武装蜂起した霧社蜂起事件を起点として、台湾総督府は武力弾圧をしたあと懐柔策をとって「内台一如」による南進基地建設と皇民化運動を進め、皇軍補助兵士として「高砂義勇隊」が仕立てられていったと、歴史の真実を明らかにした[61]。さらに宇野利《とし》玄《はる》は霧社事件に焦点を当てて、台湾総督府の「蕃人教育」を中心に「理蕃」政策の実態を歴史的に明らかにした[62]。「中村輝夫」の発見は、台湾を植民地化した歴史経験を歴史研究者の問題意識へと浮上させた。戴國煇を先導者として一九七八年に台湾近現代史研究会という民間の研究会が発足し、同年『台湾近現代史研究』が創刊され、一九八八年まで六号が刊行された。研究会では主に台湾総督府の統治体制や霧社事件について共同研究がなされた。さらに植民地期の日本人人類学者の現地調査や、七〇年代の台湾郷土文学の一つの源流をなした日本統治期の台湾文学が再評価された。台湾の植民地研究はその後に日本のコロニアリズム研究が隆盛を迎える一つの契機となった。

かくてこの時期、台湾の存在が、大陸の共産主義批判と日本の植民地主義批判の拠点として、クローズアップされていった。なかでも『自由』は、台湾の国民党系の新聞・雑誌を転載するなどして中国共産党政権のリーダーや政策を批判する記事を多く掲載し、『正論』は台湾・国民党寄りの論者を多く起用して日本との関係修復を訴え、『現代の眼』は台湾独立運動の活動家を中心に、侵略戦争や植民地支配の責任を取ろうとしない日本政府批判の記事を掲載した。

五　復縁から蜜月への兆し

国交正常化により、官邸や外務当局間の公式関係が生まれたが、主に上述したような中国の国内外の事情から、交流は一方的で、訪中は自由にできず、中国国内のシステムは閉鎖的で、日本人は「外賓」扱いのままだった[63]。本格的な民間交流が切り開かれるのは、中国が改革開放を提唱して国内の権力基盤を固め、政治だけでなく経済・文化交流が活発化する一九七八年末の中共第一一期三中全会を俟たねばならず、それまで普通の日本人にとって、ありのままの同時代の中国を肌身で実感する機会は、一部の例外を除いて全くと言っていいほどなかった[64]。

とはいえ、やがて来る日中蜜月時代を告げる兆しはあった。庶民にとっては、何といっても一九七二年一〇月二八日、中国政府から寄贈され、やがて上野動物園で公開された二頭のパンダ、カンカンとランランであった。学者や知識人にとっては、陸続と出土した考古文物群であった。一九七二年四月の山東省銀雀山の孫子竹簡、七月の長沙馬王堆漢墓の帛画・帛書や皇女のミイラ、七四年三月、陝西省始皇帝陵の兵馬俑坑など、度肝を抜くような文物の出土が相次いだ。当時考古学関係の学術雑誌といえば『考古』『文物』『考古学報』しか発刊されていないなかで、硬直した儒法闘争史観による解釈が施されてはいたが、そこでの発掘報告や、日本各地で催された中国出土文物展は、中国悠久の歴史の想像を絶するスケールとダイナミズムに彩られたもので、読者や参観者の眼を奪った[65]。

また、この時期、中国の歴史、とりわけ東西交流の豊かな歴史遺跡や少数民族による多様な習俗を保存する西域（西安以西の新疆ウイグル自治区地方）の文化の魅力を伝えた、井上靖・陳舜臣・司馬遼太郎の三人の作家が果たした役割もまた、見逃すことができない[66]。というのも、この直後一九八〇年からＮＨＫで特集番組『シルクロード』が一二回放送されたからである。制作にあたって、彼らは実際に取材に同行して出演もしている。『シルクロード』は当時の多くの日本人に、中国大陸へのロマンをかきたて、現代中国への親近感と魅力を植え付ける上で、計り知れない影響力を持った。

また中国の人びとにとっても、一九七八年以降、主要都市で上映された『サンダカン八番娼館　望郷』『君よ憤怒の河を渉れ』など数本の日本映画が、外国の文化への視界を一挙に開き、とりわけ日本への憧れをかきたてる上でとてつもない力を及ぼしたのであった。日中は長い断交から復縁したあと、ひとしきり疎遠な時期が続き、八〇年代以降、ようやく蜜月時代を迎える。そのさい、双方の認識経路を通わせる上で影響力を持つメディアは、一九四五年以降、一貫して主流メディアであった新聞・雑誌など活字系メディアから、次第にテレビ・映画など映像系メディアへと移っていった。

当然のことながら、次なる課題として一九七九年以降の日本の対中認識をトレースする作業が控えている。ただそれは、中国の対日認識経路を同時代日本の対中認識経路と重ね合わせながら、相互認識の回路として究明していくという新たな方法に支えられなければならない。

第二章　友好と離反のはざまできしむ日中関係　一九七九―八七年

――中越戦争から民主化運動へ

一　高まる友好ムード、冷え込む論壇

パンダとシルクロードのブーム

一九七八年一〇月二二日、鄧小平副首相が来日、日中平和友好条約が発効した。同年一二月一八日、中国共産党一一期三中全会が開催され、この時を契機として中国は改革開放へと大きく舵を切ったと、中国でも日本でも言われている。ただ同時代の言説をたどってみると、三中全会によって鄧小平の改革路線が定着したと受けとめられてはいるが、当時、「改革開放」という用語はまだ定着していなかった。むしろ当時、歴史的転換点として位置づけられていたのは、七五年初頭の第四期全人代第一回会議での周恩来総理による「四つの近代化」報告と翌年九月の毛沢東死去であって、文化大革命と毛沢東路線に訣別し、近代化路線に向かう契機とされていた。三中全会が「改革開放」政策へのメルクマールとして意識化されるようになるのは、中国においても、日本においても、その後の四人組裁判、歴史問題についての決議を経て、華国鋒・鄧小平体制から鄧小平・胡耀邦体制へと権力が移行し、経済特区・沿海開放都市が指定された一九八三・八四年あたりを待たねばならなかった。

とはいえ、三中全会により、中国はそれまで固く閉ざしていた重い扉を外へと開いたことは確かなことである。

とりわけ日本に向ける眼差しは熱かった。交易や経済協力による財界の交流、外務省の文化交流事業として北京に設置された日本語研修センター（通称「大平学校」）や、日中双方の国費留学を通しての民間青年交流、あるいは旅行などを通しての比較的自由な往来が格段に広がった。中国国内でも民主化や表現の自由を求める声が高まり、中国への訪問や取材がそれまでと較べて自由になったこともあって、中国政府に対する不満・批判を含む中国内部の声が、直接、日本に届くようになってきた。

官界では、日本政府は戦後一貫して台湾の中華民国政府を支持し、自民党主流派議員、旧軍人および遺族会を中心として、蒋介石総統率いる台湾との太いパイプがあった。しかし、日中国交正常化により中華民国政府と断交し、中国政府との外交関係を樹立すると、与党自民党内にも青嵐会のような一部の抵抗勢力はあったものの、一転して中国との政府間関係を緊密化させていった。

民間では、日本の庶民にとっては国交回復直後に寄贈された二頭のパンダが日中友好のシンボルとなり、上野動物園の入園者数が激増し、パンダ・フィーバーをまきおこした(1)。また、一九八〇年からＮＨＫで放映された特集番組『シルクロード』（第一部は全一二集）が、悠久の中国文化へのロマンをかきたてた。パンダは中国の辺境奥地の珍獣であり、『シルクロード』は西安より西の西域（新疆ウイグル自治区）を取材したものであって、いずれも現代中国の政治経済の中心からは外れており、当時の一般の漢族系中国人はほとんど関心の埒外にあった。それだけに権力政治の激動や、文革後の社会の混乱を映すフレームの外部にあったため、日本の庶民の日中友好ムードに水が差されることはなかった。『シルクロード』は井上靖・司馬遼太郎・陳舜臣といった流行作家が同行取材をして旅の案内役となり、日本人が潜在的に抱く、辺境の非農耕遊牧民へのエキゾチシズムと親近感をくすぐり（補章参照）、心の琴線に触れるものだった。だが、取材の現場はというと、中央電視台との日中合作により、人民解放軍の全面協力のもと、莫大な取材費用を請求されながら、好ましい側面だけを伝えようという広報・教育を旨とする中国側と、ドキュメンタリー作品としてありのままを伝えようとする日本側との間に、被写体の構図や描出の方法をめぐって、意見の対立や摩擦が絶えなかった実情は、その画面から窺うことができない[2]。

一九八二年、歴史教科書問題に日中両国政府が翻弄され関係が冷え込もうとしたさなかに、日中国交正常化一〇周年を記念して、日中合作映画『未完の対局（一盤没有下完的棋）』（徳間康快、汪洋・製作／佐藤純彌、段吉順・監督）が製作され、日中両国で上映された。日中戦争が引き裂いた日中の棋士の友情を描いた作品で好評を博した[3]。いっぽう、一九八一年三月から中国東北地方（旧満洲）を中心とする中国残留孤児による肉親捜しのための訪日が始まった。残留孤児問題は、日本の庶民に中国との戦争がもたらした悲劇と傷跡の痛みを実感させ、孤児への憐憫と養父母への恩義の情感を募らせた。作家の山崎豊子は残留孤児を主人公にした小説のために、胡耀邦総書記の支持を得て、中国政府の全面協力のもとに靖国批判に揺れる中国を取材し、『大地の子』を書きあげ（『文藝春秋』一九八七年五月号―八八年三月号に連載[4]）、ＮＨＫドラマにもなった（一九九五年放映）。一九七八年からの総理府内閣総理大臣官房広報室による「外交に関する世論調査」をみても、中国に対する親近感について、「親しみを感じる」日本人は七八年の六二％から八〇年は七八・六％に上昇している。

中国の庶民にとっても、一九七八年、鄧小平の訪日を記念して中国の主要都市で『愛と死』『サンダカン八番娼館　望郷』『君よ憤怒の河を渉れ』『華麗なる一族』『人間の証明』などの日本映画が上映された。文化砂漠だった中国にとって、日本映画は干天の慈雨となり、日本への憧れをかきたて、映画に登場する俳優たちは国民的アイドルとなった[5]。

論壇の基調は中国の現状批判

前章では一九七三年から七八年までの五年間に日本で発行された総合雑誌に掲載された中国関連記事を集めて、記事内容を分析した。本章では、引き続き七九年以降から八七年までの八年間の総合雑誌掲載記事の定量・定性分析を行なう。

この時期はいよいよ日中関係が公式・民間ともに本格化し、宝山製鉄所プラント輸出のキャンセル、歴史教科書問題、靖国神社公式参拝問題、光華寮問題などがあり、中国各地で学生を中心に反日デモを引き起こすなど、歪《いびつ》な両国関係が外交問題化する時期でもあった。中国国内では改革路線をめぐる権力闘争、開放政策を抑止しようとする保守派の巻き返しなど、党内権力は依然として不安定で、胡耀邦総書記が辞任するにいたった。だが、総じて改革路線が定着し鄧小平体制の地盤が固まりつつあった。その裏側で、文革の災厄で就職と大学進学の機会を奪われた青年の民心は、荒廃しながらも、そのなかから自由と民主化を求める体制批判の声が結集しつつあった。

本章で分析対象とする雑誌としては、前章で扱った一三誌のうち一九七八年に休刊となった『展望』を外し、『文藝春秋』（文藝春秋）、『中央公論』（中央公論社）、『世界』（岩波書店）、『日本及日本人』（日本新聞社）、『思想の科学』（思想の科学社）、『朝日ジャーナル』（朝日新聞社）、『自由』（至誠堂）、『現代の眼』（現代評論社）、『潮』（潮出版社）、『現代』（講談社）、『諸君』（文藝春秋）、『正論』（産経新聞出版局）の一二誌を採用した（なお『現代の眼』は一九八三年に休刊）。

まず記事本数を雑誌ごとに集計した歴年推移でみると、一九八二年以降、記事数の激減が目につく（表2-1）。これは注目すべき事件や出来事に乏しかったというよりも、論壇に登場する公共知識人の間で、それまでの国交回復や条約締結にともなってあった熱気や関心が失せていったと見るべきである。別の側面として、その分、中国以外のアジア関連記事が増えていったという事実もまた、指摘しておかねばならない。とりわけ政治面では、一九七三年八月の金大中拉致事件や緊迫の度を増す朝鮮半島情勢を反映して、韓国関係の記事の増加が目につくようになった。

記事の論調を見ても、中国の現状に対する批判的トーンの記事が非常に目につき、同情・共感・支持といった論調は著しく減退していく。それ以前の時期も中国批判的な記事はあったが、多くは残存する文革遺風への批判

表2-1　総合雑誌別中国関連記事数（1979-87年）

雑誌名	1979	1980	1981	1982	1983	1984	1985	1986	1987	雑誌累計
日本及日本人	1	1	1	2	0	0	1	0	1	7
文藝春秋	10	5	14	9	4	6	1	1	3	53
諸君	10	7	5	6	7	4	2	4	12	57
自由	35	20	16	7	10	12	12	2	10	124
中央公論	30	10	16	13	8	2	7	5	6	97
世界	17	5	4	6	3	14	11	5	15	80
潮	8	4	5	2	1	2	2	2	1	27
朝日ジャーナル	21	38	12	6	23	29	8	2	7	146
現代	3	1	2	2	2	2	1	0	0	13
思想の科学	2	11	2	1	0	0	3	0	0	19
正論	24	3	7	3	1	4	6	2	8	58
現代の眼	6	3	15	2	1	休刊	—	—	—	27
各年累計	167	108	99	59	60	75	54	23	63	708

表2-2　寄稿者別総合雑誌中国関連記事掲載頻度（1979-87年）

人名	本数	人名	本数	人名	本数
中嶋嶺雄	27	森永和彦	7	秦郁彦	3
本多勝一	26	伊藤喜久蔵	6	鄭竹園	3
岡田英弘	13	宮崎正弘	5	辻康吾	3
木屋隆安	12	林景明	5	田中正明	3
矢吹晋	11	西義之	5	曾野明	3
夏之炎	10	伴野朗	5	斉辛	3
竹内実	10	鈴木明	5	鈴木卓郎	3
小田実	10	柴田穂	5	近藤龍夫	3
中岡哲郎	9	小島朋之	5	菊地昌典	3
宇佐美滋	9	衛藤瀋吉	5	岡野篤夫	3
田所竹彦	8	矢野暢	4	江頭数馬	3
戴國煇	8	加々美光行	4		
吉田実	7	石原萠記	4		

＊ただし３本以上寄稿者に限る

であり、それに社会主義全般への否定的評価がかぶさったものであった。だが、一九七九年以降のこれらの記事は、後述するように必ずしも文革および社会主義批判の枠組みに収まりきるものではない。

次に中国論の書き手の属性傾向として、寄稿者の掲載本数のランキングを見ると、大きく四つに分類できよう（表２－２）。①現代中国研究者およびチャイナ・ウオッチャー（中嶋嶺雄・岡田英弘・矢吹晋・小島朋之・衛藤瀋吉・加々美光行など）、②中国を現場とする記者（田所竹彦・吉田実・伊藤喜久蔵・伴野朗・柴田穂など）、③特定のメディアで中国批判を展開する論者（『自由』での木屋隆安・森永和彦・宮崎正弘・石原萠記、『諸君』での宇佐美滋・西義之など）、④台湾出身の運動家・研究者（林景明・戴國煇など）であり、前章で寄稿者の属性の一つとして摘出した中国革命に共感し文革を一定程度支持するタイプは、この時期にほぼ姿を消しており、中国の現状肯定的な立論を展開する論者は一部の記者（田所竹彦・吉田実・伴野朗のほか、斧泰彦・松野谷夫など朝日新聞の記者）に限られる。なお、四大分類に含まれない本多勝一・小田実・中岡哲郎の本数は、いずれも『朝日ジャーナル』での連載記事の連載回数である。(6)

総じてこの時期の日本人の対中国認識のありようとして、官界・財界・庶民は中国政府を支持し、日本の近代化に学ぼうとする中国の熱い視線に対し、好意的に応じていた。いっぽう、論壇は冷ややかな対応をし、中国の現状と前途に対し悲観的な展望をしていたと言えよう。

二　視界不良の中ソ・中米関係

中越戦争と社会主義への幻滅

一九七九年二月一七日、中国軍がベトナムと国境地帯で衝突した中越戦争は、日本人の眼には奇妙で型破りな戦争として映った。大方の見方は威嚇のみで攻撃はしまいというものだったが、中国はあえて軍事行動に出た。

中国の国境侵犯正当化の名分は、ベトナムのカンボジア侵攻に対する「懲罰」「制裁」であった。とはいうものの国境付近から先には侵攻しようとせず、しかも大した戦果は挙げられないまま一カ月足らずで全面撤退した。その間、またその結果として、中国軍の組織と装備の近代化の遅れが衆目に晒された。ベトナムのコメコン加盟、ソ越条約締結、中国をはるかに上回るソ連の対ベトナム支援など、戦争の背景としてベトナム攻勢を強めるソ連の動きに神経を尖らせていた中国は、ソ連からの制裁の連鎖を覚悟していたのかもしれない。だが、ソ連は自重し、軍事的報復行動はとらなかった。

中越戦争は国際社会に「骨肉相食む」社会主義国間の覇権闘争の実態を見せつけ[7]、「社会主義理念に対する大きな批判と疑惑を一挙に噴出させる契機になった[8]」。宇野重昭によれば、ソ連型ではない独自の社会主義が実現することに期待を寄せていた日本の知識人にとって、中国のイメージは大きく損なわれ、「変転極まりない国」「信用できない国」という見方が広まりはじめ、「中国評価は、かつての民族解放の英雄ベトナムにたいする幻滅とも複雑に絡みあって、急速に低下」するきっかけとなった[9]。中嶋嶺雄によれば、戦後日本の知識人を惹きつけてきた「毛沢東の中国」イメージは、六〇年代後半からの文化大革命によって熱烈な共感へと変わったが、林彪事件は「政治的矛盾を露呈」し、七〇年代初頭の米中接近は「革命的幻想」を萎ませた。代わってベトナム戦争の激化が、「進歩的文化人や左翼知識人を集団的に糾合してゆく重要な〝残り火〟」となったものの、「ハノイの「ソ連化」」がすすみ、次いでベトナムのカンボジア侵攻やポル・ポト政権の大量虐殺の事実が明らかになり、その揚句に中越戦争にまで発展するに及んで、ベトナム戦争への共感を軸としたそれら知識人の活動は大きく衰退」したのであった[10]。

非毛沢東化のなかの中ソ・中米関係

依然としてソ連軍は中ソ国境およびモンゴルに駐留を続け、インドシナ情勢をめぐり対ベトナム支援を拡大しており、中ソの覇権争いはエスカレートしているかのように映った。そのさなかの一九七九年四月、中国は建国直後に調印された中ソ友好同盟相互援助条約の廃棄をソ連側に通告した。また同年末、ソ連軍はアフガニスタンに侵攻し、中ソ間にさらに障害が増えた。しかし奇妙なことに中ソ関係は平穏で、一九八二年三月二四日、ブレジネフ書記長は中ソ関係改善を呼びかけ、中ソ和解が現実味を帯びてきた。黒竜江省の三カ所の中ソ国境両都市では友好交流が行なわれて国境貿易が拡大して中ソ対立前の水準に戻りつつあり、黒竜江両岸には張りつめた緊張感はなくなっていた。(11)

中嶋嶺雄は中国内部で非毛沢東化が進み、かつて非スターリン化を進めたソ連との協調の可能性が高まったことで、中ソの政治経済システムが近接し、「党官僚独裁下の中国社会と中国の権力構造は、帰するところソ連に似てくる」だろうとみた。実際、ソ連に対する中国の「社会帝国主義批判」は影を潜め、ソ連の経済モデルが讃えられるようになった。(12)この背景として、中国は一九八〇年九月、国連総会で黄華外交部長が「大戦の発動を制止することは、完全に可能である」と発言、米ソの「核の均衡」の上に成立するデタントを容認し、それまでの「三つの世界論」を実質的に後退させていた。(13)いっぽうで中嶋は、一九七九年年頭に米中国交は樹立したものの、自由・人権といった西側の価値へ急接近すると、「中国社会の内部矛盾を増幅拡大」させてしまうため、中国の改革開放体制への転換は即座に「西側化」を意味しないとみた。(14)

中米関係がさほど緊密化しない理由として、中国の政治構造をめぐる国内事情のほかに、米中国交樹立後も米台関係が実質的に変化していないことへの中国側の不満があったことも指摘しておくべきだろう。このことは、日中国交正常化と同時に台湾との断交に踏み切ったことで台湾側の憤激を招き、中国側は主に経済・技術協力面で日本への傾斜を強めていったという日中関係と対照してみると、いっそうはっきりする。アメリカは一九七九年一月一日、米中国交を樹立し、一年後の同日に、米華相互防衛条約を終了することを通知した。そのいっぽうで、カーター大統領は七九年四月一〇日、台湾の安全保障に関する台湾関係法（武器供与を含む）に署名、双方に政府の在外代表機関を設置し、準国家関係が維持されることを法的に保証した。同じく台湾と断交した日本の場合は、断交後の日台関係に関する正規の立法措置はなく、日華交流協会は純然たる民間の任意団体でしかなかった(15)。

米中ソ関係をめぐり、ソ連を主敵として米中接近と日中関係強化により対ソ包囲網を布くというそれまでの中国の世界戦略は大きく変更しつつあった。とはいうものの、東シナ海・南シナ海の大陸棚に眠る海洋石油資源の開発をめぐっては、依然として中ソ対立が影を落とし、尖閣諸島の領有権を主張する日本にとって、中国フィーバーに水を差しかねない状況が生まれつつあった。尖閣諸島・西沙諸島・南沙諸島の領有権については、国際海洋法条約にもとづく領海の定義と、領有の歴史的正当性をめぐり、当該国同士で主張する境界が対立していた。とりわけこの時期は西沙諸島をめぐるベトナムとの紛争、南沙諸島をめぐるベトナム・フィリピン・台湾との領有権をめぐる紛争が、海底油田探査と軍事占拠の行動をともなって熾烈化しつつあった。その背後に、西沙・南沙諸島に対するベトナムの主張を支持するソ連がおり、中ソ対立が影を落としていた(16)。やがて中国が国内エネルギー資源の安定確保の狙いから、本格的に海洋開発に乗り出そうとすれば、いっそう周辺諸国との摩擦と対立は激化しかねない。今日の尖閣諸島領有権をめぐる日中対立のエスカレーションの火種は、この時期に胚胎していたのであり、当時すでに論壇において警告はなされていた(17)。

三　改革開放で露わになった中国の異質性

経済過熱による失敗から経済調整へ

改革の総設計師・鄧小平は、たとえ経済格差が生じようと、先んじて豊かになることを容認する「先富論」を提唱した。経済開発においては一九八〇年、深圳《しんせん》に経済特区が設けられ、八四年には対外開放の拠点となる一四の沿海開放都市が生まれ、党企分離による企業の自主権拡大により、積極的な外資導入を図った。農業は生産責任制が導入され生産高が上昇し、農村には農業経営に成功し高所得を挙げる「万元戸」が生まれた。八二年九月の一二回党大会で、鄧小平は今世紀末までに工農業総生産額を八〇年の四倍増とすると述べ、西側の経済専門家は中国流の大風呂敷だと疑念の眼を向けたが、その後は堅調な経済成長を続け、鄧小平の宣言は実現に向けて現実味を帯びてくるようになった。

中国は日本の経済協力に期待し、高度成長を果たした一九六〇年代の日本を手本に、近代化のための技術やノウハウを学ぼうと、熱い視線を送った。日本も平和友好条約に先んじての七八年二月に、八五年までの八年間に双方それぞれ総額一〇〇億ドルの輸出送金額に上る日中長期貿易取決めを締結し、河本敏夫大臣率いる通産省および経済界は、一〇億人の中国市場をめざして積極的な中国経済進出に乗り出した。

だが日本の財界官界の期待はすぐに失望に転じた。日中長期貿易取決めにより、初年度は百億ドルを超す日本からのプラント輸出がなされた。だが、たちまち対日貿易赤字が嵩み、外貨不足、輸送インフラの不備、原油不足など、甘くない中国市場の現実が露わになった(18)。稲山嘉寛経団連会長が積極的に推進した、対中経済協力の目玉だった上海・宝山製鉄所の八五〇億円のプラント輸入契約をめぐって、基礎工事が始まった七九年二月、中国側は契約の保留を申し入れてきた。翌年七月には薄一波副首相が日本のエコノミスト代表団に対して「宝山は中国人民のお荷物」とまで発言した(19)。

外国からの重化学プラント導入による基本建設は、外貨の支払い能力を上回る過剰投資を呼び込み、財政赤字が膨らみ、物価統制をしく社会主義国にはないはずのインフレを招いた。輸入代金に充てる原油などの輸出も十分には確保できなかった。インフレの背景にはまた、企業の自主権拡大により、統制価格を上回るヤミ価格による基本建設のための重要物資の取引があった。

その背後には、毛沢東の忠実なる後継者として最高の地位にあった華国鋒のしていることは「洋躍進」(西側の大規模プラント導入による性急な近代化政策)だとして、華の追い落としを図る勢力が、宝山製鉄所を失敗の象徴として位置づけるねらいがあった。かくて近代化政策は出鼻を挫かれ、政権争いも絡んで、中国政府は一九七九年三月から基本建設投資を四〇％縮小する「経済調整」に乗り出した。中国の一方的通告による日本側投資の契約破棄は、一九八一年時点で三二〇〇億円に上った。諸条件が整わないところで急ぎ過ぎた中国の近代化の失敗が露わになり、中国の対外的信用は傷ついた[20]。

一九八一年七月、来日した経済学者・凌星光（中国社会科学院世界経済研究所日本研究組組長）は、経済調整のさなかにある中国経済事情についてレクチャーした。「当面の中国経済は大体、日本の一九五〇年代前半に相当する」と率直に認め、社会主義経済メカニズムの確立のために、統計制度の完備、合理的価格体系の確立、金融制度の確立、企業自主権の拡大、合理的財政制度の確立、合理的土地利用制度の確立などの課題があり、現下の経済調整を理解してもらうには、「戦後日本のドッジ・ラインを思い浮かべてほしい」とした。そのうえで、中国経済の離陸までに一〇年はかかるという見通しのもとに、「五〇年代の日本の発展過程から学ぶ」という姿勢で、中日経済協力への希望を語った[21]。

経済調整から、陳雲中央政治局常務委員が八二年末に主張した国家計画重視の「鳥籠論」（「鳥」は資本主義的要素、「籠」は社会主義体制の枠組みを含意し、計画経済を主体とする立場）など引締めの時期を経て、八四年一〇月中共一二期三中全会の経済体制改革の決定で「改革開放」の方向が固まった。さらに、八七年一〇月中共一三回大会の趙紫陽による政府活動報告では、中国を「社会主義初級段階」にあるとし、資本主義か社会主義かをめぐる論争と、所有権・経営権・党政分離など、これまで揺れていた方針に決着をつけ、ひとまずの混乱は回避されるようになった。

東アジア経済圏論の二側面

日本の経済界は、平和友好条約締結直後は、「地大物博」（土地が広大で物産が豊富）で広大な未開拓市場を持つ中国の魅力から、日中貿易の拡大に大きな期待を寄せたが、やがて失望とともに、関心は東アジア市場、とくにシンガポール・香港・台湾・韓国の「四小龍」を中心とするNICs圏へと向かった。新興東アジア経済圏論には、二つのアプローチによる評価があった。

第一は、比較文明論的立場からNICsや日本の経済成長の必然性を説明し評価する「儒教文化圏論」である。戴國煇は、日本と中国の経済を中心とする近代化のありようを、「和魂洋才」型（日本）と「中体西用」型（中国）の二種の「儒教文化圏」に分かち、「日本資本主義の水先案内人、そして日本資本制社会のプロモーター」としての渋沢栄一の『論語と算盤』を、日本的儒教倫理が「「官」の資本主義的活性化」をもたらした例証として挙げた。いっぽう清末の洋務運動の失敗を「中体西用」論の挫折として捉え、目下の中国大陸の四つの近代化とアジアNICsの経済成長について、「新儒家」を淵源とする華人系学者が、「中国伝統文化の再評価と儒家思想の読み直し」によって説明しようとしていることに着目した[22]。中嶋嶺雄は、二一世紀は「欧米世界の翳りに比して、東アジアの〈儒教文化圏〉が世界の経済的・社会的活力の中心を担ってゆく」とした。とりわけ日本とアジアNICsに着目し、一人当たりGNPが二〇〇〇米ドルを超えたこれらの地域には、社会的成熟を果たして革命的変化はもはや起こらないのに対し、中国・北朝鮮・ベトナムなどの社会主義国は〈儒教文化圏〉には属するものの、「社会主義のシステムをとるかぎり、後発諸国の近代化は成功しない」と冷ややかに見た[23]。また別の著書で、経済大国化し「ジャパン・アズ・ナンバーワン」（エズラ・ボーゲル）ともてはやされた日本、奇跡の成長を遂げた韓国と台湾の三国が、「アジア太平洋諸国の牽引車」となるとし、「社会主義はもはや近代化のモデルではない」として、ウェーバー・モデルを援用した「儒教文化圏」により経済成長の理由を説明した[24]。

第二は、日本とアジアの近代化方式の差異を強調し、日本とは異質なアジア市場への急接近は日本の国益を損なうから抑制せよとする、「脱アジア論」である。矢野暢《とおる》は、社会主義・民主主義・近代化といった西洋を淵源とする普遍主義的な思考様式が東南アジア諸国に浸透しているかのように見えながらも、それら外来的な文化要素が「土着的な文化的蓄積」によって複雑かつ多様に現地規範化している実態を指摘した。矢野は、このようなアジアの近代化方式に対して、日本の近代化はアジアの「異例国家」としての特異なもので、アジア社会に放り込まれると、「文化的共鳴」どころか「文化摩擦」を引き起こすとして、こう結んだ。

わたしたちが、新しい「文化主義」的常識と意味論的感覚とを身につけ、アジア世界の内在的固有論理にたいする感受性を培い、同時に、アジアにおける日本の文化的「共鳴」力の限界の見究めに成功するときまで、そして、アジアの国ぐにの発展に望ましい貢献ができるほんとうの自信がもてるときまで、日本は、いさぎよく、アジア世界とのおつきあいを断念すべきである。[25]

典型的な事例は長谷川慶太郎の当時の話題書『さよならアジア』（ネスコ・文藝春秋、一九八六年）で、その広告文は、「アジアという巨大なごみ捨て場の中にひとりそびえる超近代的な高層ビルが日本だ。このままでは怠惰なアジア諸国から抱合い心中に巻きこまれる」というものだった。

「開放」された中国内部で目の当たりにした「改革」は、混乱と近代化の立ち遅れが目立つ、日本とは異質な社会のありようだった。それまでの社会主義建設や毛沢東思想への憧れは薄れ、論壇からは文革支持の思想家による記事は消えていった。かろうじて岡崎嘉平太・古井喜実といった親中派友好人士が記事を寄せるものの、[26]新味はなく精彩を欠いた。『思想の科学』は一九八〇年九月号で特集「中国社会主義の現在」を組んださい、このような「編集前記」を掲げた。

「最近の中国には興味がない」という人も多い。過去には〝すばらしい国〟と思って来た期待が裏切られたからといって、いま関心を失うというのでは、〝十年〟の苦難ののちに、ようやく希望を見出しはじめている中国の人々から見れば、昔も今も結局は無縁の人であるにすぎない、ということになるだろう。
日本の左翼はこれまでいつも、どこか特定の社会主義国にたいして幻想を持ち、それを行動のバネとして来たのである。昭和二十年代まではスターリンのソ連が絶対であった。その幻想が崩れるとこんどは毛沢東の中国に幻想を持った。文化大革命以後はその傾向が広く日本の全マスコミを覆った感がある。すべての幻想が失われた今こそ、むしろ左翼理論にとっては正念場なのである。（中略）いずれにしても現在中国で進行している価値転換（その中軸に毛沢東批判があるのだが）は、単に海の向こうの事件であるのではなくて、日本の知識人の認識力の弱さにたいして、深刻な反省を要求しているのだ、といわなければならないであろう。

文革支持の活動家・思想家・知識人の中国記事を数多く掲載してきた『現代の眼』は、中国関連記事そのものが激減していた。一九八一年五月号に久々に中国特集を組んださいのタイトルは、「否定された文革と動揺する中国」だった。「〈随筆的寸評〉文化大革命に何を見たか」と題して九名の論者が寄稿するなかで、井上清は文革の理念は正しかったとの思いは捨てられないとしながら、現実の文革は「封建的ファッショ的専制、文化の破壊、生産の破壊以外の何物でもなかった。……文革中にこのことにほんの少しも感付かなかった自分自身にあいそがつきる。私は中国のことについて発言する資格はない」と語った。

中国社会の異質性

中国の異質性を強烈に印象づける上で、この当時多くの日本人に読まれ、影響力を持った本として、船橋洋一『内部』（朝日新聞社、一九八三年）とフォックス・バターフィールド『中国人』（上・下、時事通信社、一九八三年）を挙げておくべきだろう。ともに北京駐在の新聞記者時代の見聞をまとめたルポルタージュである。

船橋は一九八〇年二月から八一年一二月まで朝日新聞北京特派員を務め、現地での報道と内部資料を駆使して、党幹部の特権ぶり、コネ社会の実態、文革後に社会復帰ができない失業状態の下放青年、荒廃した人心など、社会内部の異様さを暴いた。中国に住む中国人自身が中国の内部矛盾をどのように見ているのか、中国の現実に即して事実をもって語らしめようという意図からだった。その報道姿勢は、それまでの朝日新聞の親中国的なありかたとは明らかに一線を画するものだった（証言編・船橋洋一インタビュー）。バターフィールドは一九七九年六月から八一年一月までニューヨーク・タイムズ北京支局長で、こちらは主に自ら見聞した体験を踏まえて、「単位」社会・コネ社会・官僚主義・隠れた階級社会など、西洋的な尺度からは理解しがたい社会の実態を私小説風に活写した。

二作品のスタイルは異なるが、ともに強調する中国社会の異質性については、共通する二つの要素が摘出できる。すなわち第一に、社会主義の信念が失墜し、人びとの紐帯が社会主義でも毛沢東思想でもなくなったあと、中国伝統社会の地金が剝き出しになっていき、そこには近代以前の封建的遺制が頑強に残存していることが露わになったこと。第二に、中国共産党幹部層は革命と社会主義化によって獲得した既得権益にしがみつき、特権・腐敗・汚職といった中国型社会主義の悪弊が振り払われずにあったことである。

この当時の中国像を覆っていたのは、近づいて内部に入り込めば入り込むほど露わになってくる、われわれの社会とはかくもシステムが違うという、中国異質論であった。幻想が消え去った後に、なおも近代化に向けて模索する中国への関心を失わず、「中国はどこに向かうのか」という大きな問いと正対しつづける持続的胆力は、当時の論壇から枯渇しつつあった。中国が抱える異質性の意味を解き、近代化にいたる道筋を展望するような論考は、乏しかった。

この異質性についてもまた、中国に固有不変のものだとは言い切れなかった。改革開放下で進みつつある学生の民主化要求運動が、「大きな変化の前触れ」となっていたからである。竹内実によれば、それは「社会主義のタガが外れていく最初の兆候」だった。[27]では改めて問おう。いったい中国はどこに向かうのか。

この異質性を「アジア社会主義」の歴史に由来するものとして、その曲折と苦難に満ちた道程を捉えようと格闘していたのが加々美光行だった。加々美によれば、閉鎖・粛清・虐殺など悲劇的な形で現出せざるをえなかったアジア社会主義の後進性の背後には、学ぶべき模範の先進的ヨーロッパ世界が帝国主義勢力となり、「外部圧力との対決と、そのために生じる対外封鎖の体制」という特徴を刻みつける「アンチ・ヨーロッパ・コンプレックス」があった。対外封鎖を伴う内向化は、時には自力更生型経済をもたらし、内部粛清をもたらし、農村根拠地型革命をもたらした。そこで、「アンチ・ヨーロッパ・コンプレックスに呪縛されない「社会主義」は成り立ち得るのか、成り立ち得るのならそれはどのようなものであり得るのか、という問い」が現下の中国の政治体制改革の課題だとした。[28]

加々美はこの当時刊行した著書に収められた一編の書き下ろし評論文のなかで、第二次大戦後の日本と中国を中心とするアジアには、ヨーロッパに回収されない近代を志向する「アジア〈反近代〉」の精神が息づいていたとしながらも、「国家的情念論」も、アジア・アフリカ・ラテンアメリカの台頭を促した「バンドン精神」も、「コミューン国家論」も挫折したはてに、いまやアジアＮＩＣｓの隆盛は資本主義の周辺部が中心部へと加速度的に巻き込まれていく「竜巻現象」だとして、「内なるアジア」が切り捨てられていく現実を凝視した。[29]

四　関心をひかなくなった中南海の政治動向

中国内部の権力闘争――華国鋒路線から鄧・胡体制へ

中国内部の権力闘争も激しく、改革と保守、開放と封鎖の間を揺れ動いた。両者の葛藤は哲学・文藝のイデオロギー論争の形をとって現われた。[30]一九七八年五月、『光明日報』に「実践は真理を検証する唯一の基準である」と題する論文が発表され、毛沢東の意思決定はすべて擁護し指示はすべて遵守せよ（「二つのすべて」）として毛の絶対権威に依存する華国鋒路線と対峙した。四人組が打倒されたあと、一一期三中全会前後から、文藝界には文化大革命でこうむった物的精神的被害による傷痕を告発するような「傷痕文学」が続々と発表された。七九年には文革で迫害を受けて死んでいく画家を描いた、白樺による映画シナリオ『苦恋』、党幹部の腐敗をリアルに描いた劉賓雁による報告文学（ルポルタージュ）「人妖の間」が発表された。

一九八〇年五月、元国家主席で文革中に打倒され悲惨な病死を遂げた劉少奇の追悼大会が行なわれ、鄧小平が弔辞を読み、名誉回復がなされた。同じく反右派闘争や文革で右派分子あるいは反党分子とされた、女性作家の丁玲、人口学者の馬寅初、「三家村集団」（鄧拓・呉晗・廖沫沙）も相次いで名誉回復がなされた。同年一〇月、中共中央政策研究室主任の廖蓋隆による、党政分離などの政治体制改革を含む「庚申改革案」が発表された。一九八三年一月、『人民日報』副総編集長兼社会科学院哲学研究所研究員の王若水は、社会主義社会にも疎外が存在すること、またこれまでブルジョア的と否定的にみなされてきた人道主義の復権を主張した。これに文学藝術連合会副主席の周揚が積極的支持を表明した。これら体制内改革派ブレーン・トラストや、新写実主義系の作家たちは、「第五の近代化」ともいうべき政治体制改革の必要性を訴え始めた。

華国鋒により四人組が逮捕され、一九八〇年一一月二〇日、最高人民法院特別法廷で、林彪・四人組裁判が開始され、翌年一月二五日に判決が下された。裁判については、日本の論壇は総じて政治裁判劇として捉え[31]、法廷で裁かれる林彪・四人組の悪事を伝えることよりも、起訴状や中国側が発表する記録類をもとにして、法廷での被告たちの一挙手一投足に眼を凝らしながら、背後でどのような権力闘争が展開されているかを読み解こうとした[32]。具体的には鄧小平と、すでに八〇年八月の末の全人代では首相を辞任していた華国鋒の角逐であった。産経新聞の柴田穂によれば、鄧小平の演出する裁判劇のねらいは、法廷を公開審理・テレビ中継することの政治ショー効果をねらって、「〝四人組〟と、文革派〝最後の生き残り〟華国鋒の政治的敗北をはっきりと見せつけることによって、〝すべて派〟の心理的な拠りどころを打ち砕いてしまう」ことにあること、ただしそれ以上の混乱を引き起こさないよう、「〝林彪事件〟と〝四人組〟の発端となった文革─毛沢東路線─毛沢東思想─毛沢東自身という系譜そのものへの追及には到らないというワクが設定され」ること、「林彪、江青両グループは、毛の側近グループでありながら、実は毛にたいする反逆者であったという筋書きが必要になる」と述べた(33)。このような鋭い見立てに比して、多くの新聞報道には分析の限界があったことが、中嶋嶺雄によって批判された。中嶋によれば、それはポスト毛沢東体制を「華・鄧体制」という「集団指導性」の概念で表現してきたことの誤認によるものであった。中嶋は、「華国鋒と鄧小平は水と油であり、いずれは華が鄧によって追放される」と見ていた(34)。

鄧小平は急速な対外開放の一方で、社会の混乱を防ぎ、民主化の動きを抑制すべく、「四つの基本原則」を強調し、中共中央も八一年二月から文明礼儀運動として「五講四美」運動を展開した。八一年四月、『解放軍報』において、白樺は『苦恋』が「四つの基本原則」に反するとして、右派分子とされ批判された(35)。さらに翌年五月からは社会主義精神文明建設運動が推進された。

次なる権力闘争の舞台は、一九八一年六月の中共第一一期六中全会で、華国鋒党主席は副主席に降格、代わって胡耀邦が党主席に就任した。そこで「建国以来の党の若干の歴史問題に関する決議」がなされ、文革は毛沢東が犯した誤りとして全面否定された。中嶋嶺雄は「鄧─胡ライン」という「党官僚独裁体制」ができ、毛沢東路線は否定しながらも、経済と社会の混乱の歯止めとして、「貧困のユートピア」でもある毛沢東思想は否定しきれず、毛沢東の功績は第一、誤りは第二とされたと見た(36)。

中国国内の権力闘争はまた、民主と自由をめぐる「放」(開放)と「収」(引締め)の形態をとり、中国政治は蛇行を繰り返した。八三年七月、中共中央宣伝部・書記処研究室による「愛国主義宣伝教育強化」の方針、一〇月の鄧小平による思想・理論・文藝界における「精神汚染」一掃の呼びかけ、八四年一月、中共中央政治局委員で社会科学院院長の胡喬木による人道主義・社会主義疎外論は誤りとするなど、体制内部は思想統制され、政治改革は開放から引締めへと向かった。八三年一一月、先に疎外論を書いた王若水は、人民日報社社長・胡績偉とともに解任された。

このような引締めにもかかわらず、一九八六年八月、胡耀邦は政治体制改革の必要を語り、同年末あたりから民主化や報道の自由を要求する学生運動は拡大した。しかしながら、鄧小平は胡耀邦・趙紫陽に対し学生運動の取締り強化、「四つの基本原則」の堅持とブルジョア自由化反対を指示し、その講話は全党に通達された。翌年一月の中共中央政治局拡大会議で、胡耀邦は自己批判をして総書記を辞任した。

消失した毛沢東の影

このような中国権力層の動向について、日本の論壇はチャイナ・ウオッチャー（中国観察家）を中心として、逐一レポートし論評したことは言うまでもない。確かに、「真理の基準」「人道主義」「疎外」をめぐる論争の背景を分析し、その帰趨を展望することは、中共中央指導部の人事における保守派・改革派の角逐や派閥の優勢・劣勢などを分析する上での重要な手がかりだった。とはいえ、たとえ中南海の権力ゲームの実情を正確に伝え冷静に分析しえたとしても、日本の庶民にはもちろんのこと、中国専門家以外の公共知識人にも、大きな関心をひかなかった。中国人民もまた、そのような上からのイデオロギー統制に唯々諾々と従うような時代ではもはやなくなっていた。

チャイナ・ウォッチャーが伝える中国内部の実情は、これまでの日本人の現代中国像を、その輪郭の中核を形成していた毛沢東思想からは解けない、奇妙で異質な中国像へと転換させた。毛沢東の死、四人組逮捕、改革開放路線への転換を契機として、日本の論壇は、あれほど熱狂し陶酔した毛沢東および毛沢東思想について、再評価はおろか、まったく語らなくなった。近代化路線への転換の意味を、毛沢東思想との関連で思考しようとする論者はきわめてまれになった。

例外的な論者として、竹内実は、毛沢東没後一〇年、文革勃発から二〇年、「転形期」のいま、毛沢東の評価こそが、今後の帰趨を見極めるメルクマールになるとし、「歴史のなかの毛沢東」という視点から、彼を「党の天下」という枠組みを決めた「現代の始皇帝」だと見なした。評価の焦点は文革で、文革は毛沢東が築いた「党の秩序」を破壊したが、では党の秩序それ自体は肯定されるべきか否定されるべきか、それが問われているとした。(37)

それまで中国論の中核に毛沢東への評価を据えてきた野村浩一と中嶋嶺雄は、このとき際立った対照を見せた。野村によれば、現在の近代化路線が何かを問うことは、毛沢東路線とは何であったのかを問い直すことだった。野村にとって毛沢東路線は、中国革命から社会主義建設にいたるまで、大衆を立ち上がらせて「無産階級の世界」を軸に、「王朝的官僚体制の遺産のうえに芽ばえ始めた特権的官僚層の出現」を、大衆と官僚との闘争によって打破し、「専制権力支配」を変革することにあった。「政治的、経済的統一体としての現代化された国家の確立」を目指して「民主と法制」という課題を背負った近代化路線もまた、「旧中国世界の変革という課題を、新たな局面の形式を通じて現代世界の中で遂行していく」ことだとした。そのさい、「中国革命の遺産としての「毛沢東路線」の内実をビルト・インしていくか否か」が注目されるとし、近代化路線もまた、「ある種の永久革命」なのだと見た。(38)

いっぽう中嶋は、林彪事件以後の文革後期を、当時から「毛沢東体制下の非毛沢東化」と見ていた（第一章三八頁）。その延長線上で、毛沢東の死後、四人組逮捕以後を毛沢東路線から劉少奇―鄧小平路線への転換として捉えた。この歴史的転換について、かつて毛沢東を熱く論じた日本の知識人は、新たな中国モデルを形成しようとする中国の取組みを毛沢東思想の問い直しによって内在的に理解しようとしないことを指摘し、「わが国の知識人をかつてあのようにとらえた毛沢東への共感は、「当事者の苦悩への共感」どころか、所詮は借りもののエクスタシーとナルシシズムにすぎなかった」と結んだ。(39)

中国の現実に何かの理想を認めて学習をしようとか、強い賛同を表明するような関連記事は、皆無に等しくなった。対中経済協力を推進する一部の財界人のなかに中国の実情に理解と支援を表明するケースがあったが、その場合も、近代化にむけて数々の難題が山積していることを認めながら、客観的かつ冷静な判断に立って、長期的視野から中国の近代化に協力しようというメッセージがせいぜいのところであった(40)。

本章冒頭で指摘した、本章で扱う時期、とりわけ一九八二年あたりから中国関連記事の本数が激減していく現象の背景には、このような中国の政治・経済情勢にたいする一般読者の関心の低下が反映していた。実際に冒頭に挙げた総理大臣官房広報室の「外交に関する世論調査」においても、中国に親しみを感じる日本人は一九八〇年の七八・六%からピークアウトし、八八年には六八・五%に下がっている。日中関係は良好だと思うと答えた日本人も、八六年の七七・一%から八七年七〇・二%、八八年六六・二%と、年を追うごとに下がっていったのである。

五　中国批判の根拠（一）――民主化を求める体制内外の声

怒れる若者たち――信念危機、西洋崇拝、出国熱

それまでの論調とうって変わって、本章が扱う八〇年代の論壇では、中国の現状に対する批判の論調が濃厚である。ではどのような批判だったのか、批判の論拠・根拠となる材料は大別すると二種あった。第一は、本節で論じる中国内部から聞こえてくる現状への不満と、政治体制改革と民主化を求める、中国国内の体制外の知識人・学生の声である。彼らの主張は左派（『朝日ジャーナル』『世界』『思想の科学』など）・右派（『諸君』『文藝春秋』『自由』『正論』など）を問わず論壇誌全般に掲載された。

周恩来総理の死去を受けて、一九七六年四月の第一次天安門事件をへて、七八年一一月から北京・西単《シータン》の「民

主の壁」で自由な言論を発表する壁新聞が貼り出されるようになり、言論・文藝・藝術などさまざまな分野で何誌もの民間雑誌が創刊され、「北京の春」を迎えた。だが、翌年三月、『探索』編集長の魏京生が逮捕され、懲役一五年の刑が確定した[41]。対外開放により、国際社会に中国の民主化の遅れの実態が明らかになり、民主・法制・自由を求める民衆の声が伝わるとともに、それを抑圧しようとする中国政府の人権弾圧の実態もまた露呈してきた[42]。権力層の派閥・路線闘争や政策の不整合などの隙間を縫って漏れてくる民主人士の現状に対する絶望や不満、権力者に対する批判や告発の声は、彼らの雑誌・壁新聞など出版物を通して[43]、香港情報を通して、あるいは海外で民主化を支援する中国人活動家によって、国際社会に届けられるようになった[44]。

一九七九年一〇月、中南海の新華門前に二〇〇〇人の中国人民大学の学生（知識青年）が坐り込み、文革中に人民解放軍に占拠されたままの校舎の返還を要求した。文革前後、地方に下放された学生は六〇〇〇万人と言われるが、都市の受け入れが整わず、各政府機関に農村から元の都市への復帰を陳情した。あるいは無届けで都市に戻りはしたものの、復学も就職もできない二〇〇〇万とも三〇〇〇万人ともいわれる「待業青年」たちが群衆化・暴徒化するなど、深刻な社会問題を引き起こした。文革で失われた時間の長さと傷痕の深さが浮き彫りとなり、同時代のポーランドにおける党の腐敗と労働者の一斉蜂起になぞらえて、中国の「ポーランド化」が懸念された。

広東地方では泳いで香港に渡る元紅衛兵の難民たちが、数カ月で二、三万人に及んだ。七八年初めから七九年五月までの統計では香港の合法的難民が一一万五〇〇〇人、非合法難民も一〇—一二万人に上った。彼ら「怒れる若者たちの反乱」の不満は、腐敗と汚職にまみれた党・政府・軍の特権幹部に向けられた[45]。八三年四月には国境紛争や国内騒乱の抑止のための中国人民武装警察部隊が発足し、七月には情報・諜報・特務工作の拠点となる国家安全省が成立し、これら不穏分子の取締りに当たり、中国政府の管理・抑圧体制が組織化・本格化した[46]。

国の現状を憂い、前途に希望を見失った若者たちのなかは、女子テニスの胡娜選手や、魯迅の孫の周令飛や、中国空軍大尉など、アメリカや台湾に亡命する者が出始めた。宮崎正弘は、『自由』誌上でこれら亡命者たちの中国政府批判の声を伝えた[47]。八三年五月には、中国民航旅客機がハイジャックされ、台湾への亡命を要求し、韓国の空港に着陸した。女性一人を含む六名の犯人はいずれも文革世代の、「失われた世代」（ロスト・ジェネレーション）に属する若者たちだった。『朝日ジャーナル』誌の記者は、「毛沢東思想という精神的つっかい棒がとれたあとに、いま一番幅をきかせているのは物質万能主義」と評した[48]。

文革の傷痕を背負い、復学も就職の道も閉ざされた若者たちが繋ぐ一縷の望みは、外国に出ることで、若者たちは「舶来品指向」と「出国熱」にとりつかれた[49]。文革が終わって、中国青年層の間では、社会主義イデオロギーや中国共産党に対する不信感と人心の荒廃が広がる「信念危機」の様相を呈し始めた。いったん開いた扉に飛び込んできた外国の実情や価値に触れてしまった以上、いくら社会主義の優越性を訴え、思想の引締めを図ろうとしても効果は上がらず、「信念危機」は民主化要求の声へと結集していくのだった。

安徽省合肥市の中国科学技術大学副学長で天体物理学者の方励之は、中国の非民主的制度や官僚腐敗の実態を厳しく批判し、民主化を要求する学生たちのデモを支持し、改革派知識人と学生を繋ぐ象徴的な人物となった。彼は一九八七年、ブルジョア自由化運動の煽動者として解任され、党籍も剝奪された[50]。その直後、民主化運動の一つの体制側の拠りどころであった胡耀邦総書記の辞任が決まった。改革派知識人と学生が、民主化という一点でつながり、体制批判の大きなうねりとなりつつあった。ブルジョア自由化反対・精神汚染一掃を旗印に、体制側の弾圧する動きも鮮明になりつつあった。

視界に入り始めた周縁の少数民族

本章で扱うこの時期、中国批判のもう一つの根拠として、決して目立った記事数ではないが、日本の論壇の視界に入りはじめたのは、中国の周辺部に居住する少数民族の中国人の存在であった。彼らと漢族系住民との間の軋轢、中央政府の周辺あるいは辺境の自治区にたいする民族政策がもたらす矛盾としての少数民族問題が論題として取り上げられるようになった。とりわけ注目されたのはインドと国境を接するチベット自治区と、ソ連と国境を接する新疆ウイグル自治区だった。

加々美光行は一九八〇年五、六月にチベットで政情不安が起き、胡耀邦総書記と万里副首相がチベット視察を行なったことを取り上げ、文革における紅衛兵運動とその後の奪権・武闘による混乱の史実を掘り起こした。問題の根底には一九五七年の整風運動以降、階級闘争とプロレタリア国際主義という二つのテーゼによって抑えこまれてきた地方民族主義とダライ・ラマへの忠誠があり、結果として大漢族主義を招来していたことを指摘した。さらに、文革のさなかの六八年に人民公社がチベットに導入され、チベットの伝統社会を破壊し、チベット仏教への信仰を弾圧したことが、反乱の引き金になったとした。八〇年以降は近代化路線に従い、市場原理による国益重視の国家統合へと方針を転換しようとしているものの、豊富な資源を狙っての経済的収奪につながり、少数民族に対する差別と貧困を助長しかねないと警鐘を鳴らした(51)。

いっぽう毛里和子は一九八七年七月、日本人として初めて新疆ウイグル自治区の伊犂《イリ》地区を視察し、かつて中ソ関係悪化の契機となった「民族の十字路」の現状を通して中ソ関係の今をリポートした。国境の交易点では八六年七月から辺境貿易が再開され、緊張感はまったく感じられないなかで、カザフ人・ウイグル人・回族などが新疆とカザフとの間を里帰りしている現場に出会った。彼らは六二年の「新疆辺民逃亡事件」でソ連領に逃げ込んだ人びとの家族だった。八二年三月のブレジネフ書記長の中ソ関係正常化の意思表明、八六年七月ゴルバチョフ書記長のウラジオストク宣言における国境領土問題解決の意思表明などを経て、中ソ国境は新たな時代を迎えようとしており、「国家エゴイズムが人為的に断ってきた人、物、文化、経済の往来と協力がようやく始まろうとしている」と、前述の加々美とは対照的に、明るい展望を示した(52)。

六　中国批判の根拠（二）——香港からの情報と台湾からの世論工作

中国復帰を控えた香港情報

八〇年代を通してみられる中国批判の論調について、本節で論じる第二の批判の根拠は、香港および台湾における中国情報を踏まえての批判である。

香港で発行される新聞・雑誌の情報は、中国からの難民、広東出身の左派系民主人士や文化人などからもたらされた大陸の内部文書や地下出版物を含むものであった。それは、不正確な情報や、信憑性のない憶測記事や、街の噂程度のガセネタも含まれる玉石混交のものだが、一つの情報ソースとなった。

香港には大陸情勢に重大な関心を抱かざるをえない切実な香港人自身の事情があった。英領植民地香港の租借期限が切れる一九九七年以降の香港の地位をめぐって、八四年九月、鄧小平とサッチャー首相との間で中英共同声明の調印がなされ、香港の中国復帰と、復帰後五〇年間は、香港を香港住民に管理させる「港人治港」、香港の現状を変更しない「一国二制度」が取り決められた。時あたかも中国は「精神汚染」反対キャンペーンのさなかであり、はたして英国が香港から完全に撤退した後、香港の自由放任の経済・文化の伝統が維持されるのか、公民権は保護されるのか、安定と繁栄は保証されるのか、不安が渦巻くなか、香港住民の海外移住の動きがはじまっていた(53)。

とりわけ重要な情報源であり論客だったのが、香港で発行されている雑誌『七十年代』編集長のペンネーム斉辛こと李怡で、『七十年代』は『争鳴』『明報』『真相』などとともによく読まれた。斉辛の評論は文芸批評が多かったが、中国の政治と権力の動向を知る上で信頼性が高く、日本の論壇でも注目された(54)。斉辛の『七十年代』誌に発表された評論をまとめ、八三年に刊行された『風にそよぐ中国知識人』は、改革開放以降、中国語から邦

訳されたもっとも早い時期の政治・文藝評論集である。(55)

「匪情」研究に基づく台湾情報

もう一つの貴重な情報源として、台湾発の情報があった。蒋介石総統率いる中華民国政府が台湾に移ってから、「大陸反攻」を掲げ反共主義を国是とした台湾では、「匪情」(大陸情報)研究に基づく批判的見地から、大陸動向が調査・分析されてきた。一九七二年に日本と断交してからは、台湾国民党政府の対日広報・世論工作として、「匪情」研究の成果を日本の各メディア向けに積極的に展開するようになった。

最初の大きな政治課題の一つが、結果的には一九七四年四月に調印されることとなった日中航空協定であった。日台航空協定の破棄と日台航空路線停止を阻止しようとするために、中華民国台湾政府の行政院新聞局・国家安全局・外交部などは、日本の新聞・雑誌メディアに対し積極的な世論工作を展開した。日華懇談会と青嵐会を中核とする自民党親台派議員の抵抗も強かった。

次なる政治課題は、中国からの統一工作への対処であった。一九七九年一月一日、米台関係が断交したその日、中国は全人代委員長・葉剣英の名義で、中台間の三通(直接の通商・通航・通信)を呼びかける「台湾同胞に告げる書」を発表した。続いて八一年九月には同じく葉剣英が、統一のための九項目提案を含む政策方針を発表し、国民党との第三次国共合作を提案した。翌七月にも廖承志が、中国国民党主席・蒋経国に第三次国共合作提案の書簡を送った。

諸外国との外交関係の樹立と断交をめぐって、中国と台湾で攻守の立場が逆転し、中国は台湾に向けて統一のための攻勢をかけてきた。そこで台湾は国際社会に向けて、中国の国内情勢についてのネガティヴ・キャンペーンを張る反転攻勢をかけようとしたものと思われる。断交後の在日中華民国大使館に代わる亜東関係協会東京辦事処の公式文書からは、ちょうど日中航空協定が調印される直前の七四年三月に、台湾の「匪情研究」機構と合作して日本に「大陸問題研究協会」（会長は桑原寿二）を設立し、亜東関係協会が資金援助したことや、在日中華民国留学生団体、『産経新聞』を中心とする日本の新聞、『正論』『自由』を中心とする日本の雑誌などに対して情報提供などを行なった世論工作の実態が浮かび上がってくる。[56] 堅調な経済成長を続ける台湾と悲惨な中国の現状を対照的に紹介したうえで、「梅と桜」を融和のシンボルとして日華関係の重要さを説くような本も、「日華文化協会」[57] 理事により出された。[58]

急増した台湾関連記事

実際に、本章で扱う一九七九—八七年の八年間の時期に発表された総計七〇八本の中国関連記事のうち、台湾関連の記事（テーマや寄稿者が台湾に関わる記事）は八〇本を占め、それまでの時期に比べて格段に増加する。とりわけ多いのが『自由』（四四本）と『正論』（八本）である。

『自由』の創刊については、同誌編集長の石原萠記によれば、一九五〇年西ベルリンで二一カ国一八〇人の作家・芸術家・学者が集まって設立した反共リベラル組織「国際文化自由会議」の日本における組織作りという狙いがあった。『自由』は、石原がハーバート・パッシンからの委嘱のもとに、一九五六年にフォード財団の財政支援を受けて「日本文化フォーラム」を発足させ、フォーラムに賛同する人びとが、竹山道雄を中心に編集委員会を組織して一九五九年に創刊したものだった。[59] パッシンは当時『エンカウンター』誌日本駐在員で、フォード財団のコンサルタントを務めていた。もともとシカゴ大学で文化人類学を専攻し、陸軍日本語学校を経て、終戦直後GHQ将校として来日、帰国後は一九六二年からコロンビア大学で社会学を講じた。[60]

一九六八年、石原はフォード財団のような財団の結成を構想し、「日本文化会議」を発足させた。事務局は文藝春秋ビルに置かれた。[61] 石原自身は「日本文化フォーラム」が「ケネディ・ライシャワー路線」あるいは「CIA」路線と言われることを根拠なき中傷だとするが、[62] リチャード・ミニアーによれば、『自由』に対しては「文化自由会議」からの資金援助がなされており、同会議にはＣＩＡからの財政支援があった[63]。

いっぽう『正論』は、フジ・サンケイ・グループ議長の鹿内信隆が、『産経新聞』の一九七三年から始まった「正論」コラムの執筆陣を常連寄稿者に擁して、同年一〇月に創刊した雑誌である。執筆陣の多くは「日本文化会議」のメンバーであるから、当然のことながら『自由』の寄稿者と重複する[64]。『産経新聞』は大手中央紙のなかで唯一、台北に支局を置く新聞社だった。

『自由』『正論』二誌は、このように反共リベラル知識人を糾合する雑誌として創刊された。そのことが、「反共・滅共」と「大陸反攻」を掲げる中華民国台湾国民党政府の立場を体現するような記事が多く掲載されたことの背景となっている。付随して文藝春秋社長の池島信平が「日本文化会議」の機関誌を作ろうという初志を懐いて一九六九年に創刊したのが『諸君！』であり、同じく文藝春秋から刊行されていた『文藝春秋』にもまた、台湾の中華民国政府を代弁するような台湾関連記事が目につくのである。

台湾からの情報源として、『正論』の場合は産経新聞台北支局があり、支局員が多く寄稿している。また、『産経新聞』の大プロジェクトとして、台湾側の国民党・総統府・外交部・国防部などの全面的支援を受けて『蔣介石秘録』が一九七四年八月から七六年一二月まで六五〇回にわたり同紙に連載され（連載と並行してサンケイ出版から一五巻本として刊行）、その執筆者として古屋奎二・岩野弘・香川東洋男・下室進・住田良能の五記者が台北に派遣されていた。国民党軍人出身で、外交部長・行政院長を務め、台湾国民党政府では蔣介石総統の懐刀として秘書長を務めた張羣《ちょうぐん》は、蔣介石総統時代の対日政策の中心人物であり、「中日合作策進委員会（日本側の名称は「日華協力委員会」）顧問」として戦後六回、日本を訪問している[65]。日本側常務委員として、日華協力委員会設立に関わった矢次一夫も『正論』に寄稿している[66]。国民党政府の亜東関係協会東京辦事処は『産経新聞』や『正論』の記事に着目して外交部や行政院新聞局に情報を打電しているだけでなく、「日本中華聯合総会」の名義で日中航空協定反対の政府意見広告を出している[67]。

いっぽう『自由』は、国民党政府の行政院新聞局長で「日華大陸問題研究会議」台湾側代表団長でもある張京育、亜東関係協会東京辦事処文化広報部長の鍾振宏のほか、国際関係研究所の研究員や国民党中央大陸工作会の主任が寄稿し、日本側は「大陸問題研究協会」の川島弘三などが寄稿しているように、日華の「匪情」研究の専門家によるオピニオンを多く掲載している。また情報源として、『聯合報』『中央日報』の記者が寄稿しており、毎号掲載している「海外論調」コラムなどでは、中華民国駐日大使館（断交後は亜東関係協会）新聞処が発行している『中華週報』からの転載記事が非常に多い。

本章で扱うほぼ八〇年代時期の台湾関連記事のテーマは大別すると五つほどある。

第一は、反共主義から見た中国情勢批判で、中華民国政府側からいえば「匪情」研究の成果である。中共中央の人事の舞台裏を解説し、鄧小平―胡耀邦体制の政治的基盤の脆弱性を暴くもの(68)や、経済制度や外貨不足から、近代化の目標達成は不可能であることを主張した記事がある。(69)

第二は、中台関係に関して、中国からの「和平統一」呼びかけに関する記事である。中国が軍事力を含む強硬策に転ずることを警戒し拒絶するもの(70)、統一か分裂かをめぐる討論(71)、全中国の民衆の大業、辛亥革命以降の中国近代の悲願として統一を主張するもの(72)があった。

第三は、台湾内部の政治動向に注目した記事である。特に一九八六年九月の民進党結成、八七年蔣経国総統による戒厳令解除など、台湾の民主化の進展、ポスト蔣経国体制への動き、中華民国の台湾化の流れを追った。戦後世代の台湾研究者が多く寄稿しているのが特徴で(73)、台湾は実質的に独立しているとし、「台湾共和国」の方向に進むべきだとの主張もあった。(74)

第四は、蔣介石総統の功績・遺徳を称揚するもので、とりわけ日本との戦後処理において、「以徳報怨」の精神を発揮したことを強調した。(75)先述した『産経新聞』での『蔣介石秘録』連載がこの背景にあり、その執筆陣が『正論』に蔣介石関連の記事を寄稿している。(76)

第五は、日台関係に関するものである。名目的な外交関係の断絶をやむをえないこととして受け止めつつも、台湾経済の安定と繁栄を押さえたうえで、対日貿易入超が続く経済摩擦を憂慮する記事である。[77]しかしながら、日台関係に関して、日本が半世紀にわたって植民地化したという歴史と、その歴史がもたらした植民地遺制の問題については、一部の例外を除いて、[78]ほとんど顧みられることはなくなった。

日本の論壇にとっての香港・台湾情報の役割について大観すると、香港情報は主に大陸の政治と民主化運動の動向についての情報が中心で、あらゆる雑誌メディアが中国の宣伝記事や、日本の限られた情報網からは得られない情報として重宝したが、正確さは期し難かった。台湾情報は、台湾の中華民国政府の宣伝活動の一環とみなされていたため、『自由』『正論』『諸君!』『文藝春秋』といった「日本文化フォーラム」系の右派メディアは活用したが、左派メディアは真正面から取り扱うことを潔しとはしなかった。だがいまからすれば、情報の精度はかなり高いものだったと言えよう。

七　きしむ日中関係——対日「媚態外交」と対中「弱腰外交」

日中の国民相互で友好ムードが高まるなかで、両国間には熱気に水を注すような事態が次から次へと起こり、日中平和友好条約締結によって順調かつ本格的に進むかに見えた日中関係は、不穏な関係へと暗転していった。本章の扱う八年間で、日中間は以下の六度の試練に襲われた。

第一の試練は、二節で既述した一九七九年二月の中越戦争勃発であった。七八年日中平和友好条約締結をめぐっては、日本の論壇のなかで、中国の対ソ軍事包囲網に巻き込まれるなという警戒論が大勢を占めていたことはすでに論じた（第一章三節）。七八年一〇月、友好条約調印のため訪日した鄧小平副総理は、日米安保と自衛隊を容認する発言をし、日本国内では栗栖統幕議長が緊急時の自衛隊の超法規的行動はありうると言明し、有事立法が国会で議論された。ところが、一一月にソ越友好協力条約が締結された。翌年の二月に二度目の訪日をした鄧小平は大平首相に対ベトナム制裁を言挙げし、四月に中ソ友好同盟相互援助条約廃棄へと突き進んだ。日本は日中平和友好条約の反覇権条項を盾にとられて、日ソ対決を誘発しかねない状況へと追いつめられていった(79)。日中平和友好条約締結に慎重論を唱えていた論者たちは、「今後は、一種の拡大均衡政策以外に日本のとるべき道はない。一方的に中国に片寄った以上、その不均衡を是正する意味でも、ソ連とも何らかの形で政治的協定を結ぶ方向に日本外交は全力を傾ける以外にない」と論じた(80)。

第二の試練は、二節で既述した一九七九年二月の宝山製鉄所建設に関する日本からの大型プラント輸入契約の突然の保留であった。先述したように、その背景には中国の過熱化した対外経済開放を冷却化する経済調整と、華国鋒派追い落としの権力闘争があった。

第三の試練は、一九八二年六月、日本の歴史教科書の検定のさい、日本軍の「侵略」を「進出」と書き換えさせたとの日本側報道をめぐって、新華社が歴史の歪曲だと報道し、以後、対日批判キャンペーンを展開した、第一次歴史教科書問題であった。すぐに日本の報道は誤報であることが確認されたが、事態は中共中央による日本政府に対する日本軍国主義復活批判へとエスカレートしていった。八月末、宮沢官房長官による、「歴史教科書検定に際しては、アジア近隣諸国との友好、親善を進める上でこれらの批判に十分に耳を傾け、政府の責任において是正する」との談話（「近隣諸国条項」）によって、対日キャンペーンは終息へと向かった。今日にまで続く日中歴史認識問題の先駆けとなった事件である。江藤名保子によれば、対日批判の要因として、①中国ナショナリズムの高まりを背景に抗日戦争史再教育による愛国統一戦線の浸透を図る、②愛国統一戦線を軸として台湾問題を解決する、③独立自主の外交方針を内外に明示する、が指摘できるという(81)。

教科書問題の発生当時に出された論壇記事の傾向としては、アジアとの善隣関係を維持していくために、侵略の事実を直視し、苦しみと被害を与えた歴史を反省しようとするもの(82)と、教科書問題が日中間で外交問題化したのは、中国の国内事情が反映したためとするものに大別できる。さらに、後者の立場に立つ論文として、台湾問題と軍事協力をめぐる米中間調整がうまくいかないことに不満を抱く人民解放軍系の人びとが、権力の中枢を握る鄧小平―胡耀邦―趙紫陽ラインに揺さぶりをかけたという、中国の内政事情によるもの[83]、政治・社会の引締めを狙って日本に対する〝対外硬〟を演出し、さらに中ソ接近へのシグナルにしようとするもの[84]、などがあった。

以後、前者の論調は近代史家を中心に、侵略の事実認定をめぐる実証史学的な議論へと発展し、南京事件が焦点化し、加害責任派[85]と「まぼろし」派[86]の熾烈なまでの論争が今日にいたるまで引き続いているのである。それは一見、泥仕合とでも評したくなるような不毛な議論を誘発するものでもあったが、日中関係の行く末を、近代および戦前―戦後という長い歴史の来し方から解き明かしていこうとする地道な学術的気風を醸成し、日中間さらには多国間の学術対話の契機ともなり、有意義な効用ももたらした[87]。

後者の「まぼろし」派による論調は後述する日本の「弱腰外交」批判につながり、これも今日にいたるまで、外交トピックを替えながら、ますますエスカレートしている。

第四の試練は、一九八五年八月一五日の終戦の日、中曾根首相が靖国神社に公式参拝し、九月一八日の満洲事変勃発の「国恥」記念日に、北京大学学生たちが抗議の反日デモを行なった、第一次靖国事件である。翌年六月には「日本を守る国民会議」編の高校用日本史教科書『新編日本史』に対し、中国外交部スポークスマンが「歴史的事実を歪曲するもの」として懸念を表明し、第二次教科書事件問題が浮上した。翌月には歴史教科書問題をめぐって藤尾正行文相が問題発言を行なった。

靖国問題の矢面に立ったのが、それまで中曾根首相と良好な関係を築き、相互訪問を行なった胡耀邦総書記で、八四年九月には胡耀邦自らの発案で、三〇〇〇人の日本人青年を中国に招待し、青年交流を行なった。中嶋嶺雄は、中国では胡耀邦が率先して日中友好の旗を振りながら、南京虐殺や七三一部隊や抗日戦争の記念館を建設しており、抗日戦争四〇周年を前にして、「再びナショナリズムを前面に押し出して人民を団結させようとして」

いることを指摘した。そして、満洲事変の勃発した九月一八日の反日デモは、胡耀邦に対する陳雲党中央常務委員らの批判が背景にあるのではないかと見た。(88) 岡田英弘もまた、日本軍国主義復活批判キャンペーンの背景には、軍部の鄧小平―胡耀邦―趙紫陽ラインへの攻勢があったとする立場であり、逆に胡耀邦としても、強引に衆議院本会議場で国会演説までしたのは、良好な日中関係を中国国内向けにアピールするねらいがあったと分析した。彼は、胡耀邦の背広姿は日本への「朝貢使節」さながらだと皮肉った。(89)

一九八六年八月、中曾根首相は胡耀邦あてに親書を送り、今後靖国神社の公式参拝を行なわないことを伝えた。中曾根は胡追放の保守派の動きに配慮したという。(90) かろうじて胡の面子は保たれたかに見えたが、翌年一月、辞任した。胡耀邦の辞任は、八九年六月四日の第二次天安門事件の引き金になり、日本はじめ諸外国との外交関係が凍結してしまうことを考え合わせると、第五の試練だったと言ってよいだろう。

第六の試練は、京都の中国人留学生寮の所有権が中華民国政府と中華人民共和国政府のいずれにあるかをめぐって、一九八七年二月の大阪高裁での「台湾」側にあるとの判決に対して中国外交部が抗議した、光華寮問題であった。六月、鄧小平は訪中した矢野公明党委員長に対し、「日本は世界のどの国よりも中国に対する借りが一番多い国であると思う。国交回復の時、われわれは戦争の賠償の要求を持ち出さなかった。（中略）日本が中国の発展を助けるために、もっと多くの貢献をすべきだと思う」と発言した。それに対し同日、日本外務省柳谷次官が、「鄧小平氏も雲の上の人になってしまったのだろうか」と発言した。すると中国側は猛烈に反発・抗議し、外務省は遺憾の意を表明し、柳谷次官は辞任した。

日本の論壇は、第一次教科書問題から靖国公式参拝批判へと、中国側の面子を剝き出しにした一連の「対外硬」の姿勢に加えて、三権分立を無視したような鄧小平の発言を恫喝的と受けとめた。それに対する外務省の陳謝という対応に、憤懣やるかたなく、厳しく日本の外交姿勢を戒めた。鄧小平に対する「雲の上」発言には快哉を叫びたいのが本音であった。胡耀邦に対しては「対日媚態外交」と皮肉りながらも親しみを感じていたところに、胡耀邦を切り捨てた鄧小平には非情な印象を抱いた上に、頑迷な独裁者のイメージが付加された。ここにきて、日本の対中外交を揶揄する「朝貢外交」「叩頭外交」「弱腰外交」「位負け外交」「軟弱外交」「陳謝外交」といった今日も頻繁に使われる評語が出そろうのである。(91)

とはいえ、冷静に時局を観察し、中国側の発言の論理と歴史的経緯を客観的に分析し、長期的視野からの日中協力関係を構想するような論考も、わずかながら見られた。たとえば、鄧小平が賠償問題と絡めて経済建設への支援を求める発言をしたのははじめてだが、国交正常化のさいに中国側が賠償請求権の放棄をした外交交渉過程を振り返れば、その内在論理は理解できるとした論考や、(92)中国の対日批判が変質しつつある背景には開放政策の動揺があるとし、国交正常化の時に作られた日中の枠組みを堅持したうえで、アジアの安定を念頭に置いた対中外交の見直しが迫られているのだとする座談会である。(93)

八　見失われてゆく紐帯の論理

論壇での悲観的展望

日中関係にとっての八〇年代、特にその前半は、蜜月時代だったと言われている。確かに日中平和友好条約や長期貿易取決めや円借款協定により、中曾根首相と胡耀邦総書記の良好な関係に代表されるような、両国首脳の相互往来を含む蜜月外交が盛んになされた。日中貿易や経済協力は飛躍的に拡大し、留学・企業進出・旅行など民間交流も盛んになった。中国側は近代化を推し進めるにあたって、日本の近代化や戦後復興の経験に学び、先進技術を習得しようと、日本に熱い視線を送った。

だが、知識人や中国専門家の眼に映った中国像は、冷静かつ客観的に観察すればするほど、中国国内の政治権力の不安定性、近代化のためのシステムの不備、対米・対ソ関係における日本の外交方針や国益との不一致、民主化や人権保障を含む政治体制改革の立ち遅れなど、日本や西側の価値観との異質性が際立った。この時期、論壇では中国の現状に対する批判と将来に対する悲観的展望が大勢を占めた。

その背景として、第一に、社会主義への不信があった。中越戦争において社会主義国間の武力紛争を辞さないほどの憎悪と対立が露わとなり、すでに揺らいでいた社会主義への理想と信頼が、幻滅と不信へと転じた。

第二に、中国近代化路線への悲観的展望があった。林彪・四人組裁判や権力中枢における文革派の打倒などを通して、文革の惨状が明らかになり、鄧小平の近代化路線はそれまでの毛沢東の自力更生・鎖国主義路線から真逆の方向へ歩みを進めた。中国のこれからの進路を展望する上で、もはや毛沢東思想に拠りどころを見出しがたくなった。そこで、中国独自の革命の理想や中国型社会主義の可能性に対する関心は著しく減退した。代わって台湾・韓国・香港・シンガポールなどの新興国・地域の飛躍的経済発展が注目され、社会主義体制を存続させている中国・ベトナム・北朝鮮・モンゴルを除く東アジア圏に熱いまなざしを送るようになり、論壇では中国経済期待論に代わって、ＮＩＣｓ・ＮＩＥｓ論や、「儒教文化圏」論などが論じられるようになった。

第三に、中国国内の批判の声が伝わってきた。現代中国専門家・観察家にとっての情報源として、宣伝情報ではない統計資料・内部資料にアクセスしやすくなり、現地・現場への直接取材も可能な条件が整い始めた。第一一期三中全会以降、対外開放にともない、民主・法制・自由の実現を目指して中国国内では民間の論壇誌や文藝誌が創刊されるようになり、知識青年層を中心とする中国民衆の現状への不満や、体制批判の声が直接届くようになった。香港や台湾の中国外部の中国人メディアを通しての中国情報もまた、中国批判の有用なリソースとなった。とりわけ台湾は日本への世論工作として、積極的に「匪情」研究の成果を日本の新聞・雑誌・出版など活字メディアに送りこんだ。日本の論壇は台湾情報を活用しただけでなく、「自由中国」の基地としての台湾というプロパガンダを大陸中国批判の一つの根拠とした。また台湾自身の民主化プロセスが高く評価されたことで、大陸中国の民主化・政治体制改革の遅れを際立たせることになった。

第四に、日本の知識人の行動と役割に変化が見られた。それまでの体制批判としての知識人の役割は後景に退き始め、七〇年代以降の総合雑誌の部数低下や商業雑誌化の傾向に見るように、論壇の機能が変質し、影響力が衰えてきた。また、陶酔感をも伴うような社会主義や中国革命や毛沢東思想への熱い関心が、文革の終わりとともに急速に冷え込み、八〇年代以降は中国支持の論壇記事はほとんど姿を消した。そればかりか、かつての中国礼賛派の言動は、日本の知識人の付和雷同ぶりを嘲笑する素材として、批判の的にされた。知識人はエモーショナルな要素を脱色した、冷静な観察と正確な分析を身上とするようになり、人によっては直接政策に影響を及ぼすようなブレーン・トラストとしての役割を積極的に演じるようになった。

第五に、日中関係の悪化にともない、それまで友好ムードが高まっていた中国から、日本人の民心が離反していった。確かに両国間の往来は頻繁になり交流は飛躍的に拡大したものの、決して順風満帆というわけにはいかなかった。日中経済協力は宝山製鉄所プラント輸出の停止で出鼻を挫かれ、二度にわたる歴史教科書問題、中曾根首相の靖国神社公式参拝問題、光華寮問題、鄧小平「雲の上の人」発言をめぐるいざこざなど、次から次へと難題が降りかかった。とうとう日中蜜月時代の象徴人物ともいうべき胡耀邦総書記は、「対日媚態外交」とも揶揄されるような日本への傾斜を一つの批判の材料とされ、辞任に追い込まれた。日本の官邸や外務省を中心とするオフィシャルな対中関係についても、問題処理のやり方があまりにも中国側に寄りすぎて国益を損なっているとの「弱腰外交」批判を論壇は浴びせた。その上で、日本政府が外交方針として掲げる「全方位外交」「自主外交」の原則を重視して、中国との距離を取れとの提言を突きつけた。

きしむ日中関係

翻って民衆レベルはどうだっただろうか。中国との直接交流が実現するようになり、中国人の暮らしを覗き、中国人の声や思いに触れ合うことで、友好の情愛が育まれた。パンダ、中国で上映された日本映画、『シルクロード』などのテレビ番組、『大地の子』などの小説、『未完の大局』のような日中合作映画など、この時期の日中友好ムードを象徴するような幾つかのコンテンツから、庶民レベルでの良好な関係を想像しうる。だがそれが具体的にどのような内実や感情をともなう関係だったのか、世論調査に反映された、粗い定量分析以外の研究素材はなかなか見いだせない。この時期には、建国前夜から四人組逮捕までの時期を綴った山本市朗『北京三十五年』（全二冊、岩波新書、一九八〇年）のような、中国に定住した日本の庶民が綴った優れた作品が、ほかになかなか見いだせない。そのため、日本の知識人に比して庶民の中国認識はといえば、十分な定性分析を行なうに足る素材が決定的に乏しいのである。

とまれ、表層的な友好ムードとは裏腹に、日中関係には早くもきしみが生じ、内部では相互離反が生まれていた。その離反状態からの復元力となるような紐帯の論理を、中国側は日本の近代化経験に学ぶという目先の利益以外に見いだせず、国内権力闘争と路線対立にともなって、対日関係は緊密と離反の間を不安定に揺れ動いた。日本側もまた紐帯の論理を、かつての中国革命と毛沢東思想の理想以外に持ち合わせてはおらず、文革の終わりとともにその有効性も見失われた。

やがて中国国内の不満は民主化運動へと急進化・焦点化していき、一九八九年六月四日の運命の日を迎えることになるのである。天安門事件前後の日中関係はどう推移していったのか。われわれの前には次なる研究課題が待ち構えている。

第三章　天安門事件にいたる道　一九八八―九〇年

――日本から見た背景・経過・結末

一　日本からの天安門事件の眺め――当時と今と

忘却と逆説のなかの天安門事件

一九八九年六月四日の天安門事件。それはいかなる現代史の出来事であったか。わずか二〇年余り前に起こった、当時あれほど痛みさえともなうほど心を揺さぶられた事件だったにもかかわらず、記憶はひどくぼんやりしたものになってしまっている。むしろ改革開放三〇周年のほうが、さらに遡って建国六〇周年のほうが、遥かに以前の出来事だったにもかかわらず、時代のエポックとしての鮮明なイメージが刻まれているような印象があるくらいだ。

なによりも中国で、あの事件は歴史として回顧されない。公開の場では極力事件に言及しないことになっており、やむを得ず触れざるを得ない場合は、「動乱」「暴乱」と表現されるならばまだましなくらいで、「八九《バーチウ》風《フォン》波《ボー》」（八九年の波風）という諷喩で呼ばれるのがせいぜいのところだ。言及するな、想起するな、忘却せよ、とばかりに事件を封印し、真相究明にいたる道を通行止めにした揚句に、事件そのものがなかったことにされている。

文化大革命もまた歴史の掘り起こしが禁じられ、詳細に語ることを憚らねばならない事件であるが、天安門事件よりもさらに二〇年前の出来事ながら、一〇年の長いスパンの出来事であったこともあって、記憶の輪郭はより陰影がくっきりと刻まれているように思われる。

いっぽう中国で生まれ育ったいわゆる「八〇后《パーリンホウ》」「九〇后《チウリンホウ》」と言われる八〇年代以降、九〇年代以降生まれの若者にとっては、天安門事件はというと、学校の授業で事件のことは教えられないし、メディアでは報じられないし、おそらく職場や家庭でもおおっぴらには語られない。そのため、事件そのものを知らないか、ひどく矮小化された事件とされているか、党中央にとって都合よく歪曲されて伝えられているのだろう。

中国で想起されることが許されないあの事件について、日本では事件を知らないで育った次世代の若者に正確に継承されているかというと、それもはなはだ心もとない。なぜ継承されないままなのか。

まず一九八九年の事件の背景は特殊中国的なものではなかった。アジアにおいてはビルマ・タイ・韓国・台湾・フィリピンにおいてもまた、この時期相前後して学生を中心とする民主化運動のうねりがあり、いずれも戒厳令の発布や武力制圧などによる苦い経験を被った。また、ソ連のペレストロイカの衝撃波は、東欧やモンゴルの社会主義体制の転換をもたらしたように、中国の社会主義体制をも激しく動揺させ、ソ連自体を解体させた。中国の天安門事件のショックは確かに大きかったものの、なぜ天安門事件のような悲劇がおこったのか、事件の原因と結果を国内情勢からのみ説明することはできない。鄧小平が言うところの「国際的大気候」のインパクトを看過してはならず、グローバルな世界史的同時代性の視点から俯瞰し捉えなおされる必要がある。それだけでなく、個別地域の国情と歴史的個性という入り組んだ要因を解きほぐしていかねばならない。「歴史としての天安門事件」を語るには、時期尚早の感は否めない。

次に、中国共産党は民主化運動の学生たちの行動を動乱と決めつけ、人民解放軍の武力で鎮圧するという、結果として国際世論に逆行するような処置をした。しかしながら、事件の後、西側政府の経済制裁にもかかわらず、中国は国際社会のなかで孤立しなかったし、共産党の一党独裁体制は崩壊しなかったし、中国経済は破綻するどころか眼も眩むようなV字回復を果たした。いったいあの事件とは何だったのか。しかしながら、事件の痕跡は中国社会の表層からすっかり隠滅されてしまった。日本のメディアはおしなべて民主化や政治改革を求める学生に対する支持や同情が強かっただけに、その後の事態に困惑し、安易な歴史的評価を下すことができないでいる。そして、日本においてもまた、中国国内と同様に、天安門事件は忘却の彼方に追いやられようとしている。

第三に、民主化運動の主役であった学生たちや、政治・経済・社会のシステム改革の青写真を描き、改革派首脳部のもとで構想を実践しようとしていた知識人たちは、あるいは凶弾に斃れ、あるいは逮捕されて虜囚の身となり、あるいは流亡の身となって海外で新たな民主化の陣容を整えたり、新天地で研究を続けたりした。だが、時の移ろいとともに、彼らの存在感は薄くなり、国外での政治運動や学術活動は精彩を欠くものに映る。だからといって、その後の中国が依然として政治改革を後回しにした、抑圧的な一党独裁体制のままでいることが、最善の策だとは思わない。だが、今後の中国のガバナンスを流亡の知識人に付託したり期待したりするような広範な支持が、いま中国国内にあるようにはとうてい見えない。

事件の直前までは、民主化に賛同し、あるいは政治体制改革に投企した「民運」(民主化運動)人士や改革派知識人は、多くの日本の同時代人からすれば、中華人民共和国建国以後の既存の共産党指導体制を改革しあるいは覆す、希望の拠りどころだった。事件の直後は、民主化は後回しにされ、一党独裁権力と社会主義の原則は、鄧小平を中核とする党中央の権力の正統性を実証する試金石となった。天安門事件にいたる道、天安門事件後の中国がたどった道を日本から眺めたとき、その軌跡は投企的予見と逆説的錯誤に満ち、事件の前後で好転から暗転、暗転から好転へと、変転極まりない目まぐるしい展開をみせた。

中国観察家による中国論の寡占化

では同時代の日本人は、天安門事件とその前後をどうとらえていたのだろうか。一九七二年の日中共同声明で国交正常化を果たし、一九七八年の日中平和友好条約を経て、政府間関係としては友好協力関係を繋いできた日中関係の枠組みはどのような変容をきたしたのか。日本人の中国認識のあり方を、同時代の中国像とその変遷を通して明らかにするという課題について、一九七九年の中越戦争から、八六年末以降の民主化運動が高まりを見せ始める八七年までを対象とした前章に引き続き考察していきたい。具体的には、天安門事件を中心として八八年から九二年までの五年間にわたる期間を射程に入れつつ、本章では天安門事件の前史から事件そのものを経て、事件の直接的結末までにいたる八八年から九〇年までの三年間を扱うこととし、後続の九一―九二年を続編として次章へとつなげることとする。

一九八八年から九二年までの時期は、前年から高まった学生を中心とする民主化運動の気運が、いっそう全国の都市レベルで高まると同時に、党指導部内の改革派知識人による改革構想が現実の政策として実施されようとしていた。天安門事件のあと、西側の一員として日本は対中経済制裁に参加し、日中関係は一時頓挫したが、他に先駆けて関係を修復した。日本国内に賛否両論渦巻くなか、九二年に天皇訪中に踏み切り、日中関係はたんなる隣国同士の二国間関係を超えて、国際社会に向けて地域大国同士のパートナーシップという役割を演出した。それは結果的に見れば、以後の戦略的互恵関係という新たなステージへのステップを刻む第一歩となったのだった。

本章で対象とする総合雑誌としては、前章で扱った一二誌のうち、前章が扱う期間中に休刊となった『現代の眼』を除き、また本章の期間中四本の関連記事しか掲載されなかった『思想の科学』を除けば、総計九誌に留まる。期間中、掲載本数としては当然のことながら天安門事件の起こった一九八九年が他に抜きん出てピークであり、本数からいえば日中平和友好条約が締結された一九七八年と同レベルであった。それに次いで鄧小平の南巡講話と天皇訪中のあった九二年がピークとなるが、それ以外の年は掲載本数が乏しい。本章が扱う時期においても、論壇における中国問題への関心の相対的低下が見てとれ、これは日中平和友好条約締結以降、八〇年代初頭から見られる傾向の継続である。なお、『朝日ジャーナル』（一九五九年創刊）は、一九九二年四月二四日号をもって休刊となった（表3－1参照）。

寄稿者の掲載本数のランキングから書き手の属性傾向を分類し、前章の傾向と比較すると（表3－2参照）、①現代中国研究者およびチャイナ・ウオッチャーが主流であることは、これも八〇年代初頭からの顕著な潮流として変わらないが（加々美光行・中嶋嶺雄・小島朋之・矢吹晋・平松茂雄・毛里和子・天児慧・衛藤瀋吉など）、加々美・小島・矢吹・毛里・天児など、戦後派のニューウェーヴの台頭が目につく。②台湾関係の書き手が前章よりもさらに目立ち、前章から目につき始めた台湾関連記事の掲載本数が顕著に増加している（伊藤潔・陳先進・若林正丈・涂照彦・黄昭堂・鄭竹園・李登輝など）。③中国を現場とする記者は、朝日新聞を中心に安定的に寄稿者として連ねている（坂井臣之助・船橋洋一・加藤千洋・伴野朗など）。④この他、今後につながる傾向として日本に留学した中国人の書き手が現われ始めた（朱建栄・楊中美・譚璐美など）ことも注目される。

ちなみに②の特徴にかんして、本章が収集したこの時期の総計三八一本の中国関連記事のうち、台湾問題あるいは中台関係を専論した記事は四六本を占める（『自由』『世界』が最多で各一一本）。また、この時期の寄稿者総数二六六名のうち、台湾出身者あるいは日本の現代台湾研究者は三〇名を占める（うち『自由』が約半数の一四名、『世界』が九名）。いずれも一〇％強である。

書き手の属性に関して、総じて言えることは、ほぼすべての書き手が中国専門家・現代中国研究者で占められていることである。換言すれば、専門研究者以外の書き手がほぼ皆無だということである。中国論をめぐる今の日本の論壇状況からすればそのことはさほど奇異な現象とは受け取られないかもしれないが、一九四五年の敗戦から日本の中国関連記事を集めて分析してきた筆者の経験からすると、中国論は何も中国研究者（さらに限定すれば中国を対象とする地域研究者）の専有物ではなかったし、中国研究者や中国観察家によって切り取られた中国像だけが日本人にとっての唯一無二の中国像ではなかった。国交正常化後から見られた中国論者における中国

表3-1　総合雑誌別・年別中国関連記事掲載本数（1988-92年）

雑誌名	1988	1989	1990	1991	1992	雑誌総計
文藝春秋	6	8	2	2	9	27
中央公論	10	21	8	2	19	60
世界	8	26	16	19	14	83
日本及日本人	1	0	4	1	0	6
思想の科学	2	0	0	0	2	4
朝日ジャーナル	11	35	17	3	2	68
自由	10	21	8	9	12	60
潮	1	2	1	0	3	7
現代	0	7	4	4	5	20
諸君！	7	12	10	2	15	46
年別総計	56	132	70	42	81	381

表3-2　雑誌記事寄稿者ランキング（1988-92年）

氏名	本数	氏名	本数	氏名	本数
伊藤潔	18	石田祐樹	4	加藤千洋	3
加々美光行	17	石原萠記	4	川島弘三	3
中嶋嶺雄	16	坂井臣之助	4	黄昭堂	3
陳先進	15	朱建栄	4	小堀桂一郎	3
小島朋之	13	杉田望	4	譚璐美	3
若林正丈	7	陳舜臣	4	鄭竹園	3
堀内龍獅虎	6	袴田茂樹	4	伴野朗	3
矢吹晋	6	船橋洋一	4	本多勝一	3
涂照彦	5	楊中美	4	山口豊子	3
平松茂雄	5	衛藤瀋吉	3	山口令子	3
毛里和子	5	夏之炎	3	李登輝	3
天児慧	4	加地伸行	3		

＊ただし３本以上寄稿者に限る

観察家の増大傾向が、時代が下るに従って寡占化の様相を呈してきた結果が、今日の日本の中国論における寄稿者の属性と特徴となっているだけのことである。

その結果、本章で検討の対象とするこの時期の日本人による中国論は、日本あるいは日本人といった地域的偏差の影響を極小化した、言い換えれば万国共通に近いような中国論となり、振幅の小さい、コンパクトな中国像に収まりつつある。そのような中国像を明らかにすることが、筆者が追究してきた、日本人にとっての中国像・中国観の輪郭とその歴年推移を明らかにするという課題にどこまで相即的な方法論上のアプローチといえるのか、やや心もとないものになってきていることを自覚せざるを得ない。

確かに、ここにおいても、同時代中国に対する客観的分析にもとづき、日本はどうすべきか、どうあるべきかという日本の中国論ならではの問いが立てられてはいる。だが、かつての問いは、日本人はどうすべきか、という国民としての気構えについての問いが主流であったのに比して、この時期には、日本人というよりは、日本国、より限定的にいえば日本政府はどうすべきか、という外交方針・対中政策についての問いへと変質してきているのである。

二　事件の背景——五四運動の残響のなかで

落後感と危機意識——「球籍」論と『河殤』の反響

中国共産党は一九七八年の第一一期三中全会で改革開放の方針を打ち出したものの、目覚ましい経済的発展の実績は上げられないでいた。趙紫陽首相は、八七年一〇月中共第一三回全国大会の政府活動報告で、中国は「社会主義初級段階」にあるとして、生産力の立ち遅れを正式に認めた。八八年に入り、改革の牙城である上海の『世界経済導報』誌において、中国はいまだに世界の最貧国レベルにあるとの危機的現状を踏まえ、このままでは「地球の戸籍簿から除名されかねない」との「球籍」論が提起された。

六月に中央テレビ局（CCTV1）で連続テレビ・ドキュメンタリー番組『河殤《かしょう》』が六回放映された。タイトルは「黄河の挽歌」を暗示していた。番組は一般の視聴者のみならず、歴史学界など学術界にも波紋を広げ、大反響を巻き起こした。黄河に代表される内陸型中華文明は、頑迷で退嬰的な伝統文化を醸成し、進取の気風に富んだ開放的な海洋文明の文化精神を阻害しているとして、西洋文明の全面的導入を訴えた。脚本家の蘇暁康はNHKと中国の共同制作による『大黄河』（一九八六年四月―八七年三月、一〇回放送）の成功にヒントを得たという。制作顧問であった金観濤と劉青峰によれば、『河殤』に見られる反伝統主義には、中国の自己閉鎖的な心理状態を否定し、「一元的な価値観から多元的な価値観へ向かうことを主張」するねらいが込められていた。

時あたかも、かつて北京の学生たちが、帝国主義の侵略と、それに抗えない弱体化した政府に抗議して立ち上がりデモ活動をした、一九一九年五月四日の五四運動から七〇周年の記念日を一年後に控えていた。『河殤』のモチーフには、第五集の番組タイトルが「憂患」とあるように、中華民族の文化的危機意識があった。(1)また、そのメッセージは、「民主と科学」という普遍的価値の獲得のために、伝統的な儒教文化を否定して西洋の近代文明に学ぶべきだという五四新文化運動の系譜に通じるものであった。(2)番組は伝統文化を否定するものとして保守派の批判を浴び、シナリオの共同執筆者であった王魯湘は逮捕された。蘇は天安門事件の直前にパリに亡命した。

これに先んじて一九八五年八月に台湾の作家柏楊による『醜い中国人』が台湾で刊行されると、翌年、中国でも爆発的な反響をもたらした。(3)中国は外来のいかなる素晴らしい文化であっても、いったん中国に入ると、どれも腐臭を放つひどい代物に変質してしまうとして、そのような「漬物甕」さながらの中国伝統文化に対する完膚なきまでの破壊を主張した。(4)『醜い中国人』もまた、五四新文化運動を受けて、文学活動を通して中国の国民性批判を行なった魯迅の伝統を継ぐものであった。(5)

中ソ和解という国際舞台――ペレストロイカと改革開放

五四運動という歴史的記憶の覚醒のほかに、この時期の国際情勢の変化もまた、中国自身の旧体制・旧思考からの脱皮を強く促していた。強く改革意欲を刺激したのは、隣りの大国ソ連のゴルバチョフ共産党書記長による「ペレストロイカ」の衝撃であった。ゴルバチョフは冷戦思考から脱し、武力の行使によらずに平和共存を模索する「新思考外交」により、中国との和解を呼びかけていた。世界の社会主義国は革命のコストに苦しみ、民族問題や経済困難などさまざまな問題を自国や周辺に抱えていた。なかでも中ソ両国は三〇年前から続く対立関係が昂じて軍事費が国家財政を圧迫していた。

すでに八〇年代半ばから、中ソ間では経済往来・学術交流・国境交渉などをめぐる実務的な政治協議を重ねていた。ゴルバチョフは八六年七月にウラジオストクで、八八年九月にクラスノヤルスクで、対中関係の正常化を呼びかける演説をし、中国もそれに応じた。中国が八二年に提起した対ソ和解の三大障害とするモンゴルの駐留ソ連軍、アフガニスタン侵攻、カンボジア問題においても、中ソ間で政治協議が進み、決定的な障害ではなくなりつつあった。そのいっぽうで中ソとも経済不振にあえぎ、先進国やＮＩＣｓに経済で大きく水をあけられていた。「経済を犠牲にしながら「まぼろしの脅威」にそなえる」ことの馬鹿馬鹿しさ」に、両国ともなりふりかまってはいられなくなった(6)。米ソに続いて中ソもデタントを迎える気運が高まった。中ソが対立関係から協力関係へと復帰するために、八九年五月に中ソ首脳会談を開き、三〇年ぶりに中ソの首脳が出会う運びとなった(7)。世界中のメディアの眼がゴルバチョフ・鄧小平会談へと注がれることとなり、各国からの取材クルーが世紀の瞬間を捉えようと北京に集結し始めた。

中ソ和解のドラマが国際メディアを舞台として演じられようとするなか、中国の若者は、ペレストロイカとグラスノスチを先頭に立って進めるゴルバチョフを民主化の旗手、改革と民主主義のシンボルとして歓迎した(8)。だがそのことは、経済改革優先で政治改革を後回しにする中国の実情を際立たせ、「どうして中国ではこれができないんだ、どうして中国には〝ゴルバチョフ〟がいないんだ」という嘆きを募らせることとなった(9)。

とはいえ、中国自身も体制内改革の取組みを着実に進めようとしていた。政治改革の旗手は胡耀邦総書記であった。胡はゴルバチョフのペレストロイカに応じるかのように、八六年夏に政治改革の必要性を訴えた。また、官僚特権層の腐敗や汚職を打破するために、鄧小平・楊尚昆《ようしょうこん》・李先念・陳雲・薄一波《はくいっぱ》・王震・彭真・鄧穎超《えいちょう》ら革命第一世代の当時八〇歳を越える長老たち（「八大老人」）が、その地位と特権を利用して子弟たちに便宜をはかっている官僚腐敗の現状を告発した。また、彼らが人事権を掌握しているために、党・軍・政各層での世代交代が進まない現状を改め、中国共産党最高指導部の長老支配の弊害を打破しようとして、彼らのみか、鄧小平にも引退を勧告した(10)。そのことが長老派の逆鱗に触れ、八七年一月、胡の政治改革はブルジョア自由化を要求し、集団指導の政治原則を逸脱したとされ、胡に辞任を迫り、胡は失脚した。

代わって総書記を継いだのが趙紫陽首相であった。趙は政治体制改革にはどちらかといえば消極的で、経済体制改革に積極的に取り組んだ。その手法は鄧小平のカリスマ性の庇護のもとで権力基盤を固め、有能な若手知識人をブレーン・トラストとして起用し、彼らの改革プランを政策に活かし実行するというものだった。趙の経済改革の基底にある発想は、中国経済の現実を「社会主義初級段階」と位置づけたうえで、「労働集約型産業の発展による外資導入と、余剰労働力の吸収が重工業と農業の発展を助長するという「国際大循環」発展論」という発展戦略だった。そのグローバル化戦略のもとに、原材料と資金を外国から大量に導入し、加工した製品を外国に大量に輸出する「両頭在外、大進大出」戦術を打ち出し、八八年一月、「沿海地区発展戦略」を提唱した(11)。

ブレーン・トラストが集まる研究所としては、中国社会科学院政治研究所（所長・厳家其）、国務院中国農村発展研究所（所長・王岐山）(12)、中国経済体制改革研究所（所長・陳一諮）、国務院経済技術社会発展研究中心、中共中央政治改革弁公室などがあった(13)。一九八八年からの学生らの民主化要求や、改革派知識人の「多党制」「私有化」の論議の高まりは、中共指導部に党の権威の低下、党指導の混乱への懸念をもたらした。そこで彼ら体制内改革派の知識人・学者は、八九年初めから、「民主的雰囲気」を鎮静化させ、「引締め」による党の指導力の回復を正当化しようとして、「新権威主義」を提唱した。これは当時、経済的離陸を果たしていた韓国・台湾などアジアNIESのように、あるストロングマンの指導のもとで、民主化の制限と強権政治によって、強力に近代化を推進していこうという、開発独裁あるいは開明専制の発想であった。(14)

ここに趙紫陽の政治体制改革の限界と、人民の民主化要求との間の乖離が生まれ、于浩成や厳家其などの政治体制改革派ブレーンたちは在野に置かれることとなった。天安門事件前後にいたって、体制内ブレーン・トラスト集団の知識人・学者たちもまた、国内に彼らが構想する改革を実践する余地がほとんど残っていないことを知り、その多くは国外に亡命した。

いっぽう鄧小平は、当初、自らを権威ある指導者と見立ててか、新権威主義を評価する発言をしていた。(15) 鄧小平の場合、特に自ら改革の手を下したのは、一九八五年五月から着手した人民解放軍の兵員一〇〇万人削減と七軍区への統合であり、軍の精鋭化・階級制度の復活など、改革の大ナタを振るった。退役軍人の再就職問題、軍人への待遇と生活水準の低下にともなう軍内部からの不満、人民の国防意識の低下、軍隊への軽視など外部と軍との矛盾が顕在化するなかでの諸困難に抗って、中国軍の精鋭化により近代化された正規軍へと再編することを目指した。(16)

束の間の「文化熱」——濃縮したモダニゼーション

文革が終わり、毛沢東時代が過去のものへと遠ざかりゆくなかで、下放先の農村から都市に戻った紅衛兵世代の知識青年たちは、ようやくそれまでの画一的な集団主義的思考様式の束縛から脱し、覚醒した個人意識を尊重し、理性的判断に従って思考するようになった（第一章四〇—四一頁）。ある者は民主と法制を求めて壁新聞に意見を表明し、ある者は表現の自由を求めて芸術の道に進んだ。だが大半の青年は、押しつけられる共産主義のイデオロギーや共産党の指導への忍従を拒み、西側の舶来品や洗練された文化に眼を奪われ、自国の現状との落差に暗澹たる絶望感を抱くという「信念危機」のさなかにあった(第二章七一―七三頁)。

学術界も紅衛兵世代の若手から中堅世代を中心に、新たな潮流が生まれていた。近代化と改革開放という国是を堅持しつつ、「四つの原則」など共産党が指導する社会主義の原則から大きく逸脱せず、政治運動に直結させないかたちで、西側の優れた学術伝統と諸科学の成果を摂取して、中国独自の改革の道を模索していこうという動きであった。そのような自由な思考と公論を支えるメディアも、急速な勢いで育まれていた。先の『世界経済導報』のような比較的リベラルな新聞雑誌が叢生し、新刊出版活動は急速に活発化していった。八〇年代後半以降、出版点数も出版部数も毎年急増し、その傾向は天安門事件の八九年まで続いた。[17] 制度上、「民間」とは言えないものの、中国にも「民間」の自由な気風に溢れたメディアが芽生えつつあった。

なかでも特筆すべき出版活動は、一九八三年から四川人民出版社で刊行が始まった、「未来に向けてシリーズ」(走向未来叢書)で、一〇〇点ほど刊行の予定で、実際四〇点ほどが刊行された。それまで中国にはなかった新書サイズのいずれも三〇〇頁以内のコンパクトなもので、編集委員会の編集長は包遵信、副編集長は金観濤・唐若昕、主だった編集委員に、王小強・王岐山・劉青峰・厳家其などが名を連ねている。シリーズの紹介文にこうある。

「このシリーズは、新しい周縁の学問を紹介することに重点を置き、自然科学と社会科学の結合を推し進める。今日の我国の自然科学・社会科学・文学藝術の創造的成果を社会に紹介し、とりわけ青年読者にあらゆる人類文明の曲折に満ちた発展と変遷の中から、中華民族の偉大な貢献と歴史的地位を教え、世界の発展の趨勢を科学的に認識させ、祖国と人民への熱愛と責任感を刺激する」。

収録された書目には、ローマ・クラブ報告書『成長の限界』、マックス・ウェーバー『プロテスタンティズムの倫理と資本主義の精神』、フロイトの著作選など、海外の翻訳書も含まれており、文革中はブルジョアの学問だとして「禁学」とされてきた社会学や心理学方面の古典が一挙に紹介されるようになった。そればかりか、紹介文にもあるように、学際的で文理融合の新しい学問の潮流を取り入れたオリジナル作品も数多く含まれた。

シリーズのうち金観濤・劉青峰『歴史の表象の背後に――中国封建社会の超安定システムの探求』(一九八三年)は、全訳日本語版が出版された。[18] 著者の一人の金は、もともと北京大学化学系を卒業したサイエンティストで、本書は中国文学出身の夫人との共著でサイバネティクス・情報理論・システム理論を援用して、歴史学界の一大テーマである中国封建社会の長期持続問題について、なぜ王朝末期に周期的大動乱がありながら、変動が修復され長期停滞のサイクルに入ったのかを、中国社会のシステム内部の相互調整機能(「大一統」システム)に着目して明らかにしたものである。中国のみならず日本の歴史学界にも刺激を与え論争を巻き起こした。

鄧小平が号令をかけ、胡耀邦・趙紫陽が推進した対外開放政策のもとで、西側の思想がそれまでの文化的空白を埋めるように、古典から近代を経てポストモダンまで怒濤のように入ってきた。中国の学者・知識人たちは、それまで許されなかった自由な学問研究の時間を取り戻すかのように、それらの諸思想を摂取し、同時代中国に適合的なものを選択的に翻訳し、中国流に再解釈した。出版社は学術界と読者の熱い期待に後押しされるかのように、創造性に富んだ編集・出版活動に精勤した。青年読者は信念危機の渇きを潤すかのように、それらの書籍を熱烈に歓迎した。この八〇年代半ばから天安門事件までの文化論の活況現象は、「文化ブーム」(文化熱)と呼ばれるようになった。

「文化熱」のさなかの文化論議には、大別して二つの立場があった。一つの立場は中国の伝統文化を全面的に否定し、西洋文明を導入し、徹底的に中国のシステムを改変しようという、「全盤西化論」(全面西洋化論)である。先述した蘇暁康らが制作した『河殤』のメッセージは、まさにそれであったし、八六年末からの民主化をもとめる学生運動の火付け役となった物理学・天文学者の方励之や、中華民族の振興よりも個人の解放を優先すべきとして、中国の伝統的思考様式を徹底的に否定し、天安門事件ではハンスト宣言に加わった後、学生に広場からの撤退を呼びかけた中国文学研究の劉暁波などの主張もそれにあたる。その後、蘇は先述したように天安門事件直前にパリに亡命した[19]。方は八九年一月に反革命宣伝煽動罪と軍事機密漏洩罪で服役中の魏京生の釈放を鄧小平に要求、天安門事件の後、アメリカ大使館に身柄を寄せ、それが中米間の外交問題となり、アメリカ亡命が認められ、現在プリンストン大学に勤務している[20]。劉は天安門事件後も国内にとどまり、二〇〇八年に呼びかけた「〇八憲章」が国家転覆罪に当たるとして、服役中の二〇一一年にノーベル平和賞受賞したものの、いまだに獄中にある[21]。

もう一つの立場は、西洋文化を活かしつつ、伝統的な中国文化を否定するのではなく、批判しつつも内発性を再評価し、現代社会に適合的な思想へと再創造しようとする折衷的なものである。代表的な論者が北京大学哲学系卒業で中国社会科学院哲学研究所の李沢厚である。彼は「啓蒙と救国の二重変奏」において、「救亡ナショナリズム」という概念を提出して、五四運動以降の近代中国の新文化運動においては、常に個人本位で文化重視の啓蒙が叫ばれながらも、結局はすべてが反帝国主義に服従すべきとの集団的革命闘争が優先し、個人の権利、個性の尊重、個の尊厳などは後回しにされてしまった「救亡が啓蒙を圧倒する」現実を鋭く摘出した。李は天安門事件直前に渡米し、その後、帰国した[22]。文学は政治に従属するのではなく、主体性が重要とする「情欲本能解放論」を唱えた文学評論の劉再復も、この流れに属する[23]。

総じて第一の立場は一九八六年以降の学生運動においては、ポスト紅衛兵世代の若い学生たちの支持を得やすく、日本でもその主張の直截的平明さから、比較的受け入れられやすかった。それに対して、第二の立場は中国の学生たちには容易には理解されにくく、日本においてもさほど大きな注目を集めたとは言えないものの、「大一統」システムの金観濤や、「救亡が啓蒙を圧倒する」の李沢厚などについては、歴史学・思想史などの学術分野で比較的支持を集めた。ただ、総じて日本での「文化熱」現象についての反響は冷淡で、中国での出版活動の活況に比して、関連書の邦訳は極めて乏しかった[24]。日本のチャイナ・ウオッチャーは中南海の外の準民間圏で起こっている中国の大きな変化の胎動には、そもそもあまり関心が向かなかったようである。

三　事件の経過──愛国・民主から動乱・鎮圧へ

胡耀邦の死から天安門事件へ

一九八九年六月四日の天安門事件は、なぜ、どのようにして起こったのか。事件直後に発刊された、本章で扱う総合雑誌各誌はこぞって八月号で事件の特集を組んだ。特集タイトルのみ掲げると、『文藝春秋』「暴走する中国」、『中央公論』「天安門事件とは何だったのか」、『世界』「中国逆流」、『自由』「記録　六・四運動＝激動の中国」、『現代』「共産主義の〝破産〟」、『正論』「中国〝暴乱〟の衝撃」などである。それまで天安門広場を舞台に繰り広げられていた学生の民主化運動についてほとんど論じなかった雑誌（『自由』『正論』『現代』など）も、注目して論じていた雑誌（『世界』『中央公論』『朝日ジャーナル』など）も、いずれも人民解放軍の出動による流血の惨事を「暴挙」「暴乱」「虐殺」と表現し、武力を用いた鎮圧という結末に驚愕し、「暗転の構図」（加々美光行）をトレースするような編集をした。換言すれば、学生の民主化要求に政府は何らかの形で前向きの反応を示すことで中国社会は好転していくだろうとの希望が見るも無残に打ち砕かれたことへの衝撃が、さらに換言すれば、まさか解放軍が人民を鎮圧する側に回るはずがないとの確信が完全に裏切られたことへの失望が、誌面の背後にはあった。

事件の発端は四月一五日の失脚した胡耀邦元総書記の死去にあり、そこから六月四日までのクロニクルの描き方には、各誌ともほとんど差異はない。そこで各誌の論調を比較することにさほどの意味はないため、事件当時の雑誌で、最も詳細に事件にいたる経緯をまとめた田畑光永の記事に拠り簡略に整理しておこう(25)。

序章　年初からの知識人・文化人による党・政府への改革要求。
第一段階　四月一五日の胡耀邦の死で学生の追悼デモがあり、四月二五日に学生デモを「動乱」とした鄧小平談話があり、『人民日報』に「旗幟鮮明に動乱に反対せよ」と題した社説が掲載される。学生側自治会が「動乱」撤回を求めて政府に対話を要求。五月四日は天安門広場で五四運動七〇周年の一〇万人デモ。趙紫陽総書記は「動乱」とは認めなかったものの、趙を除く党指導部は「動乱」の立場を堅持。
第二段階　ゴルバチョフ訪中直前の五月一三日、学生数百人が天安門広場でハンスト開始。知識人・学者の同情を集める。李鵬首相と趙紫陽総書記がハンストをやめさせようと広場を訪れる。
第三段階　五月二〇日、戒厳令施行。李鵬退陣と戒厳令解除を求め、学生・市民の一〇〇万人デモ。
第四段階　六月三日から戒厳令部隊の行動開始、四日未明、天安門広場を鎮圧。学生を逮捕。九日、鄧小平が李鵬・楊尚昆らとともに戒厳部隊幹部を接見。

いまなお真相は明らかでないが、悲劇の結末にいたるポイントは、四点ほどあろう。第一は胡耀邦の死の持つ意味である。胡死去により、一九八六年末以降、静かな高まりを見せていた学生の民主化要求を一気に結集させた。そのことは、かつて周恩来総理死去後に、学生が周追悼のために天安門広場に続々と集結した七六年四月の第一次天安門事件を想起させる。今回、学生らを立ち上がらせたのが「官倒」(官僚の汚職・腐敗)に対する批判だったということも、第一次天安門事件と符合する。ただ、学生らが追悼目的で天安門広場に結集したのは、純粋に自発的な行動だったのかどうか。
第二は学生の行動を「動乱」とした党の意図である。学生らは非暴力の形式でデモ活動をしたにもかかわらず、党指導部は四月二六日に「動乱」社説で応えた。いったい、いかなる意図から、どのような議論の過程を経て「動乱」と認定したのだろうか。

第三は趙紫陽の言動の真意である。五月一六日、鄧小平に続いて趙紫陽がゴルバチョフと会見したさい、最も重要な問題を処理する際には鄧小平が最終的な判断を下す、との党決定の最高機密を公開の場で発言した。さらに、五月一八日、天安門広場にハンスト学生を見舞い、来るのが遅すぎたと涙ながらに侘びた。趙紫陽のこの振舞いは鄧小平の逆鱗に触れ、趙紫陽の総書記解任が提案された。この背景に、どのような党指導部内部のやりとりがあったのか、権力バランスにどのような変化があったのか。

第四は戒厳部隊の動きである。部隊は天安門広場に残る学生たちをどのように鎮圧したのだろうか。その決定は誰によってどのように部隊に伝達され、部隊内部で命令をめぐってどのようなやりとりがあったのだろうか。抗命する反乱部隊があったというのは本当なのだろうか。果たして本当に「虐殺」はあったのだろうか。運動に参加した学生・市民にどれほどの犠牲者が出たのか。学生・市民が兵士たちを殺傷したような事態が報じられたが、部隊の兵士にどれほどの犠牲者が出たのだろうか。

これらのポイントとなる疑問に対して、事実を踏まえて真相に迫るには、同時代資料、党の関連文書、当事者の証言などを収集し総合し分析しなければならない。実際に収集された情報や、情勢分析に基づく資料集や日誌が出され、その後も当事者の証言が国外で公刊されたりはしているものの、(26)現状では依然として何重もの機密のヴェールに覆われている。何よりも中国は事件そのものを認める立場に立っていない。真相究明には中国それ自身の変化と長い時日を要するであろう。また、そのことはすぐれて現代史研究者そのものの検討課題であって、今後の研究成果に俟ちたい。

ただし、事件に関わる事実認定において、日本の中国論がその個性と技能を遺憾なく発揮したのが、第四のポイントすなわち戒厳部隊の動きについてであって、天安門広場で虐殺はあったのかについて、俗説・俗言に対する異論を提示したことは、特記しておきたい。

事件後は、六月四日の人民解放軍の戦車部隊が天安門広場に集結し銃を発砲する、一部のテレビ・クルーや写真家が撮影した映像や写真がメディアに繰り返し放映された。また、運動に参加した学生の証言として、運動リーダーの一人、柴玲（北京師範大生）の証言が、とりわけ大きく取り上げられた。柴玲は広場から撤退し、逃亡先からその肉声が香港テレビに流れた。現場に残った学生が戦車に轢き殺され、銃で射殺されたというものだった。また、解放軍は意図的に学生らを殺害し、虐殺があったとして、各種メディアでも報じられていた。

そのような通説に対して、矢吹晋は鎮圧した側の当局者側からの関連資料群を徹底的に読み込み、戒厳部隊の鎮圧過程をたどったうえで、天安門広場においては、少なくとも意図的虐殺はなかったことを実証した。その作業について矢吹は、「切片が半分しか与えられていないジグゾーパズルを解くような作業であったが、チャイナ・ウォッチングの練習問題、応用問題と考えて挑戦し、悪戦苦闘した」と述懐している。[27] 今日では最後まで広場に残って撮影を続けたスペイン国営放送のビデオフィルムや、それを踏まえたＮＨＫの検証番組などから、最終局面では天安門広場での虐殺は回避されていたことが、ほぼ明らかになっている。[28]

とはいえ、人民解放軍が人民の側に立つ軍ではなく抑圧装置として機能するものであり、究極のところ共産党の軍隊であることが白日のもとに晒されたことは、記憶されておかなければならない。また、天安門広場の外側でどのような武力鎮圧がなされたのか、それによってどれほどの犠牲者が学生側・戒厳部隊側の双方に出たのかについては、依然として真相は藪の中である。

と同時に、天安門事件において人民解放軍による武力弾圧がおこなわれた際に、学生を中心とする民主化勢力との間の対峙の構図を通して浮かび上がったことは、人民が軍に対して無関心、あるいは軽蔑を抱き、その戒厳部隊の兵士に向けて武力で自分たちを制圧したことへの憎悪を剝き出しにしたことであり、それが天安門広場の「虐殺」言説を生み出す心理構造としてあったことである。この現実に気づかされた党首脳部は、事件後、「動乱」「反革命暴動」で犠牲となった人民解放軍兵士を「烈士」「共和国衛士」として称揚し、「刻苦奮闘の創業精神」を発揮して「動乱」を鎮圧したことを賞賛するキャンペーンを展開した。さらに、鄧小平はブルジョア自由化反対、精神文明建設の教育宣伝工作を軽視していたことを反省し、北京の大学生に対する軍事教練を含む、思想政治工作を強化していくことになるのである。(29)

暗転の構図をどうとらえるか――世代論と二〇世紀中国論

民主化運動の高揚から天安門事件の冷酷な結末へ、希望から絶望へと転じる「暗転の構図」とはいかなるものなのか。記述したように、事件の背景としては、胡耀邦・趙紫陽ら改革派指導者のもとに現状の政治・経済システム改革を構想する知識人・学者がおり、学生・市民の間には世界の最貧国に甘んじる国の現状に対する危機意識が広範に広がっていた。四月一五日の胡耀邦の死去後、学生らが官僚腐敗撲滅や民主化を求めて結集した。当初、学生らは趙紫陽をさほど支持してはいなかったものの、四月二六日の「動乱」社説後、支持を表明するようになった。五月一六日のゴルバチョフ・趙紫陽会談のとき、学生がハンストに入るようになってから、知識人や都市の市民が学生に賛同を表明してデモに加わり、天安門広場は多くの反対派で膨れ上がった。脅威を感じた強硬派指導部は、五月二〇日、鄧小平の自宅に集まり、鄧は趙紫陽を解任、中共中央政治局員で上海市党委員会書記の江沢民を中共中央総書記とすることを提案する。同日、李鵬首相は北京市に戒厳令を発布し、人民解放軍を出動させた。大半の学生は広場から撤退し、多くの知識人は海外に亡命した。そして六月四日の武力鎮圧となった。その後、江沢民は六月二三日の中共一三期四中全会で正式に総書記に選出され、一一月六日の五中全会で鄧小平は軍事委員会主席を辞任し、後任に江沢民が主席となった。

加々美光行は、これら天安門広場を舞台とするアクターたちを四つの世代に分類し、事件にいたる構図を世代論あるいは世代間ギャップの視点から描いた。すなわち、①制圧の側に回った、鄧小平をはじめ党指導部「八大長老」のような、抗日戦争・国共内戦・中国革命を体験した「革命第一世代」、②長老の引退を勧告し中央権力の世代交替を画策した、胡耀邦・趙紫陽ら「ポスト革命世代」、③党と国家のシステム改革を模索していた、知識人・学者ら文化大革命を経験した「紅衛兵世代」、④天安門事件にいたる民主化運動の主役を担った、文化大革命の記憶は薄い学生たち「ポスト紅衛兵世代」、である。

「革命第一世代」は、中国共産党の正統性根拠としてみずから流した血によって政治権力を獲得したとの自意識のもとに、革命を成就させる手段として政治的暴力の正当性を認めていた。それに対し、「ポスト革命世代」は、政治暴力の発動に携わったことはなく、「革命第一世代」から軍の指導権は委譲されていなかった。「紅衛兵世代」は文革の武闘に加わり政治的暴力の荒波を潜り抜けた揚句、革命に裏切られた世代であり、権力の強権性と政治的暴力の欺瞞性を体験して知っていたからこそ、「革命第一世代」の権力者たちを批判し、民主と法治を訴えた。それに対して革命を知らない「ポスト紅衛兵世代」は、政治的暴力の洗礼を受けておらず、欧米との単純な比較から自由や民主化を求め、「紅衛兵世代」の中央権力批判に対して、幹部の汚職腐敗の除去という部分に強く反応して受け入れていった。「ポスト革命世代」は、この「ポスト紅衛兵世代」の期待に応える形で「革命第一世代」の権力移譲を迫ったが、「革命第一世代」は強く抵抗した。「紅衛兵世代」は、運動を通して政治的自覚を高めつつあった「ポスト紅衛兵世代」に賛同しながらも、政治的過熱を憂慮して撤収を呼びかけた。それに対して、「革命第一世代」は、政治権力維持のために暴力の発動をした。「ポスト紅衛兵世代」は、国家権力への挑戦をせず、愛国の枠内で非暴力による自発的運動としての民主化運動を貫いたものの、「紅衛兵世代」のような権力の奪還を目指した政治運動の経験がなく、政治的暴力を回避できなかった[30]。加々美は、民主化運動から血の弾圧へという「暗転の構図」を、日本人が深く影響を蒙った文化大革命との連続性の観点から俯瞰して捉えようとした。これは、天安門事件にいたる民主化運動と弾圧のリアリティに「代溝」（世代間ギャップ）の視点から肉薄するものである。

加々美の「代溝」論に付言すると、民主化運動の主体となった「ポスト紅衛兵世代」と、「紅衛兵世代」を含むその前の三世代との相違は、個人意識の覚醒が行動の基底にあるということであり、逆にいえば、その前の世代がおしなべて呪縛されていた集団主義から解放されていることを自覚していたことである。そのことが、民主化運動に自制された高いモラル感覚をもたらし、だからこそ、広範な一般市民や労働者の支援や賛同を集めたことにつながる。その反面、運動にリーダーと組織力と共通目標を欠き、撤退の時機を逸したことが、天安門広場での武力制圧という悲劇を生む一つの要因にもなった。この個人意識の覚醒は、すでに下放されていた「紅衛兵世代」の知識青年の間に、一九七一年の林彪事件を契機として芽生えていたもので、その社会的発露が一九七四年の李一哲壁新聞であったことは、すでに第一章で指摘しておいた（四〇—四一頁）。

また、事件を通して中国社会の政治システムが浮き彫りにされたことから、長期的視点から、中国史をめぐる歴史認識に深い反省を迫った歴史学者の視点も指摘しておかねばならない。すなわち事件直後に、中国近現代史を研究対象とする学者有志（石島紀之・井上久士・奥村哲・久保亨・西村成雄・古厩《ふるまや》忠夫・安井三吉・渡辺俊彦）が集い、一九八九年の「愛国民主運動」のクロニクルと資料集に合わせて、辛亥革命後の中華民国が成立した一九一二年から中華人民共和国の成立、今回の民主化運動前夜までの資料集を編み、出版した[31]。彼らによると、今回の事件においては、政治的民主主義を求める下からの運動があるいっぽうで、社会のあらゆる部門で人民を指導し、下からの運動を統御する党があり、運動を弾圧した軍も、つまるところ党の軍隊であって、党と一体化しているという現実が露わになった。この自由と民主主義の希求は辛亥革命の結果、公布された中華民国臨時約法にすでに謳われていたし、下からの政治運動は五四運動を含め中国近現代史上で頻繁に見られた。いっぽう、党の一元的指導による統治と管理という党国体制は、国民政府において模索され、中華人民共和国において確立した。このような党・軍と人民の関係についての見方は、既述した李沢厚「救亡が啓蒙を圧倒した」の中国近現代史上の政治運動に対する評価からの影響を受けている。

さらに西村成雄は、国民党の「軍政—訓政—憲政・民政」の民主化段階論にみられる「訓政論的政治システム」は、共産党「民主専政」のような「二〇世紀的中国政治文化」の特徴であると捉えた。この「二〇世紀中国」というタイムスパンを現代中国分析の視座に持ちこむことで、これまで中華人民共和国の政治支配の正統性根拠となっていた「中国革命パラダイム」の転換を提唱した。(32)

これは、中国革命の画期性を相対化するものであり、これまで喧伝されてきた「新中国」誕生の歴史的転換の意義に疑義を挟み、「愛国統一戦線」「党国体制」「訓政思想」という観点にもとづき、むしろ中華民国から中華人民共和国にいたる歴史的連続性を強調する視点を提示するものであった。天安門事件によって、地表近くの地層に刻まれた歴史的画期性という断層の下に、中国近代を通して変わることのない歴史の岩盤が広がっていることが露わになったという歴史家の感覚が、西村の視座の背景にはある。西村は、今回の民主化運動を、中国の国家―党―社会システムを打破しようとする下からの運動として再定置した。そのさい、上からの抑圧の論理には、「救亡と啓蒙」論が下敷きになっていた。

四　事件の結末――「国際的大気候」と「国内的小気候」

「蘇東波」による「和平演変」――社会主義と革命の終わり？

既述したように、趙紫陽総書記は一九八八年初め、「国際経済循環論」を提唱して、世界市場への参入をめざし、毛沢東時代のイデオロギー対立やソ連主敵論から脱して、諸外国との平和と発展を図ることを基調とする全方位外交を布いた。しかし、八九年四月の胡耀邦死去後、中国共産党首脳部は、民主化運動の学生たちを支持する趙紫陽を批判し、民主化運動は社会主義を否定し共産党を否定する「動乱」だとして戒厳令を発布した。楊尚昆国家主席・中央軍事委員会第一副主席は、五月二四日の中央軍事委員会緊急拡大会議でこう発言した。

「譲歩はすなわちわれわれ〔八〇歳を超えた元老たち〕の失脚であり、中華人民共和国の崩壊であり、資本主義の復活すなわちアメリカのダレスの望んだところである。そうなれば何世代かののちに、われわれの社会主義は自由主義に変貌してしまう(33)」。

党中央は「反革命暴乱を断固鎮圧せよ」(『解放軍報』六月四日)との決定のもとに戒厳部隊を出動させた。武力鎮圧のあとの六月九日、戒厳部隊を接見した鄧小平はこう訓辞を垂れた。

「この風波は遅かれ早かれ起こるべきことであった。それは主として国際環境(「国際的大気候」)、次いで中国国内の環境(「中国自己的小気候」)により決定づけられたものである。これは起こるべくして起きたことであり、人間の意思で動かせるものではない。ただ、いつ起きるかという時間の問題と、どの程度広がるかという問題があるにすぎない。事件が今起きたのは幸運であった。というのは老幹部がなお多数健在だからである。彼らは数多くの風波をくぐり抜けてきており、ものごとの利害関係が分かっている。彼らは動乱に対して断固たる行動を採ることを支持した(34)」。

このような民主化運動の学生鎮圧を正当化する言説の背後には、「中国の民衆は、総て中国社会主義国家体制に対する外部からの侵略圧力に対して戦うために動員される対象でしかな」く、民衆の国家への批判や抵抗を認めず、人権を軽視してきた愚民観への逆行が見られる。そこで、学生の行動は西側の陰謀に加担する「利敵行為」とされた(35)。天安門事件後、中国共産党は「和平演変」批判キャンペーンを展開した。「和平演変」とは、西側資本主義国は武力を用いずに、社会主義国家内部の反対勢力と結託して、社会主義体制の資本主義化への平和的転覆を狙っているとする、西側国際社会の策謀を意味していた。「和平演変」に対抗して、社会主義と資本主義の間の「国際的階級闘争」の「不可避性」が語られ、民主化運動弾圧の口実となった。党中央は、それまでの対話と緊張緩和を基調とする世界認識から冷戦的思考にもとづく世界認識へと逆戻りし、国内の引締めを図った(36)。

実際に、天安門事件前後に東欧諸国では各国で体制転換がドミノ倒しのように進行しつつあった。むしろ天安門事件は「その後、ソ連・東欧の変容をドラスティックに進めさせる導火線の役割を果たし(37)」た。ポーランド・ハンガリー・東ドイツ・チェコスロバキア・ブルガリアでは、人民大衆の民主化要求デモに共産党指導者はあっさり権力を投げ出し、西欧型の民主政権への体制転換が実現した。いっぽう党と軍と警察の力で最後まで頑強に民主化の動きを封じ込めてきたルーマニアまでもが、逆に民衆に突き上げられ、市街戦を経て軍は寝返って大統領令に背き、大統領夫妻は逮捕され、人民裁判さながらの処置により即決処刑された。

勝田吉太郎は、これら東欧諸国について、「ソ連の戦車と銃剣によって作られた傀儡国家であった。自由選挙による民主的正統性を持たない体制である以上、ソ連軍事力の支柱をはずされるならば早晩瓦解するのは必定であった」とし、共産主義の「安楽死」と称した。東欧諸国の体制転換を受けて、一二月にマルタ島で行なわれた米ソ首脳会談は、「ヤルタからマルタへ」の標語のように、冷戦の終わりを告げる会談となった。ところがその直後のルーマニア・チャウシェスク政権の崩壊は、独裁型社会主義体制の悲劇的末路を見せつけた。勝田はルーマニアの例については、共産主義の「苦悶死」と称した。いっぽう、「六月四日の天安門の悲劇」については、「〝下からの革命〟（いわゆる「暴乱」）を阻止するための予防独裁強化の動き」ととらえた[38]。

ルーマニアはソ連の軍事的影響から離脱して独自の道を歩み、ヨーロッパ世界から比較的遠い地理的・文化的位置にあった。建国当初からソ連の影響圏から脱し自主路線をとった隣国ユーゴスラビア型に近かった。同様にソ連と決別し独自の道を歩んできた中国は、ルーマニアの流血による崩壊という結末に際会して、政権を維持することへの危機感を抱いた。党指導部は、ソ連・東欧の民主化と、それによる社会主義崩壊・共産党独裁政権解体の衝撃波を「蘇東波《スードンボー》」（ソ連・東欧からの波紋）と称した。それが中国に波及して民主化運動を煽動することによる政権転覆を恐れ、天安門事件後の国内の引締めをいっそう強化した。

いっぽうソ連では、経済が破綻状態にあるうえに、ソ連からの分離独立を求める民族自決主義的な運動が高まった。バルト三国の独立を経て、一九九一年末、ついにすべてのソ連邦内の共和国がソ連の憲法で認められた自決権を主張してソ連邦から分離し、ソ連は解体した。田中克彦と加々美光行は、民族自決主義の観点からソ連邦解体を捉えなおしたうえで、民族自決権は認められていないが、チベット・ウイグル・モンゴルなど民族独立の動きを見せる中国のケースと比較し議論した。中国はうわべは少数民族優遇政策をとりつつも、少数民族内部には自決権を認めず、自由な分離権がないのは、「みせかけの上で帝国をやめて、国際的なつきあい上、国民国家の真似をして見た」（田中）にすぎない。と同時に、台湾「独立」の要求のような国家的抑圧への抵抗や、華僑ネットワークのような「国家形態をとらない民族の存在様式」（加々美）が活発化する動きも見せているとした。[39]

鄧小平の眼には、西からの「蘇東波」が、民族解放を煽り社会主義の放棄を迫る策略と映り、社会主義一党独裁体制を強権によって堅持することを決意させた。このような「国際大気候」における天気図の特徴は、アジアとヨーロッパ（東欧・ソ連を含め）の間に革命と社会主義をめぐっての不安定な天候という類似の要素がありながら、天候の変化に大きな違いが見られることである。アジアにおいては、中国のほかにベトナム・北朝鮮・ビルマなどもまた、国によっては国内に民主化勢力を抱えながらも、社会主義一党独裁体制型国家としてしぶとく生き残った。いっぽう西側の社会主義国におけるスターリニズム体制、あるいはワルシャワ条約機構のような軍による抑圧体制は一挙に覆った。アジアの社会主義諸国においては、アジア的専制政治ともいうべき抑圧的強権体制、外国の帝国主義的支配の桎梏を脱して民族解放と独立を果たしたことへのナショナリズムの正統性原理など、ヨーロッパとは歴然と違う気圧配置が見られるのである。

中嶋嶺雄と加々美光行は対談において、中国は中ソ対立においてソ連型平和共存外交を拒否し、農業集団化政策や文化大革命において急進的な共産主義化をめざしたことから、毛沢東時代においてすでに対ソ依存からの離脱が見られたことを指摘した。[40]その共通理解を踏まえたうえで、天安門事件を経てこの先の天候予測をめぐって、両者の見方はくっきりと分かれた。

中嶋は米中・中ソ和解をへて、「もうアジアに革命は起こらないでしょうし、その必要もなくなっています」[41]とし、東欧・ソ連の体制内部の変革の動きを見て、「マルクス主義は「民度」の高い国の順に葬られてゆく」[42]との仮説をたてた。そのうえで一九八九年四月から五月にかけての中国民主化運動の高揚を中嶋は「四—五月革命」と呼び、「今日の中国の現状に悲壮なまでの絶望感を抱いており、中国共産党の一党独裁体制に対する根本的な不信と批判を突きつけた」学生たちの運動の本質は、「共産党の支配に対する真っ向からの挑戦であり」、「文字通りの反・革命、つまり、カウンター・レボリューション（Counter Revolution）」だとした。(43) これは四月二五日の鄧小平による学生の民主化運動を「反革命動乱」とした決定を、まさに逆手にとった評価である。かくて中嶋は、天安門事件の暗転を経てもなお、近いうちに民主化運動が中国の社会主義一党独裁体制を転換するとの天候好転予測を掲げ続けた。その根拠として、後述するように台湾で着実に進む民主化の経験を過大に評価したのである。

いっぽう加々美は、ヨーロッパ世界で民主化とデタントが進行し、冷戦体制が崩壊しつつありながらも、非ヨーロッパ世界の社会主義諸国に眼を転じると、「冷戦体制下にこうむった甚大な人命の損失と国土の荒廃の痛手から十分復興しうる目途も立たぬまま、経済的な貧困のうちに置かれている。もし、ソ連経済の悪化がペレストロイカに対する反動の危機をもたらしているとするなら、それ以上に非ヨーロッパ世界の社会主義諸国の貧困は、その国の政治民主化を極度に困難にしている」とした。非ヨーロッパ世界にも民主化の波は押し寄せるが、それは「ただちに非ヨーロッパ世界における平和を約束するものではない」し、「東欧と違って、大量の流血を防ぎ止める何らの制度的保障もない」。逆に中国共産党指導部は、民主化運動の「背後に欧米の反中国的な陰謀があったと強弁しつつ、民主化弾圧の論理として用いている」。加々美はヨーロッパ世界とは違うアジア的要素を過小評価してはならないとし、ソ連内外の周辺諸民族の動向や、中国社会内部の膨大な農民人口や非識字層が民主化運動にどうかかわるのか、といった視点や「アジア社会主義」の視点から今後の動向を考えるべきだとする。(44) これはF・フクヤマの「歴史の終焉」論への反論であり、ハンチントンの「文明の衝突」論を先取りする発想である。民主化運動を経てもなお、曇天は続くとの天候予測である。

これらに対し、毛里和子は東欧・ソ連のヨーロッパ型社会主義と中国・ベトナムのアジア型社会主義は、権力の正統性根拠のありよう、市民社会の成熟度、経済の発展度などの違いから、その「国家社会主義」を放棄するにいたる道筋は双方で異なるとする点では、加々美と同じ見立てである。特に重要なのは、第一の正統性原理に関わって、社会主義化の過程において、アジア型社会主義国家群は、それまでの統治者と被統治者という伝統的な構図に変化はなく、「外部の敵（帝国主義、侵略者）の存在を前提とし、それに抵抗するナショナリズム、統治と被統治の構造を前提とした統治者（集団）の高いモラル」を価値にして権力の有用性を保持してきたことである。だが、「独立と統合をある程度達成した今、ナショナリズムは求心力をもつ価値ではなくなりつつ」あり、民衆が政治に直接参加し、それまでの統治―被統治の一方的垂直関係がくずれつつある。「ナショナリズムが求心力を全く失ったとき、党の自浄作用が働かなくなったとき、そして経済の自由化と開放が進み、都市労働者層に政治的・社会的な参加の意識が拡大したとき、アジア型社会主義権力は天安門事件のとき以上に重大な挑戦を受けるにちがいない」とする。[45] アジア地域独自の気圧配置が変化することで、天候の変化がありうるとの予測である。

とはいえ、現有の社会主義国をめぐる「国際的大気候」の変化はめまぐるしかった。毛里はソ連・モンゴル・中国の国境地帯を実地検分し、「脱社会主義」をめぐる動きを比較した。ソ連では一九九一年八月にモスクワで政変が起こり、旧体制への復帰の動きを見せた。政変は即座に抑えこまれたものの、経済改革はうまくいかず、物資が不足し経済危機が深刻化した。モンゴルでは、ペレストロイカの動きに呼応するように民主化・市場化・脱社会主義化への動きが急展開したが、経済は疲弊し、ソ連に依存してきたモンゴル経済の脆弱さが露呈した。それに反し、中国には物資が溢れ、経済に関するかぎり改革開放政策は奏功し、「中国の指導者は、社会主義ソ連の崩壊を目前にしながら、「中国の特色をもつ社会主義」に強い自信をもっている」。[46] アジア各国・各所で複雑な気圧の谷ができて乱気流が発生し、安易な長期天候予測を許さないような状況が生まれていたのである。

虜囚と流亡――逼塞する民主化勢力

本章で取り上げる各誌とも、一九八九年四―五月の学生・労働者・知識人たちの民主化要求のうねりを克明に伝えた。そこには各誌の論調傾向のいかんを問わず、おしなべて運動に対する熱いシンパシーと、中国の変化への強い期待が込められていた。その共感と期待は、武力鎮圧を命じた鄧小平を中核とする党の元老のやり方が「専制」「封建」「独裁」政治だとの批判となって跳ね返り、人民解放軍が制圧に乗り出すや、強い怒りへと転じた。「民潮《ミンチャオ》」に呼応して上昇した体温が、強い失望と激しい怒りの論調へと、そのまま反映されていた(47)。換言すれば、胡耀邦死去から始まる民主化運動において、論壇の注目は常に権力側ではなく民主化運動の学生と改革派知識人に注がれており、武力弾圧の結末における党首脳部の決断に関して、それに賛同を表明したり、理解を示したりする記事は、少なくとも同時期のものとしては皆無だったと言ってよい。

いっぽう学生・知識人を中心とする民主化勢力は、鄧小平からすれば「和平演変」によって国内に生じた「国内的小気候」であった。彼らは事件の後どうなっただろうか。

学生たちは、戒厳令の撤回を求めてハンストを敢行したものの、続行か中止かをめぐって学生グループは分裂し、五月末には北京に在学するかなりの学生が天安門広場から去り、身を寄せる場所のない地方大学の学生が広場にとり残される恰好になった。一九八九年六月三日未明、天安門広場に人民解放軍の戒厳部隊が入り、学生は散り散りになり、学生組織は解散した。学生運動の指導的立場にいた学生のなかには、王丹のように逮捕された者もいれば、柴玲やウアルカイシのように潜伏し逃走の果てに海外に亡命した者もいた。学生の民主化勢力に同情的だった改革派知識人の多くは、事件の前後に海外に亡命する道を選んだ。彼ら海外に亡命した学生・知識人は八九年九月、パリで民主中国陣線を結成した(48)。

中嶋嶺雄は中国民主陣線の副主席のウアルカイシと秘書長の万潤南と座談会をした。中嶋は彼ら亡命した民主人士が、引き続き中国共産党の独裁に対する批判勢力となり、近い将来、中国が社会主義を放棄し、連邦制を選択することを期待する。その根拠として東欧の瞬く間の体制転換と、台湾で民主化、政治的多元主義、経済発展が実現していること、チベットやウイグル族の民族反乱の動きを挙げた。ウアルカイシと万潤南の両人は一党独裁の打倒を目指すことには同意するものの、東欧と違い中国には膨大な農民階層が存在すること、台湾に対しては中国共産党が武力解放の放棄を明言していないこと、民族独立を性急に求めるべきではないとの見解を表明し、図らずも中嶋との間の体温差が露呈した(49)。

民主化運動のさなかの一九八九年五月三〇日、「民主の女神」像が、中央美術学院の学生たちによって製作され、天安門に掛けられた毛沢東の肖像画に対峙するように天安門広場に立てられた。像は戒厳部隊によって六月四日に撤去された。翌年三月、「民主中国陣線」と「フランス中国の船協会」の共同運航で「民主の女神」号がフランスの港から出航、中国の民主化を呼びかける放送をしながら、地中海、インド洋を横断し台湾の基隆港に寄港した。実際には船は老朽船で、十分な放送機材を積んでおらず、あてにしていた香港住民からの資金援助は得られず、基隆港で立ち往生したまま、台湾の実業家に買い取られた。船は台湾の国民党政権が反中共宣伝に利用して仕組んだものとの説が流れた。「民主の女神」号の失敗は、海外に脱出した民主運動家が孤立し、運動の効果が上がらず、支持者が去り、資金が細っている実態を浮き彫りにした。失敗の顚末をリポートした伊藤潔は、「確かに人口一二億の中国では、ごく少数の運動家による、外部からの運動の影響力に期待するには無理があり、中国政府の妨害と工作により、運動の効果が生じる以前に、海外の運動家そのものが「根なし草」になるのは時間の問題であろう。そしてやがては「枯れ草」になることも考えられる」と評した(50)。

天安門事件から二年後、流亡し八カ国に散らばった四〇人ほどの学生運動の主役たちは、パリに集って運動を回顧しようと討議をした。彼らは一様に孤独感と虚無感を抱いていた。「民主中国陣線」は内部分裂を繰り返し、資金難を抱えていた。討議を通して、六月四日の天安門広場での戒厳軍による虐殺は目撃されなかったということで、学生たちの証言は一致した。運動は統率がとれておらず、地方の学生運動への配慮が欠けていたことの反省や不満が吐露された(51)。

天安門事件の後、明かされたのは、運動のさなかに露わになった「ポスト紅衛兵世代」の運動家の学生たちと、「紅衛兵世代」の改革派知識人の世代間ギャップであり、不信感が横たわっていたという実態だった。事件直前にパリに逃れた『河殤』の作者・蘇暁康は、『河殤』は民主化運動になんら影響を与えていなかったとしたうえで、自嘲気味にこう発言した。

八九年の天安門事件の最大の特徴は、知識人が学生の代表ではなかったことだ。これは世代ギャップなんだ。二十代の学生たちは自分たち以外はすべて排除した。僕たち知識人を信用しなかった。共通言語がないのさ。まったく考えていることが理解できない。彼らは七六年の「四五運動」も「北京の春」の魏京生も知らない。僕たち四十代は共産党内にも違いがあることを知っているが、彼らは鄧小平と陳雲の区別もつかないし、共産党の本当の恐さも知らない。全然想像できないんだ(52)。

一九四九年生まれの「紅衛兵世代」の蘇のような知識人にとって、八九年の民主化運動とは何だったのか。困惑を隠さず言う。

「中国共産党は、知識人を事件の「黒幕」だと言い、中国の民衆は彼らを「卑怯者」だと言う。この偉大な民主運動の中で中国知識人は両側から風を受ける「ふいごの中のネズミ」となってしまった」。

自己の背後に強力な市民層が存在しないことを知る知識人は孤独を感じ、権力の恐ろしさを知る知識人は世間知らずの学生の喧騒に直面して、やがて軍事管制が布かれるであろう結末に恐怖を感じていた。蘇暁康もそのような一人で、戴晴らの呼びかけに応じた学者・作家とともに広場に赴き、ハンストの学生に理性を喚起し撤退を促そうとした。だが、誰かが「絶食宣言」を読み上げだし、再び上気した学生たちによって、「我々がもちこんできた理性の氷塊は数秒のうちに融け去ってしまった」。蘇暁康は運動から身を引いた。天安門事件を経て彼の友人たちは今、ある者は獄につながれ、ある者は行方不明になり、ある者は監視と恐怖のなかで暮らしている。蘇はパリにいて、国内に残された事件に関わった人びとについて思いをめぐらし、今の心境をこう記す。

「私の慚愧の思いは深い。まるで私が国外で自由を享受し、すべての苦しみを彼らに押し付け、堪えさせているように感じる」(53)。

譚璐美《タンロミ》は、事件後、政府によって逮捕され投獄されたあと、出獄した人物たちを取材した。ある者は、手枷をされ、拷問を加えられ、排泄の自由も与えられずにいたが、ある者は運動の中心人物や著名人だったためによい待遇が与えられた。劉暁波・周舵・侯徳健とともにハンストを実施し、学生たちに撤退を呼びかけた高新は、獄中で「国民と民族に対する大きな失望感」に襲われた。民主化運動に挺身したために自由と時間を奪われ、苦悩と引き換えに得たものは何だったのか。彼はこう感想を漏らす。

「天安門事件の後、中国の社会的進歩はとまり、八九年以前よりむしろ後退した。僕自身は投獄されたことで個人的な苦痛と損失を被ったが、はたしてそれが何かの役に立ったかといえば、なにもない。投獄された甲斐がない」(54)。

とはいえ、天安門事件による運動の挫折を、すべて希望から絶望への「暗転の構図」に押し込めてしまうこともまた早計にすぎ、時間的経過という試練によって、再び「暗転の構図」にからめとられないとも限らない。民主化運動も改革への諸構想も、すべてが夭折したはかない夢に過ぎなかったわけではない。運動と事件を時代の試練として受けとめ、歴史の変化とともに思考を紡ぎ続ける強靭な精神を持続する人びともいることを確信しつつ、まずはこの共通の歴史経験を忘却しないよう銘記することが必要である。

中国本国での民主化運動に呼応して、日本においても東京では「民主中国陣線」理事で「在日中国人団結連合会」代表の楊中美を中心に在日中国人の民主化支援組織が結成され、街頭デモなど大きな盛り上がりをみせた。

事件後の七月二〇日、渋谷で「中国の武力弾圧・人権抑圧の犠牲者を悼む合同集会」が開かれた。集会に参加した筆者の記憶では、参加者の多くは日本人で、在日中国人の参加者は少なく、公安や中国大使館の監視に利用されることを恐れて、会場での写真撮影は禁止された[55]。天安門事件の追悼会という趣旨もあるが、中国政府批判で盛り上がる雰囲気はなく、沈鬱としたなかで、日本側には民主化運動支援、政府批判のためというには組織力に欠ける印象があった。むしろ人権問題の観点から、民主化運動支援を口実に中国留学生に帰国命令が出されたり、国費留学生の奨学金が止められたり、入管で滞在延長が認められなかったりといった、在日留学生への不当な公安権力の介入に反対する趣旨の支援者が大半だった[56]。

これを在日朝鮮人の指紋押捺拒否などの人権擁護運動や、韓国本国の民主化支援、金大中拉致事件糾弾などに対する、在日朝鮮・韓国人やキリスト団体や日本の学者・運動家の根強い支援と比較してみると、在日中国人に対しては、草の根の広範な支援組織の層が薄い上に未成熟であった印象は否めない。このことについては無理もない事情もある。確かにそれまで在日華僑とその子弟の学生らは日本社会に定着していたものの、中国大陸からの留学生は一九八七年あたりから急増し始め、八八年がピークであった。それまでに日本人と中国からのニューカマーとの接触は、ほとんどなかったのである。

見方を換えれば、天安門事件前後は、日本社会にとっては、来日する若き中国人と直接出会う時期でもあった。その場合、国費留学生以上に目についたのは、彼らよりはるかに数の多い、日本語学校などで学ぶ就学生の存在であった。日本人にとっても中国人にとっても互いの生活習慣や価値観念の違いから、誤解に基づく偏見や差別が、双方において顕在化し、増幅していった[57]。偽装難民が顕在化して社会問題になるなど、信用できない中国人、何をしでかすかわからない中国人という、国民性の違いからくる不安心理が日本人に芽生えはじめた。やがて難民なのか難民を装っての金稼ぎなのか、見分けがつかない中国人が続々と押し寄せてくるのではないかという、予測不能性をともなう人口浸透圧へのそこはかとない恐怖感が広がっていった。その恐怖心は、その後に日本人の間で自己増殖していく中国脅威論の一つの源泉になっていくのである。

天安門事件をめぐる「国内大気候」を観測する際に見逃してはならないことは、村田雄二郎が指摘するように、この民主化運動が「完全な都市中心型の運動」であって、「学生・知識人にとって、民主化要求のプログラムには人口の多数を占める農民の存在が全く視野に入っていなかったかのごとく」映ることである。確かに、四月以降、運動は北京だけでなく、地方の大都市へと拡大していったものの、「北京や上海などの大都市が民主化・自由化要求の波にどよめいている際にも、広大な農村部においてこれに呼応する動きは皆無に近かった」(58)。

改革派知識人が中国の農村・農業問題に無為無策であったわけではない。一九八七年から八八年にかけて、国務院農村発展研究センターを中心に、都市と農村の格差を是正し、中国農業の近代化・市場化をめざし農村発展計画が立てられた。その成果の一つとして、農村の余剰労働力を吸収し、農村と都市の生産・経済活動をつなぐ郷鎮企業を積極的に奨励し、農村の経済発展と近代化のために寄与してきた。

とはいえ、都市と農村の間には戸籍上の歴然とした待遇の差があり、都市と農村の間の経済格差はなかなか埋まらず、郷鎮企業でも吸収しきれない農村から都市への流動人口は「民工潮」(地方からの出稼ぎ労働者の大群)の波となって都市に押し寄せて社会問題を引き起こしていた。宇野重昭が指摘するように、何よりも「農村における政治意識と都市知識人の政治意識とのはなはだしい懸隔」は蔽い難いものがあった。伝統的に中国社会においては、中央の支配に対して地方の村落共同体には相互扶助の集団主義を旨とするモラルによる統合原理があり、両者の相互補完関係が見られた。では中国農村にとって民主化とは何なのか。中央権力の「専制の基礎」となるのか、両者の「未成熟の近代的統合」なのだろうか、と宇野は疑問を投げかける(59)。

五　国家崩壊論と経済破綻論

中国共産党首脳部は、武力制圧による民主化勢力の弾圧と、その後の思想引締めと愛国主義教育による民主化勢力の封じ込めにより、国内的には治安を維持し、政治的安定を取り戻した。鄧小平は、「蘇東波」の衝撃波に抗う論理として、社会主義諸国にどのような事態が起ころうが、国際情勢がどう変わろうが、中国は「中国的特色を持つ社会主義」建設の道を進むことを改めて確認した。

武力制圧という手段に対して、西側諸国は「人権弾圧」だと強く非難し、事件直後から対中武器輸出停止（アメリカ・イギリス・ＥＣ）、対中援助停止（イタリア）、借款と経済協力の凍結（日本・アメリカ）などの経済制裁を加えた。一九八九年七月、パリのアルシェ・サミットでは、中国の民主化弾圧を非難する「政治宣言」を採択した。西側との経済協力が頓挫し貿易関係が縮小するなか、一九八九年から九〇年にかけて、改革開放以来の経済成長は鈍化した。天安門事件前から経済調整政策をとり、経済引締めの局面にあったことから、消費は冷え込み、失業問題が顕在化し、経済は停滞した。

西側の経済制裁に対して、中国は天安門事件の悪いイメージをできるだけ取り除く必要があった。そこで、中国が発する国際世論としては、内政不干渉の原則を主張するとともに、人権弾圧非難をかわす必要に迫られた。やや後のことになるが、一九九一年一一月、国務院新聞弁公室が「人権白書」こと「中国の人権状況」を発表した。そこでは中国のような発展途上国と西側先進国との「国情」の違いが強調され、中国にとっての人権とは、欧米的な「基本的人権」ではなく、「人民の生存権」と「民族の発展権」を意味しており、そのためには個々人の人権に国家の独立権が優先するとの立場が明確に表明された[60]。

事件直後は冷戦思考に逆行し「和平演変」を主唱していた中国であったが、九〇年一月の戒厳令解除、六月のアメリカ大使館に避難していた方励之夫妻の出国黙認など、柔軟な姿勢をみせた。国際的孤立を避けるべく、鄧小平の「敵より友人をたくさん作れ」「近隣諸国を大事にする」の方針のもとで、アセアン諸国やインド・パキスタンなど、近隣諸国との国交樹立や相互交流を活発化させる近隣外交戦略を展開した。[61]東欧の連鎖的な激変の波には抗わなければならないが、さりとて改革を頑なに拒否してきたルーマニアのような末路の轍を踏むわけにもいかない。社会主義体制の転覆につながりかねない政治体制改革は拒否しながらも、経済改革は大胆にやるべしとの鄧小平の方針の基底には、「改革をすれば混乱あり、しなければもっと危険」との党首脳部のコンセンサスがあった。[62]

そのうえで、国際的孤立を避けるために、「一つの中国」の原則のもとで、「祖国統一」の対抗者である台湾との経済的リンケージを強め、従来台湾と密接な関係にあったインドネシアやシンガポールと国交正常化し、近隣諸国との「巻き返し外交」を展開するようになった。そのことで、中国はそれまでのバイラテラル（二国間）外交から、アジア・リージョナリズム外交への転換を図るようになった。天安門事件後、中国はあらたな国際的リンケージを模索し、着実に外交の布石を打っていった。[63]

再び経済を成長局面に乗せ、国際社会に復帰する上で、焦点になる国が最大の経済援助国である隣国日本だった。事件以来、西側諸国は武力制圧と人権抑圧を批判して経済制裁を課し、そのために国際的孤立を余儀なくされていた中国は、改革開放政策をいっそう推進するために日本の外資と技術を必要としたのである。こうして中国は天皇の訪中実現にターゲットを絞ることになる。

国家崩壊論と経済破綻論が日本の論壇を賑わせるなか、中国は武力制圧の首謀者と目された鄧小平の指導のもと、驚異の回復と飛躍を遂げていく。予見が裏切られ暗転した構図は再び反転する。中国の内外で何が起こっていたのか。それを日本人はどう眺めていたのか。一九九一年のV字回復から九二年の天皇訪中にいたる中国論を分析する作業が次に控えている。

第四章　天安門事件以後　反転する中国像　一九九一―九二年

一　経済制裁の継続か解除か

前章では、一九八八―九〇年の間の天安門事件前後における日本人の中国論を見てきた。天安門事件により、中国は主に西側諸国から民主化運動への武力制圧が人権抑圧だとの批判を浴び、国際社会からの孤立と経済状況の悪化の瀬戸際にあった。再び経済を成長軌道に乗せ、国際社会に復帰する上で、焦点になる国が西側諸国のなかで対中経済協力の実績が最も大きく、最大の経済援助国である日本だった。実際に、当時中国にとって日本は最大の貿易相手国であり、一九八〇年代前半まで貿易総額の約二割を占め、八五年には三〇%を超えたが、九〇年には一四%台に下落した(1)。

日本人は事件以後の中国の動向をどう眺め、どのような日中関係を取り結ぼうとしたのか。前章に引き続き、一九九一―九二年の日本で公刊された中国関連記事を分析することとする。記事の年別本数や主な寄稿者リストなどは、前章に八八年から九二年までまとめて集計してあるので(九八頁)、そちらを参照していただきたい。

日中平和友好条約以後、大平首相のもとで外相として日中経済協力を牽引してきた大来《おおきた》佐武郎は、日本が欧米先進国主導の対中経済制裁に加わるさなかにハンガリーを訪問し、ある経済学博士と交わした会談の印象をこう記した。

博士は、東欧の共産主義はソ連の軍事力を背景としたものであり、またヨーロッパは歴史的にフランス革命の自由民権思想の影響を強く受けている。アジアの共産主義は内発的で民族主義と結びつき、また歴史的に権威主義の伝統を持っている。このような両者の違いを認識する必要があろうと語った。貧しい国の発展過程で、ある段階までは国家の統一と安定が人権尊重に優先する場合も有り得る。アジアの国々では天安門事件に対する厳しい批判は余り聞かれない。(2)

確かに、天安門事件後、中国が積極的に外交攻勢をかけたアジア近隣諸国からは、権威主義体制を布く政治文化の親和性もあってのことか、事件に関して厳しい非難は聞かれなかった。日本は西側先進国に同調して対中円借款と経済援助の凍結などの経済制裁を続けるべきか、それとも日本と中国の特別な歴史、特殊な互恵関係を重視して、西側先進国に先だって経済制裁を解除すべきか、日本はアジアの一員か西側の一員か、困難を抱えた友人を帮助すべきかお灸を据えるべきか、対中関係凍結か再開かの岐路に立った。日本政府は「中国を孤立させるべきではない」との基本姿勢を持ちながらも、西側諸国に同調し、第三次円借款の凍結という措置をとった。

事件直後、夙に田中明彦は、経済制裁などによって中国は相当な打撃を被るだろうとしたうえで、日本としては人権弾圧については厳しい姿勢を示しつつも、制裁に踏み切ることには慎重であるべきだとした。その理由として田中は、すでに日中両国は双方にとって重要な貿易相手国になっており、中国にとって日本は最大のODA供与国であり、日本にとって中国は二国間ODAの最大の受取国であって、相互依存度が高いこと、中国が長期的に政治的大混乱に陥ると、中国情勢はいっそう混沌とし、国際社会が不安定化することを挙げた。したがって中国を孤立化させてはならず、日本は「表立った非難は、場合によっては逆効果である場合がある。困難ではあるが、人権擁護の姿勢を明確にしつつ、「静かな外交」を行なわなければならない」と主張した。(3)

日本は経済制裁の旗を下ろすべきではないという論壇での主張について、一つの論拠は、目下の中国の権力基盤は脆弱で、鄧小平以後、権力継承に失敗して、民主化運動が再燃するだろう、そうなれば共産党独裁体制は解体し、連邦制のような分権的システムに移行するか、かつての軍閥割拠のような国家分裂の危機に直面するだろうとの、中国崩壊論であった(4)。もう一つの論拠は、財政赤字の急増、悪性インフレの進行などによる中国経済破綻論であった(5)。

これらの論拠に対しては、膨大な数の農民が中国共産党を支持しており、改革開放路線による人民の生活向上が満たされるかぎり、中国共産党の権力基盤は強固であり、一党支配体制の正統性は失われないとの見方や(6)、事件によって低迷した経済は完全に復活しており、日本は中国を含めアジアとの経済的連携に取り組む必要から、中国の国情に配慮しつつ相互補完的な経済関係を築くべしとの立場からの反論があった(7)。

日本は事件直後の一九八九年九月に伊東正義・日中友好議員連盟会長を団長とする訪中団を派遣、李鵬首相・江沢民総書記と会見し、第三次円借款凍結解除を求められた。翌年一一月、日本政府は第三次円借款の凍結解除を閣議決定、一二月に日中長期貿易延長取決めを締結し、西側諸国に先駆けて、対中経済協力を再開した。翌年八月には海部首相が訪中し、天安門事件後、西側諸国では最初の国家指導者の訪中を果たした。対中円借款は「部分解除」から「全面解除」となった(8)。

二　鄧小平最後の闘い――いかにV字回復はなされたか

「南巡講話」が消した事件の痕跡

一九九一年にいたり、一時低迷していた中国経済は完全復活を遂げた。物価上昇を抑えつつ、ＧＮＰは前年比六％の伸びを見せた。経済制裁と国内経済の混乱によって中国経済は疲弊し立ち直れないほどの打撃を被るだろうとの目論見とは裏腹に、中国は見事なV字回復を遂げていた。現地視察をしてその実態を注視し、目覚ましい発展を遂げる中国経済を日本の論壇に紹介したのは、意外にも中国観察家ではなく、経済アナリストだった。

叶芳和は、一九九〇年末、中国全体の外資導入の五〇％を占め、最も対外開放が進む広東省を視察、工業生産の急成長ぶりと市場経済化が完全に定着し、人民の生活が格段に豊かになった実態をリポートした。叶は外資企業の導入について、「中国を本質的に、根底からつくり変える「情報」をもち込んだことになる。〝情報革命〟の引き金だ。パンドラの箱は開けられたと考えるべきだ」と受けとめる。そして、当時、日本のマスコミは中共の権力分析から、改革開放政策の後退の可能性を指摘していたが、対外開放が人民の利益をもたらすと多くの人民が思っている以上、誰が権力の中枢にいても、もはや後戻りできないし、もし大幅な軌道修正を加えようとすると、政権そのものが崩壊しかねないとの見方を示した。最後に、「「ポスト鄧小平」はいつの日か来る。しかし、権力闘争という政治サイクルからのみ中国を捉えていては、中国を客観的に捉えられない危険がある」として、「中国論もパラダイムの転換が必要」と訴えた(9)。

引き続いて叶は、揚子江沿いに中国内陸部を訪れ、江蘇省の郷鎮企業が農村地帯で一大生産拠点を形成していること、安徽省で生産責任制による農業改革により農業生産が飛躍的に増大していること、さらに沿海の浙江省や福建省から工場が進出して中国の内陸で「雁行形態的発展」が見られること、上海市中心街の対岸に、上海の再生と復興をねらった壮大な「浦東計画」が進行中であることなどを伝え、上海が揚子江流域の内陸部と国際市場とを繋ぐ窓口となって、対外開放の重心が南部沿海地域から上海―揚子江流域に移っていることに注意を喚起した。叶は「日本でマスコミを通じて知る中国と、現地において肌で感じる中国とは大いに異なる。「天安門」後も、開放政策に変化はなかった。内陸部の「対外開放」の実態を目のあたりにして、日本に流布している情報とのギャップに、筆者はショックを感じた」と打ち明けた。「中国共産党」から流布される情報、突き詰めていえば、中南海の権力動向だけから中国を理解するのは不十分だし、中国の社会・経済システムを中央の指令が上意下達で動くものと捉えると誤解を生む。中国のシステムは実際には柔軟かつ地方分権的であって、「日本よりもアメリカに似ている」と叶は記す[10]。

党中央も改革開放にさらに拍車をかけるべく、最高指導者が動き、中国全土に大キャンペーンを展開していった。鄧小平は八七歳の老体に鞭打って、一九九二年一月、八年ぶりに深圳経済特区を家族とともに訪れ、さらに珠海、上海など南方諸都市を視察し談話(「南巡講話」)を発表して、最後の闘いに打って出た。

「党の一一期三中全会以来の路線、方針、政策を堅持していく上でのかぎは、「一つの中心、二つの基本点」を堅持することだ。社会主義を堅持せず、改革開放をせず、経済を発展させず、人民の生活が改善されなければ行きづまりになるだけだ」。

「もし改革開放の成果がなければ、我々は「六・四」の難関を突破できなかったし、突破できなければ乱れ、乱れれば内戦だ。「文化大革命」はまさに内戦だった。なぜ「六・四」以後、わが国が安定した状態でいることができたのか？　それは我々が改革開放をやり、経済発展を促進し、人民の生活が改善されてきたからだ」。

「改革開放の肝っ玉をさらに大きくしなければならない。あえて試すこと、纏足《てんそく》の婦人のようであってはならない」。

「社会主義社会の生産力の発展に有利かどうか、社会主義国家の総合的国力の増強に有利かどうか、人民の生活水準の向上に有利かどうか」。

「条件の有利な一部地域がまず発展し、一部地域はゆっくり発展していく。先に発展した地域は発展の遅れた地域を牽引し、最終的にともに裕福となる」。

「中国は右にも警戒しなければならないが、しかし主要には「左」の防止だ。右のものは存在する。動乱はまさに右のものだった。「左」のものも存在する。改革開放を資本主義を引きこみ推進するものだと言いなし、和平演変の主要な危険は経済領域からやってくると考えている。これらはまさしく「左」だ」。

これらの言辞を含む講話は、三月初め、鄧小平の「重要談話」として党中央から内部学習用に「中共中央文件二号」として発行された。鄧小平は党内保守派を攻撃し、改革開放を党内最高の指導方針として認知させたのである。(11)

この講話について加々美光行は、「激動する世界情勢に対する透徹した現実認識が見られるだけではない。それ以上に、社会主義に対する固い信念が読み取れる」と見た。(12)また伊藤潔は、南方視察の効果について、「鄧小平は「六・四天安門事件」による不人気を、一気に挽回した感があり、なにごとにも中国の動向に敏感な香港の株価(ハンセン指数)はウナギ登りとなり、五月早々には昨年末を三〇余パーセントも上昇して、過去最高の五六〇〇ポイントを記録、その後も上昇をつづけている」と紹介した。(13)南巡講話は、それまでの鄧小平にまつわる「暴君」「独裁者」のマイナス・イメージを払拭させ、以後、鄧小平は「改革の総設計師」と呼びならわされるきっかけとなった。

一九八九年の民主化運動のおり、学生たちはゴルバチョフのペレストロイカをあれほど賞賛したが、ソ連の経済は疲弊して物不足が深刻化するなか、人びとは不便な困窮生活を強いられていた。九一年八月には保守派のクーデターが発生し、それはなんとか力で防御し秩序を回復したが、年末になりソ連邦は完全に消滅し解体した。片や中国では市場経済が浸透して、市場の価格調整や需給バランスなどで当初混乱が見られたものの、生活物資は溢れ、目に見えて豊かな消費生活が享受できるようになった。想像するに、中国の人民も、あるいは次第に天安門広場での混乱を収拾するために武力による制圧をしてでも秩序を守ったことは、致し方なかったという思いに傾き始めていたのかもしれない。共産党の独裁体制はなかなか崩壊しそうにないし、崩壊させようとする動きもなければ、崩壊後の政権の受け皿となりうるような批判勢力もなくなっていた。天安門事件後、中国各地を取材した記者はこう印象を書きとめる。

大都会の雑踏で、村の広場で、工場の騒音の中で、傷跡をなめるように捜してみた。だが、何も発見できなかった。〔…〕八九年秋以来、ソ連と東欧諸国を何回か訪れた際の経験からいえば、もし、今日の中国に、あの忌まわしい天安門虐殺の後遺症が色濃く残っているとしたら、筆者の目に何も映らず、耳に何も聞こえてこないことはあり得ない。不遜に聞こえるかもしれないが、三〇日間、何も発見できなかったのは、後遺症が消えていることを示す、と言うほかないのである。(14)

改革開放政策から一三年余、天安門事件から二年余、中国社会は大きく様変わりし、天安門事件の痕跡は消失し、経済の成功は人民の心から「虐殺」の記憶を消していった。

V字回復の原動力――華僑・華人と「三つの中国」のネットワーク

いったいその後、眼も眩むようなV字回復は、何が功を奏したのか。回復をもたらした、したたかで強靭な経済の推進力のメカニズムについて、大きな示唆を与えてくれたのが、『世界』に掲載された華僑経済論者・涂照《としょう》彦《げん》の一連の論考だった。

V字回復の一つの要因は、中国が一九七八年の第一一期三中全会での社会主義現代化と改革開放政策、八四年の第一二期三中全会での経済体制改革などにより、本格的な対外開放・外資導入に踏み切り、貿易・投資・技術移転のすべての分野で世界市場との一体化を深めていき、端的にいえばGNPに占める貿易依存度が高まりを見せ（一九八八年時点で二八％）、開放政策が退歩を許さない局面に入っていたことである。ある意味では学生の民主化運動は開放政策が誘発した不可避の現象だったとも言える。(15) 天安門事件が対外開放の障害になったとしても、それは一時期のことであって、改革開放基調に何ら変化はなかった。中共指導部の言うように、民主化運動への武力制圧は、経済活動の側面にのみ限っていうならば、いっときの「風波」に過ぎなかったのかもしれない。

もう一つの要因は、中国近隣の韓国・台湾・香港・シンガポールなど「四小龍」を中心とする東アジアNICs・NIESが一大生産・消費市場となり、さらに膨張を続けることで、周辺のアセアン諸国のみならず、中国とのリンケージを強め、華中・華南を中心として、一大経済圏を形成しつつあったことである。経済システムの面でNIESと中国とを比較してみると、政治権力のタイプとしては、新権威主義（中国）と開発独裁（韓国・台湾）による経済政策のリーダーシップの発揮という親和性があり、経済戦略としては、輸出志向型工業化によって世界市場とのリンケージを図るという共通性があった。[16] 天安門事件によって中国はアメリカ・日本を中心とする西側からの非難を浴び、西側経済圏との紐帯が一時期途切れることになったが、NIESをはじめアジア近隣諸国からは激しい非難はなく、両者の経済的紐帯は途切れることがなかった。

むしろNIES自身の輸出主導工業化路線が限界をきたし、経済成長率が鈍化し、GDPにしめる製造業生産額が頭打ちになり、サービス業の比重が増すなど、産業構造の変化と空洞化が見られるようになり、「悪化する国内投資環境、持続する資金の〝外流〟（流出）、それに人材の国外移住という〝三重苦〟」に悩まされるようになっていた。そこで日米を機軸とし、中間項にNIESがあり、周辺に中国とアセアン諸国があるという成長の「近隣《リージョナル》トライアングル」の構図が顕在化してきた。すなわち、「アセアンの「外資主導工業化」と中国の「経済開放政策」がNIESの「中間的地位」に対して周辺的条件を用意」し、「NIESからのアセアン・中国など低賃金近隣諸国への資本流出が促進された」。NIESはその中間的地位を堅持するために、むしろ自らの後背に中国を必要とし、中国の経済開放政策を後押しするという有機的なリンケージが作動していたのである。[17]

成長トライアングルにおける日本を含む西側との経済的紐帯が一時途切れ、改革開放政策と南巡講話を経て、中国社会を束縛してきた社会主義イデオロギーは後退局面に入りつつあった。そのようななかで、中国はいっそう近隣アジア諸国との経済的紐帯を強めることになった。さらにその経済的紐帯の表層を剥がして見えてきたのが、国境をこえて商業活動に勤しむ華僑・華人の存在であった。東洋史家の可児弘明は言う。

地球人口五〇億のうち、三〇億がアジア人であり、そのうち一一・八億人が中国人といわれる。このうち海外にばらまかれた華僑・華人を二六〇〇万人、台湾、香港、マカオの「同胞」を二六三〇万人とみても僅か五％にも達しないのであるが、そのなかに混迷する中国を尻目にかけて経済的繁栄を享受するものが含まれるのである。その際立った成功要因に共通するのは、植民地支配の非条理ならびに冷戦構造の谷間での脅威を背負いながら、移民、移住の本能ともいうべきサバイバル精神で困難を克服した共通の歴史的体験と、もともと中国の胎内で生まれた一体性をもちながら、非中国的なシステムを巧みにキャッチアップして自らの経済を効率よく世界経済の潮流に織り込ませ、近代化を推進させたことである。[18]

華僑社会内の同族的結合により人と資本と物資と情報が還流する華僑・華人ネットワークは、その時々の政治状況に優先する帰属意識に支えられており、通時代的に見られる歴史的経路依存性があった。この時期、歴史研究としては、近代以前までの広域経済体系の原理として朝貢貿易システムが再評価され、朝貢貿易の担い手として華僑商人の存在が注目されるようになった。また、社会学的研究としては、八〇年代初頭からのＮＩＥＳ発展論の説明原理としての儒教資本主義論が、華僑ネットワーク論の観点から再解釈されるようになった。歴史家・経済史家の濱下武志はこのような現象を「「華僑的状況」の増大」と呼んだ。[19]さらに、成長著しい華南経済圏を中心として、外に向かって拡大する中国を「海国中国」「海の中国」「海域圏」といった地域主義・一国主義を超える枠組みで捉えようとする研究を深めていった[20]（証言編・濱下武志氏インタビュー）。

この華僑・華人の商業活動ネットワークを、国家間関係の視点から見たとき、浮上してきたのは、台湾海峡を挟んで中国と台湾の両岸関係が、貿易・投資など経済活動において緊密化・一体化を強めている実態であった。さらに、両岸関係の中間的媒介として香港があり、香港を経由しての「中継投資」がなされていた。ここに、両岸関係が間接的に接続している、「スリーチャイナズ」（中国・香港・台湾）の連環性の構図もまた顕在化した。

涂照彦は八〇年代初めから始まる中台両岸の「三通」（郵便・貿易・交通の直接往来）政策以降、両岸の経済関係が香港経由の間接貿易の形で著しい進展を見せ、両岸の貿易依存度が深化（九一年で台湾は輸出全体の六・二%、中国は輸入全体・九・九%を占める）していることに注目した。そこに両岸関係の「経済先行、政治後追い」「〝間接方式〟先行、〝直接方式〟後追い」の「政経分離方式」パターンが見られるとして、こう解説する。

政治面での公式の〝接触〟がおこなわれないままに、現実の経済面（貿易と投資）での取引きが主として香港経由の形で進展し、それを政治が追認する形で全体関係が展開する。つまり〝間接方式〟＝経済関係が先行するのに対して、これを〝直接方式〟＝政治関係が後から黙認、容認し、そして対応する。

さらに両岸経済関係を俯瞰してみると、台湾は「中国の開放経済を「世界市場」に結び付けるいわば中間的媒介項の役割を演じ」、中台は垂直分業の関係にある。さらに台湾の輸出企業は日本系企業からの資本財・中間財の輸入と技術導入に強く依存しているものの、そこで加工され生産された製品はアメリカに輸出される。すなわち「「両岸関係」は、日本―台湾（NIES）―中国の三環構造の一構成環をなし」、さらに香港が「「両岸関係」の中間的媒介項に位置している」[21]。このように中国の開放経済が世界市場に組み込まれ、両岸関係を梃子に西側経済圏への貿易依存度が高まることによって、政治的には「蘇東波《スードンボー》」の衝撃を蒙りながらも、経済的には安定を堅持しえたと言えるのである。

とはいえ、「三通」政策による両岸経済関係の緊密化は、麻薬や銃器の密輸などの経済犯罪を誘発するだけでなく、必然的に大陸中国の政治開放をも促すという副作用も伴った。そこで、中国共産党は台湾を「和平演変」勢力の一つとして警戒を強めることにもなった[22]。

中台間は、「一つの中国」あるいは「一国二制度」「一国二政府」をめぐる決着のつかない政治問題を抱えている。両岸関係が緊密化し、中台が接近するとき、その反動で台湾側の台湾独立や中国側の武力統一などの方向が顕在化すると、東アジア全体の地政学的情勢の悪化を引き起こしてしまう。中台関係にはそういった危険な要素がはらまれているのである。

三　浮足立つ香港、冷静保つ台湾

離脱と統合に揺れる香港

時間を少し遡り、一九八九年四月以降の民主化運動からの動きに立ち戻ってみよう。民主化運動について、日本では新聞・雑誌・放送などのマスコミを通して連日動静が詳しく報道されたが、国民の反応は概して冷淡であった。そのことは、天安門事件後の在日留学生主催のデモや集会において、日本人の参加者はさほど多くはなく、在日中国人のデモはあっても、そこに加わる日本人の姿はまばらだったことや、民主化運動や天安門事件に関して出された出版物について、記憶に残る目立った話題書や売行き良好書がほとんどなかったことなどから裏づけられる。それに比べて経済的一体化を深める「三つの中国」のうち、香港と台湾は、大陸中国との接近度や一体感から、当然といえば当然だが、日本よりも詳しく、より熱い共感をもって民主化運動の動静を伝えた。さらに両者を比較すると、圧倒的に香港の体温の方が高く、運命的一体感の感覚すらともなっていたのに対して、台湾は日本よりは体温は高かったものの、中国との距離を保ちつつ比較的冷静に対岸の動静を見据えていた。

例えば香港では、五月一三日の天安門広場でのハンストの直後、一四日に新華社前でハンストが始まり、二一日には香港島の中心街セントラルで有史以来空前の一〇〇万人デモが行なわれ、同日には『文滙報《ぶんわいほう》』で「痛心疾首」(痛恨の極み)と題字を記すのみという異様な社説が掲載され、六月四日の天安門事件では二〇万人が抗議と哀悼の意を込めた「黒色坐りこみ」に参加した。

いっぽう台湾でも、民主化運動に同調してのデモが組織されたが、民主化支援の一〇〇万人の「人間の鎖」が全島に跨って立ち上がったのは五月三一日になってからのことだった。台湾政府はつとに大陸の民主化運動不介入の態度を決め、天安門事件では李登輝総統が抗議声明を出したものの、「立足台湾」（台湾に立脚する）、「以静制動」（自分の静を以て相手の動を制する）の原則を立て、中国との敵対を避けた。[23]

一九八四年の中英交渉の結果、九七年に返還されることの合意がされた香港では、八六年以来一〇％近い成長率を保持しながら、返還が決まってからは、多くの華人が香港を去り、海外移住の道を選んだ。そのいっぽうで返還を新たな商機とみて、後方の中国が擁する豊富な低賃金労働力に期待しての企業進出や対中投資や委託加工用原材料の対中輸出など、起業家の経済活動が活発化していた。[24]ところが八九年四月以降の民主化運動支援と、六月の天安門事件で再び香港市民は浮足立ち、香港からの脱出を目指す移民の数がまたも急増することとなった。

着実に蓄積される「台湾経験」――「台湾意識」と「中国意識」のはざまで

大陸の民主化運動に対する、香港と比較しての台湾の冷静な対応の態度は、どのような事情に由来するものだろうか。そのことを明らかにするために、中台関係の歴史的経緯をたどってみると、両者が新たな段階に入ったのは、一九七九年初頭に中国が台湾に「台湾同胞に告げる書」を発表し、「三通」（通商・通航・通郵）を呼びかけて以降の八〇年代に入ってからのことだった。八六年に野党民進党が結成され、翌年七月に蔣経国総統が三八年ぶりに戒厳令を解除したのを受けて、一〇月に台湾行政院は大陸への親族訪問を許可、台湾では出版や旅行の面で「大陸熱」が出現した。台湾当局は政治的には大陸に対する「三不」（接触せず、交渉せず、妥協せず）政策を変えないとしたが、中国は台湾の新聞記者の中国大陸取材を黙認するなど、「一国二制度」による「平和統一」攻勢を仕かけて、海峡両岸の間には接触と対話の機運が高まっていた。[25]台湾ではまた、中国大陸の民主化運動の開始に先立って、八〇年代後半以降、一連の民主化プログラムが始動した。

一九八八年一月、蔣経国総統が死去、蔣父子による家父長型の強いリーダーシップで安定した国民党による政権運営を続けてきた台湾では、幾重もの難局を権力と権威で乗り越えてきたストロングマンはもはやいなくなった。「反共復国」を叫びつづけてきた父の蔣介石とは違って蔣経国は、「本省人」と「外省人」の間の省籍矛盾を抱える台湾社会において、本省人エリートを大胆に抜擢することで両者の融和を図り、台湾内で「十大建設」「十四項建設計画」事業を推進するなど、「台湾志向」ともいうべき路線を布いた。生前から「後継者に蔣家一族を登用することはない」と言明していた蔣経国は、八四年五月には台北市長・台湾省主席として実績を積んだ李登輝に副総統就任を要請した。蔣経国の死去後は、憲法の規定に従い、副総統の李登輝が総統となり、ここに台北郊外の農村出身で京都帝国大学に留学した経験を持つ農業経済学者の本省人総統が生まれた(26)。

「台湾の台湾化」「台湾の本土化」傾向が強まるなかで、台湾社会内部にも新たなうねりが生じていた。たとえば、国民党政府の工業重視政策による環境汚染の深刻化や、米国の安い農産物の圧力により打撃を被り疲弊していた台湾の農民の不満が高まり、農民は運動を組織（台湾農民権益促進会連盟）して、輸入制限と農民の権益保護を訴える抗議デモを展開するようになった(27)。また、台湾の原住民族（先住民族）の知識青年を主体として、原住民族の権利と尊厳を求めての原住民族運動が展開されるようになり、自民族文化に対するアイデンティティが高まり、独立した政治勢力としての地歩を固めていった(28)。このほか、反公害運動・消費者運動・反原発運動など、従来の政治運動のスタイルとは違う、住民主体の社会運動も盛んになっていった。

このような台湾社会の変化や民主化進展の一連のプロセスを受けて、台湾像はそれまでの蔣父子や国民党政権が牽引してきた反共・親米・親日のイメージとはかなり様相を異にするものになってきた。同時代台湾が日本の研究者の注目を引くようになるのも、ちょうど民主化が漸進的に進展する八〇年代後半以降のことであった。とりわけ李登輝総統の就任が、それまでの台湾政治の文法を変え、台湾住民の「台湾意識」を顕在化させ、それにともない「中国意識」（祖国を中国と見なす意識と、大陸中国を自らと一体のものと見なす意識）に変化が生じた。李登輝就任後一年の八九年一月、立法院で「第一期国会議員の依願退職条例」が採決された。四八年五月に採択された「反乱鎮定動員時期臨時条項」に基づいて、台湾では、四七年に中国大陸で行なわれた選挙で選出された国会議員を、台湾に逃れて以来、大陸を統治する中国共産党を鎮圧し大陸を奪還するまでの国家総動員の期間、一度も改選しないままであった。そのため彼らはそのまま居坐り終身化し、「老賊」と呼びなされるようになった。条例はその「万年議員」に対して、自発的退職を促すものであった。[29] 一二月、戒厳令解除後初めて実施された三つの選挙で国民党の総得票率が六割を割り、それに対して民進党が躍進、「中華民国の台湾化」「台湾ナショナリズム」の傾向が、選挙動向にくっきりと反映された。[30] 台湾社会では次第に独立派が勢力を増し、独立運動が公然化するようになった。

とはいえ日本では、台湾での「匪情」研究を踏まえた中国共産党政権批判の記事も、従来同様、『自由』を中心に（一部は『正論』も）多く掲載されていた。記事の中身はむろん批判的視点からの中共の権力構造分析や、中国国内の人権抑圧や「盲流」（地方から都市に押し寄せる出稼ぎ労働者の波）などの社会問題が中心であった。日本との国交断絶を契機として一九七四年頃から顕著化してくる日本向けのメディア工作が、この頃もまだ継続していたことを示している。

台湾政治と台湾社会の変化のさなかにあって、中国の民主化運動と天安門事件は、台湾から見てどのように映ったのであろうか。台湾の傅大為によれば、多くの台湾人は中国でのデモに同情し、その前途を楽観していたが、「天安門のデモを「我々」中国人のデモと見るか、「彼ら」中国人のデモと見るか」に立場の違いが表われた。さらに天安門事件では、台湾のいたるところで哀悼の意が表され、救援や義捐金の計画がなされはした。だが、独立派にとって、「六・四の中国に対する同情心は、国民党が六・四を利用するのではないかという警戒心を決してうわまわるものではなかった」。さらに統一派についていえば、「中国結」（中国コンプレックス）が彼らの心情

郵便はがき

恐縮ですが、
切手をお貼り
下さい。

101-0051

(受取人)

東京都千代田区神田神保町三―九

第一丸三ビル

新曜社営業部 行

通信欄

通信用カード

■このはがきを，小社への通信または小社刊行書の御注文に御利用下さい。このはがきを御利用になれば，より早く，より確実に御入手できると存じます。
■お名前は早速，読者名簿に登録，折にふれて新刊のお知らせ・配本の御案内などをさしあげたいと存じます。

お読み下さった本の書名

通 信 欄

新規購入申込書 お買いつけの小売書店名を必ず御記入下さい。

(書名)	(定価) ¥	(部数) 部
(書名)	(定価) ¥	(部数) 部

ご氏名《ふりがな》 ご職業 (歳)

〒 Tel.
ご住所

e-mail アドレス

ご指定書店名	取次	この欄は書店又は当社で記入します。
書店の住所		

をいっそう錯綜させて、「六・四に対する反応は、きわめてあやふやかつ無力なものであった」[31]。総じて天安門事件は台湾人の「中国への幻想を懐いていた人たちに中国離れを促した」のであった[32]。

むしろ台湾で学生運動の盛り上がりが見られたのは、一九九〇年三月、先述の終身化した国民大会代表の万年議員と、国民党上層部内の政治闘争への反発から、国民大会の解散、臨時条項の廃止、国家のあり方を討議する国是会議の開催、政治改革の日程表の提示など四つの要求を掲げて、台北の中正記念堂で数千人の学生が決起したことであった。学生たちは白い野百合をシンボルに「全国学生聯合会」を結成し、五日間にわたって坐り込みを行なった。従来の国民党・民進党の与野党の抗争ではなく、学生運動が政治を動かした台湾史上初めての例であった。「全学聯」の名称は、日本の六〇年安保闘争の「全学連」にならったもので、白い野百合は天安門事件における「自由の女神」像を参考にしたもので、白は純真を意味し、野百合は「四〇〇年来、外来政権の支配と蹂躙に甘んじ、だれからも憐れんでもらえなかった台湾人の運命を象徴している」という。李登輝総統は学生代表との対話に応じ、要求をひとまずは受け入れた[33]。

実際に同年六月に民主化のための超党派の国是会議が開催され、翌年四月に「臨時条項」は廃止され、一二月の第二期国民大会代表選挙で「万年議員」は引退した。政治改革の日程表については、その後の李登輝主導の憲政改革のプログラムとしての位置づけがなされた。具体的な憲政改革の内実としては、政治体制改革、憲法改正、台湾独自の政治体のあり方などで、国家の正統性原理・統治する範囲・国号などに関わるシナリオであった。これ以後、台湾は「中華民国の台湾化」という「台湾の道」に沿って着実に歩み始めるのである[34]。

日本の政財界は、李登輝総統の就任を契機として、従来の蒋介石国民党人脈とは違う流れで台湾とのパイプを構築するようになっていった。その発信源と受け皿になったのは、李登輝総統にその現代中国論が高く評価された中嶋嶺雄が、李登輝に要請されて設立に参加した、アジア・オープン・フォーラムだった[35]。フォーラム（台湾側の呼称は「亜洲展望研討会」）は一九八九年六月に第一回の会議を開き、毎年一回、台湾と日本で順番に開かれ、二〇〇〇年まで一二回続いた。それまでの日台間の民間交流は、西側諸国が相次いで中華人民共和国を承認し、台湾の国際的地位の動揺を懸念した蒋経国総統が、「学術外交」の必要性を唱えて一九七一年に成立した「中日中国大陸問題研討会」を通して行なわれていた。こちらの費用は全額台湾側が負担し、台湾の国際関係研究所が事務の一切を取り仕切っていた。それに対し、アジア・オープン・フォーラムは台湾側の助成金を取らずに中嶋の人脈で資金集めをしたために、財界からの参加が活発になり、幹事は日台双方から組織された。(36)

フォーラムに参加した深田祐介による李登輝へのインタビューにおいて、李は京大で学んだ農業経済のことや、戦後の台湾発展の基礎となった土地改革の話をし、台湾で「中国人の生活方式にとって最適の社会」を築き上げたとして、「この「台湾経験」という方法論をまず、台湾海峡の向こう側へ、大陸沿岸部へと押しひろげてゆく。さらに将来の中国のありかたへの青写真としてゆこう」と語った。(37)

フォーラムの直前に中国で天安門事件が起きたことで、台湾の民主化の蓄積と中国の民主化の挫折が、いっそう鮮やかなコントラストでもって日本人の眼に映った。李登輝は天安門事件前夜の八九年五月二四日、国民党中央常務委員会で大陸の民主化運動の支援と、中国当局の民主化運動弾圧への非難を表明し、「より冷静で長期的展望に立ちつつ、大陸同胞に対し、彼らの向かっている目標と我々の行っている努力の方向が完全に一致していることを知らしめる必要がある」と呼びかけていた。(38) さらに天安門事件後の六月六日、国民党中央委員会は大陸同胞宛に、「三民主義と自由・民主・均富の輝く大道にそって、国家の統一と中興という歴史的任務は達成」されるだろうと慰問した。(39)

中嶋嶺雄は一九六〇年代半ばの中ソ対立のころから、論壇において、あらゆる論題について、旺盛な行動力と活発な言論活動を繰り広げ、中国関連記事の寄稿量において、常時、トップクラスの地位を保持してきた。とりわけ同時代中国の権力構造について卓越した分析能力を示し、批判的な視座から厳しい論評を加えてきた。本章が扱う民主化運動から天安門事件の時期においてもまた、目覚ましい言論活動を展開した。

とはいえ、その言論の中身を回顧してみると、民主化運動を過大評価して、民主化勢力が中国の現体制を大きく変えるだろうとの希望に仮託するあまり、天安門事件にみる武力弾圧を厳しく指弾し、中国崩壊論や、中華連邦論への移行を言い立てるなど、その後の情勢の推移からの後追い的評価ではあるが、その性急さと強硬さが際立っている印象が強い。この時期の中嶋の中国論の特徴は、中国の現状が李登輝総統率いる台湾の実情と比較して立論されていることである。すなわち、開放度や民主化の程度の比較において台湾が先行し大陸が遅れているというもので、たとえば「中国現代化の灯台としての、基地としての台湾の存在が、いまや台湾海峡の両岸に大きく影を落とし始めている」というような表現が出てくる。そのうえで、「日本外交は、事あるごとに中国に気がねし、位負けして、台湾を冷遇するという、一九七二年の国交回復時の枠組でしか中国問題を捉えていないところにこそ問題がある」という結論が導かれていくのである。[40]

中嶋は台湾の李登輝体制に強くコミットしたことで、李登輝が強調する「台湾経験」を大陸中国の将来像にストレートに仮託してしまったのではないだろうか。当時の中嶋の言説には、希望的観測の上に立った現実中国に対する将来展望といった印象を受ける。

学術面で日本の台湾研究を牽引したのが、若林正丈だった。若林は台湾をそれ自体の政体として取りだし、美麗島事件のおこった七〇年代末あたりから現代台湾政治の新たな潮流に関心を抱き始めた。それまで彼は日本の領台期（台湾占領期）を中心とした台湾近代史の歴史研究を専攻していたが、現代台湾の政治動向へと自身の研究対象を転じ、政治学に寄与しうる台湾独自の文脈に即した地域研究を切り開いていった。[41] 若林は八〇年代以降に台湾で静かに進行する漸進的な自由化・民主化の動きを「分割払いの民主化」と呼んだ。[42]

いっぽう文化面では日本の中国文学研究者たちが、七〇年代中期以降の台湾文学の新たな流れとして、本省人を担い手とする「郷土文学」（台湾の現実を庶民の視点から描こうとする傾向の文学）に注目し、一連の作品を邦訳して出版していった。[43] 郷土文学のような文化的動きは、八〇年代にいたって、「台湾意識」の高まり、台湾社会自前の「国家アイデンティティ」の浮上へとつながるものであった(44)。

また、一九八〇年代末に王童・侯孝賢・楊徳昌ら第四世代映画人による台湾ニューシネマが日本でも公開されるようになった。渋谷パルコ（一九六八年オープン）、池袋のスタジオ二〇〇（一九七九年オープン）、渋谷のシードホール（一九八六年オープン）、銀座のセゾン劇場（一九八七年オープン）などで上映され、それまでの徳間映画による中国映画祭とは違う配給会社や劇場を通して上映された(45)。これらの映画が放映される文脈は、配給する側も観る側も、「中国文化」というより「アジアのエスニック文化」の新たな味わいだったし、香港で作られたカンフー映画とも違う作品の味わいだった。その結果、それまで台湾に付きまとっていた反共愛国的な中華民国イメージや、悠久の歴史を擁する大陸中国イメージとは違う情緒と風景に彩られた台湾の風味を、多くの日本の文化人が享受した。そこには『さよなら再見』（『沙喲娜拉再見』葉金勝監督、一九八五年）、『村と爆弾』（『稲草人』王童監督、一九八七年）、『悲情城市』（『悲情城市』侯孝賢監督、一九八九年）、『牯嶺街少年殺人事件』（楊徳昌監督、一九九一年）、『とうさん（多桑）』（『多桑』呉念真監督、一九九四年）などの作品にみるように、かつての日本時代の情景や記憶が、どちらかといえばノスタルジックに描かれていた。そのため、中国映画に描かれる鬼畜さながらの日本兵イメージとの大きな落差も手伝って、「ここには失われた日本の良さが残っている」というような好意的な受け取られ方をし、そこに隠された植民地支配の屈辱や脱植民地化の苦しみにヴェールをかけてしまうことにもなった。

また、世代を超えて広く日本人に台湾と台湾人の存在を身近に感じるようになるきっかけを作ったのが、本章の扱う時期以降のことにはなるが、国民作家・司馬遼太郎のライフワークとなった『街道をゆく』の第四〇巻にあたる『台湾紀行』（朝日新聞社、一九九四年）だった。そこでは日本時代を台北で過ごした実業家の蔡焜燦《さいこんさん》が司馬の台湾での案内役となり、台湾南部の巨大水利事業として嘉南大圳をつくった台湾農業の恩人とも言うべき八《はっ》田與一《たよいち》の話をしたり、李登輝が「台湾人に生まれた悲哀」を司馬との対談で語ったりして日本人の琴線に触れた。

その延長線上に、かつては台湾独立運動家だった金美齢や漫画家のこばやしよしのりが台湾社会に残る「日本精神」「日本情結（情緒）」を強調し、親日的情緒が日本人の優越意識をくすぐって台湾への親近感を募らせた。そのような親日・反中を体現する李登輝総統の登場を契機として、かつて青嵐会に属して反中国的言説を弄してきた石原慎太郎（元東京都知事）は、李登輝率いる台湾への接近を強め、親台派の政治勢力を形成していき、今日に到るのである。[46]

四　復交二〇年の日中関係——修復から天皇訪中へ

中国は受動外交から積極外交へ——アジアの冷戦構造の溶解のなかで

天安門事件直後の鄧小平による「国際的大気候」の評価を踏まえて、中国の党中央指導部は、それ以後の「蘇東波」に備えて国内引締めを図ってきた。いっときの西側の経済制裁による国際的孤立を耐え忍んでも、「和平演変」の策略に屈することなく社会主義体制を堅持していこうとの原則を貫いた。実際に、天安門事件後、東欧の社会主義政権の解体と、ソ連の消滅のショックが中国を襲ったものの、中国の社会主義体制が動揺することはなかった。経済改革については転換するどころかいっそうの加速をし、通商政策としては対外開放を積極的に展開して、経済のV字回復を果たした。外交政策としては、近隣諸外国との国交樹立ないしは国交回復を果たしながら、内政不干渉と実利的互恵の原則のもとでアジア地域の安定に貢献しようという姿勢を示し、地域大国《リージョナル・パワー》としての地歩を固めつつあった。[47]一九九二年八月には、中国には北朝鮮との血で贖った兄弟関係がありながら、また韓国に対しては台湾との断交を強いることになりながらも、中国は韓国との国交樹立を果たした。

いっぽう、一九九〇年八月のイラク軍によるクウェート侵攻に端を発し、九一年一月、湾岸戦争が勃発すると、イラク軍はアメリカのハイテク兵器によっていともあっさりと敗退した。中国は国連安保理の常任理事国の一員としてイラク批判決議に賛成票を投じ、欧米と共同歩調をとることで国際的孤立状態から免れるきっかけをつかんだ。その反面で、軍の装備における米軍との彼我の差を見せつけられたことで、依然として経済制裁を続ける西側諸国に対して、冷戦体制が崩壊してもなお潜在的に持続していた対抗心と警戒心を募らせた。[48]

地域大国としての自覚が芽生え、堅実な経済成長を確実なものとするために、中国はシーパワーの拡大と、鉱物資源・生物資源などをめぐる海上権益の確保を目指して、一九九二年二月、全国人民代表大会で「領海法」を採択・施行し、尖閣諸島（中国名釣魚島）を含む周辺海域の島嶼を自国の領土として明記した。八〇年代以降、中国は海軍力の増強を図り、七〇年代の西沙群島攻略に続き、八〇年代末から南沙群島に恒久的な軍事施設を建設した。そのことでベトナム海軍と軍事紛争を起こし、その他の領有権を主張するインドネシア・マレーシア・フィリピンなどの利害当事国との緊張が高まり始めた。こうして、七八年末に来日した鄧小平の提案により「棚上げ」されたはずの尖閣諸島の領有権問題が、「棚から降ろされる」時期が近づきつつあった。[49]

とはいえ、悪化する対米関係への対抗力を確保し、さらに経済成長を持続するために、中国は当面、日本との緊密な関係を必要としていた。そこで、一九九二年四月、江沢民総書記が来日し、尖閣諸島問題については七八年の鄧小平来日時の「棚上げ」の立場は変わらないと明言した。それとともに、天皇との会見の席上で、七八年一〇月の鄧小平訪日以来、中国当局が再三にわたり行なってきた天皇の訪中招請を、日中国交正常化二〇周年の記念の本年にと提起した。ソ連の崩壊、湾岸戦争、欧米諸国の中国離れ、中韓国交樹立といった国際的・地域的環境の変化のなかで、中国は地域大国として台頭しつつあった。日本としても、国連安保理の常任理事国入り、天安門事件にみる中国の人権問題に対する批判、そして何より日中戦争における侵略の謝罪など、二国間・多国間の複雑な解決すべき問題を、天皇訪中を実現させることで打開できるかもしれないとの思惑が働いた。[50]

日本は国交正常化二〇年をどう迎えるのか。論壇において確認されたのはやはり、日中両国はいかにして復交したのかという交渉過程での双方のやりとりと、両国関係の「正常化」の意味するところであり、その結果、両国が合意し、その後の両国関係の枠組みとなった「一九七二年体制」の内実であった。そこで、各誌は日中友好の礎を築いた、民間人を含む「掘井人」（井戸掘り人）の証言を掲載した。

日本側の証言者は、田中内閣当時、官房長官として田中首相に随行し訪中した二階堂進[51]、中国に生まれ女優として活動した「李香蘭」こと山口淑子[52]、田中首相の長女で訪中二〇年目に中国を再訪した父親に随行した田中眞紀子[53]などであった。中国側の重要な証言者は、六〇年代から対日工作組組長の廖承志の部下として、LT貿易東京事務所首席代表を務め、国交回復の折は直前に来日し田中首相の訪中を促し、国交回復後は中日友好協会会長を務めた孫平化であった。孫は国交正常化にいたる日中双方の往来の積み重ねを軽妙洒脱な口調で回想するなかで、かつて周恩来は日本との間には他の諸外国と違う特殊な関係があることを強調していたと語った。

国内の一部の人たちの認識の上で、日本との間ではなぜそんなに賑やかにやるのか、なぜ日本の代表団に周総理は全部会うのか、会う必要があるのかどうか、他の外国に対してはそうでないのに、という問題が生じました。いつの場合もあるものですが、いわゆるバランスをとるという考え方ですね。周総理が僕たちに指示した考え方は、中国と日本との間には特殊性がある、その特殊を認めて物事をはこばなければならないというものです。つまり、中国と日本との間は歴史的に言って、いろいろな面からして特殊さがある。他の国とはやっていないから、日本ともやってはならないとするのは間違いだ[54]。

孫平化は一九七二年を二〇年後に記念するにあたって、日本は中国との特殊な関係という歴史に立ちかえるべきとのメッセージを込めたのだった。

天皇訪中の得失と意義

中国は天皇の訪中を望んでいた。天安門事件以来、西側諸国は武力制圧と人権抑圧を批判して経済制裁を課し、国際的孤立を余儀なくされていた中国は、改革開放政策をいっそう推進するために日本の外資と技術を必要としたのである。そこで、天皇が初めて中国を訪問するというイベントを象徴として、西側諸国との関係改善を図ろうと企図した。

日本側は天皇訪中の是非について、左派雑誌はほとんど論題として取り上げず、『諸君!』『文藝春秋』『正論』などの右派雑誌が、一九九二年の九月号から一一月号にかけて、短期集中的に取り上げ、そのほとんどすべてが訪中反対論であった。最大の理由は天皇の政治利用であって、中国を利するだけで国益上は得るものがないというものであった。一九九二年八月に、宮沢首相は、天皇訪中は友好親善が目的であって、政府は天皇を政治的に利用することはありえないとの談話を発表し、訪問決定が公表されてからは、焦点は先の戦争に関する天皇の「お言葉」の中身に絞られた。

外務省・官邸は天皇訪中の意味について、中国側は日本側に無理な要求はしないとしていたし、日本側は中国側に謝罪の旅にはしないと表明し[55]、西側の民主化要求・人権弾圧批判に性急に同調するのでなく、日本は中国の経済発展による政治的成熟を支援していく姿勢だと説明した[56]。

天皇訪中反対派の特徴は、中嶋嶺雄が指摘するように、「天皇制と皇室への忠誠心ないしは思い入れが強い人びとが多い」いっぽうで、「天皇制と皇室への批判ないしは違和感を現行憲法下においてさえ抱いている知識人層にも、反対論が強い」ことだった。天皇訪中をめぐっては、左右両翼が「天皇の政治的利用」批判という論点に集約させて反対を表明していた[57]。

もう少し詳しく天皇訪中反対論の中身をたどってみると、第一に現実主義的な訪中無益論であった。すなわち、中国の人民は社会主義体制を誰も信じておらず、党内の保守派と改革派の権力闘争が再び民主化運動に火をつけ、大動乱になりかねず、とても「天皇が安心して訪中されるような環境ではない」とか、「西側諸国がソッポをむき、国内が互いに競っている中で」の天皇訪中によって「日本は国際社会から村八分にされる危険性がある」[58]、あるいは「中国政府の人権抑圧と軍備拡大の是認となり、「改革・開放政策」の推進と、緊密な日中関係の誇示に利用される」にすぎない[59]、というものである。

第二に、天皇の政治利用だとの批判であった。すなわち、皇室を外交に巻き込むのは、憲法で規定された象徴としての天皇の権能を逸脱するものであり、国事行為とは見なされないという、憲法学的見地からの訪中違憲論であり、「万一何らかの外交上の失態や不祥事が生じた場合、その道徳的責任が天皇にありとされ、そのこと故に皇室が国民の非難や怨磋の的になる」との皇室擁護論であった[60]。

第三に、日本外交当局への「対中位負け外交」批判であった。その背景として尖閣諸島の領有権の主張にみるように、中国は覇権国家さながらであること、教科書問題、靖国問題、光華寮問題などで中国は「傲慢な外交姿勢」を見せながら、またしても中国の天皇訪中要請に屈することは、「媚態外交」「朝貢外交」だという批判である[61]。その批判の矛先は、外務省の「親中派」や、自民党内の「嫌米派」「アジア派」「自主外交派」に向けられた[62]。

とくに論壇の話題をさらったのは、「日中友好のために格好の事」と訪中を評価する衛藤瀋吉と、「皇室を外交に巻き込む危険」と訪中に反対する小堀桂一郎との間の、訪中是非論争だった[63]。衛藤は「日中は将来ともに相互友好が必要な隣国どうしであり、二千年の日中関係史のなかでも天皇の訪中は初めてであり、もし陛下の誠実なお人柄に中国人が接したならば、それが新しい日本人像として浸みとおって行くだろうと感じた」と、日中関係特殊論の立場に立つのに対して、小堀には日本が中国の要求に屈服してきたことへの屈辱感があり、天皇訪中の要請に応じることは、国および皇室の名誉を汚されることになると受けとめていた[64]。

小堀は隣国の大国に対する脅威感・警戒感と、「面従腹背」「権謀術数」の国との猜疑心が強く、日中関係は距離を置いてほどほどの付合いにとどめる「遠交近攻」で行かないと「中国に呑み込まれてしまう」という危惧を抱いていた。さらにその背後には、天皇の「お言葉」により、「日本は加害者、中国は被害者というような東京裁判史観的前提に立っていたら、それは取返しのつかぬ事態にな」るとの東京裁判批判の視点があり、その視点は小堀に一貫して流れているものであった。いっぽう衛藤は、明治以降の日中関係を回顧して、日清戦争以降、日本の排外的ナショナリズムが高揚して、「二十一カ条要求」から終戦までの日中関係では、日本は加害者」であり、国民政府は「日本の対華軍事力行使、いわゆる帝国主義外交に反対するようになった」との歴史を踏まえて、日本は侵略の加害責任を負わなくてはならないとの立場に立った。そのうえで、石橋湛山や陸軍の不拡大論者など、その主張は実現しなかったものの後世からすれば再評価しうるとし、「日中関係も、国柄や運命だからということでなしに、それを乗り越えて友好の歴史を創造していこうではないか」とのビジョンを掲げた[65]。

論壇では天皇訪中反対の声が喧しかったが、首相官邸が根拠の一つとして挙げた内閣が実施した世論調査によれば、訪中「賛成」が三六%、「どちらかといえば賛成」が三六%と、多くの国民が天皇訪中を支持していた。一九九二年一〇月二三日、天皇・皇后は初めて中国を訪問し、二八日にかけて北京・西安・上海を歴訪した。二三日夜の人民大会堂での歓迎晩餐会での、楊尚昆主席の「遺憾なことに、近代の歴史において、中日関係に不幸な一時期があったため、中国国民は大きな災難を被りました」とのスピーチに続き、天皇の「お言葉」は、両国国民の相互交流の悠久の歴史を述べた後、「しかし、この両国の関係の永きにわたる歴史において、我が国が中国国民に対し多大の苦難を与えた不幸な一時期がありました。これは私の深く悲しみとするところであります。戦争が終わった時、我が国民は、このような戦争を再び繰り返してはならないとの深い反省にたち、平和国家としての道を歩むことを固く決意して、国の再建に取り組みました」というものであった。「お言葉」を終えて着席した天皇に、楊主席は「温かい言葉に感謝します」と声をかけた[66]。「私の深く悲しみとする」（中国語で「深感痛心」）という、天皇個人の述懐としての表現をとり、「反省」の意を戦後の平和と再建につなげることで、視線を友好関係の構築へと未来に見据えさせるメッセージだったといってよいだろう。

その後の日程を天皇皇后は粛々とこなし、大過なく帰国の途に就いた。帰国後、天皇訪中は失敗だった、すべきでなかったという声が、日本国内で大きく出された形跡はない。天皇訪中をめぐる事前の喧騒が嘘だったかのように、本章が対象とする総合雑誌においても、訪中後の一九九二年一二月号ではほとんど話題にもならなかった。

天皇は政治家でも外交官でもないから、訪中で何か両国間の懸案が討議されたり、解決に向かったりということはない。平穏に訪中日程をこなし、大仰なパフォーマンスもなくさりげなく中国の人びととの束の間の交流をし、天皇に対して抱いていた強張った感情を和ませ、好印象を残した(67)。中国側も日本側も天皇訪中は成功であったと高く評価した(68)。

この天皇訪中の日中関係におけるまさに象徴的意味合いは、今から思えば大きいものがあった。これを機に、日中関係は復交後二〇年間の未熟で荒々しい関係から、思慮に富んだ大人の関係という新たなステージに入っていった。いつまでも過去の侵略に拘泥して、将来への思考を停止させてしまったり、眼前の二国間の利害関係に汲々として、周囲の情勢への目配りが行き届かなかったりといった、了見の狭い隣国関係ではなく、アジア太平洋地域の責任ある大国同士の振舞いを互いに自覚するようになっていった。

天皇訪中当時、外務政務次官を務めた柿澤弘治は、訪中の意義を総括した記事を発表した。すなわち、日本は天安門事件で中断した経済援助を西側諸国に先駆けて再開した。そこにはアジアの一員として中国の経済建設と民生の向上に協力することが、結局は中国を国際的孤立状態から国際社会に復帰させ、人権や民主化の改善につながるという長期的視点からの確信が生まれてきた。また中国の軍備増強が周辺国の緊張と懸念を増幅させている現状に対して、日中が外交と安保で協力し、日本が緊張高まる米中関係の仲立ちをすることで、日米中の良好な三角関係が構成されれば、今後のアジア・太平洋地域の平和と安定に貢献し、カンボジア和平や朝鮮半島の緊張緩和に寄与できる。もはや「われわれは〝ライバル〟ではなく〝パートナー〟」なのだとして、こう結んだ。

古くから日中は「一衣帯水」「同文同種」などと表現されてきた。今後とも、そうした東洋文化という価値観を共有する関係は日中友好の基盤であり、それを無視する必要があるとは思わない。しかし、私は今後の日中関係をそうした心情的な共感のみに寄りかかるのではなく、もっと広がりのある、世界の問題に責任を持つ中国であり日本であるという理性的な立場に立って、国際社会の普遍的価値観にも沿って協力していく関係へと発展させていくことこそ、今後の最重要課題であると考えている。(69)

一九七二年の日中共同声明では日中の特殊な二国間関係が強調され、それ以後も日中間の懸案事項の解決においては、日中関係の特殊性を踏まえ、国交断絶の困難な時期に友好の井戸を掘ってきた人びとの功績が、両国友好関係の基礎として想起されてきた。それから二〇年後の天皇訪中は、今から考えれば、この日中の特別な相互関係が確認されながらも、世界のなかの日中関係という視座が切り開かれていく象徴的イベントだった。この延長線上に、九八年一一月の江沢民国家主席訪日にともない、小渕首相との間で合意された「平和と発展のための友好協力パートナーシップの構築に関する日中共同宣言」の精神が育まれていったと言えよう。

五　天安門事件を背負って――中国の大国化と亡命者たち

世界に台頭する中国

日本の論壇における同時代論評を通して、前章では一九八九年六月四日の天安門事件にいたる前史と、民主化運動の側の内在論理と弾圧した側の内在論理、そして本章ではその後の曲折に富んだ歩みをたどってきた。事件は中国に対して、内にも外にも、国家の崩壊と経済の破綻を招きかねないほどの厳しい試練を課した現実を、改めて思い知らしめた。その後中国が、国際社会に復帰し、経済の回復から急成長軌道へと眼も眩むような変貌を遂げたことは、現前に展開する中国の発展ぶりから、改めてここに贅言するまでもないだろう。

その去就はおろか安否すら覚束なかった鄧小平や楊尚昆が、事件後初めて六月九日、人民大会堂に現われて戒厳部隊を接見してねぎらい、喜色満面の笑みを浮かべた表情をテレビ画面を通して見たその時、筆者は彼らが「虐殺」の首謀者だとの思い込みから憎悪を掻き立てられ、もうこの国に未来はない、いずれ国家崩壊の危機に陥るのではないかとの予感に襲われた。

今はどうだろう。ある民主化支援の立場から編まれて香港で発行された写真集のなかにあった、戦車の中で焼死したのか、憎悪にかられた人民によって嬲《なぶ》り殺しにされたのか、黒こげになった人民解放軍兵士の死体が歩道橋から吊り下げられている写真が脳裏からいまだに離れない。事件は果たして「虐殺」だったのか、果たして学生・市民は最後まで非暴力を貫いたのだろうかと、思いは千千に乱れたままである。いま日本の学界やマスコミでは「六四虐殺」という言葉を憚り、「六四事件」「天安門事件」という比較的中性的な用語を用いることにしている。

その後の中国は崩壊するどころか、GDP比では二〇一〇年に日本を追い越した。日本の貿易構造は二〇〇〇年代に入るあたりから、米国から中国を中心とするアジア・シフトへの顕著な動きを見せ、人・物・金の流れは、中国へアジアへと加速しつつある。バブル崩壊後「失われた二〇年」と言われる日本の実体経済を支えてくれたのは、中国の安価な労働市場であり、多くの日本企業を受け入れる生産市場であり、広大な人口を擁する消費市場であったと言っても過言ではない。それにともなってと言うべきか、当時はルーマニアの最後の独裁者チャウシェスクとすら二重写しになっていた、「暴君」としての鄧小平像は、もはやすっかり影を潜めている。

鄧小平が後継を託した胡耀邦・趙紫陽は相次いで失脚したものの、その後の主席に就任した江沢民・胡錦濤は、鄧小平が布いた改革開放路線を継承した。鄧小平は一九九七年二月一九日に死去し、新華社電は彼を「わが国の社会主義の改革・開放と現代化建設の総設計師、中国の特色のある社会主義建設の理論の創設者」と称えた。その後の中国は世界の大国へと台頭し、いまや胡錦濤主席は辛亥革命百周年の二〇一一年一〇月に「中華民族の復興」を連呼し、二〇一三年三月、習近平は主席就任に際して、屈辱の近代を経て、「中華の夢」を実現しようと連呼するにいたった。その間、二〇〇〇年二月に江沢民が提示した「三つの代表」や、〇四年九月に胡錦濤が提示した「科学的発展観」は、せいぜい鄧小平が描き実践したビジョンにほんのわずかの新しい要素を添加したに過ぎない。と同時に、党員の汚職・腐敗、都市と農村の格差問題、少数民族問題、環境問題など、深刻化が指摘されている社会問題は、今に始まったことではなく、鄧小平の時からすでに顕在化していた。官僚腐敗の問題は、民主化運動の引き金だったと言いきってもいいくらいである。これだけ大国の相貌が備わった中国でありながら、結局のところ改革の総設計師たる鄧小平の正負の遺産を食いつないで今日に至ったとさえ言えるのではないか。

亡命者たちの孤独と困惑

この中国の変化に最も困惑しているのは、民主化運動に加わり、その後、逮捕されたり逃亡したりして、今は海外に亡命同然の境遇で暮らす、かつての闘士たちなのかもしれない。一九八九年の民主化運動当時日本に留学していて、その後、日本と中国を往還しながら映画製作や評論活動を続ける翰光《かんこう》（ペンネーム）は、海外に亡命する鄭義《ていぎ》・胡平・高行健・方励之・王丹ら関係者一二名を取材し、彼らの証言を記録して、映画『亡命 Outside the Great Wall』（製作・シグロ、二〇一〇年公開）を監督し、ほぼ同時に『亡命――遥かなり天安門』（岩波書店、二〇一一年）を刊行した。

翰光が描くところの彼ら亡命者たちは、一様に孤独と寂寞のさなかにいる。亡命先の現地では、個人差はあるものの言語が通じないため、芸術や文学で表現したことに現地の多くの理解者・賛同者が得られない。彼らが発する民主化の声に呼応する国内の大きな動きはなく、彼らが命を危険にさらして闘い獲得しようとした民主化はその後も実現していないし、民主化要求の声はいまだに高まってこない。事件から二〇年以上が過ぎ、祖国に帰るあてがまったくないわけではない。党に何らかの帰順の意を示せば、さほどのおとがめなく祖国や郷里の土を踏むことはそう難しいことではないかもしれない。でもそれは事件で斃れた仲間たちの命や、彼らが流した血が無駄だったことを認めることになってしまう。

とはいえ、亡命者は四面楚歌で悲嘆に暮れているばかりではない。ある者はビジネス界に転身して成功し、ある者は民主化運動の再燃は天安門事件への復讐の連鎖をもたらすことになるとして、民主化よりも、愛国主義・民族主義よりも、神への信仰の方が大事だと、牧師になって布教活動に勤しむ者もおり（張伯笠）、民族にも国家にも拘泥せず、隠遁者のように精神と表現の自由を求めて芸術活動に没頭し、その作品が世界的に評価されてノーベル文学賞を受賞した者もいる（高行健）。亡命者なるがゆえに、国家や民族を相対化することができ、そのことで中国の将来像の可能性とオルタナティヴを広げることになれば、亡命という行為がもたらした巧まざる効用とも言えようし、亡命という選択が開き得た活路とも言えるだろう。

なによりも重要な事例は、作家・鄭義である。文化大革命の折に広西省で造反派同士が殺し合いをして互いの人肉を食べるような陰惨な現場を目撃し、それを暴露するルポルタージュ（『楓』）を書いて中国国内で発表し、八九年の民主化運動では学生とともに先頭に立ってデモに参加し、事件後は三年間も中国各地を逃亡し、香港経由でアメリカに亡命した。青年時代から、文革、天安門事件と、血なまぐさい制圧劇を常に目の当たりにしてきた反動から、亡命後は憎しみを愛に変えるキリスト教になじむようになった。鄭義は亡命後の自らの身に起きた変化を、ある時遭遇した日常のささやかな体験に託してこう語ったことが『亡命』で引用されている。

ある時散歩をしていたら、路上に血だまりを見つけました。昔の私だったら、血だまりなんてとうに見過ごしていたでしょう。たとえ死人が傍らに転がっていても、心は動かなかったでしょう。そのような残酷な出来事はたくさん経験してきましたから。ところが、その日に限って、その血だまりを見たとき、私の心はぶるぶる震えて、見ることができなくなってしまったのです。

その時、はっと、自分が変ってしまっていることに気づいたのです。昔は、心が柔らかいというのはマイナスだと思っていました。キリスト教に触れるようになってから、自分の心を柔らかくするというのは、容易ではないことを知りました。自分の冷淡さ、共産党によって育まれた強靭さ、戦い、憎しみ、——そのようなものを少しずつ捨て去って、神がお造りになった本来の状態にまで回復する。そうして初めて同情や愛や憐れみを具えた柔らかい心が持てるのです。教会に足を踏み入れるようになって、イエス・キリストの愛が私の心に芽生えてきたのです。

作家である鄭義は、党によって自分の作品の読者を奪われるという「絶境に追いつめられた状況」に追いやられた。ではなぜ書くのかと自問し、「後世の人に読んでもらうために書く」「創作とは、ある意味では神に対する独白だ」と自答する。(70)

これらの事例は、亡命者のなかでも稀有なケースかもしれない。だが、そこには文革にせよ民主化運動にせよ、「啓蒙」が「救亡」に圧倒されてきた中国近現代史の隘路に踏みとどまるのではなく、「未完の革命」をも「裏切られた革命」をも相対化する、静かな転生とも言うべき、思想的転回への開眼がある。それは、つまるところ、中国革命が宿命的に随伴してきた、「造反有理」「愛国無罪」の標語に代表されるような、目的のためにあらゆる手段が正当化され、人の権利や自由を強制力によって剝奪することを是認してきたという、暴力の問題である。暴力を伴わない、いやむしろ暴力を拒否する革命の道というのは、もはや革命とも呼べないものかもしれない。

祖国と民族から遮断された愛国者たちは、暴力が容認されないような人間としての尊厳があることに気づき、そういう社会であることそれ自体に価値があるのだということに、それぞれの亡命先のつましい日常生活のなかで目覚めているのである。

中国像はなぜ反転するのか

天安門事件に前後して、中国は好転―暗転―好転……と絶え間なく反転してきたが、その構図は何に由来するのだろうか。中国そのものが反転しているのだろうか。それとも実像は反転していなくて、日本から見た中国像が、当てる光の角度によってネガとポジが明滅しているように見えているだけなのだろうか。

元新聞記者で現在はメディア研究者である高井潔司によれば、天安門事件の前後に、報道する側の「フレーム」が転換したのだという。すなわち、「それまでの日中友好をベースとする「友好フレーム」から、中国に対して、民主主義や市場経済の実現を求める「普遍価値フレーム」へと転換した」[71]というのである。

これまでの日本の論壇を中心とした中国論の流れからすれば、民主・市場・人権といった世界標準的な視座から中国の異質性を批判的に考察するような中国異質論の枠組みは、船橋洋一『内部』などに典型的なように、すでに一九八〇年代初頭から現われていて、その頃からすでに「友好フレーム」を凌駕していた印象がある（第二章六八―七〇頁）。ただし、冷戦終結と天安門事件がほぼ同期していたため、中国当局の動向を考察する上で、天安門事件の背景となる世界情勢の変化と、天安門事件後の東欧・ソ連の体制崩壊が与えた外圧という影響を考慮せねばならなくなった。天安門事件後、もはや日本から中国に光を当てるだけでは実像の中国像が浮かび上がって来なくなったことは冷厳とした事実である。従って、報道の現場だけでなく、論壇においても学術界においても、中国論を立てる際に、日中両国間の「友好フレーム」だけでは実像を把握しうる有効性を担保できなくなったことは確かである。

だからといって、天安門事件を契機として、たとえ日本人の中国に対する親近感が著しく後退したことはあったにせよ、中国に対する枠組みがすべて「普遍価値フレーム」に移行してしまったわけではない。依然として日中二国の特殊関係論を基底にした「友好フレーム」も存続しており、両者は機能分化しつつ混在しているといった方が実情に合っているように思われる。とはいえ、日本のみならず中国についても相互の親近感が低下していることからも裏づけられるように、「友好フレーム」の比重は低下の一途をたどっていることも、抗えない事実である。大雑把に区切っていえば、天安門事件を画期とするこの時期は、日中国交正常化の結果、一九七二年体制として基礎づけされた「日中二国間の特殊な関係論」から、その後、九八年に出された「日中共同宣言」へのゆるやかな移行期と見てよいだろう。

むしろ筆者としては、「フレーム」概念よりは、これまで戦後日本人の中国像の変遷をたどるさいの分析工具として援用してきた、「認識経路」概念に改めて立ち戻りたい。そのうえで、本章では、前著に引き続き日本人の中国像が表出されるフィールドを論壇に限定してきたことで、本章が扱う時期においては、論壇のほぼ唯一の属性として、チャイナ・ウオッチャー（中国観察家）しか担い手として抽出できなかった。そのために、そこでの対中認識経路としては、中国を客体として観察し、客観的データに基づき実証的に分析するという、客体観察型分析経路しか認められなかった。その分析経路では、移りゆく現実中国の表層の現象に眼を奪われて、変わらない部分、あるいは視界に入らないが重大な不可逆的変化をきたしている部分を有効に把握できないのである。

たとえばある近代史家は、天安門事件とその結末に、一九四九年の中国革命および中華人民共和国成立の、歴史的連続性、歴史的経路依存性を見いだした（証言編・西村成雄氏インタビュー）。またある経済史家は、天安門事件後の経済制裁のさなかに、中国経済が持続的発展のメカニズムとして長期にわたって機能させてきた華僑華人社会のネットワークによる経済の復元力に着目した（証言編・濱下武士氏インタビュー）。これらは必ずしも論壇を舞台とせず、むしろ学術圏に見られた、客体観察型認識経路とは異なる、認識経路のありようである。

六　反転する日中関係

天皇訪中後の日中関係二〇年――冷え切った「戦略的互恵関係」

日本から見た中国像は、天安門事件を経て、いまやどのように眼に映っているだろうか。一九九八年一一月の江沢民主席訪日で交わされた「日中共同宣言」は、責任ある大国同士のパートナーシップを高らかに謳い上げた。とはいうものの、小渕首相からは侵略戦争に対する九五年の村山首相談話以上の踏み込んだ謝罪の言葉が聞かれず、江沢民主席は日本軍国主義の復活は許さないと厳しい口調で演説したため、迎えた日本人にこわもての印象を残し、お互いにぎくしゃくした後味の悪い旅となった。それに比べて、二〇〇〇年一〇月に来日した朱鎔基首相は、若者とのタウン・ミーティングが民放で放映されるなど気さくな宰相ぶりを演じ、好印象を残した。

ところが、二〇〇一年四月の小泉首相の就任以降、毎年靖国公式参拝を繰り返したことが中国側の態度の硬化を招いた。〇五年四月の日本の国連常任理事国入り反対、歴史教科書問題抗議の反日デモで、日本製品ボイコットや、日系の企業や商店が焼き討ちに遭うおぞましい映像を観せつけられ、日本人に中国に対する嫌悪感が掻き立てられた。日本では、中国の愛国主義教育とは、つまるところ反日主義宣伝なのだとの解釈がなされた。

二〇〇六年一〇月、就任した安倍首相は最初の外遊先に中国を選び、日中共同プレスで、「戦略的利益を共有する互恵関係の構築」への努力を発表した。〇七年四月、温家宝首相が来日、ユニホームを着用してぎこちない野球のパフォーマンスを披露して「氷を融かす旅」を演じ、日中関係は好転の兆しを見せた。

だが、二〇〇八年四月、同年八月に開催される北京オリンピックに先立っての長野での聖火リレーにおいて、チベット支援者の示威行為を抑えこもうとする、日本の主権への配慮を欠いたあからさまな中国当局のやり方は、日本人の反感を買った。その直後の五月、胡錦濤主席が来日し、福田首相との間で、「戦略的互恵関係の包括的推進に関する日中共同声明」を発表し、未来志向の「戦略的互恵関係」へとステージアップすることが確認された。ところが、二〇一〇年九月に尖閣諸島沖での中国漁船の海上保安庁巡視船への追突事故があり、それへの報復とばかりに、二〇一二年四月の石原東京都知事の尖閣諸島買上げ計画発言がなされた。続いて同七月、野田首相による国の買取りを示唆する発言によって一部は暴徒化した反日デモは、〇五年のおぞましい光景をいっそうエスカレートした形で、香港から大陸各地へと飛び火し、再現するものとなった。その後の野田首相の尖閣諸島国有化発言で、胡錦濤主席は凍りつき、日中公式関係それ自体が凍結さながらの状態にある。そして迎えた日中国交正常化四〇年は、祝賀の公式行事すらなく、予定されていたさまざまな記念交流事業はことごとく中止に追い込まれていった。

その後の両国関係はそのまま今日の風景につながっている。なりふりかまわぬ経済発展のために、PM2・5のような大気汚染物質が日本列島を襲い、毒物を盛り込んだ食品が日本市場に蔓延していると、日本のマス・メディアは警告する。日本にとっての中国像は、共産党幹部の腐敗汚職、人権抑圧、言論封鎖、少数民族への圧迫、環境破壊にのたうちまわる身勝手な隣国となりつつあり、日本人よ気をつけろ、といったネガティヴ・キャンペーンの文脈でしか浮かび上がらなくなりつつある。集約すれば中国脅威論ということになるが、そこに醸し出された嫌悪と恐怖の気分の源は、常に「共産党一党独裁」ということに特定される。

両国の首脳が「パートナーシップ」「戦略的互恵関係」と謳い上げる理念と現実の間には、二〇年前の国交正常化二〇周年の天皇訪中と比べてすら、相当な懸隔が生じてしまっている現実に慄然とせざるをえない。遡って本章で扱う時期において、両国の国民に、何か甘美な印象を残すような日中間の出来事があったかというと、なかなか思い浮かばないのである。中国社会は天安門事件という重大な歴史的な試練に晒された。いっぽう、民主化運動にせよ、天安門事件にせよ、そこに深く影を落としていた日本あるいは日本人の存在が、今となってはなかなか視野に入ってこない。確かに日本人は、当時、大いに天安門事件を論じた。民主化運動を支持し、それを弾圧する党中央を批判する声は激しかった。その後の西側の経済制裁にあたって、日本も同調すべきか経済支援凍結を解除すべきかの論争はあったし、天皇訪中の是非をめぐっても、国論を二分するような議論が戦わされた。だが、日本の大方の中国観察家の分析や論評とは裏腹に、民主化運動の勢力は離散し、武力制圧した側は経済のV字回復を達成させ、天皇訪中は成功した。自らの予見と結果との齟齬について、その後、立論した当事者の自己批判や中国像の軌道修正がなされた例は、寡聞にして知らない。

むしろ問題は分析の精粗の程度にあるのではなく、この時期の多くの中国観察家にとって、中国はもはや自己投企の対象ではなくなり、自画像を映す鏡でもなくなってしまったことにある。日中関係はもはや特殊な二国間関係ではなく、たまたま隣り合わせに二つの強国があるだけのことだという、どこか達観したような乾いた感覚がそこにはある。とはいえ、実際に良識を持った大人と大人の程良い距離感を保った付合いになっているかというと、実態は全く逆の、目先の狭い了見に囚われた、稚気に富んだ感情のぶつかり合いが演じられている。

面影の胡耀邦と、さまよえる「大地の子」

本章が扱う時期、『文藝春秋』ではちょうど山崎豊子の『大地の子』が連載のさなかにあった（一九八七年五月号—九一年四月号）。残留孤児の陸一心を主人公に、日中戦争が招いた家族の離散、日中の国交断絶により中国人として生きざるをえなかった運命、そのなかでの養父母が注いだ無償の慈愛、日本人なるがゆえに陸一心が文化大革命で嘗めた辛酸、日中国交回復により切り開かれた技術者としての活路、実父や妹との再会など、曲折に満ちた日中関係を、人間味豊かな大河小説に仕上げた名作である。

山崎は『文藝春秋』に『大地の子』の構想から完結までの製作秘話を三篇発表している。山崎によれば、『二つの祖国』を書きあげた後、一九八三年一〇月に中国作家協会の招待で訪中した際、出版社の幹部から宋慶齢について書いてくれと言われて戸惑い、とても無理だと固辞したものの、中国にいる日本人の戦争孤児を主人公にして、中国を舞台にした小説なら書いてもいいと意欲が湧き、ついては当時中国国内で批判されていた日中合作の宝山製鉄とそれをつなげて、『大地の子』の骨格ができた。資料収集の折には、竹内実の助言を仰いだという。(72)

一九八四年五月から中国を訪問し、「中国で岩に爪を立てる思いで取材にとり組んだ」ものの、「情報閉鎖国家」なるがゆえにまったく埒が明かなかった。帰国前日にようやく胡耀邦総書記との会見がかない、「中国を美しく描かなくて結構、中国のたち遅れた面、欠点、暗い影の部分も書いてよろしい、それが真実ならば」、「途中で撤退するのは臆病者だ、撤退するなら、その責任はすべてあなた自身にある、中国側で取材の壁をなくすように努力する」とジョークを交えてにこやかに言われ、両者の間で約束が交わされた。実際に翌年からの三年間にわたる現地取材では、戦争残留孤児との面談、僻地の農家でのホームステイ、刑務所や労働改造所などへの訪問が許され、驚くほどスムーズに取材が進んだという。

だが執筆のさなかの八九年四月、胡耀邦が急逝。その後は「取材の門は再び固く閉ざされてしまった」。まさに作品の成功は、胡の「理解と英断がもたらした僥倖」だった。深い悲しみのなか、山崎は弔電を打ち、弔問しようと中国を訪れ、学生デモによる通行禁止をかいくぐって、天安門広場に集まり胡を哀悼する学生の群れの中に入っていった。さらに、北京市内の胡の私邸をつきとめ、李昭夫人と涙の対面をし、生前愛用していた筆が遺品として贈られた。(73)

一九九一年二月、連載原稿を脱稿し、四月に三巻の単行本が出版されるや、山崎は本を胡耀邦の霊前にささげたいとの一心で訪中を思い立つが、なかなかビザがおりず、六月、ようやく訪中がかなった。とはいうものの、訪中してみると、講演などでは「できるだけ『大地の子』に触れず、胡耀邦元総書記のことも、〝当時の指導者〟という表現を使ってほしいという雰囲気」であったという。遺骨の埋葬された江西省の共青城に赴き、小高い丘陵にひっそりと立つ胡の墓碑に本を供えた。北京をはじめ地元南昌市民にもこの墓碑の存在が知らされてないことを訝しんだ山崎は、こう推測した。

おそらく、それは今なお〝民主の星〟として多くの人民から慕われている胡耀邦の遺骨を埋葬した墓地が、多くの人の知るところになると、ここが民主運動の聖地になることを怖れて、公式発表しないのではないだろうか(74)。

中国国内で忘却を強いられているのは天安門事件の悲劇だけではない。天安門事件にいたる発端となった胡耀邦総書記もまた、その功績を記念することはおろか、想起することすら禁じられている。『大地の子』という作品が完成した背景には、天安門事件という現代史が深く影を落としていた。だが、その後、作品と胡耀邦をつなぐ糸は見えなくなりつつある。

われわれ日本人には、天安門事件以上に、一九八三年一一月に来日した折の、国会の議場であまり見映えのしない背広姿のオーバーアクションで日中友好を説き、青年の集いでの青年の集いでの講演では満面の笑みで三〇〇〇人青年交流をぶち上げた、決して洗練されたとは言えない、人懐っこい小柄な胡耀邦の相貌がまぶたに焼き付いているはずである。日本の歴史問題にはほとんど口をさしはさまなかったが、中曾根首相の靖国参拝のおりに繰り返さぬよう説得したのは、彼自身の進退がかかっていたからである。一九八九年一月に彼が辞任したさいには、元老の意向を無視してあまりに日本に接近し過ぎたことがとがめられた。

筆者はこれから中国がどうすべきかを中国に向けて助言がましく言える立場にはないし、本書執筆の動機も目的もそこにはない。ただ、日本人にとっての中国像を回顧してきて言えることは、天安門事件から二〇年以上が経過した今から眺め返したとき、事件は確かに中国の現代史においてエポック・メーキングな悲劇ではあったが、ポイント・オブ・ノーリターンではないということである。

時計の針を戻して、胡耀邦総書記の辞任の時点に立ち返り、胡耀邦が築こうとした新たな日中関係のページを再度開いてみよう。少なくとも、総書記の職を継いだ趙紫陽がブレーンたちを使って構想し、一部は実行に移した、主に経済面での改革政策は、そのいくつかは天安門事件で頓挫したものもあろうが、実現しつつあるものもあるだろう。それらに思いをはせ、さらに胡耀邦の政治改革構想を回顧し、胡の辞任に憤り、彼の死を哀悼した、学生や市民の胸中に去来する願いが何だったのか、再度耳を傾ける度量を持とう。

いまここに胡耀邦いませば、このぎくしゃくとした日中関係を憂慮して、日本との間にどのようなパートナーとしての関係を結び直そうとするだろうか。この仮想問答にあたり、われわれ日本人からの認識経路では、無邪気なばかりに日本への友好のメッセージを送り、不屈の闘志で政治改革を断行しようとして挫折した胡耀邦の面影しか記憶にとどめさせない。そのような面影の胡耀邦像は、日中関係の立て直しに腐心し奔走していた八〇年代なかばの胡耀邦を「朝貢外交」「媚態外交」と指弾した当時の日本論壇の姿勢と、実は紙一重である。じつはこの当時、中国各地の郷鎮企業の経営者は、彼らの後ろ盾として胡耀邦への高い賛辞を惜しまなかったという証言がある（証言編・濱下武志氏インタビュー）。また中国周縁部における少数民族問題の解決においても胡は多大な尽力をし、少数民族の間でも改革に期待する声が大きかったと聞く(75)。胡耀邦を単なる日中友好の旗振り役、政治改革の旗手像に押し込めておいてはいけない。

凡庸な締めくくりになるが、中国内部に対する深い理解に支えられた対中認識あってこそ、日本人の中国像の輪郭はクリアになる。そして、そのようなクリアな中国像があってこそ、真の日中間の対話は成立するのである。

第五章　戦後日本人の台湾像　一九四五年―現在

――対日情報・宣伝・世論工作との関連性をてがかりに

一　視界から消えた台湾

筆者は前著で一九四五年から七二年の間に発刊された総合雑誌に掲載された中国関連記事を総覧したさい、当然のことながら台湾関連の記事も中国関連記事として除外せずに収集し分析の対象とした。しかしながら、台湾関連記事は思いのほか少なく、台湾問題に関しては、中国問題のような豊富な記事を収集することが叶わず、「戦後日本人の中国像」というテーマを掲げるかたわら、同時並行的にサブテーマとして「戦後日本人の台湾像」も追求してはみたのだが、統計的・体系的・時系列的な歴年推移の定量分析ができなかった。

前著は幸い第二八回大平正芳記念賞特別賞を受賞する光栄に浴した。選定委員会委員長の毛里和子先生からは選評のなかで「日本のとくに戦後の対中認識には「台湾」という陰画があるのだが、その陰画が本書ではぬけ落ちているように思う(1)」とのコメントをいただいた。たしかに前著では前述のような事情から、戦後日本人の台湾像をめぐる「陰画」は描けていない。あくまで断片的な台湾論が散発的断続的に現われるだけで、その寥々たる記事群だけからは、戦後日本人の台湾像は統一した像を結ばない。そのことを筆者はある論文でこう論じておいた。

国交断絶期の日本人の中国論を定量分析してみると、中国周縁部の少数民族や、台湾住民の存在などが、ほとんど登場しない。即ちそれは当時の一般的な日本人にとって、少数民族や台湾住民の存在がさほど可視化されていないということであって、少数民族や台湾住民が存在しなかったということではないし、それらの存在が引き起こす問題がなかったことを意味するものでもない。現実にそれらは問題として存在していたのだが、問題として設定しようとする関心が日本の側に欠けていたということである。(2)

こうは書いてみたものの、実は台湾関連の記事は日中国交正常化前のあたりから急激にその数を増し始める。それは日中国交が日華(台)断交(3)をもたらすこと、日中国交正常化交渉では台湾問題、とくに日華平和条約の有効性が大きな焦点となったことから、当然といえば当然ではある。そして、意外なことに、本書第一章で述べたように、日華断交後、日本と台湾との公式な外交関係が遮断されるや、それとは裏腹に飛躍的に日本の論壇では台湾関連記事が増加するのである。その傾向は八〇年代にいたってもいささかも減じることなく、ほぼ今日まで継続しているのである。

だからといって、日華断交が契機となって日本人にとって台湾・台湾人は可視化されたのだと言い切るのは、いささか短絡的な見立てである。確かに論壇の露出度からトレースする限りにおいては、戦後日本の公共知識人にとって台湾は不可視の存在だったとの見立ては間違ってはいないだろう。敗戦後から七〇年代初頭まで、日本には専門的に台湾を研究する研究機関や研究者は、一九六〇年に創立されたアジア経済研究所などを除き、極めて乏しかった。そのためになかなか台湾という存在が可視化されず、台湾問題が視界に入ってこなかったのだとの理由づけもできよう。主に学術圏における台湾認識のありようについて、若林正丈《まさひろ》は、「台湾は戦後日本の知的世界の片隅に粗雑に放って置かれた」(証言編・若林正丈氏インタビュー)と反省的に回顧してもいる。

若林のみならず、日本敗戦後、さらに中華民国政府が台湾に遷占してから日華断交にいたるまで、対日関係をほぼ一手に受け持っていた蒋介石総統の特別秘書の張羣《ちょうぐん》までもが、日本人にとって中国といえば大陸を連想し、日本の新聞紙上に台湾の国内事情はほとんど報道されないため、台湾が「影の薄い存在」であることを認めていた(4)。

ただし、張羣の慨嘆の背景にある台湾認識は、若林のそれとは同日の談ではない。張羣のように、台湾を地理上の呼称としてではなく、大陸中国を統治していると自称する「中華民国」として捉えるとするならば、それは戦後日本人にとっての「反共主義」「保守反動」イメージに彩られた、国民党外来政権の中華民国政府が統治する中華民国台湾像という、戦後台湾および台湾社会のうちの一側面を指しているに過ぎないだろう。そのような台湾像が強かったからこそ、学術界は台湾を研究対象とすることを潔しとはせず、論壇はまともに台湾を問題視しなかったという一面があったのが実情である。その限りでは張羣の慨嘆は諒解できるのである。

だが戦後日本人の台湾像は「反共主義」「保守反動」一色で塗りつぶされていたわけではない。不名誉なイメージでいうと、七〇年代までの台湾は日本人の男性天国であり、また農協の団体旅行で行くところであって、若者や女性には訪れることを憚られるような、縁遠い存在だった。実業界・経済界においては、台湾バナナの輸入をはじめ、さまざまな物資を交易し、経済・貿易活動が積極的になされた。王貞治やジュディ・オングや林海峰などスポーツや芸能界や棋界で活躍する台湾人もいた。いっぽう研究者がすべて台湾を忌避していたわけでもなかった。文学・哲学・歴史の中国研究者にとっての台湾は、中華文化の伝統を保存する文化復興の基地であり、古典のテキストがしっかりと保存された、古典中国の研究拠点の一つでもあった。中華書局・商務印書館・正中書局など中国古典関係の出版社からテキストや研究書が出版され、日本では海風書店・東豊書店・中文書店など台湾出身の経営者の専門書店が、それらの書籍を取り扱っていた。とはいえ、彼ら研究者が手掛けていたのは中国研究であり、それらの書籍は台湾で発行されていた書籍とはいえ、書目のテーマとして設定されていたのは、台湾ではなく中華世界だった。

とはいいながら、それらの断片的な台湾イメージの一面一面を取り出してみても、通時的で統一的な台湾像を結ぶことはない。またそれら多面的な台湾像をどう組み合わせたところで、乱反射するばかりで集合的な記憶としての台湾像にはならず、結果として戦後日本人の対台湾認識経路といえるような思考回路を抽出することはできないだろう。そのことは、台湾および台湾人の来歴と社会構成それ自体の複雑さを考えれば容易に察しがつく。

では戦後日本人の台湾像という、ここに設定された究明課題を前に、どのような学術的アプローチが可能なのだろうか。まずなにより、戦後台湾での重大事件と台湾人の重大関心事に対して、戦後日本人の台湾関連記事が量的対応を見せておらず、双方の関心圏に大きな齟齬が見られる。たとえば一九四七年の二二八事件、一九五二年の日華平和条約（中日和平条約）、一九七五年の蒋介石総統の死去など、台湾にとっては、また日本にとっても重大な出来事について、日本で発刊された新聞・雑誌での関連記事は異様に少ない。

その理由として考えられるのは、まず何より戦後日本人にとって台湾については中国大陸に比べて関心が低かったことである。だがこれも奇妙なことである。中華民国とは終戦の降書を交換した主体であり、平和条約を締結した一九五二年以降は正式な外交関係を結び、双方に大使館を設置した。それ以前に、日本は日清戦争の結果、下関条約により台湾を以後五〇年間植民地として領有した歴史がある。それに対し中華人民共和国とは、一九七二年の日中共同声明まで正式の外交関係を結んではこなかった。

なぜ日台間のこのような深い歴史的結びつきが、戦後日本人によって閑却されたのだろうか。この問いに対しては、三谷太一郎の「戦時体制と戦後体制」論が説得力を持つ。

「日本にとっての脱植民地化は、非軍事化の一環であ」り、……「植民地化と軍事化との間に密接不可分の関係があったのであり、したがって脱植民地化は、ほとんど非軍事化と一体のものとして考えられたのである。そこで戦後の日本においては、非軍事化がほとんど抵抗なく受け入れられたように、その一環ないし一体としての脱植民地化にも全く抵抗がなかった」。「こうして日本の場合には、非軍事化と区別される脱植民地化それ自体の国内的影響は、比較的小さなものに止まった。つまり脱植民地化固有の問題が非軍事化一般の問題に解消された。しかも脱植民地化は、冷戦の進行と重なった」[5]。(引用は「 」の中のみ)

かくて日本人は、日本の降伏と武装解除によって自動的に台湾の脱植民地化がなされたように思い込み、日本の帝国化の歴史的事実が忘却されていったということである。いっぽう台湾人の側からいえば、若林正丈によれば、台湾省行政長官の陳儀は、「「中国戦区」司令長官蒋介石の代理として台湾の日本軍の降伏を接受し、同時に台湾省行政長官として、台湾総督府の機構や資産を接収し、台湾における中華民国の統治機構を形成し」た。だが、これらのことに「台湾人は当初ほとんどの発言権を持てなかった」。台湾人に対しては蒋介石政権によって「代行された脱植民地化」がなされ、台湾人自身の自主的な脱植民地化は夭折を余儀なくされた[6]。「中華民国」政府によって「代行された脱植民地化」と中華文化の復興が試みられ、蒋介石政権によって強力に台湾の中国化と脱日本化が推し進められた[7]。戦後の日本社会において台湾は視野の外に置かれただけではない。台湾政府にとっても日本は敗者であって、日本を台湾人の視野の外に置こうとしたのである。

このような歴史的実情とその背景を踏まえたうえで、改めて本章の戦後日本人の台湾像という課題に対して立てるべき問いを時系列的に並べると、第一に、日本にとって見えない台湾と、台湾にとって見せたくない日本との間に結ばれた正式の外交関係は、日本の民間の台湾認識にどのような作用を及ぼしたのか。第二に、一九七二年の日華断交によって、台湾に対する民間世論の関心動向に変化はあったのか。第三に、李登輝政権を画期とする台湾の本土化・台湾化の流れのなかで、日本の台湾認識にどのような変化が現われたのか、ということになる。

これらの課題を解明する方法としては、既述したように日本のメディアのなかの台湾論は数量的に乏しく、日本の学術界における台湾研究者の層が従来は薄かったことから、台湾関連の論壇誌・学術誌のみを調査の素材にするのは限界がある。そこで、台湾政府の対外関係機関の政策文書や官製メディアに見られる対日世論工作の意図・実態・効果に着目し、受け手としての日本側の台湾関連記事を対日世論工作の反映として分析してみたい。幸いなことに、台湾においては具体的な史料としては政府外交部文書、対日工作の政策決定者・実行者・出先機関・記者などの証言の公開度が大陸中国と比べて高く、入手しやすい。それらの資料を同時期の台湾側の日本関連記事および日本側の台湾関連記事に絡ませながら、台湾認識の変遷をたどっていきたい。本章は台湾認識の通事的変遷をたどることに主眼が置かれるため、本書のこれまでの各章における台湾関連の叙述と重複する部分が出てきてしまうことを、予めお断わりしておきたい。

二 「以徳報怨」による道義外交の耐性

蔣介石の「以徳報怨」演説から日華平和条約へ

一九四五年八月一五日の重慶での蔣介石によるラジオ演説「抗戦に勝利し全国の軍民、および世界のひとびとに告げる」で、「われわれは報復してはならず、まして敵国の無辜の人民に汚辱を加えてはなりません。〔…〕もし暴行をもって、かつて敵が行った暴行に答え、奴隷的屈辱をもってこれまでの彼らの優越感に答えるなら、仇討ちは仇討ちを呼び、永遠に終ることはありません。これはわれわれ仁義の師の目的では、けっしてありません」と述べ、中国は日本に報復を加えないと言明した(8)。この演説により、日本の旧軍人や政治家たちは、中国政府の寛大な政策に恩義を感じ、中国人民に与えた甚大な惨害に対する贖罪意識と戦争責任感を醸成した(9)。

戦後直後は日華ともに「親米反共」の枠組みで、日本は戦後復興に取り組み、中華民国は国共内戦に突入した。日本側の基調は「親米復興」、台湾への遷占後の基調は大陸中国への「大陸反攻」による「反共復国」であった。中国大陸をめぐっては、日本政府および自民党主流派は、反共を掲げてはいるが、それはアメリカの外交路線を重視しているからであって、台湾の中華民国政府の「反共復国」には同調せず、中国政府に対しては、議員の属する派閥・会派によって色合いは違うが、敵意よりはどちらかといえば好感を抱いていた。社会党・共産党は中華民国ではなく中華人民共和国を支持した(10)。

一九五二年に日本はサンフランシスコ条約によって国際社会に復帰し、サンフランシスコ条約発効の同日に台湾の中華民国政府との間で日華平和条約を結び、台湾との公式外交関係を樹立した。そのさい、日華ともに主要には対米関係であり、両条約の関係はサンフランシスコ条約に依拠して日華平和条約が効力を有するものであって、前者が主で後者がそれに従属するものであった(11)。

日華平和条約以来、歴代の自民党内閣は表向き「一つの中国」と言いながらも、実態は「二つの中国」路線による中国台湾双方への歩み寄り」路線をとった(12)。そのことが、「一つの中国による大陸反攻」を提唱する台湾側の不興を買った。そこで台湾側が強調したのが、一九五一年一二月にダレス国務長官宛に出された、中華人民共和国ではなく中華民国との間に講和条約を締結する意向を表明した第一次吉田書簡と、一九六四年に張羣宛に出された、日本と中国との間の交易は民間貿易に限るとする第二次吉田書簡であった。蔣介石総統は、ジョンソン・アメリカ大統領がベトナム停戦を表明し、カナダが中国の承認に傾き、中国で文化大革命が高潮を迎え、中国の国連加盟問題が取りざたされていた一九六八年六月、日本からの新聞編集訪華団一行一六名と会見し、激昂した調子でこれら「吉田書簡は実質的に中日和約（日華平和条約）の補充文書」であり、「書簡の廃棄は中日和約の廃棄に等しい」と述べた(13)。

双方の政府とも共通の価値として「自由」を標榜していたが、日本側は冷戦下の東西対立における西側の普遍的価値として、台湾側は内戦下の国共対立における心理作戦（「心戦」）のイデオロギーとして、その正当性を国内・国際世論に訴えた。この日華間の共通理念である「親米反共」のもとでの「一つの中国路線」および「自由」をめぐる双方の解釈は、親中・反中をめぐる姿勢および政策の違いとなって現われた。

そこで台湾側は、日華間の関係が動揺するたびごとに両者の基底に「以徳報怨」の恩義論が布かれているのだと日本側に示唆したり強調したりすることによって、両国間の紐帯を維持しようと腐心した。川島真の表現を借りれば、自民党の側も「保守派層を支える一種のイデオロギーとして」恩義論を機能させ、「左派の日中友好運動に対して、中華民国や台湾との交流を重視する保守派が、恩義論を強調した面もあ」った[14]。だが、人格的な道義観念に依拠した外交は、国益重視の現実主義路線によって優先性が殺がれ、世代交代が進むにしたがってその切実感が薄れていくという、危うさと脆さを孕むものであって、道義外交の耐性は時間の移ろいとともに逓減していくことは避けがたかった[15]。

日華間唯一の国民外交ルート——「日華協力委員会（中日合作策進委員会）」

戦後の日華関係においては、このように日華平和条約と吉田書簡によって公式の外交関係が保証されており、台湾の中華民国政府は蒋介石の恩義論によって自民党政権との間の関係を維持していた。このかぎりにおいて優先されるべきは日本政府および与党自民党の支持であって、日本国民の支持は二義的なものとされていて、当面は積極的な対日民間世論工作の必要性を意識していなかった。むしろ国府にとっては、対日世論工作によって日華間に民間外交のルートが生まれ民間交流が進むことは、日本統治時代の遺産を可視化させて、日本語を話す台湾本省人の本土意識を覚醒化・明示化させることにつながりかねず、好ましいことではなかった[16]。

長年大陸問題研究（「匪情」研究）を担当し、李登輝政権以降、総統府で対日工作の重役を担った曾永賢によれば、日華条約締結以降、派遣された歴代駐日大使は、いずれも日本語を解する日本通を起用せず、総じて外交能力が乏しかった[17]。中央研究院院長の王世杰《せいけつ》によれば、一九五九年当時駐日大使を務めた張厲生《れいせい》について、「外交の才能・知識・見識・能力に乏しく、任に堪えない」と酷評している[18]。

とはいえ、中国側の対日宣伝工作に比べてあまりにも無為無策であることへの焦りから、必要性を訴える声もあった。具体的には一九五六年一一月、国民党中央常務委員会の黄啓瑞副秘書長と杜万齢駐東京支部秘書は、葉公超外交部長にあてて、対日宣伝の重要性を訴え、それぞれ「訪日の所感と提案」「日本中国記者懇談会設立計画」を進言した。すなわち「共匪」（共産主義勢力）は日本で華僑や日本人に対して、日本の左派紙を利用したり「二流人物」を招いて「匪区（中国共産党統治地区）観光」をさせたりして、歪曲した宣伝を行なって中華民国政府を誹謗している。さらに梅蘭芳劇団の訪日活動など「中共の巧妙な宣伝」の結果、日本人民は「中共方面の和平攻勢」の影響を受けて「騙されて亡国滅種に陥る」こととなり、「日本の赤化は中国の滅亡」をもたらす。いっぽう中華民国政府の行なっている「中日文化協会」（後述する「中日文化経済協会」のことと思われる）などの日華親善団体が発行する簡単な宣伝物は、単なる自己宣伝としてしか受け取られておらず、色眼鏡で見られてかえって逆効果である。また政府の工作対象としている日本社会の上層の有名人物は決して日本の世論形成にとって良好な影響力を持っているとはいえず、青年層に浸透していない。そこで日華相互に記者を派遣し常駐させて双方の記事を掲載したり日本で台湾の実況を紹介するグラフ雑誌を発刊したりする宣伝工作の拠点として、「日本中国記者懇談会」を設置し、中共の言論機構の蠢動を窒息させよう、という趣旨である。(19)

この進言を受けての措置かどうかは不明であるが、同年末、国民党は対外宣伝工作の一環として対日宣伝法案の検討に入った。具体的な活動内容としては、駐日大使館の指揮と責任のもとで行政院新聞局や各新聞社から駐在員を派遣して、日本の反共団体やメディア界の反共人士との連絡に当たったり、日本で各メディアに反共情報を提供したり、宣伝物（『中華新聞』『自由中国文摘』など）を出版したり、書店（正中書局の支店）を設けたりするというものであった。(20)

この時期、日華外交を一手に担ったのは、前述したように総統府秘書長を務めた張羣であり、日華外交のチャンネルとしては「準公式チャンネル」(21)であると同時に国民外交の枠組みでもあった「中日委員会」（日本側の名称は「日華協力員会」、日本側は岸信介、台湾側は谷正綱による共同主宰）で、一九五七年四月に設立され(22)、一九七一年七月に解散するまで、実際上は張羣が掌握し彼の独裁であった。張羣は蔣介石の信任が厚く、その地位は駐日大使あるいは外交部長以上であったため、逆にいえば歴代駐日大使は心身を労することなく唯唯諾諾と彼の命に従ってさえいればよかった。(23)

張羣自身の証言によると、(24)日華平和条約締結後、蒋介石の提起と張羣の企画により日華の政府間および民間の親善協力関係を促進するために三つの日華交流組織ができた。

第一の組織は、一九五二年四月設立の「中日文化経済協会」(会長張羣、副会長何応欽、のちに何が会長、張が名誉会長となる)で、文化方面は陶希聖が、経済方面は経済部長の鄭道儒が、財政方面は第一銀行頭取黄朝琴が務め、このほか、研究所を設け、政治・文化・経済に関する『日本問題参考資料』を不定期的に出版した。

第二の組織は、自民党の石井派リーダーの石井光次郎と張羣の間で構想され一九五七年四月に設立した「中日合作策進委員会」で、当初は毎年二回、東京と台北で開催したが、六一年からは毎年一回となり、七一年一〇月活動を休止するまで一六回の会議を行なった。委員会の日本側委員としては、政界からは岸信介・石井光次郎・船田中・藤山愛一郎・澤田廉三・松岡駒吉・町村金五・西尾末廣・木村篤太郎・千葉三郎・椎名悦三郎・田中龍夫・福田赳夫・一万田尚登・北澤直吉・愛知揆一・安倍晋太郎など、財界からは足立正・石坂泰三・杉道助・堀越禎三・長野重雄・松尾静磨・砂野仁・土光敏夫・佐藤喜三郎・河野文彦・藤井丙午・伊藤英吉・守谷一郎など、文化界からは細川隆元・御手洗辰雄・長谷川如是閑・木内信胤・小野良介・中村菊男・鍋山貞親・矢次一夫・波多野乾一・今日出海・安岡正篤・矢部貞治・小野秀雄などが参加した。台湾側は蒋介石自らが人選に携わり、谷正綱・張厲生・黄朝琴・陶希聖・鄭道儒・胡健中・林柏寿・陳雪屏・徐柏園・李国鼎・陳建中・蕭錚・林挺生・丘念台・唐縦・陶声洋・謝東閔・謝然之・徐慶鐘・董浩雲・王永慶・馬樹禮・林語堂・費驊・辜振甫・黄雲郁などが参加した。日本側のうち最も参加回数の多かったのは堀越禎三(経団連事務局長)と矢次一夫(「国策研究会」常務理事)で、台湾側は谷正綱であった。日本側の顧問は岸信介、台湾側は張羣および何敬之で、日本側の呼びかけ人は足立正・石井光次郎・賀屋興宣であった。

中日合作策進委員会の趣旨は主に政界への影響力を強め、自由と民主を擁護し、反共を貫くことでアジアおよび国際社会での両国の地位の向上を図るというものであった。ただ両国の国情の違いと国際情勢の変化から、また台湾側は政府間の関係強化を意図し、日本側は政治色を薄めたいという双方の意向が抵触し、両国間の距離は次第に広がり、委員の間に不満が募り対立する局面が目立っていった。

日本にいて委員会の活動を注視していた台湾側の駐日記者・司馬桑敦の見立てによると、委員には鍋山貞親・細川隆元・御手洗辰雄などの民間人もいたが、台湾側の参加者は反共宣伝をするだけであり、日本の民間世論への影響力はほとんどなかった(25)。委員会を実質的に牛耳っていたのは張羣であり、彼がこれほど長期にわたり日華関係において枢要な地位を占めてきた理由として、別の駐日記者・黄天才は、日華の特殊な関係に鑑み、彼が蔣介石の「以徳報怨」政策を体現しうる「高度に政治的立場」に立つという政治的資源に由来するもので、いわば蔣総統からの信任と授権、日本の政財界指導層からの敬意と信頼という二つの切り札を携えた唯一無二の人物であり、「特殊で複雑な中日関係において、数十年来、一貫して「敵か友か?」の圏内にいて、両国間の交渉・折衝において不可欠の人物となった」からだと見た(26)。

引き続き張羣の証言によると、第三の組織は、日本研究の学術機構としての「中日関係研究会」で、一九七一年四月に設立された。当時は国連を脱退し、ニクソン大統領が訪中し、日本も「バスに乗り遅れるな」の掛け声で中国を承認する勢いにあるころで、それまでの中日協力のやり方ではなくて、新たな日本の友好人士との連携を模索する必要に駆られていたことから、中日合作策進委員会の名義のもとに学術機構を組織しようということになり、張羣が蔣介石に提起し、批准を得て、行政院の予算で発効させた。会長は陳建中、指導委員として張羣・何敬之・谷叔常・張宝樹・彭孟緝が当たった。主な業務として、資料を収集・整理・出版する、専門家を招集して研究させ政策決定の参考にする、日本側の優れた政界・学界・文化界の人材を招いて相互交流を行なう、両国の研究機関や大学との共同研究を行なう、などがあった。

この中日関係研究会では日本研究の雑誌を発行している。一九七一年六月に創刊された中日関係研究会日本政情編輯小組編の『日本政情』で、月二回、当初は内部発行の機密扱いとされていた。七五年四月の第八五期から『日本研究』（日本での販売店は神田神保町にあった海風書店で、海風書店にはまた「中日「中国大陸問題」研討会」の事務所が置かれていた）、李登輝総統が誕生した直後の三〇四期（一九九〇年四月）より『日本研究雑誌』、三九六期（一九九七年一二月）より『日本研究』と誌名が改められた。いずれも発行人は、梁肅戎《りょうしゅくじゅう》である。梁は遼寧省に生まれ、明治大学に学び法学博士号を取得した学歴を持ち、一九九〇年以降、立法院院長を務め九八年に「海峡両岸和平統一促進会」を創立し会長となった、台湾の統一派の重鎮とも言うべき人物である。

しかし、いくら台湾側が日本の民間への世論工作を重視したにせよ、設置したチャンネルの主軸は自民党保守派と国民党蒋介石政権との単線的つながりであった。また自民党保守派といっても、そのなかでも「アジア問題研究会」（A研）系の賀屋興宣・灘尾弘吉・池田正之輔・早川崇らの議員に限られており、宇都宮徳馬・川崎秀二・藤山愛一郎・松村謙三ら「アジア・アフリカ研究会」（AA研）系の議員とはとりわけ対中政策において対立している[27]。また、日本は議会政治の国であって、一群の自民党保守政治家と懇意になっても、政権交代により下野してしまえば権限を失い、対華路線の一貫性は担保できない、国民外交も一部の反共勢力にしか浸透できず、労働組合・青年組織・農村団体・宗教・文化界人士などへの大衆への組織工作は展開できていない[28]。台湾側の政権基盤は戒厳令下の恐怖政治により盤石といえようが、対日関係を取り仕切る台湾側はおおむね外省人であって、いわばともに国民不在の両国関係だった。台湾側は日本の脆弱な政権基盤に不安を感じるとともに、対日宣伝においても中華人民共和国側の宣伝工作・人脈作りが巧妙かつ効果的であるのに比して、十分な取組みができておらず成果が十分に達成されていない実態を自覚していた。この時期の日華関係は国民不在であるとともに、政府間限定の、しかも同床異夢の両国関係だったとも言えよう。

三　二度の台湾海峡危機——視界に入り始めた台湾および台湾人

第一次台湾海峡危機

このように、敗戦後から日華平和条約を経ての約十年間は、日本の論壇において日本人が直接台湾を論じた記事を総合雑誌のなかに見いだすことはほとんどない。日華関係の公式外交ルートは確立されたが、台湾の存在はまだこの時期は日本人の視野に入ってきていない。あくまで両国関係の枠組みは日華政府間関係なのであって、日台民間関係ではない。準拠しているのは日本の内閣および政権与党と名目上中国全土を統治している国民党政権との間の公式関係であって、そこに連なる人びとは、自民党の老保守派議員および反共人士と、主に外省人系の国民党員であった。

そのようななか、一九五四年九月、人民解放軍が金門・馬祖両島への砲撃を開始し、アメリカ政府は第七艦隊に台湾軍への補給支援を指示、第一次台湾海峡危機が起こる。一二月、米華相互防衛条約が調印された。翌一月、人民解放軍は一江山島・大陳島への上陸占領を行なった。この第一次台湾海峡危機と、四年後の第二次海峡危機において、戦後初めて台湾に関する記事が雑誌に登場し始めるようになることは、前著で比較的詳しく論じておいた(29)。

すでに朝鮮戦争を経験している日本では、海峡両岸での戦火がアメリカの軍事介入をもたらし、米ソ開戦にいたるのではないか、そうなれば日本に飛び火するのではないかとの危機感が芽生えた。記事内容の詳しい紹介は避けるが、台湾からは日本の論壇に対して、日本が再軍備をしてでも欧米と手を携えて「赤化勢力のこれ以上の進出を喰い止める」ことが自国の防衛にとって必要な戦略だと訴えた。日本側は「第三次大戦は極力回避すべき」との前提から事態の鎮静化を図るアメリカの動きを注視しつつ、「二つの中国」をめぐる国際情勢のなかで日本のとるべき選択について、日米安保条約・日華平和条約のもとでの中華民国政府支持か、中華人民共和国支持かで、論壇の立場は分かれた。そのなかで、台湾の自治・自決を認めよとの立場を表明する記事が現われはじめた。

第二次台湾海峡危機

次に一九五八年八月、人民解放軍が馬祖・金門両島の国民党軍に向けて砲撃を開始、米第七艦隊が戦闘態勢に入った。雑誌『世界』では特集「台湾海峡の緊迫と日本」が組まれ（同年一一月号）、そこでは沖縄から米軍基地を撤退させて日米安保条約を改廃すること、金門島からの蒋介石軍が撤退すること、中国承認に踏み切ること、日中の共存関係を図り日米安保改定を阻止することなど、「二つの中国」をめぐる議論が展開された。

このころから在日台湾人たちの論壇での発言が目立ちはじめ、台湾人の立場から公論を発表するようになる。とりわけ論壇で注目されたのは直木賞作家・邱永漢の存在で、邱は戦時中に東京大学に留学した経験を持ち、一九七四年、亡命先の香港から日本に移住していた。論壇でのデビュー作のタイトルは、「台湾人を忘れるな」で、台湾住民が視野に入っていない日本の知識人の偏った認識を批判するものであった[30]。発表当時、この記事は日本の論壇の反響を呼び、ある知識人は「日本人に置き去りにされた台湾人の不幸を、このようにつきつけられると、やはりギクリとするのである」と評した[31]。さらに邱永漢は台湾独立を承認せよと踏み込んだ立場を表明した[32]。

彼ら在日台湾人の言論活動の背景には、台湾人の立場から発する言論空間を著しく制限された台湾に比べて、日本ははるかに言論環境が恵まれており、そのなかで台湾独立の政治・言論活動を行なおうとする台湾人や、日本の大学の比較的自由な学習・環境のなかで学術的キャリアを積もうとする台湾人学生が続々と来日してきたことがある。春山明哲の調査に拠ると、ほかに王育徳（一九四九年来日）・史明（一九五二年来日）・戴國煇（一九五五年来日）・黃昭堂（一九五八年来日）・許世楷（一九五九年来日）・涂照彦（一九六一年来日）・劉進慶（一九六二年来日）などの台湾人学生が来日し、多くは東京大学に留学（史明は戦前に早稲田大学卒業）し、在日台湾人による台湾についての学術研究が蓄積されていった。王育徳は一九六〇年に台湾青年社を設立し、雑誌『台湾青年』を創刊、独立派在日台湾人の政治・言論活動の拠点となった。この雑誌は二〇〇二年停刊まで通算五〇〇号が刊行された。彼ら台湾人留学生による台湾・台湾史研究は、一九六〇年代から七〇年代半ばにかけて、台湾政治史・経済史に関するさまざまな学術書として続々と刊行されていった。彼ら台湾人が日本で開拓し蓄積した台湾研究は、戦後日本における台湾研究のさきがけとなったのである。[33]

ただ彼ら在日台湾人は、本国政府から送り込まれた国家安全局や僑務委員会メンバーの監視下にあり、「台湾民主独立党」（主席郭泰成）の大使館前デモや「反動ビラ」の撒布、「台湾問題研究会」による台湾独立に関する会合の様子などは、「海外僑情」として本国に報告されていた。[34]

対日世論工作・在日華僑工作のはじまり

一九五八年は第二次台湾海峡危機直前の五月に長崎国旗事件が起き、日本を舞台に「二つの中国」をめぐり、日本にどちらかの国家承認を迫る中華人民共和国と中華民国の駆引きが展開された年でもあった。一九六三年八月、日本政府は二千万ドルの倉敷レイヨンのビニロン・プラントの対中国延払い輸出について、日本輸出入銀行を通して行なうことを承認した。国府にとって日本側の対中「政経分離」方式は、民間ルートでの交易であるかぎりは黙認してきたが、国家の銀行が関与することは容認できないと、駐日大使の張厲生が輸出認可の中止を大平外相に申し入れ、翌月、本国政府の召還により大使は帰国した。

さらに同年一〇月、中国油圧機器訪日代表団の通訳周鴻慶が台湾行きを要望して、密かにタクシーに乗って中華民国駐日大使館に駆け込もうとしたが、行き先を誤って東京のソ連大使館に保護を求めた。台湾の駐日大使館は、身柄引渡しを外務省に要請したものの、日本政府は周の帰国の意思表明を受けて法務省入国管理局は強制退去を命じ、中国に帰国させた。駐日大使館は外務省に強硬な抗議を行ない、帰国中の張厲正大使を辞職させ、駐日大使館の幹部スタッフの引揚げを命じた（周鴻慶事件）。

張羣はこれら長崎国旗事件、ビニロン・プラント輸出事件、周鴻慶事件を「三つの不愉快な事件」と表現したが、[35]日本政府は事態の収拾を図って大野伴睦を池田首相の特使として台湾に派遣し、大野は池田の親書を蔣介石に手渡し、張羣総統府秘書長、陳誠副総統と会談した。結局、翌年二月、吉田前首相が台湾を訪問し蔣介石と会談、池田首相の親書を手渡し、五月にも、吉田が張羣に輸銀融資によるプラント輸出を認めないとの池田首相の意向を伝える書簡を出して、蔣介石が「吉田書簡は中日和約の補充文書」と言明したことで事態はようやく沈静化した。[36]

この事件のさなか、張厲正大使の召還を受けて、一九六四年に、国民党中央党部第六組（情報担当）主任の陳建中が派遣された。陳は周鴻慶事件後の日華関係の修復を図るとともに、日華間の「準公式チャンネル」として機能していた前述の「日華協力委員会」のほかに、「裏チャンネル」として日華共同の「反共参謀部」の設置を目指しての工作を展開した。石井明が国史館収蔵の張羣文書に基づいて明らかにしたその設置構想によると、日本での工作の重点として、新聞各紙に向けての世論工作、文化界・教育界に向けての反共工作および理論研究・出版、反共商業貿易組織の成立、両院国会での反共闘争の展開などの活動方針が掲げられており、日本のメディアに向けての反共世論工作を強力に展開しようと構想していたことがわかる。[37]

前述の曾永賢の証言によると、それまでも、国府の国家安全局・調査局・情報局と日本の公安調査庁との情報交流はあった。[38]これは「匪情」交流と位置づけられ、台湾側は日本に中国情報を提供していた。いっぽう日本側は在日華僑・台湾人留学生の動静に関する情報を提供していた。[39]というのは、台湾側は僑務関係の任務として、中共の「統一戦線」に乗せないための情報収集・教育・宣伝を行なう必要に迫られていたからである。[40]

このように、日華断交までの時期においては、日華朝野で反共宣伝のための秘密特務工作が試みられ、そのためのチャンネルが構想され模索された。とはいえ、日本の国民に対しては、大量の出版印刷物・放送メディアを使った大々的な対外広報活動や、ブラック・プロパガンダを含む本格的な世論工作が実行に付されて大きな効力を発揮した形跡はない。これら「三つの不愉快な事件」についてみても、日本で発行された雑誌を見る限りでは、中国側の立場に立った論壇記事はあるが、台湾側に立った記事はほとんど見当たらない。

四　日華断交——本格化する対日世論工作

覚悟していた日華断交

国府にとって大陸復国の夢を果たすために最も重要な資産は、自らの国際的地位であった。そのために多くの国々から得た国家承認を保持し続け、なによりも西側超大国アメリカの強力な支持を失わず、国連の常任理事国として代表権の座に坐り続けることに注力した。

しかし、文化大革命の前後あたりからフランスやカナダやイタリアが中国に接近し、外交関係を樹立していった（フランスは一九六四年一月、カナダは七〇年一〇月、イタリアは七〇年一一月）。国連では六六年末あたりから中国の国連代表権問題が再燃し、総会の三分の二以上の承認を必要とする重要事項指定方式をめぐり西側諸国の足元の乱れが目立ちはじめた[41]。国府内部でも六六年一一月、蔣介石総統から、仮に中国の代表権が国連で承認されれば国連を脱退し、抗議の意思表示をすることが表明された。七一年七月、米大統領補佐官キッシンジャーが秘密訪中してニクソン大統領の訪中計画を発表した。一〇月には国連総会で中国代表権問題逆重要事項指定決議案を否決、アルバニアなどの中華人民共和国招請・中華民国追放案を可決し、即日、中華民国代表団長は国連脱退を宣言した。

このような事態の招来に先立って、台湾当局はすでに国際情勢の不利を実感しており、日本を含めそれまで外交関係のあった諸国家との断交をある程度予測し、その日の来ることを覚悟していた。七一年七月には、張羣が一九六三年以来の戦後通算六回目になる（最後の）日本訪問を「中日合作策進会」委員の名義で行ない、佐藤首相と四回会見し、天皇とも接見したほか、多くの自民党有力議員と旧交を温めた(42)。佐藤はアメリカと共同歩調をとり、国連での中華民国の席を堅持するとともに「中共」の国連加盟を受け入れることを表明し、国府が国連を離脱しないよう懇請していた(43)。このとき前出の王世杰は、米中は秘密接触があり、国連から脱退したことで、日本政府が日華条約を破棄して「中共偽政権」を承認するのではないかと、日本政府に不安と不信感を抱いていたことが、以下のような彼の日記での叙述からうかがえる。

「(一九七一年一一月一五日)日本は朝野とも中共偽政権を正式承認したいとの意向をしばしば表明しており、佐藤栄作首相は党内外の多くの人に圧力をかけられ、中華民国と中日和約を放棄する傾向がある」。

「(一九七二年一月二九日)日本佐藤栄作首相は中共と日本の直接交渉を呼びかけている。このような呼びかけは恥ずべき挙動だ。周恩来はすでに佐藤との会談を望まないと一再ならず表明しているにもかかわらず佐藤はなおもこの懇請をするとは、日本政府の人間はいかに大局に処する勇気と自尊心に欠けているかがわかろうというものだ」。

「(同年六月二三日)日本自民党の諸頭目の多くは、中共の条件を受け入れ、中共と国交樹立しようとしている。佐藤はすでに引退を宣言した。この混乱と媚共の勢いは止めようがないほどだ」。

「(同年六月二五日)日本自民党リーダーの佐藤栄作が引退を宣言しテレビ演説でこう述べた。「日本は戦後もしアメリカがなければ今日の日本はなかった。もし蔣総統と張羣がなければ今日の日本はなかった」これは率直な告白だが、日本の朝野の大多数のリーダーは、いまではおしなべて中華民国を放棄し、北平政権を受け入れ、中国唯一の合法政府として承認しようとしている(44)」。

一九七二年九月二九日、日中共同声明が出されたその日、日華は断交した。日中国交正常化にいたる政財界の動きや日中外交交渉過程と、日中復交についての論壇および世論動向に関しては、前著の一章を割いて詳述した。そのさい、国交正常化交渉の最大の焦点は台湾問題であり、日華平和条約破棄をめぐる日中間の理解の齟齬であることから、日中国交正常化・日華断交前年の一九七一年から、日本の雑誌で台湾関連の記事が急増することについても指摘した(45)。したがって本章では、そこでの民間の台湾論の内実について再論はしない。ただし、そこでの議論が台湾政府に委細に報告・分析されていたことは付記しておきたい(46)。

本格的な対日世論工作の始動——「中日「中国大陸問題」研討会（大陸問題研究協会）」を中心として

先述したように、日華断交はあくまで日本政府と国府との間の公式関係の断絶ということであって、それによって交易が途絶えたわけではなく、両国の貿易はむしろそれまで以上に拡大化した。民間交流も、公式関係があった時以上に活発になっていった。というよりはむしろ、台湾側が正式な日本との外交関係を失ったために、より本腰を上げて対日民間交流に尽力したと言った方が実情に近い。

日華交流の表向きの民間窓口として、一九七二年一二月に日本側に財団法人交流協会、台湾側に亜東関係協会が設立され、初代駐日代表に馬樹禮(47)が赴任した。馬はそれまでの駐日大使とは違って、積極的に対日交流を展開するようになった。六〇年代半ばから七〇年代にかけて、国際情勢は台湾の国際的地位を動揺させた。そこで、民間交流の形式を保持しつつ、それまで実質的に張羣が主宰してきた中日合作策進委員会（名目上の代表は谷正綱）が活動を停止した後を引き継ぐ形で、日本に台湾との間の新たな交流のためいくつかの組織を設立させた。すなわち、政治団体として灘尾弘吉が指導する自民党の「日華関係議員懇談会」（一九七三年）、文化団体として宇野精一の指導する「日華民族文化協会」（一九七一年）、経済団体として両国の実業界のトップから構成される「東亜経済人会」（一九七三年、東急グループ会長の五島昇と中華民国工商協進会の辜振甫理事長が共同で推進）である(48)。

このうち「日華関係議員懇談会」を組織するにあたって、馬樹禮は日本の国会を工作対象と定め、台湾に友好的な超派閥的な自民党国会議員を糾合しようとした。すなわち、灘尾弘吉・田中龍夫・石原慎太郎・渡邊美智雄・藤尾正行・玉置和郎らの議員で、衆参両議院併せて自民党議員総数の三分の一にあたる一五二名が会員に加わった[49]。だが、その半数以上は中国との間の「日中友好議員連盟」にも所属していた[50]。

このほかにも準公式および民間のさまざまな両国間の交流チャネルが設けられた[51]。なかでも地方に根ざす草の根の交流組織として、一九六四年に元衆議院議員の大久保伝蔵が郷里の山形で設立した「日華親善協会」は、馬樹禮がかつて主任を務めた海外工作を掌る中央第三組の旅日僑務工作として運営されている（会長は大久保、副会長は華僑総会会長の林鳳鳴）。その後、現在にいたるまで日本の各県市に五〇近くの組織がある。協会の趣旨は蔣介石の「以徳報怨」に感謝し、その遺徳を顕彰することにある[52]。

先述したように、戦後一貫して日本の世論は台湾を軽視して大陸一辺倒であるうえに、台湾に行ったり台湾当局と関わりを持ったりすると大陸に行けなくなるというような不安心理があった。そのため、台湾側は対日世論工作の必要性と困難はかねてより痛感していた。とりわけ本章が重視する対日世論工作という観点から注目されるのは、一九七一年に「中日「中国大陸問題」研討会」（日本側呼称「日華大陸問題研究会議」）を成立させたことである。このような二国間の学術交流組織は日台間に特有で独自というわけではなく、先行する形で一年前の一九七〇年にアメリカとの間に「中美中国大陸問題研討会」ができ、一九八〇年からは韓国との間に「台北―ソウル論壇」ができ、一九八四年からはドイツの自由大学などとの間に「中欧学術会議」が設立された。中日「中国大陸問題」研討会は、毎年一回、東京と台北でかわるがわる催され、二〇〇五年に「アジア太平洋研究会議」に改称されるまで、通算三十数回開かれた。

その準備段階から関わり、日台双方で唯一人全会出席の曾永賢によれば、成立のきっかけは、国際関係研究所所長で元駐インド大使の呉俊才が、蔣経国の提唱する「学術外交」を実施するために、一九六九年秋にアメリカからの帰途、日本に立ち寄り、岸信介前首相の創設した「総合研究所」の中国部部長（のちに所長代行）桑原寿二と面談、翌年一月、駐日大使館を通して桑原を台湾に招請しパートナーに指名した。呉は第一回以降、台湾側代表、桑原は第二回以降の日本側団長を務めた（第一回の日本側団長は、後述する中村菊男）。主な活動として、国際関係研究所が東京に駐日特派員事務所を設立し（一九七一年九月に設置、初代代表は張棟材で、八〇年より楊合義が務めた）、『問題と研究』（日文版、月刊）を刊行した。同誌は一九七一年九月創刊で、中国語版・英語版・フランス語版・日本語版があり、前三者は台北で編集・発行され、日本語版のみ東京で編集・印刷され、海風書店が日本発行所となった。二〇〇五年からは同年三月に東京事務所が閉じられるにともない、国立政治大学国際関係研究中心で継続発行されて今日に至っている。雑誌の性格も、それまでの「中国事情専門誌」から「アジア太平洋研究専門誌」としてより学術論文集的なものに変わった[53]。さらに、台湾と日本でシンポジウム「中日「中国大陸問題」研討会」を開いた（第一回一九七一年一二月）。台湾側で開催する際の資金源は、亜東関係協会が掌る日本人の台湾渡航ビザ発給代金で、年間三十億円ほどのかなり潤沢なものであった[54]。だが、英語で議事進行することの言語障壁や、国際関係研究中心の参加者があまり熱心でないことや、日本側の参加者の高齢化もあって、あまり活発かつ有効な学術交流だとは言い難かった[55]。

ここで「学術外交」の台湾側の母体となった国際関係研究中心について補足すると、その前身は一九五四年四月に蔣介石の指令で設立された「総統府資料組政策研究室」で、中国大陸情勢について参考資料を提出し、政策的提案・報告を行なう機能を負っており、対外的には「国際関係研究会」と称した。国家安全局が人事と予算を管理し、六一年には「中華民国国際関係研究所」となり、「国際関係と中国大陸問題の研究、ならびに関係資料の出版提供において一つの重要な学術センターとな[56]」った。七五年に「国際関係研究中心」となって国立政治大学の所属となり、国家安全局が研究テーマを決めて、毎年資金を補助した。九三年には一年ごとに「国際及び中国大陸情勢専門研究計画」を安全局と契約し報告書を提出する形式になり、九六年には規模が縮小し、完全に政治大学に編入され、人事・予算権は大学側が掌握するようになった[57]。

それとは別に、一九二八年設立の国民党調査統計科が三八年に改組された「中央執行委員会調査統計局」（中統局）が集めた中国共産党関係の資料は、遷台後、法務部調査局管轄の蒼廬《かいろ》資料室に移管された。その「共匪」

資料を活用して、一九六八年に設立された政治大学東亜研究所や七二年に設立された文化大学大陸問題研究所で中国大陸に関する研究（「匪情」研究）がなされた。「匪情」研究の雑誌としては、調査局（主に中共の党政・人事を研究）から『匪情研究』、国際関係研究所（主に中共の外交・社会を研究）から『匪情月報』が刊行された。そのほか国防部情報局（保密局）も主に中共の経済・軍事について研究に携わった。[58] これらの組織実態からわかるように、日華断交後も、両国関係はそれまでの「日華」という枠組みに変化はなく、台湾は「反共復国」のイデオロギーに立脚し、「共匪」関連の資料と調査の情報ストックを踏まえての対日世論・宣伝・交流工作を展開していった。

現在、「中日「中国大陸問題」研討会」の報告集（中国語版および日本語版、国際関係研究中心が発行）が、一九七一年の第一回から九九年の第二六回まで政治大学国際問題研究中心に収蔵されており、報告集には会議用ペーパーが漏れなく印刷されていて、その委細を知ることができる。報告集はそのつど、『問題と研究』にも掲載されている。それによると会議はいずれも四—七日間ほどで、台北と東京でかわるがわるホテルを会場に開かれ、双方各数十名の出席者を擁し、政治・経済・外交などの分科会ごとに発表がなされた。一例として第三回シンポジウム（一九七四年九月八—一五日、台北市国賓大飯店にて開催）のプログラムを紹介しておこう。

開幕挨拶（杭立武）
開会挨拶（桑原寿二）
張宝樹先生祝辞
人類文化東方と西方（銭穆）
捨身無我——日本倫理の究極とその東方的背景
（以降、分科会）

劉少奇に対する闘争の長期化（李天民）
中共内部闘争における周恩来（項廼光）
「文革派」について（張鎮邦）
中共組織の若干の特徴について（曾永賢）
十全大会と批林批孔に見る中共のリーダーシップ（柴田穂）
個人指導か集団指導か（郭華倫）
中共・軍中党委員会の政治動態（川島弘三）
中共の軍事組織と軍事幹部（范植元）　以下略

中国側団長の杭立武（主催団体である国際関係研究所主任）の序文を引用しよう。

国家構成の要素として人民・領土・主権の三要素はもとより不可欠であるが、歴史と文化もまた同等に重要である。蓋し前者は国家の体躯血肉であり、後者は国家の霊魂であるからである。中共が大陸を占拠しているとはいうものの、その人民に対してあらゆる残虐暴政を施し、しかもなお足らずとして歴史を改ざんし、さらに反孔揚秦運動まで展開している。これらはつまり、毛沢東思想を以て中国の伝統文化と道徳とにとって代えようと企図するもので、その罪禍の深遠かつ惨烈さは測り知れないものがある。一方、対外的には革命の輸出を画策し、平和共存の仮面のもとにあらゆる手段を駆使して浸透・転覆をはかり、各国のいわゆる人民革命を支援している。国際間ではこれを「新黄禍」とみなす人々さえある。「中国問題」が各方面の切実な関心を呼んでいるゆえんもまたそこにある。

国際関係研究中心にはまた、第一回シンポの実況を報道し論評する新聞記事の切抜きが保存されている。その記事数は五〇本を超えるが、ほとんどすべてが『中央日報』『台湾時報』『新生報』『中華日報』『大衆日報』『香港時報』『聯合報』（以上華字紙）『中国郵報』（英字紙）など国民党系新聞で、日本で発行されている新聞紙面での反響がほとんど伝えられていない。記事内容の基調はいずれも、共産党と国民党は決して並び立たない、中共の残虐性に警戒し中国大陸から共産主義を撲滅しよう、というものである。

断交後、駐日大使館に代わる民間出先機関として作られた亜東関係協会東京事務所もまた、馬樹禮代表を中心に、積極的な対日世論工作を展開した。まず岸・佐藤首相時代に築いた政界人脈が、田中首相の登場による日中国交正常化への転換により断たれてしまったため、再度、親台湾の元老級政治家と、反田中・反大平・反金権政治の自民党国会議員、とりわけ衆参両院で三一名の少壮派議員を抱える「青嵐会」を中心に人脈を再構築した。さらに馬は、一九七三年九月と七四年一〇月に大型議員訪華団を組織し招請し、台湾側からも李登輝副総統・何応欽総統府戦略顧問・林洋港台湾省主席など、トップクラスの要人の訪日を実現させた[59]。当時『中央日報』駐日記者として馬樹禮のこの積極的な行動を目の当たりにしていた黄天才は、国交がなかった時代の中国側の外交手続きを踏まない単刀直入のやり方に馬は啓発を受けたのだろうと推測したうえで、「非外交官」の身分を逆手にとってなりふり構わず国会議員と接触した、との馬樹禮本人の証言を書き留めている[60]。

とりわけ亜東関係協会東京事務所が行政院新聞局・国家安全局・外交部からの指示を受けて力を入れて日本メディアの世論工作を展開したイシューが、日中航空協定にともなう日台航空協定破棄と日台路線断航に対する反対キャンペーンであった。これについては本書第一章で既述したように、日華議員懇談会・青嵐会を中核とする自民党親台派議員にも働きかけたのに呼応するように、日本の新聞（主に『産経新聞』）と『自由』『正論』など右派雑誌を中心に、かなりの日本政府批判の記事が掲載された[61]。しかし、それ以外には『諸君！』『文藝春秋』など右派雑誌を除けば関連記事は見当たらず、亜東関係協会東京事務所のメディア工作の範囲は限定されていたことが裏づけられる。実際に亜東関係協会東京事務所の外交部への報告文書を見ても、大半が右派メディアの掲載記事に関するものである。

メディア工作の本格化・多角化

メディア工作としては『産経新聞』のみ断交後も台北に支局を維持し続け、鹿内社長と国民党中央党部副秘書長秦孝儀が交渉し、大プロジェクト『蔣介石秘録』が国民党・総統府・外交部・国防部などの全面的支援を受け、一九七四年八月から七六年一二月まで六五〇回にわたり同紙に連載された[62]。フジ・サンケイ・グループのフジテレビで時事解説をしていた藤田義郎は、岸信介・賀屋興宣・船田中・灘尾弘吉ら有力政治家の指導の下に、一九七二年、マスコミ総合研究所を設け、機関誌『Asian report』を創刊し、日華関係の記事を多く掲載した[63]。そのほか、右派系新聞（『やまと新聞』『しんみんの声』『思想新聞』『内外タイムズ』『国民新聞』など）、雑誌『正論』『自由』『諸君！』を中心に積極的に記事を提供し、そこで掲載された関連記事を本国台湾に報告した[64]。

本書第一章において、断交後のこの時期、これらの雑誌に台湾関連記事が多数書かれている実態とその理由について既述した。とりわけ国民党・亜東関係協会・国際関係研究所・中日「中国大陸問題」研討会などの組織・機構の関係者、『聯合報』『中央日報』記者などが多く寄稿し、『中華週報』（断交前は中華民国駐日大使館、断交後は亜東関係協会新聞処が発行）の転載記事が多い背景に、この台湾の対日メディア世論工作があったことは明白である。そのため、日本にとっての台湾発の情報は、国府の宣伝活動の一環とみなされ、『自由』『正論』『諸君！』『文藝春秋』など「日本文化フォーラム」系の右派メディアは活用したものの、左派メディアは真正面から取り扱わない傾向が顕著だった。

これらの記事の情報の源は台湾での組織的・体系的な「匪情」研究にあり、一般の日本の読者には生硬で魅力に乏しいものであった。一九八〇年、駐日代表処新聞処長として東京に赴任した張超英は、かねてから日本の新聞各紙について、中国側の対台湾政策はトップで報道しながら、台湾側の反応は無視するか小さくしか扱わないことに不満を持っていた。日本国内では有力紙とは言えない『産経新聞』とのみ関係を繋いでも、日本の世論への影響力は大きくなく、かえって台湾が見下されることになるとし、東京に赴任するや、張は馬樹禮に『朝日新聞』や『読売新聞』との関係を開拓することを進言したが、反応は諦めムードだった。

そこで張超英は一計を案じ、ボスを掌握することで「一網打尽」となり、「稟議」によって下までトップの意向が通貫すること、食事の後の「二次会」での交際が重要であること、などの日本社会独特の人脈籠絡術を実践した。そのさいに目をつけた人物が、文化・教育界で人望の厚い永井道雄だった。というのは、永井の父永井柳太郎が日本占領時代に来台したおり、在地の有力者であった張の外祖父が永井と交流があり、張は日本で永井に会ったことがあり、一九五四年には日本文学研究者ドナルド・キーンと永井が来台したおりに張の家に泊まったという因縁があったからだった。そこで張は来日当時『朝日新聞』の客員論説委員だった永井道雄のつてで『朝日新聞』主筆の白井健策と会い、以後、白井家と家族ぐるみの付合いを始めた。さらに読売新聞社の小林与三郎社長と懇意になり、小林社長は極秘で台湾を訪問した。その縁で読売新聞社系列の日本テレビの高木社長とも懇意になり、当時副社長だった氏家斉一郎とも交遊した。宋楚瑜新聞局局長が来日した際は、ゴルフ場で氏家とともにプレーしていた中曾根首相に引き合せたりもした。

一九八一年九月には朝日・毎日・読売新聞社から十数名の記者団を組織し、中国側の抗議を避けるべく極秘裏に訪台させ、金門島に連れていった。実は張超英は、近日中に中国側から両岸関係について重要な声明が出されることを事前に察知していたのだった。九月三〇日、葉剣英全人代常務委員長は九項目からなる国共合作の呼びかけを発表し、即日台湾の新聞局長宋楚瑜は提案を拒否した。張の記者団への計らいが功を奏して、日本の新聞各紙は台湾側の声明を黙殺せず、葉の声明と宋の反駁を同一紙面で報道したのだった。また張は、『朝日新聞』で当時アメリカ総局長を務めていて、永井道雄の紹介で知り合った船橋洋一記者をアメリカに訪ね、李登輝総統の民主化に対する評価について議論し見解を同じくした。そのことがあって、九六年の総統直接選挙で李が当選した折には、『朝日新聞』から船橋をはじめ八名のアジア総局の記者が台湾を取材し、船橋は秘密裡に李登輝への独占取材を敢行し、二二篇の連載記事を掲載した。続いて『読売新聞』も、負けてはならぬと二七篇の記事を掲載した。した。さらに張は、国民党の日本向け宣伝誌である『中華週報』は反共色が強すぎ、論説は大半が『中央日報』の転載で、「中華民国万歳」の自己満足論調で、三分の二を「匪情」関係記事が占め、台湾情報が三分の一だったのが魅力に欠ける要因だとし、記事の割合を逆転させた。これらの一連の強引なまでの張超英のマスコミ工作は、産経新聞社の不興を買い、不満を募らせた鹿内社長は馬樹禮に張のことを痛罵したという(65)。

これら断交後の台湾記事とは別に、日本で台湾に対する植民地化の歴史を問う台湾関連の記事が目立ち始めたことは、本書第一章四節で指摘しておいた。そのきっかけとなったのは、一九七四年一二月二六日、インドネシア・モロタイ島で元日本陸軍一等兵「中村輝夫」が発見されたことだった。「高砂義勇隊」のこと、ひいては台湾出身の元日本軍兵士・軍属に対する戦後処理・補償問題などについては、確かに当時、台湾社会内部で当事者の老兵たちが不満を表明し補償要求運動を起こす動きがあった。だが、日本のメディアが呼応したのは、日本に向けての台湾政府の世論工作によるものではない。かねてから清算されていない日本の植民地統治の責任問題を指摘してきた戴國煇のような在日台湾人研究者による、日本の学術界・論壇に対する注意喚起に対して、ようやく日本の歴史研究者も問題の意味に気づき、学問的に深く掘り下げようとしたことの表われとみるべきである。

五　日華関係から日台関係へ——対日世論工作の転換

台湾の台湾化・本土化——蔣父子から李登輝へ

蔣介石の死去を受けて総統に就任した息子の蔣経国は、父の掲げた「反共復国」の旗幟を、自らの死去にともない総統職を辞するまで下ろすことはなかった。また、一九七九年一月に米台が断交し、中国から直接の通商・通航・通信など「三通」が建議され、第三次国共合作の呼びかけが出されても、容易には拒否の姿勢を崩すことはなかった。

とはいえ、父蔣介石の治世と違って、国策の中心を大陸反攻から国内建設に移し、一九七三年に公布した十大建設プロジェクトのように、国内のインフラ整備や重化学工業化などを、自ら陣頭に立って強力に推進した。いっぽう、七九年に美麗島事件がおこり、八四年には江南事件がおこるなど、民主化に対する抑圧は国内党外勢力や民主化勢力の反発を呼んでいた。蔣経国は一九八六年に党禁を解いて野党民進党の結成を容認し、八七年七月には三八年間布かれてきた長期戒厳令を解除し、報道の自由を広げ、学術界を皮切りに政治犯の復権を認めるなど、民主化の方向に大きく舵を切り始めた。同年一〇月には大陸への親族訪問を許可し、海峡両岸に接触と対話の機運が高まっていった。

李登輝は、一九八四年に副総統に就いてから蔣経国の死去まで、その間、蔣経国と接見した際の言行録を手帳に残していた。その証言によると、蔣経国のトップダウンの指導方式は終生一貫していたが、晩年は「私も台湾人」ということを言うように大きく変わっていった。とりわけ八六年を境に蔣経国は台湾に対する関心を強めるようになり、李登輝はこの年が「国民党の歴史の重大な臨界点だった」との所感をしたためている(66)。

一九八八年一月、蔣経国総統は現役のまま死去し、副総統の李登輝が憲法に則り総統となった。台湾に本省人でしかも日本への留学経験を持つ総統が生まれた。蔣経国晩年に強まっていった台湾への本土意識は、名実ともに李登輝総統の国策路線として継承されていくこととなった。住民の台湾人意識も高まり、八〇年代後半以降、文学では本省人を書き手とする「郷土文学」、映画では王童・侯孝賢・楊徳昌ら第四世代映画人による台湾ニューシネマが、新たな文化潮流として現われ、日本でも翻訳や上映がなされ反響を呼んだ（第四章一四五―一四六頁）。

また、民主化の進展と台湾人意識の高まりは、台湾社会内部が抱えていた諸矛盾に対して、当事者たちが声をあげて不満を表明し改革を訴える公共空間を広げていった。台湾農民による権利回復運動、原住民の人権を訴え政治参加を求めるマイノリティ運動、反公害運動、消費者運動、反原発運動など、さまざまな社会運動が台湾各地で展開された。一九八九年一二月、戒厳令解除後初めて実施された三つの選挙で国民党の総得票率が六割を割り、民進党が躍進するなど、「中華民国の台湾化」「台湾ナショナリズム」の傾向が高まり、次第に独立派が勢力を増していった。

『世界』を中心に日本の雑誌メディアも、各層で広がる台湾住民の「台湾意識」の顕在化の動きを伝えた。とりわけ一九七九年の美麗島事件の衝撃から八七年の戒厳令解除を経て、台湾現代史が大きく変わりつつあることを実感した若林正丈は、八〇年代に入ってからそれまでの台湾歴史研究から現代台湾政治研究に対象を移し、社会運動のリーダーたちの声を『世界』を中心に伝え、これら同時代台湾社会の静かな、しかし地に足の着いた着実な変化を正確にウオッチし、台湾社会自前のアイデンティティの醸成を注視し続けた（証言編・若林正丈氏インタビュー）。

それによって、八〇年代の日本で公刊された台湾関連記事には、台湾での「匪情」研究を踏まえた中国共産党政権批判の記事と、台湾に居住する台湾人の目線から見た台湾社会論とが交錯することなく併存していた。後者に見られる問題意識は、それまでの、反共・反中・親米の台湾＝中華民国政府像とは明らかに一線を画すものであった。

このような中国を名目上の版図とする中国人意識と、台湾を自らの国家とする台湾人意識とが台湾社会内部で併存するさなかにおこった、一九八九年六月の天安門事件は、台湾社会にも複雑な波紋を投げかけた。このことはすでに本書第四章で触れたことなので（一四〇―一四三頁）略述にとどめるが、「天安門のデモを「我々」中国人のデモと見るか、「彼ら」中国人のデモと見るか」[67]という分裂した眼差しであり、ある人は中国人への同胞意識によって同情心を募らせ、ある人は中国への幻想から覚め中国離れを促された。

ただし、李登輝総統および国民党中央委員会は、大陸の民主化運動を支援し、中国当局の民主化運動弾圧に非難を表明しつつ、「立足台湾」（台湾に立脚する）、「以静制動」（自分の静を以て相手の動を制する）の原則を立て、冷静で長期的展望に立った静かな対処を呼びかけた。そのため事件そのものが台湾社会に大きな動揺を与え社会内部の矛盾を顕在化させるという事態にはいたらなかった。

天安門事件後、中国は西側の国際社会から人権弾圧の批判を浴び、経済協力の停止などの措置により、いったん経済が停滞した。だが、やがて華僑・華人商業ネットワークの一体性・連関性により、また「三通」政策により、香港経由の間接貿易の形で両岸関係が大きな進展を見せて両岸の貿易依存が深まっていったことにより、中国の経済は堅調な回復を見せた。つまり、台湾人の対中国意識からすると、離反のベクトルは働いていたものの、経済活動の実態からすると、むしろ統合のベクトルの方がより強く作用していた。

翌一九九〇年三月、数千人の「全国学生聯合会」学生が決起して、国民大会解散、臨時条項廃止、国是会議開催、政治改革日程表の提示などの要求を掲げ、「野百合」を手に捧げて中正記念堂で坐り込みを行なった。何より、戦後の台湾社会で、この時初めて、それまでの民進党のような政治家集団や、民主運動家、学識者ではなく、学生運動が盛り上がりをみせたのである。いわゆるアメリカ・ドイツ・フランス・日本などに見られた世界同時的な一九六八年の学生運動が、一〇数年後には韓国で（光州事件）、二〇数年後には台湾でも起こったという見方も可能であろう。

以後、台湾はこのような台湾人の広範な住民意識に支えられ、また李登輝自らがリーダーとなって進める憲政改革により、「中華民国の台湾化」という「台湾の道」に沿って歩んでいくことになる。彼ら一九九〇年代以降に社会の前面に現われ活動した、主に六〇年代生まれの学生運動の担い手たちは、今日では「学運世代」と呼びならわされて、台湾社会各層各分野で頭角を現わす若手一大勢力となっている(68)。

新たな日台関係のチャンネル――「「亜洲展望研討会」（アジア・オープン・フォーラム）」発足

総統職を継いだ李登輝は、それまでの蔣介石の独裁体制、さらに蔣経国の権威主義体制の影に隠れて、一九八四年から副総統の職位に就いてはいたものの権力基盤は弱く、総統就任当初は情報関係においても軍隊においても支持基盤がなく、外省人の現有勢力が圧倒的となっている党内権力を掌握しておらず、李登輝の言によると「傀儡」に等しい存在だった。[69]

日台関係においても同様で、当初は日華断交直前に発足した「中日「中国大陸問題」研討会」や「日華議員懇談会」など、それまでの国民党が構築した対日人脈を継承するしかなかった。そのようななか、就任早々、政治組・経済組・外交組・大陸組の四つの研究小組を組織し二〇数名の専門家を総統府に招集した。そして彼らの研究を踏まえ、一九九〇年一〇月、総統府に「国家統一委員会」を設置し、自ら主任となって「台湾独立の道は通れぬ道であり、全中国の主権を放棄せず、自由・民主・均富の下での統一を目指す」と演説した。

国際関係研究中心の一研究員に過ぎなかった曾永賢は、大陸組のメンバーとして招請を受け、李登輝に対日工作の重要性を力説し、張羣が一人で仕切っていた「中日合作策進委員会」に代わるチャンネルと人材の必要を進言し、許介麟・王友仁・戴國煇などの名前を挙げた。李登輝も、懇意にしている羅吉煊・許敏恵などの名前を追加した。一九九一年七月、名目上は外交部に属しつつも、実際上は李登輝が主導するものとして対日工作小組（幹事は外交部長銭復）が成立した。のちに曾永賢は国策顧問に任命され、小組のなかに日本問題に卓越した人材を発掘し、亜東関係協会などに派遣した。[70]

対日工作に限らないが、李登輝は多くの本省人や日本に留学経験のある人材を対日工作に抜擢した。それまでの対日工作は日本との縁の薄い、日本語を話せない外省人が仕切っていたが、日本の実情に精通した人材を起用することで、より実質的な効果あるものにしていった。曾の国策顧問就任や、同じく九一年駐日代表処代表に本省人としては初めてとなる許水徳内政部長を就任させるなど、人事にはそういった配慮が反映していた。

李登輝は総統就任を契機として、従来の蔣介石・蔣経国時代の国民党人脈のほかに別のチャンネル作りを模索していく。そこで着目したのが当時東京外国語大学学長の中嶋嶺雄だった。李登輝は副総統に就任した一九八四年ころから中嶋の『北京烈烈』や『現代中国論』などを愛読し、現代中国や文化大革命に対する分析に感銘を受けていた。そこで、八五年三月に南米からの帰途、日本に立ち寄り、中嶋や川野重任（東京大学名誉教授。農業経済）と面談した。そして帰国後、蔣経国に彼らとの面談について報告した[71]。

李登輝は中嶋と協議し、一九八九年六月、「亜洲展望研討会[72]」（日本側呼称は「アジア・オープン・フォーラム」）を創設し、第一回会議を天安門事件直後に台北で開いた。「亜洲展望研討会」は「中日「中国大陸問題」研討会」と同様、運営においては政治大学国際関係研究中心が日台双方の幹事団を担当した。台湾側の団長は辜振甫（台湾商工促進会会長、後に台湾海峡基金会理事長）、副団長は辜濂松・黄世恵、日本側団長は亀井正夫（住友財団理事長）で、中嶋が秘書長名義で全権を担った。費用については、日本側はこれまでの慣習に従わずに台湾側の補助を仰がず中嶋自ら財界からの出資を募り、毎回一社あたり三百万円の協賛金で四、五千万円を集めた。毎年台湾と日本の各地で開催し、中嶋は李登輝総統の日本での出席を画策したが、中国側の容喙を恐れた日本政府が同意せず、李登輝が総統職を辞した後の二〇〇〇年一〇月の、中嶋の郷里松本での最後の第一二回会議にも出席は叶わなかった。とはいえ、フォーラムには政官界・経済界・学術界から多彩な人びとが参加した[73]。

このほか、李登輝時代に設置された日台間のチャンネルとして一九九五年六月に発足した「日華関係研究会」があった。きっかけは一九九五年一一月に大阪で開催されるアジア太平洋経済協力会議（ＡＰＥＣ）に李登輝を招聘せよとの台湾側の要請がなかなか日本政府に容れられないおりに、一九九三年以降、駐日代表処代表を務める林金莖が「中日「中国大陸問題」研討会」のメンバーでもあった当時慶應義塾大学教授の中村勝範（一九九六年に平成国際大学学長）に日華関係の研究会を持ちかけて実現したものであった。毎月日本で研究会が開かれ、月刊誌『日本と台湾』を発行し、「亜洲展望研討会」が終了した翌年の二〇〇一年に「日台関係研究会」と改称して今日に至っている。一貫して代表を務める中村勝範は、第一回「中日「中国大陸問題」研討会」に団長として参加した中村菊男の慶應義塾大学時代の弟子である。(74)

日台関係の新たなチャンネルとして、台湾のニューリーダーである李登輝その人が、京都大学への留学経験を持つ日本語世代の本省人（客家）であったことから、日本にとってシンボリックな効果を発揮することとなった。まずなによりも李登輝時代の到来は、台湾社会にとって、国民党という政治的立場、外省人という省籍に属さない「台湾人」の生存空間を大いに拡大し、台湾人こそが台湾の主人公であるとの意識を強めることとなった。

日本にとっては、第一に中嶋や中村のような、中華人民共和国に対して批判的でアンチの立場に立つ人々は、「自由・民主・均富」を着実に実現し、憲政改革を進める李登輝の中国世界のリーダー、協力のパートナーとしての存在感と実績に注目した。第二に、第四章で既述したように（一四六頁）、司馬遼太郎のような作家は、李登輝との出会いを『台湾紀行』（「街道をゆく」第四〇巻、朝日新聞社、一九九四年）という作品にし、李登輝を「台湾人に生まれた悲哀」を経験し、日本時代の情景や記憶をノスタルジックに追憶する日本時代の代表的な体験者・証言者として注目した。

司馬の作品は、こののち在日台湾人で李登輝総統の国策顧問を務めた金美齢や漫画家のこばやしよしのりによって、李登輝の内なる「日本情結（情緒）」の面のみが強調されて、植民地支配の屈辱や脱植民地化の苦しみにヴェールをかけてしまうこととなった。さらに石原慎太郎のように、親日的情緒を利用して親台派の政治勢力を結集させることにもなった。彼らの李登輝びいきは台湾社会内部の錯雑した「日本情結」を顕在化させることとなり、日本が抱える植民地化や侵略などの歴史問題や、東アジアの平和安定を重視する台湾人の反日感情を煽ることとなった。(75)

このようにして、李登輝は国民党政権下での対日関係の人脈や組織を引き継ぎつつ、新たな人脈とチャンネルを開拓し軌道に乗せていった。松田康博は李登輝が対日関係の主導権を掌握したことをもって、「日台の準公式チャネルにおいて、いわば「日華」と「日台」の比重が逆転した」と評している。[76]

二〇〇〇年三月、総統選挙で初めて民進党の陳水扁が当選し、第一〇代総統となった。陳総統は組閣に際して、台湾独立連盟中央委員を務めた後、アメリカで国連とアメリカのパスポートで台湾独立運動に携わりブラックリストに載っていた本省人の羅福全を駐日代表に任命した。民進党も陳水扁もこれまで日本との関係は稀薄であり、羅は早稲田大学への留学経験はあるが、政界人脈の資産は皆無に等しく、中国政府の干渉が懸念されて議員間交流の制限が大きかった。羅は就任にあたって「老幹新枝」(旧い幹に新しい枝を継木していく)策をとり、「日華議員懇談会」の議員との関係を継続しながら、親中親台にとらわれず、あらゆる議員との実務的な協力関係の構築に努めた。[77] 二〇〇二年には、中華欧亜基金会(一九九四年設立、理事長は前新聞局長の張京育、二〇〇八年より「アジア太平洋平和研究基金会」と改称)と世界平和研究所(一九八八年、中曾根元首相が設立)と合同で「台日論壇」(日台フォーラム)を成立させ、学術交流を進めた。また早稲田大学にはかつての留学時代の同窓生だった西川潤教授との関係で、「台湾研究所」を設置した。[78]

六　形成されつつある対台湾認識経路

日本の敗戦から国共内戦をへて国民党政権が台湾に遷ってからの日台関係は、冒頭で述べたように、日本にとって見えない台湾と、台湾にとって見せたくない日本との間に結ばれた正式の外交関係であった。日本人にとって台湾は視野の外におかれた土地であり、そこに住む台湾人は視界に映らない人びとだった。外交関係の紐帯には、蔣介石が終戦の折に提唱した「以徳報怨」の恩義論の論理があった。蔣介石の恩義に報いようという旧将校クラスの軍人を中心とする日本人の贖罪意識がそれを支えていた。一九五二年以降は、公式関係を裏づける中日和約(日華平和条約)が締結され、台湾側は和約の内実は日本と「一つの中国」=中華民国との外交関係であることは二通の吉田書簡が明証していると強調した。

日本政府は大陸中国との貿易や民間交流は黙認しており、野党は中国との復交を主張し、与党自民党のなかにもその立場に立つ議員が少なからずいた。少なくとも日本政府および政治家たちは、明言はしなかったが、「一つの中国」ではなく「二つの中国」を前提としていた。論壇の公共知識人、学術界、民間世論は総じて大陸中国への思い入れが強かった。そこには、中国側の周恩来の直接指導の下、廖承志が組長となって活動した対日工作組による世論工作も少なからず功を奏していた。たとえば各地方にある日中友好協会では、『人民中国』『北京周報』『中国画報』などいわゆる三誌の購読活動や、北京放送の聴取運動などによって、草の根レベルでの民間交流が浸透していた。中華人民共和国との国交回復を希求する民間世論が高かったのに対して、台湾との民間交流は、政府間交流と比べても、日中間の民間交流と比べても、寥々たるものであった。

日本の世論や国民感情をそのまま台湾社会に持ち込むことで日本語世代の本省人の本土意識を刺激することを避けたかった国民党政府は、日台間の民間交流にはもともと消極的であった。とはいえ、一九五四年の第一次台湾海峡危機に続いて一九五八年には第二次海峡危機が勃発し、対中ビニロン・プラント輸出や周鴻慶事件などで、日本政府の外交姿勢が「二つの中国」のはざまで動揺しているのを目の当たりにした台湾は、中国側の対日世論工作と平和攻勢に危機感を覚えた。そこで、公式チャンネルを補完する形で「準公式チャンネル」として「中日合作策進会」を組織し、日本の議員・財界有力者・メディアの有力者に向けて反共反中の勢力を糾合して、世論の巻き返し工作を行なった。しかし、『産経新聞』を除いて日本の中央紙に取り上げられることは少なく、ほとんど功を奏さなかった。

日本の革命中国に対する強い思い入れ、広大で世界最大の人口を擁する大陸中国への経済的利害関心、あるいは変革する中国像に仮託して日本の体制変革を希求する投企的心理に比べて、台湾側が提示する「自由」の普遍的価値や「反共復国」の心理作戦は、現実味と魅力に乏しいものとして映った。「以徳報怨」の恩義論は、確かにとりわけ大陸への出征経験をもつ元日本人兵士・軍人の琴線に響くものではあった。だが、贖罪感を喚起する侵略戦争の被害者たちは、台湾にではなく大陸にいた。台湾に「遷占」した国民党政権の統治者たちは、名義上の版図である中国への加害責任を代行して主張し、さらにいえば、かつて五〇年間「領台」した日本人植民者たちによる植民地化からの脱却のプロセスもまた、台湾にいる台湾人が主体的に行なうべきところを、彼らが代行したのである。

いっぽう中国側は、日本の侵略責任に関しては、一握りの軍国主義者の罪を問い、広範な日本人民に対しては、たとえかつては侵略者に加担した兵士であっても、階級的に見れば友人だという、統一戦線論に立脚した二分法によって親米親台の日本政府を批判した。時には日本人の戦犯裁判や日本軍国主義復活反対キャンペーンなどにおいて、侵略の被害当事者やその遺族たちを登場させ、日本人の贖罪意識に訴えることで日本の戦争責任をよりリアルに追及した。

つまるところ、台湾側の世論工作の内実は、中国共産党＝「共匪」の統治する大陸に反攻して統治権を奪還するものとされ、台湾の「反共復国」あるいは「伝統中華」の視座から見た、ありうべき中国像を喚起するものであり、台湾人による台湾像ではなかった。日本人としてそのような中国像に加担することは、反共主義と保守反動の側に立つことであって、「良心」ある研究者は台湾側の中国情報を読まず、台湾を訪問しないという意志を頑なに崩そうとはしなかった。もし日本人が台湾および台湾社会の実情・実像を知ろうとしても、台湾側の意図的に流す情報、台湾で公刊が認められた言説のなかでは許容されておらず、知るすべはなかった。そのような情報は、むしろ日本における主に独立運動を行なう亡命台湾人の台湾独立言説、あるいは台湾人留学生による一九六〇年代から七〇年代にかけての台湾研究のなかにこそあった。だが、同時代の日本人は、彼らの研究活動をさほど注視せず、彼らの研究が学術界の関心圏に入ってくるのははるかに後のことであった。

一九五〇年代後半に東京大学の留学生として来日した戴國煇は、生前、激しい日本の左派批判をしていた。左翼学生の多い東大生を前に、ある日、「君たちは口を開けば人民というが、蒋介石反動派の台湾には人民がいないと思っているのか」と怒ったという（証言編・若林正丈氏インタビュー）。この怒りは、一九五七年、二度にわたる台湾海峡危機のはざまに邱永漢が書いた記事のタイトル「台湾人を忘れるな」のメッセージそのものである。戴は統一派の立場から、邱は独立派の立場から中国・台湾論の論陣を張っていたが、中国ばかりに目を向けて台湾を見ようとしない日本人の歴史健忘症、とりわけ左翼の偽善ぶりに、同様の強い苛立ちと怒りを感じていたのである。

日華断交までは日台間には政府間の公式外交関係があったものの、対台湾認識の経路を形作るほどには豊かで密接な民間関係を構築できなかった。公式関係といっても、日本側は政府与党の一部議員であり、台湾側はその大半が外省人の国民党員幹部という、限定的な人的関係であった。両者の紐帯は恩義論と親米反共主義に依拠していたが、恩義論については世代交代にともなってその効力が逓減していくことは避けられなかった。確かに、親米は日米同盟の堅持によってつなぎとめられていたにせよ、反共主義については中国の平和攻勢、民間貿易、文化交流などの局面で、必ずしも反中国を担保するものではないという、脆弱なものであった。

一方、日中関係は、日中国交正常化までは、名目上は民間外交の形式をとらざるをえなかったが、民間関係は日台のそれをはるかに質量ともに凌駕するものであった。日華断交を契機として、その絶対的な彼我の格差は縮まり、台湾発の情報が、最初は日本の右派メディアに拡大し、次第に左派メディアにも浸透していった。直接往来や直接取材などによって明るみに出つつあった大陸中国の現状は、必ずしも日本人の革命幻想や変革への期待に応えうるような望ましいものではないことが、誰の目にも明白になり、やがてネガティヴなイメージが膨らんで失望へと変わっていったことも、台湾発の情報が日本社会に浸透していく背景にはあった。

一九八〇年代後半から台湾の民主化が進み、九〇年代以降「本土化」（台湾を祖地・本土とみなす台湾アイデンティティの流れ）が着実に進んでいくようになると、台湾発の「匪情」（大陸情報）だけでなく、台湾内部の情報が伝わるようになってきた。この流れは李登輝政権以降、決定的な流れとなり、それまでの「日華」関係から「日台」関係へと比重が逆転した。反共主義の台湾像はこれ以後も残存してはいるが、中華文明の復興基地としての台湾像は稀釈化していった。またこれに先立って、日本の学術界を中心に、台湾に対する帝国化の経験が視野に入りはじめ、台湾の歴史と社会を通時的な統一的な歴史空間のなかで眺める視線が育まれるようになっていった。

こうして対中認識経路とまじわりつつも位相を異にする独自の認識経路としての対台湾認識経路が、日本人の間に形成されていった。いっぽう、中国に対しては、日中平和友好条約が締結され、改革開放政策によって日中間の民間交流が緊密化するにともなって、それまでの革命中国像から、近代中国像への転換がなされていったのである。

終章　日本人の対中国認識経路を通して見た中国像

一　戦後―現代日本人の中国像　一九四五―九二年

筆者は日本人の中国認識に焦点を絞り、戦後から日中国交回復までの国交断絶期において、日本国民の中国世論の形成において重要な領導作用を果たしてきた公共知識人たちの中国論に着目した。その中国論が公論として日本社会に流通し、日本人の間にいかなる中国像が醸成されていったのかについて、経年的にトレースしてきた。その研究の成果をまとめた前著では、一九四五年の敗戦から七二年の日中国交正常化にいたる二七年間の国交断絶期における戦後日本の公共知識人たちの中国論を時系列的にたどった。一九四五年から一九七二年の間に発行された総計二四種の総合雑誌に掲載された中国関連記事二五五四本を収集し、それらの記事についての定量および定性的な言説分析を行ない、中国論の経年変化を追った。

その後、前著の問題意識を引き継ぎ、本書では一九七二年の中国交正常化以降の日中関係を、「国民世論」の動向に着目し、「市民外交」の視点から明らかにすることを試みて現在に至っている。時期としては、前著がカバーした七二年末を継いで七三年から、八九年の天安門事件を経て、天皇訪中があった九二年末までのまる二〇年間を扱った。資料は前著同様、日本の総合雑誌に掲載された全一一誌・総計一六〇四篇の論文を分析の素材とした。前著と本書を通して、一九四五年から九二年までの四七年間に、日本人が同時代中国の何に関心をもち、どのような中国イメージ・中国像を形成してきたのか、総計四一五八本の中国関連記事について、中国像の変化をもたらした国内外要因について分析しながら、年代を追ってその変遷をたどってきた。

日本人の中国像は時代の変化に応じて変容するだけでなく、同時代においてもさまざまな位相があり、複数の中国像が折り重なり、接合や離反を繰り返している。まさに中国論者の数だけ中国像があると言ってもいいくらいである。この中国像は、各中国論者の中国に対する認識経路の特性によって決定される。認識経路といっても単線的なものではありえず、複数の視座（＝アスペクト）が組み合わさって経路が形成され、経路を通して中国像が結ばれる。

終章では、この諸アスペクトを一〇種抽出し、各アスペクトを個別に明示化する。一〇種のアスペクトがどのように組成されて中国像が構造化されているかを明らかにすることで、時代ごとのある集合的な中国像の特質とその変化の動態をそこから抽出することが可能となる。終章において前著と本書の両書の研究を総括するにあたって、両書を通して得られた知見を、このアスペクト論へと集約させてみたい。そのうえで、がんらい研究の出発にあたって作業仮説として提示した「日本人の対中国認識経路」を、汎用性のある理論モデルとして精緻化させていくための道筋をつけておきたい(1)。

ここで日本人の中国像という場合、総じて戦後日本人の主な関心領域は「中華人民共和国」であるが、時代によってもう一つの中国である台湾の「中華民国」を指す場合、あるいはその双方を指す場合、あるいは双方を総合して「中国」と認識している場合がある。とりわけこの「二つの中国」認識は、日中国交正常化＝日華断交以後、より鮮明に意識化される傾向がある。一〇のアスペクト論では、対中認識経路の一部として、あるいは対中認識経路とは類別化する形で、対台湾認識経路の存在と機能も考慮しなければならない。

本書では一九九二年の天皇訪中以降についても言及しているが、九〇年代から現在にいたるおよそ二〇年間の日本人の中国認識については、両書で行なったような膨大な中国記事に基づく調査分析はしていない。そこで、アスペクト論に入る前に、今後の作業への道筋を示す意味も込めて、本書の「現代日本人の中国像」に継起するものとしての、いわば「同時代日本人の中国像」をめぐって、中国認識のありようを概観し、素描しておきたい。

二　同時代日本人の中国像　一九九〇年代―現在

一九九〇年代以降の歴史認識問題

いわゆる歴史認識問題が日中間で顕在化したのは、一九九〇年代以降のことである。その背景に東アジアをとりまく三つの国際環境の変化があった。第一は、冷戦の終わりとともに、東欧の体制変革や湾岸戦争やソ連解体が起こったことである。特に湾岸戦争における国際貢献のあり方をめぐっては、自衛隊がＰＫＯに参加することで軍事面での貢献を図ろうとする日本政府に対し、アジア各国から日本の軍事大国化への懸念が表明され、結局は資金協力にとどまった。その際の海部首相の東南アジア歴訪における侵略戦争反省の表明は、その後の一九九三年細川首相の所信表明演説、九五年の村山首相談話にいたる、戦争責任・植民地支配責任の公式表明のさきがけとなった。第二は、韓国の元「従軍慰安婦」からの名乗りと日本政府への告発をきっかけとして、アジア各地に被害者の告白と告発が広がりを見せたことである。第三は、「従軍慰安婦問題」、日中戦争における細菌戦被害、戦時中の日本企業による強制労働への未払補償などが、国際人権問題として各種国際機関や国際ＮＰＯからの告発を浴びたことである。

それまでも教科書問題や靖国神社公式参拝問題や竹島（韓国名独島）・尖閣諸島（中国名釣魚島）をめぐる領有権問題など、歴史認識問題は散発的に発生してはいた。だが、それらは日本と中国あるいは韓国との二国政府間の外交問題という形態をとっていた。それに対して、九〇年代以降に発生したこれらの歴史認識問題は、当該国の被害当事者や国民が主体となって、日本政府の責任を追及しようとするところに特徴がある。日本側の反応もまた、「新しい歴史教科書」採択問題や靖国問題や「固有の領土」論、ひいては「自虐史観」批判などに見られるように、民間右翼や右派論壇が中国・韓国の政府や国民世論を批判するという形態をとる。(2) 日中関係に限定していえば、双方で国民感情を刺激しあい、「嫌中」「嫌日」感情を増幅させ、相手国イメージを悪化させることで、両国間の歴史認識問題をこじらせている。両国間の外交交渉の場では、これらの歴史問題に触れない、あるいは棚上げのままにしておく、ということでしか、当面の鎮静化は図れない問題となっており、歴史和解への遠い道のりを暗示させている。

冷戦が終わり、グローバル化が進展する一九九〇年代以降、日中間の情報・人・資金・物資の往来はますます緊密になり、貿易額は輸出入とも増大を続け、経済的相互依存が強まりつつある。しかし、それとは裏腹に、国民間の相互理解は深まるどころか、相互不信が高まり、領土問題や歴史認識問題をめぐって、双方の国民感情が激しく衝突している。日中相互の認識も互いに食い違い、近年の日中歴史共同研究に見るように、同じ歴史事象を扱っても、日中の歴史記述の内実はなかなか一致しない。

富強中国のなかの「革命中国観」と「近代化中国観」

中国自身も、改革開放政策へと転換し、ポスト冷戦とグローバル化の世界情勢のなかで、それまでの「革命中国観」は大きな変貌を遂げた。中国の自国認識もまた、それまでの欧米列強への抵抗と、日本軍への抗戦を経て、「新中国」建国にいたる一連の革命事業を高く評価する「革命史観」は、それはそれとして維持されてはいる。と同時に、「革命史観」に対抗するかのように、外来文化を吸収し近代化を目指して旧来の国家システムを改良していくプロセスを強調する、いわば「近代化史観」にもとづく歴史認識の流れが勢いを増しつつある。この「革命史観」と「近代化史観」は、歴史学界や歴史教育界を二分するような拮抗状態にある。論壇においては、

「告別革命（さらば革命）」として、辛亥革命以後の革命の歴史が中国の近代化を遅延させてきたとして、中国革命を全面否定するような議論が現われた[3]。

そのような中国での歴史認識の変化を受けて、日本においてもそれまで日本人の中国認識を規定してきた革命を基軸とした中国像は大きな変更を迫られ、いまや中国革命の評価は下がり、中国革命の記憶は忘却され、長らく日本人の中国認識を規定してきた「革命中国像」は消失しつつある[4]。これまでの日本人の中国像を彩ってきた、中国革命を日本の問題として内在的に捉える同時代認識は、日本人のなかではいまや失われたとみてよい。辛亥革命以来の「革命中国像」と概括しうるような、従来の日本人が中国事象の理解において強いイメージ付与作用を及ぼしてきた対中認識経路では、現在の中国像を描くことはできない。

では辛亥革命以降の中国の革命伝統は、近代化にとっての阻害要因でしかなかったとして、否定し忘却されるにまかせておいてよいのだろうか。そのような日本人一般の風潮に対して、近代の革命経験をも包みこんだ、新たな近代中国像を構想しようとする学術的試みもまた展開されている。その取組みの実例を二つほど挙げておきたい。

第一は、「初期近代」（early modern）という概念を立て、「帝国」概念を援用しつつ、中国の近代化の過程を、清帝国のシステムから近代的システムへの「中国化」の変容として捉え、伝統的帝国観・世界観・歴史観に支えられた文明体系の再定位とみる、汪暉・清華大学教授を代表とする見方である[5]。そこでは土地革命を中心とする中国革命や、建国後の社会主義運動や、毛沢東思想までもが、中国の独自性に合わせた近代世界の実現という意味で、「反近代の近代」として位置づけられている[6]。

第二は、辛亥革命以降の中国革命の動態を、民主政治・人権尊重・自由主義の実現のための促進要因あるいは阻害要因として捉えなおそうとする知的探求と社会運動である。その際に重要になってくるのは民主化運動の評価であり、とりわけ八〇年代後半に高揚し、天安門事件によって挫折した「民主愛国運動」の評価である。この民主愛国運動は、中国革命の経験と遺産を継承して展開された運動なのか、中国革命の伝統を否定した上で展開された運動だったのか。民主愛国運動の主体は北京を中心として全国に広がった都市学生であったが、その上の世代の広範な知識人・芸術家・記者・労働者も、学生への支持を表明したり、運動に参加したりした。ポスト文革世代の学生らにとっては、この運動は改革開放政策の延長線上に西洋の政治制度や民主思想を獲得する啓蒙運動として自己規定され、文化大革命は、国民に悲劇をもたらし、国家の発展を停滞させた災厄として捉えられていたであろう。その上の文革世代にとっては、文革の最初期にあったような、紅衛兵による既存体制への異議申立て、既得権益者への造反運動の記憶が喚起されていただろうし、一九七六年の周恩来死去後の第一次天安門事件や、七八年の「民主の壁」運動の再現として位置づけられていたかもしれない(7)。

中国の革命伝統からの脱却、すなわち「脱革命」「告別革命」は、いまや抗いがたい時勢となりつつある。だが、辛亥革命から始まって、国民革命―中国革命―文化大革命へといたる四つの革命の過程では、王朝から共和への移行が達成され、皇権から民権への方向性が確実なものとして示され、反植民地主義・反帝国主義といった思想を浸透させることができた。そのいっぽうで、民主化や憲政の実施、人権と自由の実現など、今なお未完の重要な課題が残されている。また、四つの革命のいずれもが、武力に依拠した権力の正統性獲得の過程であったことから、平和主義という政治思想も、今なお中国にその実現が期待されている政治課題である。

富強中国という宿願も、一五〇年間の屈辱の近代を経て、実現しつつある。これからの中国は、いかなるイメージを結んでいくのだろうか。経済成長や軍事増強のスピードが速すぎるために情報が錯綜し、日本人の側にも明確な透視図や将来構想に支えられた認識経路がないために、新たな中国像を描くことは、当分できそうもない。

不透明な中国への脅威感の高まり

いまわれわれは富強中国とつきあうという、近代史上未曾有の事態に直面している。中国台頭・日本停滞・アメリカ衰退によるグローバルなパワーシフトが進行しており、中国が東アジア地域と、とりわけ新興国市場に与える影響力はますます大きくなり、周辺国の中国脅威感はいっそう高まっている。この脅威感は、中国が実質的にパワーを増強しているという実感に基づくものであることは言うまでもないが、中国がこの先どうなっていくのかわからないという不透明感と、中国自身がどのような自画像を描こうとしているかの発信が足りないという不安感にも由来している。

これまで経済発展のための普遍的モデルとして、日本型経営論や、東アジアの奇跡論や、超大国アメリカのワシントン・コンセンサスなどが喧伝されてきた。しかし、バブル経済の破綻、東アジア経済危機、リーマン・ショックなどにともなって、これらの有効性への信頼は失われた。では、とりわけ新興途上国との連携を深めつつある「北京コンセンサス」(8)は、これらに代わる世界的規範となりうるだろうか。「北京コンセンサス」の実体は不分明で、明快な定義づけをすることは難しいが、内政不干渉により相手国の体制変革は求めず、経済的富を拡大させることで、民主化や情報の透明化や人権の保障を迂回して、国家主導の権威主義体制による経済成長によって国家の安定に寄与するような方式である。あるいは、近い将来、米中の国力の差が縮まるにつれて、中国が「G2」を自称し、太平洋を挟んで自他ともに認める二大超大国が拮抗する時期が来るのだろうか。あるいは、米ソ冷戦時代とは異なり、米中が通商関係では相互依存関係を強め、軍事力では依然として彼我の格差が大きいことから、軍事衝突は巧みに避けつつも、領土問題や国家イデオロギーでは非妥協的な対決を強めるという、米中が「競存」(competitive cooperation)する「涼戦」(cool war)(9)の時代となるのだろうか。

さしあたって中国は、欧米の提出する普遍的価値に代わりうる汎用性のある価値観を提示してはいない。改革開放の総設計師・鄧小平の遺訓「韜光養晦、有所作為」(力をひけらかしたりせず、やれることだけを地道に行なう)をめぐって、周辺国の眼には、大国としての責任は取りたくないが、多少の軋轢はあっても実利(「核心利益」)だけは確保しておきたいという利己的なふるまいが目立つようになり、次第に「韜光養晦」が後景に退きつつあるように映る。

三　対中認識経路をめぐる一〇のアスペクト

以上、一九四五年から現在にいたる日本人の中国像の概観を踏まえて、次に日本人の中国像の輪郭を一〇のアスペクトを通して抽出し、その変遷について概述してみよう。

アスペクト①　交流ルート

日中間に構築され機能している交流ルートは、公式関係（外交関係）ルートと非公式関係（民間関係）ルートに大別できる。そのさいの区別は外交の担い手が「公式接触者」（政治家・官邸・外交官など）であるか、「非公式接触者」（半官半民の財界人・民間人・公共知識人・記者・市民・NPOなど）であるかによる。ただし、現代の外交は「マルチトラック」方式が浸透・拡大しつつあり、非公式関係における外交活動をも外交の範疇に入れることが、現代の外交研究においては自明になりつつある。さらに「市民外交」という、国民・市民をアクターにした、地方外交・民間外交から世論・国民感情を重視する外交関係まで、外交の範囲は拡大化・多義化しつつある。

このような外交概念の変化にともない、日中間の外交方式も変化・複線化してきた。まず日中断交期においては、一九五〇年代の国際統一戦線運動にもとづく日中共産党間の連携を模索する「人民外交」から、五〇年代前半以降は「日本組」（「廖班」）の組織的機能の運用によって、「人民外交」と「民間外交」の併存、六〇年代以降はLT貿易の発足にともなって、「半官半民外交」が主流となった。一九七二年の国交回復以降は「官官外交」へと転じ、八〇年代以降は「官官と民間の併存外交」となり、今日ではさらに「マルチトラック外交」「市民外

交」の要素が加わっている。(10)

アスペクト② 中国論の担い手

どのような人びと・機関が中国について論じてきたのか。中国論者をその属性ごとに分類し、中国関連記事の寄稿頻度によって、時代ごとの中国論の属性別の類別化と、属性ごとの論調傾向が抽出できる。まず属性としては、論壇での主要な書き手の登場順に列挙すると、(1)主に共産党員やそのシンパなど社会主義者系親中派、(2)欧米の現地ジャーナリスト、(3)与野党の国会議員や財界人における親中派、(4)中国での生活経験者(退役した軍人、引き揚げた居住者など)、(5)反共主義の立場に立つ大陸中国への批判論者、(6)主に戦争責任論において反中国的言説を展開する中国論者、(7)現地ジャーナリスト、(8)現代中国研究者(チャイナ・ウオッチャー)、(9)中国学者(東洋学者・シノロジスト・かつての「支那通」)、(10)社会活動家(新左翼運動家・農業や環境や人権などの各分野でのアクティヴィスト)、(11)中国文学研究者・作家、(12)中国人・台湾人研究者(国内・日本・在外を含む)など、一二種類ほどの分類が可能である(表6-1参照)。

これらの属性のうち、(1)党員・活動家において社会主義・共産主義の立場に立つものは、親中派であったが、一九六六年三月の中国共産党と日本共産党の決裂を契機として、日本共産党員は親中共派と反中共派に分裂した。それ以外の社会主義者は、概ね親中派として日中復交を主張した。いっぽう、(3)与党自民党員においては、老保守派は親台湾派であるが、新保守派および党内改革派は親中国派の立場をとり、二派に分かれた。財界人も同様に取引先が中国であるか台湾であるかによって二派あったが、民間貿易に制限されていたとはいえ、広大な市場を控えた中国との経済交流が活発化することでもたらされる利益を重視し、概ね良好な日中関係の維持・発展を主張した。日中友好系企業・商社は友好人士が集う一大拠点となった。

(9)中国学者は、伝統と現代を対比し、伝統の継続を重視して停滞史観に立つか、革新を重視して発展史観に立

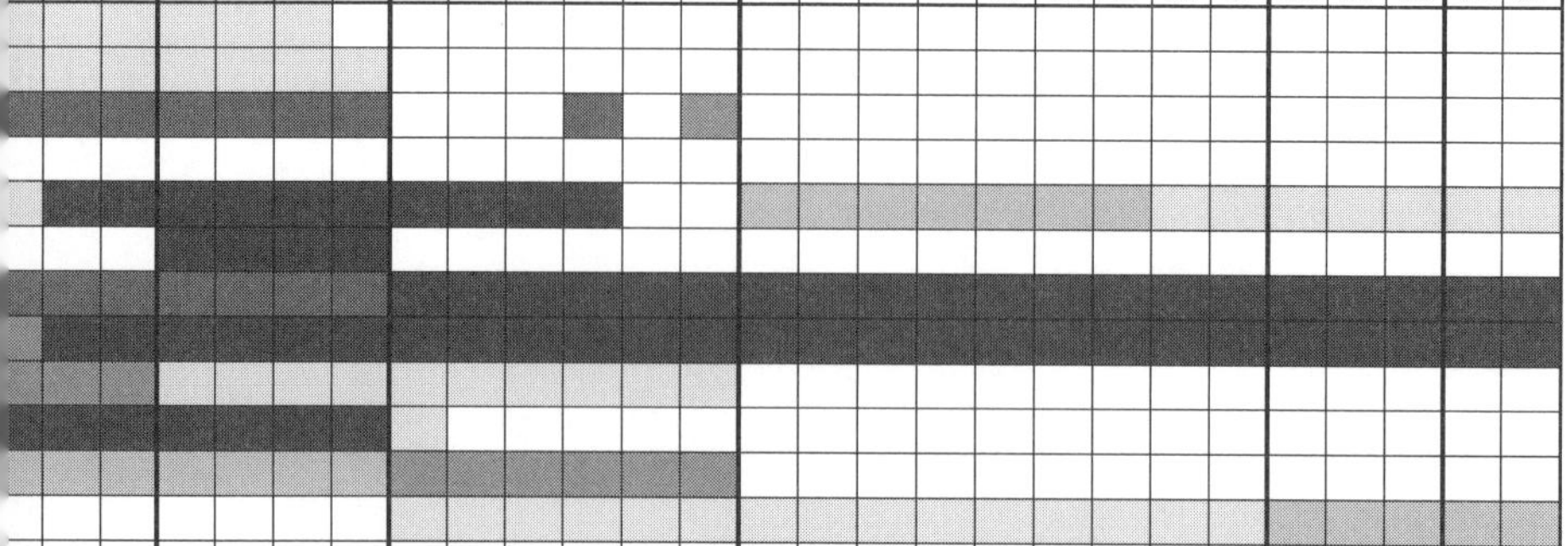

66	50	紅衛兵出現／日共と中共の分裂
67	163	善隣会館事件
68	73	学園紛争／CCAS結成
69	98	中ソ武力衝突／九全大会
70	99	七〇年安保改定
71	293	米中接近／林彪事件
72	273	ニクソン訪中／連合赤軍あさま山荘事件／田中首相訪中
73	114	批林批孔運動
74	78	鄧小平　三つの世界論／日中航空協定／李一哲壁新聞
75	50	四つの現代化／蒋介石死去／農業は大寨に学べ
76	137	周恩来死去／第1次天安門事件／毛沢東死去／四人組逮捕
77	83	華国鋒　二つのすべて／鄧小平復活／工業は大慶に学べ
78	172	日中友好平和条約／中越国境紛争
79	167	米中国交樹立／中越戦争／宝山製鉄所契約保留／美麗島事件
80	108	華国鋒首相辞任・趙紫陽首相就任／四人組裁判／経済調整
81	99	四人組裁判判決／歴史決議採択／葉剣英「三通」呼びかけ
82	59	趙紫陽首相訪日／歴史教科書問題／中国の特色ある社会主義
83	60	「精神汚染」一掃呼びかけ／胡耀邦総書記訪日
84	75	中曾根首相訪中／経済体制改革／中英共同声明／江南事件
85	54	兵員の百万人削減／中曾根首相靖国神社公式参拝で反日デモ
86	23	政治体制改革提唱／上海で学生一万人のデモ
87	63	胡耀邦辞職／ブルジョア自由化反対／光華寮問題／一国二制度／台湾で戒厳令解除／社会主義初級段階論
88	56	台湾で報禁解除／蒋経国総統死去／『河殤』放映
89	132	胡耀邦死去／民主化要求デモ／人民日報動乱社説／ゴルバチョフ書記長訪中／第二次天安門事件
90	70	北京市の戒厳令解除／台湾の学生民主化要求の坐り込み
91	42	日本政府のODA実施／海部首相訪中
92	81	鄧小平南巡講話／江沢民総書記訪日／天皇訪中

表6-1　中国論の担い手属性の歴年消長概念図（1945-92年）（アミの濃淡は論文の出現頻度を表わしたもの）

	担い手属性区分／年	45	46	47	48	49	50	51	52	53	54	55	56	57	58	59	60	61	62	63	64	6
(1)	社会主義者系親中派																					
(2)	欧米ジャーナリスト																					
(3)	政財界親中派																					
(4)	中国残留日本人																					
(5)	反共中国論者																					
(6)	反中国論者																					
(7)	駐在ジャーナリスト																					
(8)	現代中国研究者																					
(9)	シノロジスト																					
(10)	新左翼活動家・理論家																					
(11)	現代中国文学者・作家																					
(12)	中国人・台湾人研究者																					
	主要総合雑誌中国関連記事掲載本数	1	68	24	33	112	49	49	65	76	77	90	49	58	84	55	61	70	69	95	123	9
	中国関連記事の主要テーマ	日本敗戦	国共内戦	国共内戦	国共内戦	中華人民共和国成立	講和問題／朝鮮戦争	講和条約締結	日華平和条約／戦後日本人初訪中	在留日本人引揚げ開始／スターリン死去／過渡期総路線	ジュネーブ会議	バンドン会議	フルシチョフのスターリン批判／日本人戦犯引揚げ開始	反右派闘争	第一次台湾海峡危機／大躍進運動／長崎国旗事件	チベット反乱	六〇年安保改定		AF財団問題／LT貿易		覚書貿易／中国核実験	

つかで見解は大きく分かれた。(8)現代中国研究者は、実態を客観的に調査・観察し、国益の観点から是々非々主義に基づく現状分析と将来展望を披歴した。(7)中国の現地に駐在するジャーナリストや、(4)中国からの引揚げ者は、概ね親中国的立場に立ち、日中国交回復を日本政府や国民世論に訴えた。特に現地駐在ジャーナリストは、取材制限報道規制が厳しく、親中国以外の論調の記事は配信することが難しかった。

親中国論者は、国交断絶期は全面講和論・日米安保反対論・道義重視型日中復交論を主張し、中国批判論者は部分講和論・日米同盟堅持発展論・実利重視型復交論を主張する傾向にあった。①の交流ルートに従えば、公式関係では中華民国台湾政府との国交が一九七二年まで続いたため、この期間は自民党老保守派が親台＝親国民党＝反中国共産党の中国論を展開したが、論壇での露出度は低かった。いっぽう中国とは、非公式関係であったにもかかわらず、記事の登場頻度は逆に台湾論をはるかに凌駕した。

国交正常化以後は、一九七八年の平和友好条約を経て、日中の民間交流が活発化する八〇年代半ばまでは、中国支持論が優勢であった。天安門事件と台湾社会の本土化傾向が同時に起こった九〇年代以降は、中国共産党体制への批判が高まり、中国悲観論のトーンが強まるのに比して、台湾への関心が高まり、台湾論が盛り上がった。台湾論の増加傾向は、初の総統直接選挙が行なわれるのを目前にして中国軍が台湾近海でミサイル演習を行なった、九六年頃まで続いた。一九七三年から九二年までの中国記事の寄稿者の掲載本数ランキングを、一覧表に示しておく（表6－2参照）。

アスペクト③　中国情報

中国論の論調の形成要因としては、アスペクト②で言及した中国論者の属性・立場のほか、それとも関連して、関心の対象となる中国情報の内実が大きく作用する。すなわち、情報はどこから発信されたかという情報源の所在と、その情報源から、いかなる意図によって、どういう属性の中国論者に伝達されるかという、広報・宣伝機関の実態である。

情報源としては、敗戦後から一九五〇年代初めまでは、第一に中国共産党の革命根拠地である延安からの帰国者、第二に親中国派コミュニストが集まる四六年に創立された民間機関である中国研究所に所属する研究員、第三に中国に駐在して取材ができた中共支持の西側ジャーナリストが、主な情報提供者であった。彼らがもたらす情報には中共中央統一戦線工作部（統戦部）・中共中央対外聯絡部（中聯部）が主導する統一戦線・国際共産主義運動の意図が強く反映していた。五二年以降は対日世論を誘導する宣伝工作を担う機関として、毛沢東―周恩来の指揮系統の下に直接置かれた、廖承志が主導する「日本組」（廖班）が結成された[11]。そこから、三誌（『人民中国』『北京周報』『中国画報』）と国際ラジオ放送の北京放送などを通した広報・宣伝活動が指導され、日本の各地方の日中友好団体や友好人士を主な世論工作対象として、草の根の日中友好・中国支持の世論形成に一定の役割を果たした。いっぽう、台湾においては蒋介石―張羣《ちょうぐん》のラインが主に自民党老保守派に働きかけて、反共主義・大陸反攻の宣伝戦（「心戦＝心理作戦」）を展開し、日米台の結束を強調する政界工作を行なったが、一般国民に向けた世論形成のための宣伝工作は消極的である上に、効果も薄かった。

一九六〇年代後半以降、日中間の記者交換によって、直接の情報収集活動は可能になったが、文革の影響で取材言論の規制が厳しく、独自の調査報道に基づく情報を入手することは、国外退去を覚悟せざるを得ないほど、ほぼ不可能であった。台湾についても反共親国民党の立場以外からの報

表6-2　寄稿者掲載本数ランキング（1973-92年）

順位	人名	掲載本数
1	中島嶺雄	64
2	竹内実	32
3	本多勝一	29
4	柴田穂，吉田実	24
5	矢吹晋	23
6	加々美光行	21
7	夏之炎	19
8	小島朋之，伊藤潔	18
9	岡田英弘	17
10	陳先進	15
11	衛藤瀋吉，井上靖	14
12	菊地昌典，戴國煇	13
13	陳舜臣	12
14	林景明	11
15	司馬遼太郎，辻康吾	10

＊ただし10本以上寄稿者に限る

道や、台湾住民（主には本省人）の立場からみた現地情報の発信は難しく、大手の情報ルートとしては、フジ・サンケイ・グループに限定された。この状態は日中復交＝日華断交まで続いた。断交以後は、亜東関係協会日本支部（馬樹禮代表）が積極的な情報宣伝工作を展開し、フジ・サンケイ・グループのみならず日本の右派メディアに広範かつ積極的に働きかけた。台湾側から発信された「匪情」情報は、批判的な中国分析に寄与し、反中国言説の形成に一定の役割を果たした。いっぽう、中国側は八〇年代以降、国内の政治的経済的混乱により、対日宣伝工作の機能が低下した。

いずれにせよ、戦後から一九八〇年代までは対日情報の発信・宣伝に関して中国側は共産党が、台湾側は国民党が一元管理し、ある方針と統制のもとになされてきた。それに対して日本政府からの対中・対台湾情報発信・宣伝はさほど強力には推進されてこなかった。その意味では情報の流れは一方通行かつ非対称的なものだった。九〇年代以降、情報通信の発達と中国・台湾双方とも民間メディアの進展・普及によって、とりわけ台湾においては複数政党制にともなう政治的多元化によって、双方向的・対称的な情報の流れになりつつある。

アスペクト④　輿論と世論

アスペクト③の情報は、記者・公共知識人・専門研究者などによって輿論《よろん》（public opinion）として、⑤のメディアを通して報道・公刊・放送される。この輿論を一般の読者・視聴者の大衆は受容し、同意と反対・共感と反感などが集まっていくことで何らかの世論《せろん》（popular sentiment）が形成される。(12)

中国論に即していえば、輿論とは中国で生起する諸事象のうち、論者や大衆の特定の事象への関心に基づき、何らかの問いを立てて⑧の論題を設定し、何らかの立論が展開され、政策決定者にはとるべき政策を提示し、国民にはあるべき世論形成を促す。輿論の具体的な中身については⑧で言及することとし、各時期に集中的に立てられた論題をめぐっての論調傾向について略述しておく。

中華人民共和建国から一九五〇年代半ばまでは、中国政府を支持し国交回復を主張する輿論が顕著であったが、スターリン批判・台湾海峡危機・中印紛争などによって、五〇年代後半以降、支持派と批判派に分かれ、一九六四年の中国の原爆実験によって、中国が宣伝する平和言説に対する疑念が生じ、批判派の勢力が増した。さらに六〇年代後半以降、文化大革命がそれまでの中国支持派のなかから批判派を生んだ。

一九七一年の米中接近以降、道義論・実利論双方の立場から日中国交正常化の輿論が急速に勢いを増したが、実利派のなかには国交消極論・慎重論もあり、日本無罪論を立てて反中国論・国交無用論を主張する一派が右派のなかから現われた。八〇年代以降は、中国共産党中央の権力分析に関心が集まり、民主化・改革を主張する知識人や学生の見解を重視し、民主化勢力を抑圧しようとする中共中央の保守派を批判する論調が目立つようになった。

いっぽう台湾に対しては、戦後から断交を経て一九八〇年代半ばまでは、一貫して反共主義と蒋介石恩義論に立つ台湾の中華民国政府を支持する輿論が、政界・論壇の保守派から立てられた。八九年の李登輝総統就任を契機として、台湾の民主化を支持し、台湾住民の本土化意識に共感を示す輿論が目立つようになった。ここに日本と台湾との間の外交チャネルは、「日華関係」から「日台関係」へと、その比重が逆転したのである。(13)

世論については、世論調査が総理府や各新聞社などによって定期的かつ広範に実施されるようになる一九八〇年代以降までは調査がなされず、インターネットなどの双方向メディアが普及する二〇〇〇年代以降にならないと、時期ごとの細かな検証に堪えうる素材がない。したがって世論動向をきめ細かく把捉することはきわめて難しい。

ただし、中国と台湾に分けていえば、八〇年代まではメディアに流される輿論自体が中国に著しく偏っており、台湾への関心が低かったので、台湾に関する世論と言えるほどのものは国民レベルでは形成されていなかった。国交正常化以後は、パンダやシルクロード・ブームに乗じて国民の中国への関心が高まり、八〇年代以降、直接訪中が容易になり、両国の人・情報・物資の往来が活発化するに従い、中国への親近感や好感度は高まった。しかし歴史認識問題や靖国問題をめぐって両国民の相互理解に齟齬が生じ、九〇年代以降は双方で嫌悪感が高まり、二〇一〇年の領土問題再燃以降、「嫌中」「嫌日」感情の高まりは抑えがたいものとなっている。いっぽう台湾に関しては、九〇年代以降の台湾本土化の潮流により、また李登輝総統の親日的に映る姿勢により、台湾に対する関心が高まり、台湾映画や文学によって親近感も増し、相互往来はますます拡大しつつある。

アスペクト⑤　メディア

日本人の中国認識は結婚・仕事・近所付合いなど、直接中国人と交流することで形成されることもあるが、多くの場合は報道や読書や教育などを通して何らかの情報や輿論が伝えられることで形成される。この情報・輿論を特定あるいは不特定多数の公衆に伝達するのがメディアである。そのさい増幅機能のある大きなメディアであればあるほど、多くのマスとしての日本人に、ある特定の中国像が定着しやすくなる。したがって戦後日本人の中国認識のありようを把捉するには、各種メディアの発達・普及の段階的変遷を考慮しなければならない。

敗戦後から一九八〇年代までは、活字系メディア（新聞・雑誌・書籍など）が中心で、講壇として中国研究を専門とする学術集団があり、論壇として中国に関する輿論を立てる公共知識人集団があり、そこから一般読者に向けて一方向型の中国論を送った。八〇年代以降は活字系メディアの影響力・普及力が減退し、映像系（写真・テレビ・映画など）が影響力を持ち、写真などの画像・ニュース報道・特集番組・映画などを通して、国民に何らかの中国イメージを喚起するうえで多大な影響を与えた。

二〇〇〇年代以降はネット系メディア（SNS・インターネットなど）が普及し、発信と送信の双方向型メディアとして特に若年層に浸透するとともに、それまでの講壇・論壇の浸透力が減退した。かつての論壇に代わるような言論空間がネット上に形成されるようになるにつれて、それまで世論形成上に大きな役割を担った公共知識人の影響力が弱まり、代わって輿論の影響をさほど受けない、いわば剝き出しの民間世論や国民感情が、中国認識の形成に大きな作用を及ぼすようになった。

アスペクト⑥　学知

中国で生起する事象に対して何らかの立論を行なうためには、巨大で複雑な中国という対象のどの部分を関心圏として組み込み、思考の光を照射していくのか、どのように対象にアプローチしてどのような方法で分析を加えるのか、認識のための理論体系を援用する必要がある。この認識のための理論的枠組みが学知（学理）である。

伝統的に中国認識のための学知には大別してシノロジー（文献学を基礎にした人文学系学知）と中国地域研究（現地調査を基礎にした社会科学系学知）の二本の系譜がある。前者は江戸儒学から連綿と続く「漢学」の流れを汲むもので、元来は中国古典に依拠した文献学的手法によるアプローチで、近代以降は歴史学・考古学・言語学などの人文科学系分野を総合的に取り込み、狭義の「支那学」、広義の「東洋学」と呼ばれた。さらにそこから、帝国日本の統治領域の拡大にともなって、「満鮮史」「満蒙史」「南洋史」「西南中国史」などの地域史が派生していった。後者は政治学・法学・経済学・社会学などの社会科学系諸分野の総合的学知であり、軍事的要請に基づく「兵要地誌」や植民地化の要請に基づく人文地理学や民族学などを取り込み、「支那事情調査」と呼ばれた。

戦後、「支那学」は、伝統中国にたいする理解をそのまま近代中国・新中国に当てはめたために、中国の現状を誤認し、中国の自力的発展の可能性を過小評価し、中国人に対する蔑視観を増長させることにつながったとして、論壇からの指弾を浴びて退けられ、同時代の中国理解の学知としては副次的な扱いとなった。そこで「支那学」は、戦後「中国思想（中国哲学）」「中国文学」「東洋史（中国史）」の三部門からなる中国古典学として、近代以前の中国理解のための学知としてのみ認知されるようになって、今日に至っている。わずかに「中国文学」のみが伝統中国と現代中国の双方に足をかけた研究領域を保持している(14)。

後者は中国との断交により調査対象としてのフィールドを失ったため、いったんは論壇からも学術界からも姿を消した。一九六〇年代半ばころから、中国政府の提供する、確度が低く些少で粗いデータ資料を踏まえての調査研究が再現しはじめた。八〇年代以降、各方面の諸データが整いはじめ、次第に現地調査の許される範囲が拡大していくにつれて、地域研究の方法論を援用するようになると、講壇では「現代中国研究」「現代中国論」、論壇では「中国観察」(チャイナ・ウオッチ)と呼ばれる分野を構成するようになった。その後、同時代中国に対する認識枠組みとしては、この社会科学系総合的学知というべき地域研究的アプローチにほぼ一本化されて、今日に至っている。

アスペクト⑦　世代

日本人の中国論者にとっての中国認識のありようは、アスペクト⑥の学知だけでなく、その話者が中国のどのような同時代体験に遭遇したかによっても特徴づけられることになる。とりわけ感受性の強い青年期に生起した同時代中国の事象は、認識主体に強い衝撃を与え、払拭しがたい鮮烈な中国像を脳裏に刻むことになる。

現存する中国論者の生年を二〇年単位で区切って、彼らの青年期の同時代中国体験に注目してみよう。一九三〇年代生まれの、今はすでに研究職からは引退している戦後第一世代の研究者は、一九四五年の敗戦と四九年の新中国成立に遭遇し、彼らの先輩の世代が提示した古典的・伝統的な旧中国像を一新させた新中国像を見いだそうとした。彼らは中国革命を高く評価し、中国革命の歴史的画期性を重視し、建国を可能にした権力の正統性根拠の究明について強い関心を抱いた。彼らにとって敗戦体験は、中国人民に対する贖罪意識とともに、前の世代の中国研究者が中国の勃興し凝集するナショナリズムに正対できなかったことへの内省的批判を喚起した。そこで前の世代の中国研究者が依拠した「支那学」に反発し、「支那学」的学知からの訣別を図った。

一九五〇年代生まれの、今は現役研究者の先頭に立つ戦後第二世代の研究者は、六六年の文化大革命に強い衝撃を受けた。四九年の農村中心で農民が主体となった中国革命と違って、文革は都市型革命であったことから、当時の日本の学生運動やアメリカのベトナム反戦運動と同調して、ある種の陶酔感をともなうような過度の感情移入をし、急進主義的な社会変革のための行動に主体的に関わろうとの気分を高揚させた。そのいっぽうで文革に対して冷静な批判的姿勢を抱き、研究に沈潜するタイプの研究者もいた。総じて彼らは、それまでの権力分析を中心とする国家論に軸を置いた中国論から、人民を主体としたナショナリズム論・民衆運動論・共同体社会論に関心を移す傾向があった。七一年の林彪事件によって文革に対する陶酔感が一挙に冷め、ある者は同時代中国に対する研究を抑制して沈黙し、ある者は冷静で実証的な地域研究アプローチによる同時代研究の姿勢に転じた。

一九七〇年代生まれの、今は中堅研究者層を形成する第三世代の研究者は、八九年の天安門事件に遭遇し衝撃を受けた。彼らは中国社会の異質性や特殊性に違和感を覚えており、自由・人権・民主・憲政といった普遍的な価値を中国社会が十分には実現していないことを憂慮し、逆に民主運動家や改革派知識人に強い共感を表明する。人権への抑圧、政治参加や表現の自由に対する制限などに対して厳しい目を向け、中国共産党の権力中枢よりは、議会・民主党派・メディア・論壇などに関心を示し研究の対象とする傾向にある。

アスペクト⑧　論題と知見

④の輿論において、敗戦後から今日までどのようなテーマが論じられ、輿論を通してどのような中国認識をめぐる知見が得られ蓄積されてきたのだろうか（表6－1参照）。時々刻々と同時代中国で生起する有象無象の事象について、論者たちがいかなる事象に関心を示し、どのような問いを立てていかなる論題を設定してきたのか。それは、その時々で自国日本がどのような問題を抱えていたかという問題関心の所在に大いに左右される。

敗戦直後は、敗戦責任への関心と、中国にもたらした惨禍への贖罪意識が強く、また蒋介石が「以徳報怨」講話で表明したように、中国が報復せず賠償も求めないことへの恩義の念を強く抱いた。そこで、中国認識を誤ったことを悔恨しつつ内省し、中国ナショナリズムを評価し、農村改革の実態に関心を持ち、日本の変革と民主化勢力の伸長に期待を寄せた。講和論については日中の講和と復交を主張した。

一九五三年以降は中国が社会主義路線を明確に選択したことで、体制を異にする中国との平和共存への模索に関心が集まった。五〇年代末、中国が日本軍国主義復活反対キャンペーンに注目した背景には、日米安保改定阻止運動（反六〇年安保）の高まりがあった。中国に対する贖罪感と、日中講和・復交の希求は、日本の戦争責任論の祖型を形成した。その戦争責任論の背景には、日米関係を強固にして西側陣営の一員に組み込まれることを国是とする反共主義勢力に対抗し、共産主義に同調しようとする党派性も作用していた。

文化大革命が起こった六〇年代後半以降、日本人が文革に強い共感を寄せた背景には、学園闘争や七〇年の安保改定阻止闘争（反七〇年安保）やベトナム反戦運動があった。文革の影響を受けて、在日朝鮮人・韓国人・中国人差別阻止のための人権擁護運動、東南アジアへの経済進出批判、といった新左翼運動や社会運動が盛り上がり、活動家や新左翼集団のなかには、急進化して暴力やテロリズムに走る一派が現われた。だが、七二年のあさま山荘事件により、これらの勢力への世論の支持がなくなり、武装闘争型反体制運動は急速に縮小した。いっぽうで、竹内好を典型とするように、中国人民が立ち上がって旧体制を変革しようとしたことの内発的要因へと掘り下げて、中国革命の内在的理解を深めようという「内なる中国論」や、日中の近代化をめぐる比較、という視座が提起された。(15)

一九七一年の米中接近から日中国交正常化にかけては、再び日中講和論が盛り上がった。この時の論点を大別すると、従来の戦争責任論に依拠した道義論型復交論と、国際環境を注視し国益の観点から復交の損得を秤量する実利重視型復交論の二種があった。

中国が改革開放へと方針転換をし、日中交流が活発化する一九八〇年代以降は、中国近代化の成否をめぐって比較的冷静な分析がなされ、中国独自の改革モデルとして「内発的発展論」やそれを応用した「郷鎮企業論」

(鶴見和子、宇野重昭など)などが提示された[16]。

一九八〇年代終盤以降の民主化運動の高まりから、天安門事件を経て鄧小平の南巡講話にいたる、一連の激しい浮沈を繰り返した中国社会の変転は、より長期的視点から現代中国を捉えるロングスパンのアプローチを誘発した。中国革命の歴史的画期性を相対化し、中国現代史の断続性よりは連続性を強調するような「二〇世紀中国論」(西村成雄[17])、変革の起動要因としての国家権力の役割を相対化するような「華僑華人ネットワーク論」「東アジア海域論」(濱下武志)などが提起された[18]。二〇〇〇年代以降は、戦後初めて民族問題の視点が顕在化し、周辺の少数民族問題への関心が高まってきた(加々美光行、毛里和子など[19])。

いっぽう台湾に関しては、一九五〇年代後半以降、台湾海峡危機によって、戦後はじめて日本人の目にその存在が映りはじめたが、日華断交までは反共保守の国民党政権という印象があまりに強かった。七〇年代以降になって、歴史研究者を中心に日本の植民地支配がもたらした諸問題への関心が高まり始め、八〇年代以降、民主化にともなって台湾人の存在がようやく可視化され始めた。九〇年代以降、本土化・帝国化・脱帝国化の視座が浸透するようになった。

アスペクト⑨　イメージ

④の輿論は、⑤の諸メディアを通して増幅し拡散して広範な国民に伝達されることにより、中国に対して漠然と描いていた印象との間で化学変化を起こして、何らかの中国像が形成されていく。「日本人の中国像」とは、同時代の日本人によって観察された中国に関する何らかのイメージが集積し、マスとして定着したものである。それは現実中国の総体そのままではなく、観察者の関心に応じて切り取られた想像空間のなかの仮想現実である。脳科学的にいえば、この中国像とは、さまざまな中国事象を感覚器官が受容するさいに認識経路(脳科学的に言えば解読コード)によって解釈され感情化された、意味空間である。

時代の変化に応じてこの認識経路がどのように複線化・多様化していくのか。その変遷をたどれば、日本人の中国像の歴史的形成過程が明らかになる。言い換えれば、日本人の視線によって切り取られた中国像の輪郭をなぞることで、日本人の中国に対する関心のありかも類推されてくる。したがって日本人の認識主体によって切り取られた中国イメージは、日本人の自画像の鏡像としての要素も含むことになる。

まず新中国成立前までは「旧中国像」が強く、悠久の停滞した歴史観に彩られ、場合によっては後進的な国民性のイメージが伴っていた。新中国成立後は人民が決起し、中国共産党がそれを指導するという、「清新な新中国像」が現われた。一九五〇年代に入り東西対立の様相が濃厚になってくると、中国の社会主義路線への転換もあって、「社会主義の中国像」が鮮明化した。一九五五年のバンドン会議あたりを契機として、アジア・アフリカの諸国が次々と独立し、生気に満ちたナショナリズムの時代になると、独立と平和を希求する、「非同盟中立主義の盟主的存在としての中国像」が浮かび上がってきた。しかし台湾海峡危機・中印紛争・原爆実験を通して六〇年代以降は、平和勢力としてのイメージは崩れ、中ソ対立の激化や文化大革命によって、米ソ両大国に対峙し、武装闘争を呼びかける、「世界革命の旗手としての中国像」が濃厚になった。

改革開放以降、八〇年代に入ってからは、「近代化中国像」が浮かび上がり、「儒教ルネサンス論」「儒教資本主義論」（中嶋嶺雄、溝口雄三など）[20]にみるように、「伝統的中国像」の発展的再生も見られるようになってきた。しかし、民主化勢力を武力で鎮圧した天安門事件は、中国経済悲観論・中国崩壊論を惹起したものの、中国はいっそう改革路線を加速することで、中国論者の意想に反して、経済は急速に回復して飛躍的発展へと転じた。そのために、悲観論は楽観論へと変貌した。さらに、九〇年代以降は経済力と政治的発言力を増すにつれて、国際社会での存在感が大きくなり、「台頭する中国像」が強くなった。いっぽうで急速に巨大化する隣国の威勢に対して恐怖・脅威のイメージもともなうようになり、「脅威としての中国像」が強まってきた。二〇〇〇年代は世界貿易機関（WTO）加盟を契機として、「大国としての中国像」がせりあがってきたが、中国は果たして世界の軌道に合わせて進むのか、中国独自の路線を歩んで既存の秩序を破壊していくのか。中国の姿勢に対して、期待と不安がないまぜになっている。

アスペクト⑩　パラダイム

現前の中国に対して、⑧の論題を立てて問題を対象化し、⑥の学知によって分析し、④の輿論に仕立てて、⑤のメディアを通して世論が形成され、⑨の中国像（イメージ）が醸成されていく。さまざまな局面で現前する中国の諸相について、これらのプロセスを踏みながら把捉していく営為を積み重ねていけば、そこに中国を正しく理解するための認識枠組み＝パラダイムが構築されていく。これまで日本ではどのような中国認識のためのパラダイムが構築されてきただろうか。

まず「革命パラダイム」がある。「革命パラダイム」とは、辛亥革命や五四運動のころを萌芽として見られ、国民革命を経て、新中国を樹立させた中国革命が、現代中国のありようを規定する決定的な要因であるとする枠組みである。この枠組みは改革開放政策が定着し、飛躍的な経済発展を遂げた一九九〇年代初めまで適用されてきた。

次に、一九五〇年代半ばのアジア・アフリカの非同盟中立主義の時代を契機として、アジアなどの地域あるいは、新興国・発展途上国などのグループの盟主としての、「地域大国パラダイム」がある。この枠組みは六〇年代の米ソ二正面主敵論や七〇年代のソ連主敵論においても、ＡＡ諸国のリーダーの自覚として機能したし、今は発展途上国の盟主意識、あるいは「北京コンセンサス」（北京共識）、「中国モデル」（中国模式）のような新興国の紐帯の論理、あるいは「東アジア共同体論」のような広域圏構想として、バージョンを更新しながら継続している。

いっぽうで文化大革命は、西洋モデルや日本モデルとは違う近代化の道があるのではないかとの示唆を生んだ。

それに触発されて、改革開放政策以降は「内発的発展論」や「自前の近代化論」が展開され、歴史学界では中国近代化論をめぐって、従来の「西洋の衝撃（western impact）論」に対抗して「中国に即したアプローチ（China-oriented approach）論」が提起された。ここに従来の「革命中国パラダイム」は、明らかに「近代化パラダイム」へと転換した。

さらに天安門事件の衝撃により、第一に、「百年中国論」「二〇世紀中国論」（先述の西村成雄など）という、ロングスパンでの中国認識が提唱され、これまでは前近代とみられていた伝統中国を、近代化という視座から長期的近代として包摂していこうという動きが生まれた。第二に、天安門事件以降の急速な経済回復に見る自生的な「華僑的状況」の増大により、「華僑経済圏論」「華人ネットワーク論」「朝貢システム論」「華夷秩序論」（先述の濱下武志など）への関心が再び高まった。その一方で、第三に、統治範囲の拡大や統治圧力の増大に見られる中央権力の強大化に着目して、かつての伝統中国の認識枠組みであった「冊封体制論」「朝貢システム論」などの「中華帝国論」を援用して、大国化する中国の内在論理を解明していくような動きも見られる（渡辺利夫など）[21]。

これら三つの学術動向は、いずれも長期的近代の視座に立つ枠組みの再設定であるが、「地域史」と伝統的帝国論という二つの異種の流れがせめぎあいつつ合流する、「超大国パラダイム」とでも名づけるべき、新たなパラダイム構築にいたる過渡的形態と見ることもできよう。「超大国パラダイム」を、それまでの日本人の対中国認識経路の形成要因となってきた「地域大国パラダイム」と「近代化パラダイム」のアマルガムと捉えることもできよう。

四　多彩な論者による豊かな中国像のために

中国観察家による社会科学的アプローチ

以上、敗戦後から今日まで、どのような中国認識が紡がれてきたのか、アスペクトごとにその時系列変化をたどった。その成果を表にまとめておく（表6－3参照）。表6－3での時期区分は、前著および本書の章ごとの区分に対応させている。そのうえで、二〇一〇年の尖閣諸島（中国名釣魚島）の沖合での中国漁船の日本海上保安庁巡視船への衝突事故以来、悪化の一途をたどり、政治・経済・文化の各方面で交流が滞って凍結したままの現在の日中関係について、思考をめぐらせてみたい。この一〇のアスペクト論に依拠したとき、日本人はこの同時代の中国をどのような認識経路を通して理解しようとし、なぜ交流に支障をきたし、何が両国の相互理解を妨げ、和解にいたる道を遠ざけているのであろうか。

現在は両国間の交流を円滑にするうえで、アスペクト①の交流ルートについては、政府間も民間も「トラック2」（政府が設定する、民間主導の外交方式）も、双方が意志を明確にすればすでにいくつものルートが備わっている。③の中国情報は、現状分析のための正確なデータや資料は、まだアクセス上、利用上の限界はあるものの、断交期と比べてはるかに入手しやすくなりつつある。⑤のメディアの多元化・通信環境の飛躍的発展と拡大によって、④の中国関連の輿論と世論に関しては、はるかに多種多様で大量の中国論が流通するに至った。

いっぽう、②の中国論の担い手の数は少なくないが、その属性は極めて限定され偏っている。日本の新聞・雑誌・テレビなどで露出する中国関係専門の論者・解説者・コメンテーターの顔ぶれを思い浮かべてみればわかるように、そのほとんどすべてが、現代中国語を使いこなし、豊富なデータを比較的容易に入手しうるアドバンテージをもち、専門知識を駆使して現状分析を行なう技能を備えた現代中国研究者で占められている。かつての論壇を賑わせたような、知識人・作家・活動家・政財界人が登場する頻度は極めて少ない。

また⑥の学知についていえば、現代中国研究者の足場は地域研究にあり、地域研究は諸学理を総合的に動員するものではあるものの、諸学理は社会科学系統の学知に偏り、文学・歴史・哲学といった人文科学系統の学知は総じて手薄である。したがって中国論者の依拠する情報や分析手法が類似しているため、同時代に生起する現実

⑥学知	⑦世代(主な関心対象)	⑧論題と知見	⑨イメージ	⑩パラダイム
ノロジー／事調査／国際共主義	30年代生まれ（中国革命・新中国成立）	敗戦（敗戦要因論，戦争責任論・贖罪論・恩議論）／中国革命（農村改革論）／国共内戦／中華人民共和の誕生（中共の権力正統性論）／講和問題（全面講和論）	旧中国像／新中国像	革命中国パラダイム
際共産主義／会主義／ＡＡ帯／世界平和動	30年代生まれ（中国社会主義化・ＡＡ独立）	中国の社会主義化（社会主義建設事業，思想改造運動）／第1次台湾海峡危機／東西平和共存／ＡＡ連帯（周恩来論）	新中国像／社会主義中国像	革命中国パラダイム／地域大国パラダイム
際共産主義／会主義／ＡＡ帯／世界平和動	30年代生まれ（中ソ対立・平和共存のかく乱）	社会主義圏内の対立（中ソ論争・中ソ対立論）／平和共存への疑念（第２次台湾海峡危機，中印紛争，大躍進政策，中国の核実験）／日本軍国主義復活批判（反60年安保運動）	社会主義中国像／非同盟中立主義中国像	革命中国パラダイム／地域大国パラダイム
域研究	50年代生まれ（文化大革命・民主運動論）	文化大革命（文革是非論，整風運動論，紅衛兵論，中国革命の再検討，毛沢東論）	世界革命の中国像	革命中国パラダイム／世界革命パラダイム
域研究	50年代生まれ（文化大革命・世界革命論・反体制運動・林彪事件）	文化大革命（コミューン国家論，学園闘争，反70年安保運動，ベトナム反戦運動，在日差別反対運動，東南アジア経済進出批判）／日中国交回復（道義型復交論，実利型復交論，実利型・反共型復交反対論）／中ソ紛争	西側に接近する社会主義中国像	革命中国パラダイム／世界革命パラダイム／独自の近代パラダイム
域研究	50年代生まれ（国交正常化後の日中関係）	中国政治（批林批孔，第１次天安門事件，民主の壁，周恩来と毛沢東の死去）／日中関係（日中平和友好条約締結交渉，尖閣問題）／中越対立	西側に接近する社会主義中国像	革命中国パラダイム／独自の近代パラダイム
域研究	50年代生まれ（改革開放・国交正常化後の日中関係）	中ソ・中米関係／中越戦争／改革開放（中国経済への展望）／中国での世論（民主化勢力，改革派知識人）／日中関係（宝山製鉄所問題，教科書問題，靖国問題，，胡耀邦辞任，光華寮問題）	日中友好の中国像／伝統中国像への回帰	独自の近代パラダイム／内発的発展パラダイム
地域研究	70年代生まれ（天安門事件）	中ソ関係／天安門事件（胡耀邦死去，民主化論，中共権力論，経済制裁問題）／社会主義論（社会主義中国はどうなる）	中国楽観論―悲観論―楽観論	独自の近代パラダイム／内発的発展パラダイム
域研究	70年代生まれ（民主化・経済回復の動向）	中国経済論（悲観論から楽観論へ，華僑ネットワーク論，中台港の三つの中国論，鄧小平の南巡講話，NICS・NIES 論）／中国史の見直し（20世紀中国論，中国近代化論）／日中関係（経済制裁是非論，尖閣諸島領有権論）／天皇訪中の是非	中国脅威論	長期的近代パラダイム／華僑ネットワーク・パラダイム
地域研究	70年代生まれ（民主・人権・憲政・自由など）	日中関係（江沢民の日中共同宣言，靖国問題，歴史教科書問題，反日デモ，胡錦濤の日中共同声明）／香港・台湾問題（香港返還，中台の連携と離反）／近隣外交問題（対 ASEAN，対ロシア関係，北朝鮮６カ国協議）	中国脅威論／中国台頭論	長期的近代パラダイム／華僑ネットワーク・パラダイム／地域大国パラダイム
地域研究	70年代生まれ（民主・人権・憲政・自由など，日中関係）	地球的問題（民族問題，環境問題，教育問題，格差問題，農村問題など）／地域の問題（東アジア共同体論，領土領有権問題，北京コンセンサス論など）	大国中国像	長期的近代パラダイム／華僑ネットワーク・パラダイム／中華帝国パラダイム

表6-3　戦後日本人の中国認識をめぐる10のアスペクト変遷表

時期区分	①交流ルート	②中国論の主な担い手	③中国情報	④輿論と世論	⑤メディ
1945-50	非公式／人民外交	社会主義系親中派・中国研究所所員／欧米ジャーナリスト／シノロジスト	延安からの帰国者／中国研究所／西側ジャーナリスト	親中派輿論	活字系
51-55	非公式／人民外交・民間外交	社会主義系親中派・中国研究所所員／政財界の親中派要人／中国からの帰国者／日本人訪中団	中国共産党／日本組	親中派輿論	活字系
56-64	非公式／人民外交・民間外交	社会主義系親中派・中国研究所所員／政財界の親中派要人／中国からの帰国者／現代中国研究者／シノロジスト／欧米ジャーナリスト／日本人訪中団	中国共産党／日本組	親中派輿論／社会主義体制内批判輿論	活字系
65-68	非公式／半官半民外交	政財界の親中派要人／反共中国論者／現地ジャーナリスト／現代中国研究者／シノロジスト／新左翼活動家／中国文学研究者・作家	中国共産党／現地ジャーナリスト	親中派輿論／社会主義体制内からの批判輿論／反共主義からの批判輿論	活字系
69-72	非公式／国交回復を模索	政財界の親中派要人／反共中国論者／現地ジャーナリスト／現代中国研究者／シノロジスト／新左翼活動家／中国文学研究者・作家	中国共産党／現地ジャーナリスト	親中派輿論／社会主義体制内からの批判派輿論／反共主義・国益論からの批判輿論	活字系
73-78	公式／官官外交	現地ジャーナリスト／現代中国研究者／中国文学研究者・作家	中国共産党／現地ジャーナリスト	社会主義体制内からの批判輿論／反共主義・国益論からの批判輿論 対中親近感，好中感の世論	活字系
79-87	公式／官官・民間外交	反共中国論者／現地ジャーナリスト／現代中国研究者	中国共産党／現地ジャーナリスト／現代中国研究者／各種シンクタンク	反共主義・国益論からの批判輿論 日中蜜月時代，好中感の高まり	活字系 映像系
88-90	公式／官官・民間外交	現地ジャーナリスト／現代中国研究者／中国人の書き手	中国共産党／現地ジャーナリスト／現代中国研究者／各種シンクタンク	反共主義・国益論からの批判輿論 疎遠感の世論	活字系 映像系
91-92	公式／官官・民間外交	現地ジャーナリスト／現代中国研究者／中国人の書き手	中国共産党／現地ジャーナリスト／現代中国研究者／各種シンクタンク	反共主義・国益論からの批判輿論／国益論からの日中連携輿論 疎遠感・親近感の世論	活字系 映像系
93-2000	公式／官官・民間・市民外交	現地ジャーナリスト／現代中国研究者／中国人の書き手	中国共産党／現地ジャーナリスト／現代中国研究者／各種シンクタンク	国益論からの批判輿論／国益論からの日中連携輿論 疎遠感・親近感・脅威感の世論	活字系 映像系
2001-現在	公式／官官・民間・市民外交	現地ジャーナリスト／現代中国研究者／中国人の書き手	中国共産党／現地ジャーナリスト／現代中国研究者／各種シンクタンク	国益論からの批判輿論／国益論からの日中連携輿論 疎遠感・親近感・脅威感の世論，嫌中感の高まり	活字系 映像系 ネット

中国の諸問題について、⑧の立てられる論題だけでなく、そこから打ち出される知見もまた、近接したものになる。ここ最近は、現代中国論をめぐって日本国内では専門家の間で、小さな事実関係をめぐる論争は当然あるだろうが、隣接領域を含む多くの専門家に波及するような論争、国民世論を大きく二分するような論議は聞かれない。

さらに現代中国研究者の⑦の世代についていえば、その大半が日中戦争を知らず、断交期を知らず、国交正常化の交渉過程やその歴史的意義について、事後的な研究を通してしか知らないような世代が、研究者のマジョリティを占め、日中和解といっても、日中の敵対・断絶・友好の諸局面を皮膚感覚で理解できる世代は、人口構成比上、薄くなりつつある。とはいえ、彼らこそがこの硬直した局面を招来した日本側の要因だとして、中国論者の未熟さや未経験を責めるのは筋違いである。日中友好の精神を取り戻せ、一九七二年の国交正常化において両国間で打ち立てられた両国関係のためのルールに学べ、と主張するだけでは、このグローバル化の時代には順応できない。そもそも一九七二年当時においても、現実政治の諸問題や、米ソ対立・中ソ対立・日台関係といった複雑な国際環境が横たわっていた。曖昧さを残した台湾問題や、副次的な問題として迂回された戦争責任問題や、回避された賠償など、国交回復のためにとられたのは、単純に日中友好人士の論理だけでは貫けなかった処理方式であり、「正常化」と言いながらも、十全な終戦処理を遂げたとは言い難い。

また、②の担い手が現代中国研究者に偏っていることをもって、社会科学系学知が現代中国認識にとって不適合的だというのは、あまりに強弁にすぎる。中国を冷静かつ客観的に分析する姿勢は、精確な事実認識にとって不可欠の条件である。たとえば、かつて戦後間もない頃の党派性の強い中国論者による新中国論、あるいは文革期の新左翼活動家による文革論は、認識対象である中国にあまりに接近しすぎ、場合によっては自らすすんで同化・一体化しようとしたために、過度の感情移入が事実の誤認を誘発したことは糊塗し難い実態である。

ただし、正確に客観的に中国を理解しようという彼らの必死の努力にもかかわらず、現前する中国は、単に中国を中国として切り出して排他的に論じることなどできない、手に負えないものになりつつあることを直視せねばならない。中国は、従来の方法論や先行業績のみに依拠しては解けない、巨大で複雑なパズルと化しつつある。もはや建国後六〇余年の間に蓄積された経験知や、中華人民共和国用に案出された構造式だけでは、解答は導き出せなくなりつつある。その意味では、中華民国あるいは晩期中華帝国をも含むスパンで眺める、百年中国さらには二百年中国の視座が求められることもあろう。また、先行する学知として、戦前日本の帝国的学知に現われた先人たちの知的営為にもまた、回顧するに足る業績のストックが秘められていよう。

人文知を取り戻す

結局のところ、日本の国民の間で、⑨の中国イメージが曖昧かつ貧相なものになっているのが現状ではないだろうか。中国イメージといっても、強大化し、むき出しのパワーで凌駕するような中国の実勢と虚勢の前に、そこはかとない脅威と恐怖を感じるという程度のもので、それ以上でも以下でもない。少なくとも、豊かで重層的な中国イメージが国民間に醸成されているとは、とうてい言えない。そもそも中国自身が自国を大国と自認しているのかいないのか。大国であるとすればどのような国であろうとするのか、気づいていない。

日本の国民に、できうることならば日中双方の国民に、小説でも映画でも演劇でも絵画でも音楽でもいいのだが、双方に良好な感情が湧き起こり通い合うような作品が、戦後はあまりにも乏しい。たとえば文学作品についていえば、中国側は戴季陶・魯迅・郁達夫・周作人など、日本側は芥川龍之介・横光利一・武田泰淳・堀田善衛など、中国人が日本を描き、日本人が中国を描いた、多くの国民に読み継がれてきた優れた作品が、戦前・戦中と戦後間もなくは確かにあった。それらの作品は、戦争や侵略や差別や蔑視や誤解など、克服すべき、まだ過ぎ去ってはいないさまざまな障害や悔恨や残滓に満ち満ちてはいるが、いまなお回顧され読み直されるべき鉱脈として、われわれのなかに蓄積されてきた。ところが、戦後は小説一つとっても、記憶に残るようなものが寥寥として、あまり想起されてこないのである。

やはり二七年間の断絶がもたらした認識の懸隔は、意想外に深いのであろう。たとえ戦火は交えなくても、人と人の感情の通う交流が途絶され、厳しく制限され規制されていたことは、相互認識におけるイメージの貧困をもたらし、人文知を枯渇させていったのである。相手を理解するには正確な分析も重要であるが、お互いの胸襟を開いての直観も欠かしてはならない。

いま、日中双方での取組みとして、日本が長い鎖国を脱し、中国が「海禁」(海外との往来を厳格に一元的に管理すること)を解き、相互の直接交流をはじめた近代期以降からの、先人の残した古典的資産を探し出し、双方が日中関係を考察し相互理解を深めるために汲むべき文化的公共財として再評価していくことが有用な知的営為であろう。たとえば清末期の黄遵憲『日本国志』や幕末期の高杉晋作『遊清五録』にまで遡って、これらの書物を通して、中国が日本と、日本が中国とどのように出会い、理解しあい、場合によってはどこで見誤り、理解しそこなってきたのか、生活感覚や民族感情のレベルにまで下りて、双方の他者認識を総点検していくことだ。

今後の日本人の中国認識にとって、新たなパラダイム(10)の構築が求められていることは贅言を要しない。そのために長期的スパンで中国を眺め、戦前戦中の先人たちの経験知を回顧する必要性は先述した。新たなパラダイムの構築に向けて、社会科学系の学知だけでなく、文化的資産を尊重し、人文精神を認識の拠り所とする人文系の学知もまた取り込んでいく努力が求められている。国交回復以降は、人文科学系は中国古典学として前近代を研究対象とし、社会科学系は現代中国論として現代を研究対象とするというような学術界の慣行によって、両者が学界内部で棲み分けられてきた。今や両者を融合する総合的・学際的学知が求められているのである。

補章　戦後日本人のモンゴル像
——地政学的関心から文学的表象へ

一　戦前のモンゴル研究

日清・日露戦争以降、日本は大陸東北部に進出し、韓国を併合し（一九一〇年）、「満洲国」を建国し（一九三二年）、「蒙古連盟自治政府」を樹立した（一九三七年）。この過程で朝鮮・満洲（「満鮮」「満韓」）—満洲・蒙古（「満蒙」）—内モンゴル（「蒙疆」）—東アジア（「東亜」）と勢力圏・支配圏を拡大するにともない、日本人の視野にモンゴル、とりわけ「東部内蒙古」地域がはっきりと入ってくるようになった。(1)

まず、軍隊や探検隊が地勢・情勢を調査して「兵要地誌」にまとめた。次に満鉄調査部（一九〇七年成立）・善隣協会（一九三四年成立）・西北研究所（一九四四年成立）などの在外現地研究機関が現地事情を調査し、報告書をまとめた。

研究者は「満鮮研究」—「満蒙研究」—「蒙疆研究」—「回教圏研究」へと、関心領域を地政学的に西方へと拡大していった。その過程で、中国研究の成果を踏まえつつも、「漠北」「塞北」「西北」の北方非中国文明圏を視野に入れ、ヨーロッパ東洋学者の「モンゴル学」、あるいは清朝学者の「辺疆史地」研究との国際的学術交流を通して、従来の中国史中心の「漢学」「支那学」から、「東洋史学」「東洋学」を構築した。那珂通世《なかみちよ》（一八五

一―一九〇八）・市村瓚次郎《さんじろう》（一八六四―一九四六）・白鳥庫吉《くらきち》（一八六五―一九四二）・内藤湖南《こなん》（一八六六―一九三四）・藤田豊八（一八六九―一九二九）・桑原隲蔵《じつぞう》（一八七〇―一九三一）・羽田亨《とおる》（一八八二―一九五五）・石田幹之助《みきのすけ》（一八九一―一九七四）・岩村忍（一九〇五―一九八八）・江上波夫（一九〇六―二〇〇二）などが主な研究者である。(2)

現地のモンゴル人と内地の日本人に対しては、『北支』（一九三九―?）、『蒙古』（一九三九―一九四四）、『世界画報』（一九三七?―?）、『回教世界』（一九三九―一九四一）などのグラフ雑誌を刊行して、モンゴルの風土・風俗・情勢を広報するビジュアル・メディアによる文化広報活動（「宣撫工作」）を展開した。そこで強調されているのは、ソ連の軍事的・経済的・思想的脅威に対して反共意識を高め、モンゴルに対しては民族的自立心を煽り（ただし「協和」を前提とする「自治」であって、「独立」は付与しない）、物心両面での宣撫・懐柔工作を図ることである。それによってモンゴル支配の正当化の根拠とし、そのための活動として、現地政府機関や善隣協会を中心に、モンゴルの羊毛・工業用の塩・石炭および鉄鉱鉱山などの利権を求めて資源開発を行ない、教育・医療・交通などの各方面でインフラ整備を進めた。

そこには、「支那事変」「大東亜戦争」下にあって、モンゴルを「防共の前衛」として北方の国防を固めて対ソ戦に備え、満洲・モンゴル・新疆のアジア北方回廊を安定的な物資輸送と貿易流通ラインとして確保するという目的を蔵していた。支配のためのイデオロギーとしては、ソ連に対しては反共主義、中国に対しては反ナショナリズムを唱え、汎モンゴリズムや汎ツラニズムを包摂しうる上位概念として「大亜細亜主義」を鼓吹し、「東亜の盟主」としての日本の地位を誇示しようとした。

二　敗戦によりフィールドを失ったモンゴル研究

日本の敗戦により、日本人は強制的に抑留された捕虜を除き、祖国に引き揚げた。『朝日新聞』一九九五年六月一九日の「モンゴル抑留文書明らかに――当初は二万人計画／首都建設を目的に／ソ連へ移送を要請」が伝えるところによると、朝日新聞社はモンゴル公文書管理庁の歴史中央文書館に保管されていた捕虜政策に関する二万枚を超える全文書を入手した。それによると、四五年一〇月から一二月まで六回に分けて、シベリアに送られた日本人捕虜のうち、一万二三一八人がモンゴル政府の要請に基づきモンゴルに引き渡された。抑留中の死者は一六一八人、他に三人が脱走し行方不明とされている。モンゴル政府は捕虜対策と建設事業のため、四五年一〇月一二日に捕虜管理庁を設置し、捕虜たちを首都ウランバートルを中心とする近代的都市建設の労働者として動員した。だが酷寒のなかでの長時間労働に加えて、食料不足や輸送手段の不備により、抑留中の死者は前述のように一六一八人に達した。このうち、一五九七人の死亡者については、一九九一年八月に、モンゴルから日本側に死亡者名簿が渡された。モンゴルにおける日本人抑留の実態がモンゴル側によって明らかになった背景には、一九八九年末からの東欧民主化の影響によるモンゴル民主化要求運動を受けてのモンゴルの社会主義体制の崩壊があった。

その後の調査によると、(3) 日本人強制抑留者は六三カ所の収容所に収容され、一九四七年一〇月までに集団帰国した。埋葬地に対する日本人の小規模な墓参は六六年と七二年に実現し、日本政府が九一年にモンゴル政府に対して日本政府への埋葬地資料の提供、遺骨収集、墓参実施についての申入れを行なったのを受けて、上記の死亡者名簿の提供につながったのであった。併せて九一年八月の海部首相のモンゴル訪問の際、日本人の遺骨収集と遺留品の引取りへの協力を要請し、モンゴル側の同意を得た。日本人埋葬地は一六カ所あり、モンゴル赤十字によりダンバダルジャ墓地（日本人八三五人が埋葬）、ボジルボラン墓地（日本人二五二人が埋葬）の二カ所が最初に整備された。その結果、九三年から九六年にかけて、本格的な墓参の実施が開始された。遺骨収集もまた調査を経て、九四年から九九年にかけて、一五〇一柱の収集が効果的に実施された。

実は筆者の叔父（父の弟）の池上正光（一九二六年生まれ）は、ウランバートルの収容所に抑留されて現地で死去した一人である。正光が持参していた手帳のメモによると、彼は満洲軽金属株式会社に勤めていたが、公主嶺で現役兵として入隊したのち赤痢を患い、八月九日に公主嶺の陸軍病院に入院（同日にソ連軍が満洲に侵攻）、九月二九日に退院すると捕虜になりシベリアに送られ、一一月二五日に中ソ国境のブラゴベシチェンスクに着き、チタをへて一二月一日から数日後にウランバートルに送られた。そこで抑留されたのち、翌年一月二〇日、同地で病没している。この叔父がボジルボランに埋葬されていることは、日本人捕虜一〇〇〇人余りを統括する水戸出身の大隊長が作成した日本人墓地埋葬者人名簿（一九四七年一〇月一九日作成）からも明らかであった。

父はモンゴル国で民主体制への移行がなされた直後の一九九一年八月一五日から二四日にかけて、長野県モンゴル親善協会の墓参代表団に加わり、八月二〇日にボジルボランでの墓参を果たした(4)。この時の墓参が、テレビ信州の制作で『草原の墓標――モンゴルに日本兵の面影を追う』として、一九九一年九月一日にテレビ放映された(5)。当時ボジルボランには埋葬者の墓標は立てられておらず、小さな枕石が置かれて札に番号が書かれているだけであったが、先述の大隊長の名簿に書き記された埋葬した場所を示す表によって埋葬位置が特定された。

叔父の遺骨は、一九九九年三月一日に、厚生省援護局長野県支部を通して自宅に届けられ、その日のうちに一族の墓地に納骨された(6)。

父が墓参を果たしたことで、筆者にとってにわかにモンゴルという存在が近しいものになった。それまで旧ソ連に抑留されていた日本人のことは知ってはいたが、モンゴルにも抑留者がいたことは知識として持ち合わせていなかったため、兵隊に行った叔父がモンゴルで死んだらしいという、親族間で言いならわされていた風聞に合点がいかないでいた。ましてやごく普通の日本人にとっては、モンゴルでの強制抑留については、記憶としてはおろか、歴史の知識としても定着していないだろう。いっぽう、モンゴル国民にとって日本人抑留者は、ウランバートル市内の近代的建築物の建設工事に従事するなど、近代的都市建設のために寄与した人たちとして好意をもって記憶され、今もなお語り継がれている。

ことほどさように、日本にとって同時代のモンゴルについて知る手がかりは、非常に乏しい。モンゴルとの交流の懸け橋となるべき日本のモンゴル研究者は、敗戦により、モンゴル人民共和国においても、内モンゴルにおいても、調査・研究のための拠点を失った。そこで戦後のモンゴル研究は、フィールドなきモンゴル学として出発せざるをえなくなった。それまで現地で蓄積されてきた豊かな研究成果は、敗戦後の日本人からは「敗者の言説」として顧みられなくなった。戦後のモンゴル研究者もまた、戦前のモンゴル関連の研究を直接継承することには抑制的となった。

戦後のモンゴルに関する研究は、文献学や言語学を中心にして、学統としてはソ連やドイツの系譜を継ぐものとして再出発した。モンゴルとの国交が樹立し（一九七二年）、モンゴルへの国費留学が可能になった一九八〇年代後半以降、現地調査がなされるようになってからは、研究の主流は国立民族学博物館を拠点とする文化人類学に移り、草原遊牧民の生活誌を調査し記録する時期がしばらく続いた。歴史学研究については、日本の関与が強かったために、歴史評価をめぐって現実の外交や国際政治に微妙な問題を投げかける近現代史の分野は、少なくとも一般読者向けには目立った業績は現われず、多くはモンゴル帝国・元朝についての研究で占められた。

日本人の現代モンゴルに対する関心もまた、急激に低下した。日本のメディアで、モンゴルを取り上げたニュースや記事が登場することは、今なおまれである。筆者が前著で分析の対象とした、一九四五年から七二年までの中国に関する記事二五〇〇本余りのうち、モンゴルを論題として取り上げた記事は、おそらく皆無だった。それればかりか、その二五〇〇本余りの中国関連記事のうち、内モンゴルの少数民族問題を専論した記事もまた皆無だった。

そもそも四五年から七二年の間に発行された雑誌のなかで、中国国内の周縁部に住む少数民族区域において発生した、移住・入植した漢族との軋轢や紛争といった、いわゆる少数民族問題について論じたものは、二五〇〇本のうち、一九五九年三月のチベットのラサでの武装反乱と人民解放軍の武力鎮圧、さらにダライ・ラマのインド脱出を促したチベット事件について、『世界』一九五九年七月号の特集「チベット問題――中印間の論争をめぐって」とその前後に『世界』に掲載された関連記事程度しかなく、併せて一〇本にも満たない。

しかしながら、その後の研究や、公開された歴史資料・口述証言などが明らかにしているように、この時期に、チベット問題にとどまらず、内モンゴル自治区にせよ、新疆ウイグル自治区にせよ、延辺の朝鮮族自治区にせよ、少数民族問題が存在しなかったわけでは決してない。楊海英（大野旭）は、内モンゴル自治区での文化大革命が、漢族のモンゴル人に対する陰惨極まりないジェノサイドであったことの実態を、同時代文献資料・当事者の証言・その後の中国内外での先行研究から、日本の読者に初めて明らかにした(7)。

言い換えるならば、一般の日本人には、中国の少数民族問題について、それを問題として捉える眼差しや認識枠組みが欠如していたということである。したがって論題として少数民族問題が立てられず、ひいては中国に居住する少数民族の存在自体が、中国全般に関心を持つ多くの日本人にとって視野の外にあり、可視化されていなかったのである。

皮肉なことに、内モンゴルの文化大革命について、同時代の日本人に伝えていた、管見の限り唯一の雑誌があった。それは北京の外文出版社から発行されている月刊の対日宣伝雑誌『人民中国』一九六八年三月号の特集「赤い太陽は内蒙古草原を照らす！」であった。六七年の一一月に内蒙古自治区革命委員会が成立しており、北京から派遣された革命委員会主任兼内モンゴル軍区司令官で、大規模なモンゴル人虐殺を直接指揮した漢族の滕《とう》海清将軍が英雄的に描かれ、打倒された元の内モンゴル自治区人民政府主席のウーランフーについては、名前すら登場せず、「内蒙古最大の実権派」としてその存在がほのめかされているだけである。『人民中国』記者のリードには、こう記されている。

広びろとした美しい牧場と耕地、果て知らぬ樹海と鉱山、草原の多くの新興都市、無辺の荒野と砂漠……内蒙古自治区はそうしたものをかかえながら、中国北部の辺境に横たわっている。歴史に前例のないプロレタリア文化大革命のあらしは、わずか一年ばかりの間に、反修正主義の前哨であるこの広大な内蒙古自治区にどのような大変化をもたらしたのだろうか?

そこでは「資本主義の道を歩む実権派」「修正主義者」を打倒した新幹部たちが座談会をし、革命と生産が順調に進む内モンゴルの今が紹介されている。いっぽう、入植した漢族が広大な草原を農地化させ、牧畜民を権力闘争に駆り立てて土地を取り上げ、漢族が幹部としてモンゴル人の党組織や各職場に入り込んで、粛清を進めていった事実は、すっかり覆い隠されている。同時代の日本人に内モンゴルを伝える記事が、当時これくらいしかなかったとするならば、むしろモンゴルに無関心であった方がましなくらいである。生半可な中国通の日本人は、モンゴルに対する誤解を増幅させることにつながってしまうからだ。

もう一つの例を挙げると、二五〇〇本の中国関連記事おいて、最多の論題は、一九七二年九月二九日の日中共同宣言にいたる日中国交回復に関する記事で、二二〇本余りを占める。いっぽう、日中国交回復に先立ってなされた一九七二年二月一九日のモンゴルと日本との国交樹立の場合はというと、総合雑誌においてはおそらく専論したものはないだろう。主要紙においても、一面トップで報じたものは、『読売新聞』同日夕刊(「モンゴルと国交、共同声明」)のみであって、新聞紙上では目立った報道はなされていない。各紙の論評も概ね同工異曲で、元来、両国間に国交樹立を阻む大きな問題はなかった上に、①アメリカが黙認した、②ソ連は国交を希望していた、③中ソ対立のさなかだが、中国は前年モンゴルとの間に大使交換を回復した、④モンゴルの領有権を主張してきた台湾中華民国政府が国連での議席を失った、⑤モンゴル側が第二次大戦中の損害賠償を要求せず、経済援助も要求しなかった、といった理由で、大きな障害もなく、モスクワでの両国大使間交渉開始後わずか四日間ですんなりと共同声明が発表された。唯一社説で両国の国交正常化を取り上げた『毎日新聞』では、次に引用するように、外交関係正常化を評価し歓迎しながらも、それは日中国交正常化の序曲であって、モンゴルとの国交樹立が中国政府を刺激して日中復交を妨げるようなことがあってはならないとしている。

しかし、留意しなければならないのは、ここに指摘したような意味で、モンゴルが中ソ対立の間に立って、ソ連寄りの立場をつよめていることである。中ソいずれにも偏しないばかりでなく、近い将来、日中正常化という国民的な課題に取組む必要に迫られている日本として、モンゴルとの関係正常化がいささかでも、これを阻害する方向で利用されるようなことがあってはなるまい。米中ソの三極関係のなかで、中ソ関係が現在最も危険な状態にあるといわれているだけに、政府の慎重な配慮がのぞましい。

メディアの対応がこのような具合であるから、一般の日本人にとっては、モンゴルと日本との国交回復のことは、現在にいたるまでほとんど記憶にはとどめられていないのが実情である。

三　異民族による中国征服王朝への関心

しかしながら、日本人は戦前のモンゴルへの積極的関与の歴史と記憶を忘却したわけではない。モンゴルへの同胞意識を支えてきたアクターが、それまでの軍やアカデミズムから、文藝作品の実作者へと変わっていったのである。

文藝作品に現われたモンゴル表象には主に三種ある。以下、三節に分けて論じていくこととする。

第一は、歴史上の異民族による中国征服王朝への親近感として、モンゴル帝国および元朝を題材とする作品である。

中島敦（一九〇九―一九四二）「李陵」（『文學界』一九四三年七月号、文藝春秋）は、この系譜を描いた先駆的な作品とも言うべきもので、戦時中の一九四三年に、作家没後に発表された中編小説である。漢代に武帝の匈奴を討伐せよとの命を受けた名将李陵は、歩兵部隊を率いて匈奴の精悍な騎兵隊と当たらざるを得ず、衆寡敵せず捕虜となった。佞臣たちの讒謗もあって、戦死せずに敵の虜となったことを知らされて怒る武帝を前にして、ひとり史官の司馬遷のみは李陵の善戦を讃えたがために、その不遜な態度をなじる顕官たちの讒言を容れて、武帝は司馬遷を宮刑に処した。司馬遷は恥辱を克服して発奮して李陵の事績を『史記』に記した。それによると、匈奴の君主である単于《ぜんう》に降った李陵は、その強壮ぶりを認められ賓客の礼をもって遇せられ、次第に北胡の風俗になじみ、讒言によって故郷の母妻子を族滅された怨みもあって、匈奴の軍略に与るようになった。他にも捕虜となって匈奴に降った漢の軍将たちはおり、蘇武のように節を枉げず祖国に帰った者もいて、李陵の心をかきむしったが、李陵は丈夫再び辱めを受けずの気概を捨てず、決して漢土を踏むことはなかった。

この作品で注目すべきは、匈奴と漢の生活や習俗を対比させながら、当初はその違いに当惑し、匈奴の人びとに堅く心を閉ざしていた李陵が、単于に厚遇されたことや、若き勇士たちとの友情や、新たに得た現地の妻子たちとの新しい生活を通して、次第に草原の騎馬の暮らしを満喫するようになっていく過程を描いていることである。これまで卑しく禽獣に近いとまで言われてきた胡俗であるが、漢人のいう礼儀とは、実は色に耽り財を貪る醜陋さを美名の虚飾で取り繕っただけのもので、そんな陰険さよりも、胡俗の粗野な率直さの方がはるかに好ましいと、李陵は両者の文明を対比させながら述懐する。

初め一概に野卑滑稽としか映らなかった胡地の風俗が、しかし、その地の実際の風土・気候等を背景として考えて見ると、決して野卑でも不合理でもないことが、次第に李陵にのみこめて来た。厚い皮革製の胡服でなければ朔北の冬は凌げないし、肉食でなければ胡地の寒冷に堪えるだけの精力を貯えることが出来ない。固定した家屋を築かないのも彼等の生活形態から来た必然で、頭から低級と貶し去るのは当らない。漢人の風を飽く迄保とうとするなら、胡地の自然の中での生活は一日と雖も続けられないのである。

この作品は中島の生前に発表されることはなかったが、中島はそのタイトルとして「莫（朔）北悲歌」を考えた形跡がある。(8) 漢学者の家系に生まれ、漢文の素養を駆使した達意の文章を書く中島でありながら、パラオの南洋庁に赴任し、南方の風俗に親しんだ経験があればこそ、中華文明とは異なる文明圏に対する鋭い感性が錬磨されていたのであろう。

戦後のごく普通の日本人にとって、「モンゴル」と聞いてイメージするものは、多くの場合、「チンギス・ハーン」と「蒙古襲来」（元寇）の二つに尽きると言って過言ではない。わけても「蒼き狼」ことチンギス・ハーンは日本人に好まれた題材で、日本人にとっての歴史ヒーローである源義経が、実は渡海して成吉思汗になったという伝説があるほどで、実際に東北には義経ゆかりの地名や寺がいくつか残っている。伝説によると、兄・源頼朝に追われ、奥州（岩手）の衣川で非業の死を遂げたとされている源義経は、影武者を使って自害したように見せかけ、実は北海道に逃れ、黒竜江一帯の金山との交易で往来していたアイヌの軍隊を率い、義経軍の残党とともに間宮海峡を渡り、モンゴル族のいい血筋の出自を持ちながら若くして死んだ鉄木真《テムジン》の名を継いで、モンゴル民族の統一を成し遂げ、即位し成吉思汗を名乗ったというものである。高木彬光『成吉思汗の秘密』（光文社、一九五八年）は、この源義経＝成吉思汗一人二役伝説を歴史推理小説に仕立てた作品である。

この二つの典型的なモンゴル・イメージを掻きたてる人物を主人公にして歴史小説として作品化し、多くの読者を獲得し、高い評価を得たものが、井上靖『蒼き狼』（文藝春秋新社、一九六〇年）と『風濤』（講談社、一九六三年）である。前者は第一八回（一九六〇年度上半期）文藝春秋読者賞を、後者は読売文学賞を受賞した。

『蒼き狼』は『元朝秘史』を翻案したジンギスカンの一代記で、井上もまた、大学生のころ源義経＝成吉思汗伝説に関心を持っていたが、小説『蒼き狼』にはこの伝説のことは全く反映されてはおらず、『元朝秘史』を中心に『蒙古源流』『アルタン・トプチ（蒙古年代記）』などの原典に依拠しつつ、ドーソン『蒙古史』、ウラジミルツォフ『蒙古社会制度史』『成吉思汗伝』などの書物を参照して、成吉思汗の一代記を仕上げた。この小説はのちに演劇化され、二〇〇七年にはオール・モンゴル・ロケで総製作費三〇億円を投じて、日本・モンゴル合作で『蒼き狼　地果て海尽きるまで』のタイトルで映画化された（角川映画、監督・澤井信一郎）。

モンゴルのボルジギン氏族に生まれた鉄木真は、かつて実母ホエルンを辱めたばかりか妻のボルテを略奪したメルキト部族を襲撃して妻を奪還し、メルキト部族への大虐殺を敢行し、父エスガイを毒殺した仇敵であるタタル族を潰滅し、タイチュウト族を掃討し、モンゴル高原の諸部族を統一して王（汗）を宣した。次に義兄弟の誓いを交わしたジャムカ率いるジャダラン族の軍を撃破し、長く蒙古高原南方で強勢を誇ったトオリル・カン率いるケレイト族を滅ぼし、アルタイ山脈を越えて西方のナイマン族を攻略して蒙古高原の全部族を平定した。一二〇六年春、各部族の首領たちによる大会議（クリルタイ）を開いて、全モンゴルの王として成吉思汗《チンギスカン》の名をもってカーンの地位に推戴された。さらに母の死を契機に金国掃討の意思を固め、金への進軍の途上にある西夏を平定しようとして西夏からの和議を受け入れ、一二一一年三月、金に出征、モンゴル諸部族から編成された大騎馬軍団は、大同府を占拠し、長城線の城砦を破って中都に迫り、金は成吉思汗の降伏勧告を受け入れ媾和が成った。この戦果に飽くことなく、成吉思汗は西方のカラ・キタイ、ホラズムを平定し、第三子のエゲデイを後継者に指名し、反旗を翻した金国を再び征討しようとする帰途の一二二七年夏、病没した（享年六五歳）。

井上がこの作品に込めたモチーフは、「成吉思汗のあの底知れぬ程大きい征服欲が一体どこから来たかという秘密」[9]を明らかにすることであった。作品中で成吉思汗を生涯にわたって煩悶させるのは、自分は母ホエルンがメルキト族に略奪されて犯されたときの子ではないのか、果たして自分は狼の血統の継承者であろうか、狼の末裔として生きられるだろうかという、出生の秘密である。一二二五年、キプチャク出征中にカスピ海の畔で死んだ息子のジュチもまた、異族に奪われた妻のボルテを奪還した後に生まれた子で、彼の死の知らせを受けた成吉思汗は、その時初めて誰よりも自分がジュチを愛していたということに気づいたのだった。

自分と同じように掠奪された母の胎内に生を享け、自分と同じように、自分がモンゴルの蒼き狼の裔たることを身を以て証明しなければならなかった運命を持った若者を、成吉思汗は他の誰よりも愛していたのだった(10)。

いっぽう『風濤』は、チンギス・ハーンの孫のモンゴル帝国第五代皇帝で、大都（現在の北京）に遷都し、元朝を創始した世祖フビライの治世に、二度にわたって日本に服属を迫って侵攻した一二七四年・八一年の文永・弘安の役を描いたものである。日本ではこれを「元寇」と称し、二度の来寇はいずれも暴風が吹いて上陸を阻止し撃退した。日本人にとっては「神風」神話の勇壮感を掻きたてられる歴史上の出来事である。だが、この作品はそのタイトルが、日本征討の前進基地とさせられ、蒙漢朝の連合軍に組み入れられた、朝鮮の高麗に対して世祖フビライが与えた詔書にある「風濤険阻ヲ以テ辞ト為スナカレ」という字句から取ったことからもわかるように、徹底して高麗の側に立って描かれている。依拠する資料は元・高麗のもので、日本側の動きは全くと言っていいほど叙述されておらず、蒙古撃退に功績のあった、時の執権北条時宗の名前すら登場しない。

ここには高麗を降伏させ、南宋を討滅し、なお東征して日本に服属を迫ろうという、世祖フビライの飽くなき領土獲得の野望が、鷹揚な慈悲深さと酷薄な残忍非情さとがないまぜになった百戦錬磨の帝王らしき風貌から浮かび上がる。それと対比させて、属国となった高麗の元宗と宰相李蔵用、元宗を継いだ太子の忠烈王と宰相金方慶を通して、植民地弱小国の悲哀と苦衷がリアルに活写される。高麗の統治者たちは、世祖の挙止言動に戦《おのの》きながら、元朝の属国となり、領土が割譲されて亡国となる末路を案じ、国書を捏造したり、辮髪や胡服の風に従ったりして急場をしのごうとするのだが、元から派遣された駐在官・駐留軍や、日本征討のための徴発徴用によって、国力が減退し、路傍に貧民が溢れていく事態を押しとどめられない。

モンゴル帝国や元朝を舞台にしたものではないが、司馬遼太郎『韃靼疾風録』（中央公論社、一九八七年）は、一七世紀の明清交替において、「韃靼《ダッタン》」「満洲《マンチュー》」「満韃子《マンダーツ》」とよばれた半農半牧生活を送る女真族のヌルハチとその子ホンタイジが騎兵部隊を率い、女真からは「モング」、漢人からは「北虜」と呼ばれた剽悍なモンゴル人を招致し臣属化して、山海関を入関して華域に入り明朝を征服するまでを、日本から朝鮮半島を経て中国東北地方を中心にモンゴル地域にまでいたる広大な東方ユーラシアを舞台に描いた歴史物語である。上品で洗練されてはいるが、狡知と縟礼のあまり尚武の気風をなくし、貪官汚吏によって腐敗した漢族帝国の明朝の堕落ぶりと、女真を対比させ、主人公に九州平戸に漂着した韃靼公主を送り届ける任務を帯びた日本人武士を選ぶことで、日本人が潜在的に抱いている中華の北方周縁の回廊地帯に対する親近感を作品化したものである。

また、浅田次郎『蒼穹の昴』（講談社、一九九六年）は、清朝末期の王朝を舞台にしたもので、隆盛を極めた異民族王朝が没落し革命によって打倒されるまでを描いた中国歴史小説で、日中合作でテレビドラマ化された。一九七二年の日中国交正常化後に放映されたＮＨＫ番組『シルクロード』をきっかけにしたシルクロード・ブームや、森と馬の織りなす幻想的な情景を描いた平山郁夫の絵画も、中華帝国の周縁に生活しながら、中華文明圏に囲い込まれない異民族たちへの日本人の親近感の表象として捉えてよいだろう。

四　草原の非農耕騎馬遊牧民への郷愁

第二は、草原の非農耕遊牧民に対するノスタルジーである。

大塚勇三再話・赤羽末吉画『スーホの白い馬』（福音館書店、一九六七年）は、小学校低学年の国語教科書に必ず出てくるから、ある世代以上の日本人なら誰もが知っている馬頭琴の由来譚である。スーホというモンゴルの牧民が大事にしていた白い馬が王様の恨みを買って傷つけられて、スーホのもとに帰り、亡骸を使って楽器を使ってほしいと言い置いて死に、スーホは白い馬の亡骸で馬頭琴を作ったという話である。現時点で一二〇刷を超えるロングセラーである。

司馬遼太郎『モンゴル紀行』（朝日新聞社、一九七四年）は、司馬の全四三巻にわたる人気シリーズ『街道をゆく』の初期に企画された第五巻目の作品である。大阪大学外国語学部モンゴル語学科を卒業した司馬が、その地を踏むことを念願していたモンゴル紀行が、日本との国交樹立によってようやく実現したさいの紀行文で、一九七三年一一月二日号から翌六月一四日号まで『週刊朝日』誌上で連載された。国交して間もないころのことで、モンゴルに行くのは大変不便で、新潟―ハバロフスク―イルクーツク―ウランバートルと、四泊かけての大旅行であった。しかも、社会主義国であるから、渡航も旅行も不便であることこの上なく、旅行先に旧知のモンゴル人はおらず、モンゴル人も国交が途絶えていたから、日本人には戦後ウランバートルに捕虜として引き渡された日本人以外には会ったこともないような状態だった。記録の大半は、街角での人物描写や草原の風景、草原の遊牧民についての文明談議に費やされている。

とはいえ、ウランバートルからゴビ草原に飛び、ゲルに泊まって満天の星群に足がすくむほど圧倒されたり、草原の雑草の芳しい香り、馬やラクダや羊・山羊の生態が純朴なモンゴルの人々のたたずまいと併せて、活き活きと描写されている。草原の遊牧民への憧れと郷愁が行間に漂っているのは、たとえ司馬がモンゴル語学科出身であるにせよ、それまでモンゴルを訪れたことはないのであるから、考えてみれば不思議なことである。

優れた文明史家でもある司馬は、モンゴル人が農耕民である中国人を最も嫌っていること、中国もソ連もモンゴル・ナショナリズムや汎モンゴル運動に対して極めて警戒的であること、したがってチンギス・ハーンを民族英雄として称揚することはタブー視されていることを書き留める。そして大正から昭和初期にかけて、この汎モンゴル主義運動をモンゴル人に使嗾し、満洲蒙古・蒙疆・外蒙を一つにする大モンゴル国家建設の夢を煽った日本の、帝国主義的な底意について触れ、こう指摘するのを忘れない。

モンゴル人にとっては、厄介なことに、その想念の中に日本国が濃厚に存在する。しかも戦争と膨張という血なまぐさいイメージをともなう現実としてである。

井上靖・司馬遼太郎『西域をゆく』（潮出版社、一九七八年）では、モンゴルに題材をとった名作を数多く残した両作家によって、遊牧民の生活が詩情豊かに語られ、中華文明とは異なる文化伝統への洞察がなされている。文学作品ではないが、江上波夫『騎馬民族国家』（中公新書、一九六七年）は、日本の古代史に遊牧騎馬民族が渡来して日本を征服したとの説を唱え、学界内部ではさまざまな反論が浴びせられ、いまだにその決着はつけられていないが、多くの読者の共感を呼んだ。

江上は東京帝国大学文学部東洋史学科出身、卒論は「漢代匈奴の文化」で、一九三〇年に卒業するとすぐに東亜考古学会の留学生として北京に派遣され、北京大学・燕京大学・輔仁大学などで中国の考古学や蒙古史を学んだ。同年春に、五〇日間の内蒙古の砂漠・草原地帯への踏査旅行を、冬にはチャハル省北部とシリンゴール盟西部の蒙古高原への牛車・駱駝による旅行を、また翌年八月には、満洲事変前夜の物騒とした世情のなか、張家口を出発して、内蒙古高原の草原地帯を横断して興安嶺を越え、通遼に出るまでの約一二〇〇キロを踏破した。一九三五年には、東亜考古学会の要請でウランチャプ盟・バインタラ盟の考古学的・人類学的調査を行なった。後二者の調査旅行は、モンゴリア調査班編『蒙古高原横断記』（朝日新聞社、一九三七年）として出版された。さらに一九四三年には、国立民族研究所に入り、翌年、内蒙古にラマ寺院の実態調査を行なった。

敗戦後、一九四六年秋に帰国し、東京大学東洋文化研究所の教授に奉職したのち、岡正雄（元民族研究所所長）・八幡一郎・石田英一郎らとの座談会で、「日本民族＝文化の源流と日本国家の形成」を発表し[11]、こう語った。

大陸北方騎馬民族の一派が朝鮮半島南部の倭人の地を飛び地として、倭人の本拠である日本に渡来し、北方騎馬民族文化をそこに招来したという推測が可能のように思われる。騎馬民族の中心勢力を成したのは天皇氏で、その日本渡来は西暦四世紀の前半であることが想像に難くない。

騎馬民族の日本征服説の第一声である。すなわち、後期古墳時代に、「東北アジア系騎馬民族が新鋭の武器と馬匹とをもって、朝鮮半島を経由し、おそらく北九州か本州西端部に侵入してきて、四世紀末ころには畿内に進出し、そこに強大な勢力をもった大和朝廷を樹立した」というもので、その外来民族＝天神族・天孫族こそが、朝鮮半島から直接渡来し、大和朝廷を創始し、倭人を征服して統一国家日本を建国した騎馬民族の天皇家だというのである。この騎馬民族征服国家説を立てるにあたって江上は、古代の東北アジアに創建された夫余・高句麗・百済・任那（加羅）・倭はすべて同一系統の出自であることが、古文書の記述や、出土文物・陵墓遺跡の形態の共通性から実証できるという。

江上は東洋史学者のなかでは、戦前・戦後と一貫した学説を展開した稀有な学者であり、騎馬民族国家説の着想には、戦争中に大学で東洋史学を通して、北方ユーラシアの遊牧民が農耕民族の漢民族に対抗して中国王朝を脅かし、時には農耕民族を征服して王朝国家を建設してきたことを学んだこと、馬に跨って蒙古草原を踏破し、遊牧民とともに暮らした経験が活かされていることは言うまでもない。後に江上は、騎馬民族説を提唱した敗戦後まもない頃のことをこう証言している。

当時の日本では、戦前の皇国史観を克服すべく、まず唯物史観に立つ学者たちによって新しい日本史が書き始められていた。また、津田左右吉博士の系統を受けた文献批判的な方法論による日本史の書き換えも行われていた。しかし、私はその二つの新しい日本史研究のどちらにも飽き足りなかった。私には、そのいずれも新しいというが、それは本当に新しい日本史であろうか、それらは相変らず封鎖された日本だけで歴史を解決しようとしているではないか、アジア大陸、朝鮮半島との古代からの関係をまったく無視し、視野を日本に限って歴史を復原しようとする史観は、その限りでは自ら克服しようとしている皇国史観と少しも異なるものではない、と私は思った。なぜアジア、少なくも東アジアのなかの日本という視点で日本史を構築しようとしないのか。(12)

と同時に江上は、騎馬民族説は自分一人の独創ではなく、日本史文献史学者の喜田貞吉の「日鮮民族同源論」(『民族と歴史』第六巻一号「鮮満研究号」一九一九年)の骨子と大筋では一致していると言う。喜田説は両民族の伝承の共通点から、天皇家の本源が朝鮮半島にあるとしたのを受けて、「同源」たる民族を騎馬民族として捉えた、「喜田説の現代版」だとする。(13)

「日鮮同祖論」は、戦後、敗れた侵略者の言説として封印されていた。これを騎馬民族説と一致するものとして再評価した江上の証言は大胆なものであった。二〇〇二年サッカー・ワールドカップの日韓共催の前年末に、韓国に対する思いとして、他でもない天皇陛下は、この「日鮮同祖論」を連想させる「お言葉」を述べたのだった。

日本と韓国の人々との間には、古くから深い交流があったことは、日本書紀などに詳しく記されています。韓国から移住した人々や、招へいされた人びとによって、様々な文化や技術が伝えられました。宮内庁楽部の楽師の中には、当時の移住者の子孫で、代々楽師を務め、今も折々に雅楽を演奏している人があります。

こうした文化や技術が、日本の人々の熱意と韓国の人々の友好的態度によって日本にもたらされたことは、幸いなことだったと思います。日本のその後の発展に、大きく寄与したことと思っています。私自身としては、桓武天皇の生母が百済の武寧王の子孫であると、続日本紀に記されていることに、韓国とのゆかりを感じています。武寧王は日本との関係が深く、この時以来、日本に五経博士が代々招へいされるようになりました。また、武寧王の子、聖明王は、日本に仏教を伝えたことで知られております。(14)

五　モンゴル独立への心情的加担

第三は、モンゴルが清朝あるいは中国からの抑圧・蔑視に晒され、漢族の入植による遊牧地が奪われて農地化したことに同情し、モンゴル民族独立を支持する、血沸き肉踊る冒険活劇の系統である。

この系統にとって、第一七回芥川賞を受賞した石塚喜久三（一九〇四―一九八七）「纏足の頃」（一九四三年）(15)は、その先駆的作品として挙げうるかもしれない。本作品は張家口で発行されていた文藝雑誌（『蒙疆文学』）に発表されたもので、著者の石塚は北海道小樽市に生まれ、一九四〇年に単身、内蒙古に渡った。この作品の背景には、漢族農民の内モンゴルへの入植が進むにともなって、土地と家畜を失い、草原での遊牧生活を放棄せざるをえなくなったモンゴル人たちの惨めな境涯がある。漢族農民の搾取と迫害と差別によって追い詰められていくモンゴル人たちは、中国人との通婚によって混血し、中国人と「同格の血までせり上がる」という儚い計画に一縷の望みを託すしかない。モンゴル人になかった纏足の習俗を娘たちに強い、漢族に身売りさせようとする混成家族を舞台に話は展開し、モンゴル人の矜持を示そうと、「土への執着を一層熾烈にして大地に己を打ちこもう」と長男が決意するまでを描く。ここには当時内モンゴルにいた日本人はまったく登場しないが、中国人の残虐さ酷薄さにモンゴル人の絶望と屈辱を対比させて、モンゴル人への憐憫をかきたてることで、中国の桎梏からモンゴルを救えという、もう一方の支配者である日本の「宣撫」の眼差しが見て取れる。

檀一雄『夕陽と拳銃』(角川書店、一九五八年)は、東蒙古の蒙古独立運動に共鳴した日本人馬賊を描いたもので、主人公は実在した旧大名の伯爵家出身の伊達麟之助(モデルは伊達順之介)である。麟之助は拳銃の名手で、幾多の学校で事件を起こし、放校退学を繰り返す無法者。狭い日本を飛び出して旅順に渡り、広大な満洲の大草原で馬賊となる。満洲に五族協和の共存共栄の楽土を作ろうという樺島風外(モデルは川島浪速)に、満洲旗人を糾合して蒙古独立を企てようとする東蒙古のパプチャップ将軍率いる精鋭の蒙古騎兵隊を援護しようとけしかけられ、日本人義勇軍に加わって日蒙連合軍を組織し、張作霖軍を撃破せんと、張作霖の股肱・呉宗昌(モデルは張宗昌)を満鉄本線の要地・郭家店で射殺するが、張作霖軍の流弾によりパプチャップは戦死。関東軍の陰謀により張作霖爆殺、満洲事変と続き、ソ連参戦を経て、麟之助は国民党軍に捕縛され、上海の監獄に送られ、法廷に立ち、銃殺刑を受ける。

檀は一九三六年、満洲に渡って大連・奉天(現・瀋陽)・新京(現・長春)・ハルビンなどを放浪し、四一年にも満洲の長春・寛城子などに移り住み、四四年には陸軍報道班員として、南支(華南)を中心に中国全土に広がる戦線に従軍し、敗戦直前に帰国した。この作品は一九五五年五月から翌年三月まで『読売新聞』(夕刊)に三〇〇回連載され、テレビドラマ化・映画化されるほどの人気を博した。確かに実在の人物をモデルとして用い、蒙古独立運動に関わった日本人がいたという歴史を踏まえてはいるが、歴史小説としての仕立て方は全くされておらず、全編、奔放で無頼な男の冒険とロマンに満ちた痛快な通俗小説となっている。

なお蒙古独立運動に日本の馬賊や軍人がいかに深く関わったかについては、渡辺龍策や都築七郎の著作に詳しい(16)。だが、中見立夫によれば、「満蒙独立運動」などという実体は史実としても構想としても存在せず、名称としても同時代には現われず、「満洲国」建国後に過去にさかのぼり都合よく幻影を現実であるかのごとく作り上げたものだという(17)。

同じ時期の満蒙を舞台にした漫画に、安彦良和『虹色のトロツキー』（潮出版社、一九九二年）がある。こちらは冒険活劇というよりは、日本軍部の不正義に対する告発やモンゴルの受難への共感がより強く出ている。主人公のウムボルトは日本人を父に持つ建国大学に通う日モンゴル二世の青年である。スターリンの政敵であるトロツキーを建国大学の教官に召喚し、ユダヤ人の極東政府を作らせ、ソ連を二つに分断し、国共合作を攪乱し、バイカル以東の領土を獲得するという関東軍の謀略があった。そこで、モンゴル族を統一して独立国を建てたいというカンジュルジャップ将軍（『夕日と拳銃』で戦死したパプチャップ将軍の息子で、川島芳子と結婚し、後に離婚）らモンゴル人を支援してソ連の対抗勢力として活用しようという日本のモンゴル工作のターゲットとして、関東軍はウムボルトを利用しようとする。トロツキー工作は、実現はしなかったが実際にあった謀略で、ストーリーはフィクションだが、ウムボルト青年以外は、ほとんどすべて実在する人物・機関が登場し、実際にあった事件から構成された作品である。

聡明で正義感の強いウムボルトは、拉致された東北抗日聯軍内部において、コミンテルンからも延安からも援助がなく、関東軍に全面的制圧され抗日戦争の棄て玉にされている朝鮮人の実態や、内モンゴルの粛親王の王女で「男装の麗人」こと川島芳子が関東軍の後ろ盾を受けて自堕落な生活に耽っていることを目の当たりにし、関東軍の謀略に気づいていく。ウムボルトは対ユダヤ工作に従事する謀略機関の機関長（犬塚惟重大佐）に訴える。

哀しい民族はユダヤ人だけではありません！　朝鮮人も蒙古人も亡命ロシア人も同じです！　大佐殿や安江大佐（トロツキー召喚工作に従事する安江仙弘大連特務機関長）はユダヤ人を援けると言われますが――それはユダヤ人達が金持ちで日本にとって利用する価値があるからではないのですか⁉

彼の尊敬する興安軍官学校長兼興安北警備軍司令のウルジン少将はブリヤート・モンゴル人で、ノモンハン戦争の際、同胞を守るべく、抗命してモンゴル人部隊の救出に向かう。なぜ日本軍のためにモンゴル人同士が戦わねばならないのか、その矛盾を背負ったまま、ウムボルトもまたノモンハン戦争にモンゴル人少年部隊を率いて参戦する。やがて部隊は殲滅され、ハイラルへと敗残の体を引きずっていく。また恋人の麗花はモンゴル人とウイグル人の混血でシボ族であるが、諸民族の野望に翻弄され、気がふれてしまう。

この作品は、日本人の視点のみから描かれていれば、判官びいきの冒険活劇となっていただろうし、中国人の視点から描かれていれば、日本の侵略を告発する単調なプロパガンダになっていただろうし、モンゴル人の視点から描かれていれば、モンゴル・ナショナリズムを謳い上げた、モンゴル統一国家建設への夢と挫折のロマンになっていただろう。そうならずに複雑な歴史のリアリティを活写することができたのは、ウムボルト、ウルジン、麗花あるいは川島芳子などの主要人物が、自己破滅的な戯画的描写も含め、境界人たちの視点から描かれているためであろう。かつてそのことを安彦氏に確かめたことがある。

――大国のパワー・ゲームによる配置のなかで、マージナルでマイノリティの地位に追いやられてしまった人たちの目から、大国の創り出す歴史を捉えていく視線がベースになっていますね。

安彦　日本人は、島国コンプレックスへの反動として、大陸にロマンを見るという衝動が強いんですが、中国には文化コンプレックスを感じてしまうから、ロマンの行き場は満洲・蒙古に向かい、心情的にそこに住む少数民族へのシンパシーを抱きます。大正時代は、皇祖は大陸から渡来したという、騎馬民族説のルーツに当たるような説が唱えられたり、日韓同祖論が盛んに言われた時期でした。

問題は、そういった発想が皇国史観を相対化するような開明的な方向に向かわず、むしろ大陸進出を補完したり日韓併合を正当化してしまったことです。同様に、満洲・蒙古への思い入れも、スローガンとしては「五族協和」でしたが、実際には異民族を隷属化してしまった。(18)

モンゴル族が中国という巨大な王朝の北縁に居住し、漢族の入植によって草原が農地化されることで生活空間がせばめられたり、大国のパワー・ゲームに翻弄され、自立・独立への意思が封じ込められたりすることに対して、哀しみと同情を感じてしまう、日本人の心性がある。かつて満洲国の西部、傀儡の蒙疆政権を建てて日本はモンゴル人の居住地域を支配下におさめた歴史的経緯と、日本語とモンゴル語が同じウラル・アルタイ語系に属することによる民族的ルーツへの親近感が、モンゴルに対するシンパシーの背景にあるのだろう。

このシンパシーは、『虹色のトロツキー』と同時期に発表された司馬遼太郎『草原の記』（新潮社、一九九二年）の作品世界にも通じる。『草原の記』は、前半でチンギス・ハーンの皇位を継承し、版図を拡大して元帝国を樹立した第三子のオゴタイ・ハーンの事績を歴史随筆風に描く。モンゴルの風土の違いを中国の農地との対比で際立たせながら、草原が農民の農耕行為に対していかに脆弱であるか、草原の遊牧民の暮らしや風俗が農耕民といかに違うかを述べ、匈奴やモンゴル帝国の異民族征服事業や異民族統治の方法が従来の中国王朝と違うことを、モンゴル族の征服した土地に対する執着のなさ、都市を建設し定住することを嫌い、身軽に移動することを好むことを中心に、対比的に描く。

そういったモンゴルの遊牧文明と中国の農耕文明との違いを押さえたうえで、作品の重点は後半のツェベクマさんとの交遊を描いたモンゴル人民共和国への紀行エッセイにある。ツェベクマさんは司馬が最初にモンゴルを訪れた一九七三年（モンゴルと国交樹立した翌年）に宿泊したウランバートル・ホテルで従業員として働き（この時の旅行は前述した『街道をゆく　モンゴル紀行』としてまとめられた）、司馬のガイド役を務めたことで知り合った女性である。彼女は一九二四年、バイカル湖近くのブリヤート・モンゴルの村に生まれ、ロシア革命の余波を受けて、三歳のときに両親に連れられて「満洲国」に組み込まれ「満洲蒙古」と呼ばれていたホロンバイル草原に逃れ、そこで内モンゴルのチャハル出身のモンゴル人ブルンサインさんと結婚し、ハイラルに移る。やがて日本敗戦後に、そこは中国共産党の支配下に置かれた。かつてモンゴル民族自決論に影響を受け、内蒙古大学でモンゴル文学を教えていた夫は、反右派闘争で批判される。身辺に危険を感じた彼女は、一九五九年の末に一人娘を連れて国境を越えて、生まれ故郷に近いソ連のチタに逃れ、翌年ウランバートルに向かう。彼女は無国籍になることを選び、ウランバートル・ホテルでの職を得て、モンゴル移住一〇年後に国籍を取得する。そのおかげで娘はレニングラード大学に国費留学ができたが、その間、夫は文化大革命により内蒙古大学の一室に監禁された。一九八四年にツェベクマさんは、夫は生存しているが、再婚したとの知らせを聞き、娘のために夫を招待することを思い立ち、後妻とともに前夫を迎えるが、七年の獄中生活で衰弱していた前夫は、入院先の病院で亡くなった。

このツェベクマさんの物語が日本の読者の感動を呼ぶのは、濃厚なものではないものの、日本との接点が彼女に対する共感を誘うからである。第一の接点は、著者の司馬がツェベクマさんの一歳年上で、一九四四年に瀋陽の北方一七五キロの四平にある陸軍戦車学校に入り、対ソ戦に備えた要員として演習させられていた頃、ツェベクマさんはハイラル近くのソロン旗に住んでいたことで、興安嶺の東西に分かれて「おなじ空の下にいた」という淡い運命の共有感覚が二人の基底にある。

第二の接点は、夫のブルンサインさんと出会うきっかけとなったのが、日本の敗戦と「満洲国」崩壊後の一九四七年に、ウーランフーの呼びかけで王爺廟（現ウランホト）にモンゴル人を集めた集会（クリルタイ）だったことである。この集会に集まったモンゴル人はモンゴル民族の独立と中国からの離脱を宿願として抱いていたが、中国がそれを許すはずはなく、中国共産党の後援下でモンゴル民族主義運動を進めていたウランフーは、内モンゴルに独立国家を作る夢を捨て、自治政府建設に甘んじるしかなかった。(19) この背景には、内モンゴルとモンゴル人民共和国との統一合併による独立を目指す内モンゴル人民革命党が中国共産党によって弾圧される内人党事件があり、司馬は「むかしもいまもモンゴル人の独立運動をよろこぶ中国の政治家は、一人もいない」と、中国とモンゴルの確執の深さを書き留める。

第三の接点は、ツェベクマとブルンサインの両人とも、「満洲国」時代の日本に、モンゴル民族への誇りと民族独立への意識を育まれたことである。ブルンサインさんについて司馬は、ツェベクマさんの発言を借りて、「日本に留学した人はみな民族自決論者で、たれもが独立独立といっていました。のち私の夫になる人もそうでした」と書きとめた。彼は、内蒙古大学でモンゴル語とモンゴル文化を大切にしようと教えていたことで、反右派闘争で「右派」とされて批判され、文化大革命で「民族主義者」として投獄された。司馬の取材に同行した、当時開設されたばかりの駐ウランバートルの日本大使館にいた鯉渕信一教授によれば、ブルンサインさんは一九四一年から四四年まで、東京師範学校に留学していた。[20] ツェベクマさんの場合は、「満洲国」時代、ハイラル南郊に住む日本人教師高塚シゲ子先生から深い思想的影響を受けた。高塚は家にモンゴル人の娘たちを集め、日本語で教育し、日本風の厳しいしつけを施し、「日本のことなんか考えなくてもいい、蒙古のことだけを考えなさい」、「あなたたちは蒙古のために自分の生涯をささげるのです。蒙古がよくなるために、日本のいい文化をとり入れなさい。日本に学ぶといっても、日本人になるというのではないのです」と指導したという。ツェベクマさんは「そんな話、そのころ、蒙古人からもきいたことがなかったのです。私には、高塚シゲ子先生の考え方は新鮮でした。いまでも新鮮です」と語る。

ツェベクマさん一家を襲った悲劇の背景には、その前段にオゴタイ・ハーンの英雄物語が置かれることで、中国人とモンゴル人の間の交わらない文明の差異と、モンゴル人の生存空間を脅かす中国人の酷薄さがあることが、読者に印象づけられる。と同時に、そのような哀しいモンゴル人への同情を抱くとともに、独立への道を幇助しきれず、戦争に引きずり込み、敗戦の結果、モンゴルを見捨てることとなった日本人の無念な思いと、モンゴル人を支配の道具に使ってきたのではないかという罪悪感がこみあげてくるような思いを懐く読者もいることだろう。

六　見失われたままの歴史的リアリティ

これら戦後に公刊された、主に文藝作品を通して抽出してみた三種類のモンゴル表象には、二つの共通する特徴がある。

第一に、日本人のモンゴルに対する発話の後背には常に巨大な中国の存在が控えており、中国の視線を顧慮しながらモンゴルを語っているということである。そこには、モンゴルは中国の北縁に位置しているという地理的配置が前提となっていて、農耕民族と遊牧民族との攻防によって中国の歴代王朝は形成されてきたという歴史的経緯が踏まえられている。そのような背景から、中国との歴史的連続性はありながらも、中国は湿潤な水田・畑作地帯で農耕に適し、モンゴルは乾燥した草原・砂漠地帯で放牧に適するという風土の違い、礼を尊び華麗を重んじる中華文明と、素朴で尚武の気風に富む遊牧文明という文明の差異が強調される。と同時に、人口過多のために北方の草原に入植し、遊牧民の家畜や土地を奪い、放牧のための生存空間を脅かす漢族に対して、弱小民族としてのモンゴル族が、恐怖感や憎悪の感情を潜在的に抱いていることに読者の注意を喚起する。

このモンゴルの対中国恐怖感には、日本が伝統的に中国に対して負ってきた中華文明に対する恩恵の裏側に貼りついた対中国脅威意識と通じ合う感情的一体感があることを指摘しておきたい。「満洲国」前後の時代に、一部の現地の日本人が「汎モンゴリズム」の夢にうなされ、モンゴル・ナショナリズムや南北モンゴル統一国家といった運動を煽ったことで、今なお一部の日本人はそのような運動に対する希望的幻想を抱きがちである。

その意味で興味深いのは、ここに挙げた諸作品の作家たちのほぼ大半が、中国との深い関わりを持ちながら作家活動を続けてきたということである。井上靖も司馬遼太郎も、日中国交回復以前から日本の作家代表団で何度も訪中しており、モンゴルだけでなく、中国に題材をとった作品もまた数多く残している。前掲の『西域をゆく』などは、一九七五年と七七年に日本からの作家代表団として二人が西域を訪れた時のことを語った対談・座談集である。檀一雄は従軍作家として中国への出征経験があるし、江上波夫には北京への留学経験があり、五回の内蒙古調査をはじめ、新疆にも調査の足を延ばしている。高木彬光『成吉思汗の秘密』では、二人の主人公はいずれも戦時中は陸軍軍医中尉として北京の陸軍病院に勤めていたという設定になっている。

見方を変えれば、戦後のモンゴル関連の文学作品には、モンゴル研究そのものをベースにした作品や、ソ連・ロシアからモンゴルにアプローチした研究に依拠した作品が、ほぼ皆無だったということである。このことはまた、戦後日本人にとってのモンゴル・イメージが、どちらかというと日本で言うところの「内モンゴル」に偏り、「外モンゴル」に対する関心が著しく低かったということ、あるいはそこまで截然と「内／外」（モンゴルで言うところの「南／北」）が日本人一般の意識のなかで分かたれてはいないため、中国人と混住する地域というモンゴルに対するイメージが強く、モンゴル人によって樹立された国家という意識が乏しいということである。

このような戦後日本人の牢固としたモンゴル・イメージを解きほぐし、新たなモンゴル・イメージに転換させる上で重要な役割を果たしたのが、モンゴル語学科出身の言語学者・田中克彦の一連のモンゴル革命史に関する著作である。田中は前述の作家たちと違って、中国語や中国学や戦前の東洋史学の出身ではなく、大学の学部生時代はマルクス主義とスターリンの言語学に興味を持ち、大学院修了後、ボン大学中央アジア言語文化研究所に留学しており、ソ連やドイツのモンゴル学の学統からモンゴル研究に入っていった経歴を持つ。言い換えれば、戦前・戦中に日本人が蓄積してきた満洲国および内モンゴルでのモンゴル研究の成果を経由せずに、モンゴル研究の成果を発表してきた。(21) 地域的には、モンゴル国を中心に、シベリア、ブリヤート・モンゴル、中央アジアなど、北方ユーラシアおよびアルタイ地方への関心の方が強い。

彼の最初のモンゴル革命についての訳書である、チョイバルサンほか著・田中克彦訳『モンゴル革命史　付・スヘバートルの生涯』（未来社、一九七一年）は、原書をウランバートルの図書館で見出し、自ら翻訳したものであるし、その後の田中克彦『草原と革命』（晶文社、一九七一年）、同『草原の革命家たち――モンゴル独立への道』（中央公論社、一九七三年）なども また、主にモンゴル語原典と、補足的にソ連・ドイツ語・英語文献に依拠して、モンゴル独立にいたる革命のプロセスを、モンゴル側の視点から明らかにしたものである。

ベストセラーとなった田中克彦『ノモンハン戦争――モンゴルと満洲国』（岩波書店、二〇〇九年）の端緒となったノモンハン戦争（モンゴルでは「ハルハ河戦争」）研究は、六九年にモンゴルを訪問した時、ソ連とモンゴルとで「ハルハ河戦勝三〇周年記念」行事をしているのに参加し、モンゴル人の立場からノモンハン戦争を論じた論文を日本で最初に発表したことがきっかけだった。[22] 田中は、ノモンハン戦争をそれまでの戦史研究者による日本中心の軍事史的研究から、モンゴル・ソ連・日本・中国を主要国とする国際関係史的研究へと転換することを呼びかけた。田中は言う。

「ノモンハン」は戦史研究家の手なぐさみであってはならない。「ノモンハン」を国境紛争一般の問題に解消し、今日の中ソ国境紛争と同列に扱うことによって、日本帝国主義を免罪できると考えるのは甘すぎはしないか。モンゴルといえば「ジンギスカン」を思い「蒼い狼」によって気ままなイメージを描くかわりに、いまわれわれは「ハルハ河」を想起しなければならない。それがモンゴルを知る手がかりである。[23]

村上春樹『ねじまき鳥クロニクル』（新潮社、一九九四―九五年）は、そのモチーフのなかにノモンハン事件が織り込まれている長編小説である。ハルハ河戦争の戦史的事実のほかに、満洲国の異民族支配や、そこに登場するモンゴル人「タルタル」には、ジンギスカン時代の酷薄な「タタールの軛」のイメージが刻印されている。その複雑な物語の組立てにおいては、これまでの文学作品に現われたモンゴル・イメージを継承しつつも、新たな文学的展開を遂げた作品といえるかもしれない。

第二に、戦後の日本人のモンゴル・イメージを形成する上で、主に文学者が研究者に代わってモンゴルの歴史や風土や生活伝統を語る傾向が強いことはすでに述べた。このため、ともすれば作家の空想が走りすぎて、歴史批判の観点が甘くなってしまい、史実に基づかない日本人のモンゴル幻想を助長させてしまいがちになることである。

『蒼き狼』が出た当時、同じく作家の大岡昇平は、雑誌『群像』誌上で、文藝時評の連載を任されたさいの劈頭にこの作品を取り上げ、これは現代的な動機のために歴史を改変したもので「歴史小説」ではないと酷評した。すなわち大岡昇平『常識的文学論』（講談社、一九六二年）において、『蒼き狼』と井上が作品化にあたって依拠した那珂通世訳註の『成吉思汗実録』（元朝秘史）とを比較考量し、井上が作品のモチーフとして挙げた、成吉思汗が出生の秘密を持ち、モンゴル族の始祖伝承の「蒼き狼」から霊感を受け、狼を理想として大征服事業を行なったという痕跡は、『元朝秘史』にはまったく認められないと指摘した。そもそも、中世のモンゴル族は父権制・族外婚を採っていて、略奪婚がしばしば行なわれていたから、出生の秘密に悩むというモチーフは、成吉思汗には適用できないとし、『蒼き狼』は、現代人の口に合うように歴史を改変して料理した「スペクタクル映画の台本みたいなもの」と断じたのである。

『蒼き狼』を含めモンゴルを題材にした戦後の文学作品がモンゴルの歴史に対するイマジネーションを掻きたてることで、モンゴルに対する日本人の親近感を促してきた功績は大きい。しかし、史実に基づかないイリュージョンは、異民族・異文化に対して、あるステレオタイプでしか対象を理解しえない危険性をはらむ。モンゴル人を「蒼き狼」の末裔としてしかイメージできないと、同時代に生きるモンゴル人たちの現実感覚や時代に応じた変化をつかみ損ねてしまう。日本人はモンゴル独立を幇助してきたという手前勝手な同胞意識は、日本人とモンゴル人の同床異夢に気づかせる視線を塞ぎ、史実の歪曲と誤認をもたらしかねないとの危惧を覚える。

一般の日本人が抱いている千篇一律の通俗的なモンゴル・イメージを、事実に基づいた正確なモンゴル認識へと高めていくためには、モンゴル研究のレベルを質量ともにいっそう高め、多くの日本人の人口に膾炙するものにしていかないといけないだろう。この知見に立って、改めて戦後日本人のモンゴル認識のありようを、戦後日本人の中国認識と対比してみたとき、両者は際立った対照を見せていることに気づく。本書終章で総括的に述べたように、中国認識に関しては、とりわけ国交回復後の一九七〇年代以降は社会科学系統の地域研究を踏まえての認識に偏り、人文科学系統の学知は手薄であった。たとえば、同時代中国の事象や人物を活写したような文藝作品はきわめて乏しいまま、今日にいたっている。いっぽう、戦後のモンゴル認識は、社会科学系学知からのアプローチが手薄で、文藝作品のなかのモンゴル・イメージに依拠するかたちで形成されてきたのである。

注

序章

（1）西原正「日中外交と非正式接触者」（『国際政治』一九八三年第七五号）、『日本外交の非正式チャンネル』（日本国際政治学会、有斐閣）、山本吉宣「市民外交――国際システムの変容の中で」（井上寿一ほか編『日本の外交　第六巻　日本外交の再構築』岩波書店、二〇一三年）。

（2）馬場公彦「「紅い貴族」の民間外交――西園寺公一の役割と機能」川島真・劉傑編『対立と共存の歴史認識』東京大学出版会、二〇一三年。

（3）テッサ・モーリス＝スズキ「地域外交における市民外交――日本とそのアジア近隣諸国における草の根市民運動の役割」辛島理人訳、井上寿一ほか編前掲書。

（4）文革期における日本の知識人・ジャーナリスト・運動家などの中国論を通して、当時の日本の文革認識を明らかにしようと試みた主な先行研究として、馬場公彦『戦後日本人の中国像――日本敗戦から文化大革命・日中復交まで』（新曜社、二〇一〇年）、特に「第四章　文化大革命の衝撃　一九六五―六八」、「第五章　文化大革命の波紋　一九六九―七二」、および福岡愛子『日本人の文革認識――歴史的転換をめぐる「翻身」』（新曜社、二〇一四年）などがある。

（5）脳科学の見地からの認識のありようについてはChristof Koch, *The Quest for Consciousness : A Neurobiological Approach*, Roberts & Company Publishers, Eaglewood, Colorado, 2004（クリストフ・コッホ『意識の探求』〔上・下〕土谷尚嗣・金井良太訳、岩波書店、二〇〇六年）を踏まえている。馬場前掲書　四一一―四一二頁。

（6）馬場前掲書　四一二―四二五頁では、九種の類型を指摘した。

（7）馬場公彦「出版界の現場から見た日本中国学の変遷――岩波書店の刊行物を中心に」日本中国学会編『中国学への提言　第五八回日本中国学会講演録』日本中国学会、二〇〇七年、七五―一〇六頁。

（8）馬場前掲書　四〇三―四〇八頁では、一一種の類型を指摘し、四一一頁に図表化した。

（9）馬場前掲書　四二七頁。

（10）馬場公彦「辛亥革命を同時代の日本人はどう見たか――日本で発行された雑誌を通して」（『アジア遊学　一四八』勉誠出版、二〇一一年）、同「日本人思想中的中國革命傳統――論其再生與消逝」（『臺灣東亞文明研究學刊』第九巻二期、二〇一二年一二月）など。

（11）社論「支那第二革命の失敗」『中央公論』一九一三年秋季大附録号。

（12）高橋作衛「清国領土保全の意義」『外交時報』第一五七号、一九一一年一月一五日。

(13) 矢野仁一「蒙古に於ける支那と露西亜(上・下)」『新日本』第三巻一一号・一二号、一九一二年一〇・一一月号。
(14) 犬養毅「南方支那は世界列強競争の天王山」『新公論』第二八巻四号、一九一二年四月号。
(15) 茅原華山「新しく観たる新しき支那」『中央公論』一九一三年八月号。
(16) 白鳥庫吉「支那歴代の人種問題を論じて今回の大革命の真因に及ぶ」『中央公論』一九一二年一二月号。
(17) 大隈重信「支那革命論　再び」『新日本』一九一一年一〇月。
(18) 野村浩一『蔣介石と毛沢東——世界戦争のなかの革命』(岩波書店、一九九七年)、野村浩一・近藤邦康・村田雄二郎編『国家建設と民族自救——国民革命・国共分裂から一致抗日へ』(『新編　原典中国近代思想史5』岩波書店、二〇一〇年)解説(執筆は野村浩一)、野村浩一・近藤邦康・砂山幸雄『救国と民主―抗日戦争から第二次世界大戦へ』(『新編原典中国近代思想史6』岩波書店、二〇一一年)解説(執筆は砂山幸雄)。
(19) 日中戦争期の「支那再認識論」「支那統一化論争」については、西村成雄「日中戦争前夜の中国分析——「再認識論」と「統一化論争」」『岩波講座「帝国」日本の学知第三巻　東洋学の磁場』岩波書店、二〇〇六年。
(20) 野村浩一「橘樸——アジア主義の彷徨」(『近代日本の中国認識——アジアへの航跡』研文出版、一九八一年)、酒井哲哉「アナキズム的想像力と国際秩序——橘樸の場合」(『近代日本の国際秩序論』岩波書店、二〇〇七年)。
(21) 馬場前掲書　八六頁。
(22) 馬場前掲書　七四頁。
(23) 馬場前掲書　一〇〇頁。
(24) ＣＣＤによる雑誌検閲については、山本武利『占領期メディア分析』(法政大学出版局、一九九六年)、同『ＧＨＱの検閲・諜報・宣伝工作』(岩波現代全書、二〇一三年)参照。
(25) 三谷太一郎「戦時体制と戦後体制」『近代日本の戦争と政治』岩波書店、一九九七年、七五―七六頁。
(26) 馬場前掲書　一一一―一一三頁。
(27) 馬場前掲書　一一七―一一八頁。

第一章

(1) 馬場序章注4前掲書　三九三―三九七頁。
(2) 馬場同書　二七一―三〇五頁。
(3) 岡崎嘉平太「外交と道義——「日中正常化」後を考える」(『世界』一九七三年一月号)、同「周恩来総理の思い出」(『世界』一九七六年三・四月号)、同「新しいアジアを」(『中央公論』一九七八年一〇月号)、藤山愛一郎「アジアのルネサンスをなせ」(同)、池田大作「日本と中国にかける〝金の橋〟——友好と平和の旅を終えて」(『潮』一九七四年八月号)、田川誠一「障害は常に国内問題にある」(『朝日ジャーナル』一九七八年二月一〇日号)など。

(4) 津村喬「文化革命の継承者たち」(『現代の眼』一九七七年一〇月号)、同「自分史と中国」(『思想の科学』一九七八年一二月号)など。
(5) 菊地昌典「八億の愚公」(『朝日ジャーナル』一九七四年一〇月四日号)、同「中国「四人組」考――社会主義と知識人」(『展望』一九七七年一二月号)、日高六郎「中国の新しい挑戦と実験――大寨で感じたこと」(『展望』一九七六年四月号)、安藤彦太郎「生きた社会主義への道標」(『朝日ジャーナル』一九七五年一月三一日号)など。
(6) 朝日一郎「亡命紅衛兵とのインタビュー」(『現代の眼』一九七三年一月号)、ケン・リン「紅衛兵の「裏切られた革命」」(『文藝春秋』一九七三年六月号)、F・ジェームス「人民中国獄中の三年」(『諸君』一九七三年八月号)、柿崎進「毛沢東主席への直訴状――中国に父娘で囚われて」(『文藝春秋』一九七四年八月号)、クロディ・ブロワイエール、ジャック・ブロワイエール「毛沢東を入れて「五人組」」(『諸君』一九七八年五月号)など。
(7) 埴谷雄高「裁かれる「革命」」『朝日ジャーナル』一九七四年三月一日号。
(8) 菊地昌典・竹内実・長谷川四郎「座談会 いったい何が革命されたか」『朝日ジャーナル』一九七四年三月八日号。
(9) 市井三郎・いいだもも「中国の「近代化」をどう見るか」『思想の科学』一九七八年一二月号。
(10) 馬場前掲書 二四二―二四三頁。
(11) 竹内実「毛沢東に訴う」『群像』一九六八年八月号。
(12) 竹内実「文化大革命と日本人」『中央公論』一九七四年一月号、二一六―二二〇頁。
(13) 竹内実「理解と友好」『中央公論』一九七八年一〇月号、二二一―二三一頁。
(14) 柴田穂・中嶋嶺雄「対談 孔子批判・始皇帝擁護の謎」『自由』一九七四年二月号。
(15) 中嶋嶺雄「モスクワ＝ウランバートル＝北京」『中央公論』一九七五年三月号。
(16) 竹内実「なぜ孔子が批判されるのか」『中央公論』一九七四年四月号。
(17) 矢吹晋「批林批孔と〝文明の作法〟」『現代の眼』一九七六年七月号。
(18) 宮崎市定「批林批孔の歴史的背景」『中央公論』一九七四年一一月号。
(19) 安藤前掲注5。
(20) 中国通信社、東方書店出版部編(中国通信社訳)『孔子批判 付・露人の孔孟批判抄録』(東方書店、一九七四年)、新井宝雄『批林批孔運動の内側――中国人は何をしているか』(大和出版、一九七四年)など。
(21) 大島清「大寨人民公社――中国社会主義建設の原型」『世界』一九七三年一〇月号。
(22) 小島麗逸「中国農村革命の進展」(『世界』一九七三年六月号)、同「中国における迷信への挑戦と科学――魯迅の思想を結肉化した農民たちの翻身」（『潮』一九七三年六月号）。
(23) 小島麗逸「中国――都市化なき社会主義は可能か」『世界』一九七四年一一月号。
(24) 石川滋「転換点を迎える　中国の経済と社会」『世界』一九七六年八月号。
(25) 加々美光行「文化大革命の路線とその思想」『現代の眼』一九七六年七月号。
(26) 徐友漁『形形色色的造反：紅衛兵精神素質的形成及演変』（〔香港〕中文大学出版社、一九九九年、二〇五―二一〇頁）、NHK・BS『民衆が語る中国・激動の時代～文化大革命を乗り越えて～』第三章「下放・若者大移動」（二〇〇六年一二月二七日放送）。
(27) 印紅標『失蹤者的足跡：文化大革命期間的青年思潮』（香港）中文大学出版社、二〇〇九年、三四八―三六〇頁。
(28) 竹内実「革命第二代はどこへゆくか」『中央公論』一九七六年一一月号。
(29) 中嶋嶺雄「再構成　天安門事件」『中央公論』一九七六年九月号。
(30) 辻村明「毛沢東の死と日本の反応」『諸君』一九七六年一一月号。
(31) 藤村信「〈パリ通信〉葦の髄から中国のぞく」『世界』一九七八年一〇月号、一七六―一七九頁。
(32) シーラ・ジョンソン「米国版「中国へ愛をこめて」」『諸君』一九七四年一月号、一一七―一一八頁。
(33) Richard Wolin, *The wind from the east: French Intellectuals, the Cultural Revolution, and the Legacy of the 1960s*, Princeton U. P., 2010.
(34) M・セルデン、J・W・エシェリック、中村義、山極晃「座談会　中国認識の再検討――近代史研究の視点から」『世界』一九七八年一〇月号。
(35) ポール・ブリンクリーロジャース「〝対ソ緊張下〟の中国軍事事情報告　一九七五年一二月」『中央公論』一九七六年二月号。
(36) 松尾文夫「米中・このしたたかな関係」『文藝春秋』一九七八年八月号。
(37) 小倉和夫『記録と考証　日中実務協定交渉』岩波書店、二〇一〇年、三―八〇頁。
(38) 石川忠雄「中国外交はこれでいいか」（『自由』一九七四年六月号）、岡田英弘「日台空路はこうして切れた」（同一九七四年七月号）、石原慎太郎「日中航空協定の「怪」――「国益」を損いたるものは誰か」（同一九七四年八月号）。
(39) 入江通雅「尖閣諸島侵犯事件と安保」『自由』一九七八年六月号。
(40) 日中平和友好条約締結交渉の詳細については、石井明ほか編『記録と考証　日中国交正常化・日中平和友好条約締結交渉』岩波書店、二〇〇三年、一五一―一九四頁、二九七―三三〇頁、三七九―四〇四頁参照。
(41) 田川誠一「障害は常に国内問題にある」、吉田実「覇権問題とはなにか——歴史的教訓と日本の選択」ともに『朝日ジャーナル』一九七八年二月一〇日号。
(42) 永井陽之助「日中〝片面〟条約の帰結」『中央公論』一九七八年五月号。
(43) 細谷千博「〝全方位〟日本の進路」『中央公論』一九七八年一〇月号。
(44) 小林裕「北京に敗れた外務省」『文藝春秋』一九七八年一一月号。
(45) 西村多聞「結局は中国ペースの外交——日中条約交渉七年の歩み」『朝日ジャーナル』一九七八年八月二五日号。
(46) 中嶋嶺雄「日中条約の国際環境——平和の選択か、危険な同盟か」『世界』一九七八年一〇月号。
(47) 太田勝洪「「中間地帯論」から「第三世界論」へ」——中国外交の軌跡と方向」『世界』一九七四年八月号。
(48) W・バーチェット「中国の外交政策批判」(『現代の眼』一九七六年七月号)、太田勝洪「第三世界外交のディレンマ」(『世界』一九七六年八月号)、武藤一羊「幕が変って」(『思想の科学』一九七八年一二月号)など。
(49) 北沢洋子「第三世界における栄光と挫折」『朝日ジャーナル』一九七六年九月二四日号。
(50) 武藤一羊「幕が変って」『思想の科学』一九七八年一二月号。
(51) 馬場公彦「戦後日本における対中認識回路の変容——雑誌『世界』関連記事に見る」『中国研究月報』第六四三号、二〇〇一年九月号、三一頁。
(52) 木村哲三郎・柴田俊治・本多勝一「引き裂かれたインドシナ——中国・ベトナム対立の国際的な衝撃」(『朝日ジャーナル』一九七八年六月三〇日号)、川本邦衛・近藤紘一「中国・ベトナムはなぜ仲が悪いか」(『文藝春秋』一九七八年九月号)。
(53) 馬場前掲書 一一二—一一三頁、一七〇—一七一頁、二〇四—二〇五頁、二一七—二一九頁。
(54) 高村暢児「国交断絶後の台湾と日本人」『潮』一九七三年三月号。
(55) 中嶋嶺雄「〝台湾共和国〟は禁句か——中ソ対立と台湾の将来」『諸君』一九七四年四月号。
(56) 小林文男「蒋介石の死と「三民主義」——その〝反共〟執念を支えたもの」『世界』一九七五年六月号。
(57) 石川忠雄・柴田穂・中嶋嶺雄「座談会 蒋介石以後の中国と台湾」『自由』一九七五年六月号。
(58) 平岡正明・竹中労「対談 汎アジア幻視行百八日」(『現代の眼』一九七三年七月号)。
(59) 林景明「台湾元日本兵の公開質問状」(『現代の眼』一九七五年三月号)、羽柴駿「台湾人「皇軍兵」の不条理な戦後——台湾人元日本軍人、軍属に対する日本国政府の責任を問う」(『現代の眼』一九七七年九月号)。
(60) 鈴木明「台湾の「生きている皇軍」」(『文藝春秋』一九七四年三月号)。

(61) 戴國煇「「中村輝夫」の生還――台湾をめぐる皇民化運動の展開」『展望』一九七五年四月号。
(62) 宇野利玄「台湾における「蕃人」教育――霧社蜂起から皇軍兵士への道」『展望』一九七五年四月号。
(63) 江藤淳「中国は開かれたか――北京の一週間」『現代』一九七八年一二月号。
(64) 山口文憲「香港から見た中国」『思想の科学』一九七八年一二月号。
(65) 岡崎敬「歴史を織りなす美術品――中国出土文物展を見て」『朝日ジャーナル』一九七三年七月六日号。
(66) 司馬遼太郎は『中央公論』一九七五年一〇月号から「中国の旅」を九回連載し、のちに『長安から北京へ』として中央公論社から一九七六年に刊行。井上靖は『文藝春秋』一九七八年一月号から「私の西域紀行」を連載し、のちに『私の西域紀行』として文藝春秋から一九八三年に刊行した。なお井上靖と司馬遼太郎が対談した『西域をゆく』(潮出版社、一九七八年)がある。陳舜臣「西安四日記」(『文藝春秋』一九七三年一月号)、同「シルクロードの歴史の旅――達坂を越えて」(『中央公論』一九七四年一月号)など。

第二章

(1) 中里竜二(上野動物園飼育部)「パンダの赤ちゃん飼育日記」『文藝春秋』一九八七年一月号。
(2) 鈴木肇(シルクロード取材班ディレクター)「中国電視台事情――テレビ、シルクロードを行く」『中央公論』一九八一年六月号。
(3) 玉腰辰己「歓迎、中野良子!(一九八四年)――映画による相互イメージの変転」園田茂人編『日中関係史 一九七二―二〇一二 Ⅲ社会・文化』東京大学出版会、二〇一二年、一三四―一三六頁。
(4) 山崎豊子「「靖国批判」の中の北京」『文藝春秋』一九八六年四月号。
(5) 莫邦富『これは私が愛した日本なのか――新華僑三〇年の履歴書』岩波書店、二〇〇二年、八三―八八頁。
(6) 転載タイトルは、中岡哲郎「私の毛沢東主義「万才」」、小田実「中国・ベトナム「現場」の旅から」、本多勝一「南京への道」。
(7) 陸井三郎・田所竹彦「(対談)骨肉相食む中・越の〝論理〟」『朝日ジャーナル』一九七九年三月一六日号。
(8) 山川暁夫「中越戦争と社会主義の難所」『現代の眼』一九七九年六月号、一〇八頁。
(9) 宇野重昭「中国外交と社会主義」『世界』一九七九年六月号。
(10) 中嶋嶺雄「日本知識人論」『正論』一九八四年二月号。
(11) 竹内謙「独占インタビュー 国境で進む雪解けの一部始終――対ソ交渉の〝陰の主役〟陳雷氏に聞く」、前田哲男「黒竜江の両岸から」(ともに『朝日ジャーナル』一九八五年七月一二日号、特集「中ソ和解への鼓動」)。

(12) 中嶋嶺雄「〝和解〟へ動き出した中ソ関係」『朝日ジャーナル』一九八二年七月九日号。
(13) 小島朋之「「世界戦争は回避できる」――中国軍事戦略の新しい兆候」『朝日ジャーナル』一九八一年三月六日。
(14) 中嶋嶺雄「中国はこのまま〝西欧化〟するのか?」『正論』一九八四年九月号。
(15) 笠原正明「どうみる「米台」と「日台」の違い」『正論』一九七九年七月号。
(16) 栗林忠男「大陸棚開発で予想される紛争」『朝日ジャーナル』一九七九年一月二六日号、特集「アジアの戦乱と中国の石油」。
(17) 貴島聡「中国石油の知られざる実態」同上。
(18) 小木曽功「通産省――中国市場への危険な賭け」『文藝春秋』一九七九年一月号。
(19) 宇佐美滋「宝山製鉄所の挫折」『諸君』一九八一年一二月号。
(20) 山本雄二郎「日中貿易〝宴のあと〟――三二〇〇億円契約破棄の行方」(『正論』一九八一年四月号)、長谷川慶太郎「やっぱり破産した中国経済」(『文藝春秋』一九八一年四月号)。
(21) 凌星光「中国経済はいま三〇年前の日本の水準」『朝日ジャーナル』一九八一年八月一四日号。
(22) 戴国煇「「儒教文化圏」論の一考察――「和魂洋才」と「中体西用」の分れ目」『世界』一九八六年一二月号。
(23) 中嶋嶺雄「いまなぜ「儒教文化圏」か――東アジアの活力とその文明的位相」『中央公論』一九八七年八月号。
(24) 中嶋嶺雄『二一世紀は日本・台湾・韓国だ』第一企画出版、一九八六年。
(25) 矢野暢「脱アジアのすすめ」『中央公論』一九七九年八月号。
(26) 古井喜実「(エディターズ・インタビュー)日中はこれからが始まりだ」(『世界』一九八六年五月号)、岡崎嘉平太・杉良太郎「〝同心・暁蘭之助〟中国へゆく」(『潮』一九八六年六月号)。
(27) 竹内実「(インタビュー)社会主義を経て近代化を目指す中国」『正論』一九八七年四月号。
(28) 加々美光行「アジア社会主義の運命――封鎖から開放へ」『世界』一九八七年一一月号。
(29) 加々美光行「アジア〈反近代〉精神の敗北」『逆説としての中国革命――〈反近代〉精神の敗北』田畑書店、一九八六年。
(30) 知識人の論争に見る政治権力構造の変動分析をしたものとして、矢吹晋「鄧小平中国を揺がす「疎外」論」(『中央公論』一九八四年四月号)、竹内実「中国＝曲折の彼方へ――「精神汚染」問題と知識人の運命」(『世界』一九八四年九月号)などがある。
(31) 伴野朗「江青死刑判決――政治的な、あまりに政治的な」『朝日ジャーナル』一九八一年二月六日号。

(32) 田所竹彦「「四人組」裁判と毛批判の奇妙なジレンマ」『朝日ジャーナル』一九八一年一月一六日号。

(33) 柴田穂「毛側近たちが裁かれる日」『文藝春秋』一九八一年二月号。

(34) 中嶋嶺雄「時間に耐える報道とは何か――中国報道で考えたこと」『正論』一九八二年一一月号。

(35) 白樺（インタビュアー・夏之炎）「（特別インタビュー）「なぜ〝突破〟しなければならないのか」『諸君！』一九八七年一月号。

(36) 斧泰彦・中嶋嶺雄「（討論）中国は〝ソ連回帰〟への道をたどるか――「毛沢東時代」の幕を引いた六中全会」『朝日ジャーナル』一九八一年七月一七日。

(37) 竹内実「歴史のなかの毛沢東」『中央公論』一九八六年一〇月号。

(38) 野村浩一「「六億の神州ことごとく舜と堯」――一つの世界の変革と今後」『朝日ジャーナル』一九七九年一〇月五日号。

(39) 中嶋嶺雄「日本の知識人にとって〝いま毛沢東とは〟」『正論』一九八二年四月号。

(40) 「稲山嘉寛、中国のすべてを語る」（きき手・山本雄二郎）『正論』一九七九年三月号、大来多佐武郎（聞き手・岡田臣弘）「日中経済協力をどう調整するか」『中央公論』一九八一年四月号、など。

(41) 編・解説田畑光永「「壁」の前の一年――資料にみる北京「民主運動」」『世界』一九八〇年六月号。

(42) 「（国際アムネスティ調査報告）中国政治犯の悲惨な状況」『自由』一九七九年三月号。

(43) 張世潮「中国のニューウェイブ青年民主派」『思想の科学』一九八一年九月号。

(44) 宮崎正弘「鄧小平政権をゆさぶる「中国之春」民主化運動――王炳章・汪岷編集長単独会見記」（『自由』一九八三年一二月号）、姚月謙・楊国材・王平「（反体制組織「中国之春」日本分部座談会）鄧小平「開放政策」のまぼろし」（『諸君！』一九八七年一月号）など。

(45) 高田富佐雄「中国の怒れる若者たち――鄧小平路線の大いなる憂鬱」（『正論』一九七九年八月号）、香港Ｔ・Ｋ生「頭痛の種・中国人難民――〝インベーダー〟包囲下の香港」（『自由』一九七九年八月号）、柴田穂「怒れる中国の若者たち」（『文藝春秋』一九七九年一二月号）、林丈人「二千万下放青年の反乱」（『現代』一九八一年九月号）、大森実「「文革」の傷痕はあまりに深かった」（『現代』一九八三年九月号）など。

(46) 足立岳夫「創設された〝中国版ＫＧＢ〟」『諸君！』一九八三年九月号。

(47) 宮崎正弘「周令飛　単独会見記――魯迅の孫は中国に何をみたか」（『自由』一九八三年一月号）、同「今、中国で何が起っているか？――亡命者が語る赤い体制の内側」（『自由』一九八三年一〇月号）、同「中国のソルジェニツィン

——無名氏（亡命作家）の語る現代文明と人間」（『自由』八四年二月号）、同「それでも中国に希望ありき」（『自由』一九八四年八月号）など。

(48) 編集部「出口なき中国青年の苦悩——中国民航機ハイジャック事件」『朝日ジャーナル』一九八三年五月二〇日号。

(49) 加藤千洋「どう動く 一〇億人民の命運握る青年世代」『朝日ジャーナル』一九八三年一月七日号。

(50) 姚月謙「「中国のサハロフ」は破れた」『諸君！』一九八七年三月号。

(51) 加々美光行「中国の国家幻想と辺境反乱」『現代の眼』一九八一年五月号。

(52) 毛里和子「よみがえる分断民族の交流——新疆ホルゴスから中ソ国境を見る」『世界』一九八七年一一月号。

(53) 李怡・談錫永・労思光・胡菊人・夏之炎・戸張東夫「（現地座談会）一九九七年 香港は崩壊する!?」『文藝春秋』一九八四年八月号。

(54) 竹中労「中国向何処去？（中国、どこへゆく）」『現代の眼』一九八一年五月号。

(55) 斉辛『風にそよぐ中国知識人』伊藤正監修、六木純訳、文藝春秋、一九八三年。

(56) 國史館収蔵 020-199900-0088-0070x の中央文化工作会あて亜東関係協会東京辦事処檔案（一九七四年三月一五日）、020-199900-0088-0099a の亜東関係協会東京辦事処作成の「専題報告」（一九七四年三月二七日）など。

(57) 元亜東関係協会駐日代表の馬樹禮によると、日台断交後、それまでの「中日合作策進会」が活動を停止したのを受けて成立した文化組織で、正式名称は「日華民族文化協会」（会長・宇野精一）。他に政治組織の「日華議員懇談会」（会長・灘尾弘吉）、経済界の「東亜経済人会」（会長・五島昇）が成立した。馬樹禮『使日十二年』台北・聯経出版事業公司、一九九七年、一九二頁参照。

(58) 小久保晴行『中国、二つの貌——「中華民国」と「中華人民共和国」』河出書房新社、一九八四年。

(59) 石原萠記「続・戦後四〇年 日本知識人の発言軌跡 進歩派知識人と自由主義知識人——岩波グループと日本文化フォーラム」『自由』一九八六年四月号、馬場前掲書 一七七頁。

(60) 上丸洋一『『諸君！』『正論』の研究——保守言論はどう変容してきたか』岩波書店、二〇一一年、四〇—四四頁。

(61) 上丸同上書 五五—五六頁。

(62) 石原注59前掲論文。

(63) Minear, Richard H. ed. & tr., *The Scars of War: Tokyo during World War 2: Writings of Takeyama Michio*, Maryland: Rowman & Litterfield Publishing, 2007, pp. 19-21.

(64) 上丸前掲書 七三—七七頁。

(65) 陳鵬仁『近代中日関係史論集』（台北・五南図書出版有限公司、一九九九年）第一四章「張羣與戦後中日関係」三一七

—三三五頁。

(66) 矢次一夫・中嶋嶺雄「〈世紀の対談〉台湾、朝鮮、そして日本　私は中国首脳と腹を割ってこれだけ話した」『正論』一九八〇年八月号。

(67)「日本国民の皆様に訴える——われわれは日華航空路線の現状維持を訴える！」『正論』一九七四年第二号。國史館収蔵 020-199900-0088-00060x の亜東関係協会東京辦事処檔案（一九七四年一月二〇日）に、該号二〇〇冊を買い取り、政治広告三頁の代金として三〇万円を産経新聞社に支払ったとある。また、『産経新聞』一九七三年一一月一二日にも意見広告を出した。

(68) 陳陸明「胡耀邦発言から中国大陸情勢を分析する」（『自由』一九八五年一〇月号）、張京育「大陸中国の内外政・この事実」（『自由』一九八六年二月号）など。

(69) 鄭竹園「中国大陸の近代化とその隘路」『自由』一九七九年七月号。

(70) 林慧児「空転する北京の第三次国共合作提案」（『正論』一九八一年一二月号）、アレクサンドル・ソルジェニツィン「自由中国によせる」（『自由』一九八三年一月号）。

(71) 李嘉・戴國煇・陳鼓応「台湾の現状と第三次国共合作」『中央公論』一九八二年三月号。

(72) 陳鼓応（聞き手・吉田実）「〈インタビュー〉統一派は中国の民衆の大業だ　国共両党だけのものではない」『朝日ジャーナル』一九八一年一二月四日号。

(73) 加々美光行・坂井臣之助・若林正丈「〈座談会〉動き始めたポスト蒋経国体制づくり——立法院選挙をめぐる台湾新情勢を分析する」（『朝日ジャーナル』一九八六年一二月一九日号）、戴國煇・陳映真・松永正義「台湾・変化の底流は何か」（『世界』一九八七年一〇月号）など。

(74) 林三郎「台湾派独立すべきではないか——私は台湾問題をこう考える」『自由』一九七九年一二月号。ちなみに『自由』に台湾独立論が掲載されることはやや意外の感があるが、中華民国政府は日本での「台湾共和国論」をめぐって、かつて中嶋嶺雄「台湾共和国は禁句か——中ソ対立と台湾の将来」（『諸君』一九七四年四月号）の記事について、台湾の実質上の国力を評価しての立論であることから、フィクションの「仮定の結論」だとの留保をつけたうえで容認し、むしろ注目していた（國史館収蔵 020-199900-0088-00650x の外交部・行政院新聞局あて亜東関係協会辦事処檔案〔一九七四年三月七日〕）ことからすれば、必ずしも好ましからざる記事とは見なされなかったと類推される。

(75) 貴船八郎「蒋介石総統と日本人」『自由』一九八六年六月号。

(76) 住田良能「「蒋介石の故郷」を訪ねて」（『正論』一九八二年三月号）、古屋奎二「蒋介石の世界観——生かされなかった東西対決の予言」（同一九八六年一一月号）など。

(77) 廣川浩然「日台経済摩擦の行方」（『自由』一九八二年八月号）、鈴木卓郎「〈検証ルポ〉台湾は日本にとって何か」

（同一九八五年七月号）、松本健一「高度成長下の台湾の迫力――その繁栄の秘密を探る」（『正論』一九八七年四月号）など。

(78) 戴国煇「戦後日台関係を生きる――中日両民族の真の連繋を求めて」『世界』一九八五年一〇月号。

(79) 田駿「日中友好条約の波紋」（『自由』一九七九年一月号）、黄天才「「日中条約」で泣く日本――「反覇権条約」で苦汁を飲まされた日本」（『自由』一九七九年六月号）。

(80) 永井陽之助・阪中友久「〈対談〉日本に軍事力は必要か」（『中央公論』一九七九年一月号）の永井発言。

(81) 江藤名保子「第一次教科書問題　一九七九―八二年」高原明生・服部龍二編『日中関係史　一九七二―二〇一二　I　政治』東京大学出版会、二〇一二年、一四二―一五一頁。

(82) 『世界』一九八二年一〇月号「特集・歴史の問い――八・一五と教科書」に寄稿した、加藤周一「教科書検閲の病理」、岡崎嘉平太「怨は怨によっては息まず――教科書問題、三つの要点」、日高六郎「「反省」とはなにか――アジアのなかの教科書問題」、戴國煇「日本への助言――アジアの隣人として」など。

(83) 岡田英弘「〝教科書検定〟は中国の内政問題だ」『中央公論』一九八二年一〇月号。

(84) 中嶋嶺雄「活かされない日中交渉の教訓」『中央公論』一九八二年一〇月号。

(85) 吉田裕「南京事件「まぼろし」化の構図」『思想の科学』一九八五年一二月号。本多勝一の『朝日ジャーナル』誌上での長期連載「南京への道」（一九八四年四月一三日号―一〇月五日号）も教科書問題が発端となっていた。

(86) 『諸君！』が「まぼろし」説の一つのメディア拠点となった。一九八四年一〇月号「特集・「南京大虐殺」とは何だ」、一九八六年八月号「総特集・教科書は狙われている」、九月号「総特集・翻弄される教科書」、一九八七年一月号の中村粲「「中国＝被害者説」の神話」など、枚挙に遑がない。

(87) 衛藤瀋吉「盧溝橋事件五〇周年　拝みたくなるほど嬉しかった日中関係者の理解と協力――日中シンポジウム裏方記」（『朝日ジャーナル』一九八七年七月三一日）、小島晋治・矢吹晋・西川潤・辻康吾「日中関係――過去と未来をどうつなぐか」（『世界』一九八七年八月号）など。

(88) 中嶋嶺雄「中国に呪縛される日本――日中関係の歴史の決算」『諸君！』一九八六年三月号。

(89) 岡田英弘「中国が日本に朝貢する時代」『諸君！』一九八四年三月号。

(90) 服部龍二「中曽根・胡耀邦関係と歴史問題　一九八三―八六年」高原明生・服部龍二編『日中関係史　一九七二―二〇一二　I政治』東京大学出版会、二〇一二年、一八一―一八三頁。

(91) 中嶋嶺雄「いまこそ〝歴史の帳簿〟の決算を――日中摩擦の構造と背景」（『正論』一九八七年八月号）、田久保忠衛「柳谷外務次官のクビを「献上」したのは誰だ――「対中叩頭外交」を疑う」（『諸君!』一九八七年九月号）、松田九郎・亀井静香・平沼赳夫「中国に舐められてたまるか」（『文藝春秋』一九八七年九月号）、中嶋嶺雄「日中平和友好条約の〝呪縛〟」（『正論』一九八七年一〇月号）など。

(92) 石井明「中国に負った無限の賠償」『中央公論』一九八七年八月号。

(93) 伊藤憲一・矢吹晋・谷野作太郎「（特別鼎談）「子々孫々」の友好関係をつくるには」『正論』一九八七年一一月九月号。

第三章

(1) 夏之炎「中国全土を鳴動させたTV番組」『文藝春秋』一九八九年二月号。

(2) 金観濤・劉青峰（聞き手・村田雄二郎）「中国文化――開放と多元化へ」『世界』一九九二年一二月号。

(3) 邦訳は柏楊『醜い中国人――なぜアメリカ人、日本人に学ばないのか』張良澤・宗像隆幸訳、光文社・カッパブックス、一九八八年。

(4) 加々美光行「「自己喪失」の彼方に――中国・改革派知識人の苦闘」『世界』一九八九年四月号。

(5) 『河殤』と『醜い中国人』における五四新文化運動との継承関係については、ラナ・ミッター『五四運動の残響――二〇世紀中国と近代世界』（吉澤誠一郎訳、岩波書店、二〇一二年、二六一―二七一頁）から示唆を得た。

(6) 毛里和子「中ソ・デタントはどこまで進むか」『世界』一九八八年二月号。

(7) 中嶋嶺雄「中ソ接近と日本外交」『正論』一九八九年二月号。

(8) 中嶋嶺雄「鄧小平とゴルバチョフの誤算――マルクス主義が世界から消える日」（『現代』一九八九年七月号）、毛里和子「「新思考」がリードした中ソ・サミット」（『世界』一九八九年七月号）。

(9) 高野孟「中国にはゴルバチョフはいない」『文藝春秋』一九八九年七月号。

(10) 加々美光行『現代中国の黎明――天安門事件と新しい知の台頭』学陽書房、一九九〇年、三三―四六頁。

(11) 小島朋之「「日本叩き」に狂奔する中国の焦り」『諸君!』一九八八年七月号。

(12) 王岐山は二〇一二年一一月の中共第一八期中央委員会総会で政治局常務委員（副首相）に選出された。

(13) 陳一諮『中国で何が起こったか』末吉作訳、学生社、一九九三年、二二九―二三八頁。

(14) 天児慧「中国民主化の画期」『世界』一九八九年七月号。

(15) 加々美光行編、村田雄二郎監訳『天安門の渦潮――資料と解説／中国民主化運動』岩波書店、一九九〇年、三七―三九頁（加々美光行執筆）。

(16) 平松茂雄「中国軍「精鋭化」の難路」『世界』一九八八年八月号。

(17) 中国研究所編『中国年鑑』(大修館書店)の各年度版の、「ジャーナリズム/出版」の項目に拠る。
(18) 金観濤・劉青峰『中国社会の超安定システム――「大一統」のメカニズム』若林正丈・村田雄二郎訳、研文出版、一九八七年。
(19) 蘇暁康「理性の困惑と理性の怯懦」『世界』一九九〇年七月号。
(20) 方励之『中国よ変われ――民主は賜わるものではない』末吉作訳、学生社、一九八九年
(21) 劉暁波著、廖天琪・劉霞編『最後の審判を生き延びて 劉暁波文集』丸川哲史・鈴木将久・及川淳子訳、岩波書店、二〇一一年。
(22) 李沢厚『中国の文化心理構造――現代中国を解く鍵』坂元ひろ子・佐藤豊・砂山幸雄訳、平凡社、一九八九年。
(23) 加々美光行「自己回復の道を求めて――政治的無関心と革新」『世界』一九九一年七月号。
(24) 一九八九年版『中国年鑑』(大修館書店)の「八八年度中国関係出版物案内」(執筆・三浦勝利)によると、「この数年、中国の近現代思想について、日本では忘れられたように、出版物が極端に少ない。一九八八年もその傾向は続いている。文化大革命の後遺症と毛沢東思想の退潮が原因に数えられるであろうが、日本人が中国に関わることの意味と位置づけ、そしてその方法が問われていないながら、たしかな思想的な手だてが講じられていないでいるためとみることもできよう」と記す。
(25) 田畑光永「ドキュメント 中国激動――八九年一月―六月」『世界』一九八九年八月号。
(26) 重要な証言の一つとして、趙紫陽、バオ・プー、ルネー・チアン、アディ・イグナシアス『趙紫陽極秘回想録――天安門事件「大弾圧」の舞台裏!』(河野純治訳、光文社、二〇一〇年)がある。これは、趙紫陽自らが軟禁状態にあった自宅において、密かにテープレコーダーに口述録音した音声を文字に起こし編集し、英語版として海外で出版されたものの翻訳である。
(27) 矢吹晋編著『天安門事件の真相』(上・下)蒼蒼社、一九九〇年、上巻、四頁。
(28) 高井潔司「もう一つの天安門事件[中国では六・四事件と呼ぶ]」(一九八八年)――日中相互認識をめぐる報道フレームの転換」園田茂人編『日中関係史 一九七二―二〇一二 Ⅲ社会・文化』東京大学出版会、二〇一二年、一六四―一六五頁。
(29) 平松茂雄「『人民の軍隊』と人民の落差――中国人民解放軍による武力弾圧の背景」『世界』一九八九年一一月号。
(30) 加々美光行「民主化――暗転の構図 政治的暴力と四つの世代」(『世界』一九八九年八月号)、同「革命家鄧小平の大誤算」(『潮』一九八九年八月号)。
(31) 六四中国近現代史研究者声明有志連絡会『中国――民主と自由の軌跡』青木書店、一九八九年。なお、事件当時天津

にいた中国近現代史家の姫田光義もまた、事件直後に『中国――民主化運動の歴史』(青木書店、一九九〇年)を刊行し、中国近代史の視点から、今回の民主化運動とそれを阻む論理を明らかにしようとした。

(32) 西村成雄『中国ナショナリズムと民主主義――二〇世紀中国政治史の新たな視界』研文出版、一九九一年。証言編・西村成雄氏インタビュー。

(33) 加々美編注15前掲書 一〇八頁(児野道子訳)。

(34) 加々美編同書 一一八頁(佐藤宏訳)。

(35) 加々美編同書 八八―九一頁(加々美光行執筆)。

(36) 小島朋之「「冷戦」思考に戻りつつある中国」『諸君!』一九九〇年一月号。

(37) 『中国年鑑 九〇年版』(執筆は毛里和子)。

(38) 勝田吉太郎「脱共産化革命の考察――中国、東欧、ソ連にみる共産主義壊死のドラマ」『日本及日本人』一九九〇年陽春号。

(39) 加々美光行・田中克彦「(対談)〈民族〉の光(ポジ)と影(ネガ)」『世界』一九九二年九月号。

(40) 中嶋嶺雄・加々美光行「(討論)中ソ和解――なぜ、そしてどこへ」『世界』一九八九年六月号。

(41) 中嶋注7前掲論文。

(42) 永井陽之助・袴田茂樹・中嶋嶺雄「(シンポジウム)社会主義国家の世紀末」(『文藝春秋』一九八九年八月号)での中嶋の発言(一六六頁)。

(43) 中嶋嶺雄『中国の悲劇』講談社、一九八九年、二一七頁。

(44) 加々美注10前掲書 二二〇―二二五頁。

(45) 毛里和子「中国 ソ連・東欧の動きに抱く深い嫌悪感」『朝日ジャーナル』一九九〇年六月二〇日臨時増刊号。

(46) 毛里和子「さまざまな「脱社会主義」――中国、モンゴル、ソ連を旅して」『世界』一九九一年一一月号。

(47) 関連記事を列挙すると、『現代』は、李怡「「凍る夏」――血と涙で書かれた北京からの〝遺書〟」(一九八九年八月号)、『朝日ジャーナル』は、特集「中国激動! 戒厳令と対決する天安門広場の一〇〇万人」(一九八九年六月二日号)、グラビア「天安門広場を血で染めた人民解放軍」(六月一六日号)、グラビア「虐殺の痕跡にふたをした中国要人たちの劇中劇」(六月二三日号)、伴野朗「天安門に消えた紅軍の誇り――私軍としての中国人民解放軍」(六月三〇日号)、『文藝春秋』は、井出耕也「甦る悪夢 日本人が体験した「血の日曜日」」、陳舜臣「「血で書かれた事実」は隠せない――歴史に照らして」(一九八九年八月号)、『諸君!』は、黄昭堂「専制政治の伝統に戻った鄧小平」、伊藤喜久蔵「人民解放軍は何を「解放」したのか」(一九八九年八月号)、『中央公論』は、中嶋嶺雄「鄧小平は勝ったのか――「人民の波」の高揚と沈潜」(一九八九年七月号)、『世界』は、吉井遼一「(ドキュメント)天安門広場」(一九八九年七月号)、グラビア「中国の絶望と希望――北京・一九八九・六・四」(一九八九年八月号)、連載「資料・中国民主化運動」(一九八九年九月号―九〇年二月号）など。

(48) 林澄「ドキュメント　天安門事件」『現代』一九九一年七月号。

(49) ウアルカイシ・万潤南・中嶋嶺雄「(特別座談会) 中国民主化の火は消えず」『中央公論』一九九〇年二月号。

(50) 伊藤潔「「民主の女神」号の正体」『諸君！』一九九〇年八月号。

(51) 林澄「「天安門事件」パリ秘密会議の全容」『現代』一九九一年一〇月号。

(52) 林注48前掲論文。

(53) 蘇注19前掲論文。

(54) 譚璐美「天安門事件　リーダーたちの獄中生活」『現代』一九九二年七月号。

(55) 「民主化弾圧が生む在日中国人の疑心暗鬼」『朝日ジャーナル』一九八九年八月四日号。

(56) 杉山文彦「天安門事件と日本の入管行政」『世界』一九九〇年一一月号。

(57) 山口令子「中国人の「甘えの構造」」『諸君！』一九八九年一月号。

(58) 加々美編注15前掲書　一三五頁（村田雄二郎執筆）。

(59) 宇野重昭「中国農村にとって民主化とは何か」『世界』一九八九年一一月号。

(60) 陳先進「中国の「人権白書」分析」『自由』一九九二年六月号。

(61) 加藤千洋「鄧小平氏は何を考えているか」(『世界』一九九〇年九月号)、国分良成「アジアに新秩序を！　中国のサバイバル戦略」(『現代』一九九二年三月号)。

(62) 朱建栄「「改革しなければもっと危険だ」」『朝日ジャーナル』一九九〇年六月一日号。

(63) 天児慧「新たなリンケージを探る中国――天安門・冷戦後の中国外交の新展開と内政」『世界』一九九一年七月号。

第四章

(1) 小島末夫「貿易不均衡への対応」服部健治・丸川知雄『日中関係史　一九七二―二〇一二　Ⅱ経済』東京大学出版会、二〇一二年、一三一頁。

(2) 大来佐武郎「中国問題を考える」『中央公論』一九九〇年七月号。

(3) 田中明彦「「静かな外交」が必要なとき」『中央公論』一九八九年八月号。

(4) 中嶋嶺雄、伊藤潔「(対談) 民主化の灯は消えていない」『正論』一九九〇年七月号。

(5) 長谷川慶太郎「耐えられる限度は二、三年だ」、小島朋之「「蘇東波」襲来は「一窮二白」を変えるか」(ともに『中央公論』一九九二年一月号)。

(6) 渡辺利夫「中国の一党支配の崩壊は来世紀の話」『中央公論』一九九二年一月号。

(7) 龍野富雄「中国がめざす方向は揺るがない？」『中央公

論』一九九二年一月号。
（8）三宅康之「六・四（第二次天安門事件）一九八九―九一年」高原明生・服部龍二『日中関係史 一九七二―二〇一二 I政治』東京大学出版会、二〇一二年、二五二頁。
（9）叶芳和「情報革命が中国をつくり変える」『中央公論』一九九一年五月号。
（10）叶芳和「中国は全方位開放政策へ」『中央公論』一九九一年八月号。
（11）鄧小平「改革開放を換えれば、民衆に打倒される――中国共産党中央「二号文件」・鄧小平談話」南裕美（筆名）訳、『世界』一九九二年五月号。
（12）加々美光行「苦闘する中国――鄧小平 最後の闘い」『潮』一九九二年六月号。
（13）伊藤潔「鄧小平最後の闘い――〝中国的〟資本主義への道」『中央公論』一九九二年八月号。
（14）早房長治「最後の社会主義大国中国（上・下）」『朝日ジャーナル』一九九二年二月一四日・二月二一日。
（15）涂照彦「「NIES」時代の東アジア経済圏――新しい国際秩序を求めて」『世界』一九八八年一二月号。
（16）涂照彦「「NIES」論からみた中国「動乱」」『世界』一九八九年一〇月号。
（17）涂照彦「「NIESの時代」は終るのか」『世界』一九九〇年一一月号。
（18）可児弘明「華僑・華人の現在――その歴史と帰属意識を中心に」『世界』一九九二年三月号。
（19）濱下武志「「華僑」史に見る社会倫理――華僑―華人―華裔のアイデンティティ」『思想』一九九一年三月号。
（20）濱下武志「海国中国と新たな周縁ナショナリズム――地域主義と一国史観を越える試み」『思想』一九九六年五月号。
（21）涂照彦「中台関係 東アジア経済の焦点」『世界』一九九二年三月号。
（22）張栄豊・範希周・翁松燃・劉進慶「（討論）中台関係はどこまで進むか」『世界』一九九二年八月号。
（23）加々美編第三章注15前掲書 二三九―二五二頁（加々美光行執筆）。
（24）渡辺利夫「揺らぐ香港 離脱と統合」『中央公論』一九八九年五月号。
（25）坂井臣之助「「開かれた競争」は続くか――新段階に入った中台関係」『世界』一九八八年二月号。
（26）中嶋嶺雄「蒋経国の死で台湾は変わるか」（『文藝春秋』一九八八年三月号）、若林正丈「ポスト蒋経国 台湾の政情を読む」（『中央公論』一九八八年三月号）。
（27）林豊喜（ききて・坂井臣之助）「始動する台湾農民運動――米国の圧力と「重工軽農」政策のもとで」『世界』一九八九年二月号。
（28）イバン・ユカン（翻訳・整理 若林正丈）「「台湾の主人として」――少数民族青年は訴える」『世界』一九八九年三月号。

(29) 伊藤潔「台湾は「光復大陸」を諦めた」『諸君！』一九八九年五月号。
(30) 若林正丈「台湾の「渦巻き選挙」——冷戦の崩壊に際会して」『世界』一九九〇年二月号。
(31) 傅大為「台湾民主化運動の新しい潮流」松永正義訳、『世界』一九九〇年六月号。
(32) 黄昭堂「台湾は「中国の一部」ではない」『諸君！』一九八九年一二月号。
(33) 伊藤潔「どこへ行く李登輝の台湾」『中央公論』一九九〇年八月号。
(34) 若林正丈「「憲政改革」へ船出する台湾——そのシナリオを考える」『世界』一九九一年七月号。
(35) 中嶋嶺雄へのインタビュー、馬場序章注4前掲書 六〇四—六〇五頁。
(36) 曾永賢『従左到右六〇年——曾永賢先生訪談録』（台北 国史館、二〇〇九年、二五二—二五四頁。
(37) 聞きて・深田祐介「李総統インタビュー 台湾経験を中国全土に」『文藝春秋』一九九〇年五月号。
(38) 加々美編第三章注15前掲書 二七一—二七二頁（園田茂人訳）。
(39) 加々美編同書 二八二頁（園田茂人訳）。
(40) 中嶋嶺雄「竹下総理に見えなかった開放中国 これだけの混迷」『諸君！』一九八八年一〇月号。
(41) 一九九八年には若林が初代代表となって日本で初めての台湾学会である日本台湾学会が結成された。証言編・若林正丈氏インタビュー。
(42) 若林正丈「李登輝氏の持ち時間——「三すくみ」の台湾政治」『世界』一九九〇年六月号。
(43) 戦後日本で最初に翻訳出版された台湾の小説は、呉濁流の一連の小説であろう（呉濁流『泥寧に生きる——苦悩する台湾の民』一九七二年、『夜明け前の台湾——植民地からの出発』一九七二年、いずれも社会思想社、『アジアの孤児』一九七三年、新人物往来社、など）。郷土文学系の最初のとしては、黄春明『さよなら・再見』（一九七九年、めこん）、研文出版の研文選書から出された三部の台湾現代小説選（『彩鳳の夢』一九八四年、『終戦の賠償』一九八四年、『三本足の馬』一九八五年）と一部の『台湾抗日小説選』（一九八八年）が挙げられる。
(44) 蕭新煌・若林正丈「台湾の〈自我《セルフ》〉を求めて——民主化と「ナショナリズム」の行方を考える」『世界』一九九二年三月号。
(45) 辻井喬・吉見俊哉・四方田犬彦「（総合討論）アジアにおける消費社会のあり方」『アジア新世紀5 市場』岩波書店、二〇〇三年、一三—一九頁。
(46) 斎藤貴男『空疎な小皇帝——「石原慎太郎」という問題』「第三章 台湾海峡で危険な火遊び」岩波書店、二〇〇三年、六八—九〇頁。
(47) 鴨武彦・小島朋之「（対談）アジアの「冷戦構造」が終焉

する時」『潮』一九九二年一一月号。
(48) 加々美光行「中国の積極外交と権力構造の変化」『潮』一九九二年一一月号。
(49) 平松茂雄「これが中国の「海洋覇権」地図だ」『諸君!』一九九二年七月号。
(50) E・ヴォーゲル・船橋洋一・袴田茂樹・田中明彦「(シンポジウム)中国の挑戦　試される日本の安全保障戦略」『中央公論』一九九二年一一月号。
(51) 二階堂進「日中国交秘話　中南海の一夜」『正論』一九九二年一〇月号。
(52) 山口淑子「李香蘭だから言えること」(『中央公論』一九九二年九月号)、浅利慶太・山口淑子「「李香蘭」中国公演記」(『文藝春秋』一九九二年一〇月号)。
(53) 田中眞紀子「父田中角栄　二〇年目の北京」『中央公論』一九九二年一二月号。
(54) 孫平化本誌独占インタビュー(聞き手・森住和弘)「日中国交回復の扉はこうして開けられた」『中央公論』一九九二年七月号・八月号。
(55) 谷野作太郎「天皇皇后両陛下の中国ご訪問」『文藝春秋』一九九二年一〇月号。
(56) 柿澤弘治(聞き手・櫻井良子)「外務省はこう考えた」『諸君!』一九九二年一〇月号。
(57) 中嶋嶺雄「天皇訪中と日本外交」『中央公論』一九九二年九月号。
(58) 中嶋嶺雄、長谷川慶太郎「「友好」至上外交の陥穽」『諸君!』一九九二年五月号。
(59) 伊藤潔「楽観的、あまりに楽観的な」『文藝春秋』一九九二年九月号。
(60) 横田耕一・西修・竹花光範・小林昭三・小林節「ご訪中報道が沈黙する　天皇陛下の憲法問題——憲法学者五人と辿る「第四条」の迷路」『諸君!』一九九二年一〇月号。
(61) 石原慎太郎「多くの国民の不安」、同「「天皇訪中」決定までの奇々怪々」(『文藝春秋』一九九二年一〇月号)。
(62) 西義之「天皇ご訪中を前に」『正論』一九九二年一一月号。
(63) 衛藤瀋吉「日中友好のために格好の事」、小堀桂一郎「皇室を外交に巻き込む危険」(『正論』一九九二年四月号)。
(64) 衛藤瀋吉・小堀桂一郎「「天皇陛下は、今秋中国を訪問なさるべきか」」『諸君!』一九九二年四月号。
(65) 衛藤瀋吉・小堀桂一郎「日中戦争とは何だったのか——「お言葉」問題の核心」『諸君!』一九九二年一〇月号。
(66) 「未来見すえ「友好」「歓迎」」、「「過去」のくだりに宴緊張」(『朝日新聞』一九九二年一〇月二四日)。
(67) 「(時時刻刻)天皇訪中　友好新時代の扉を開く」、「(社説)中国に示した新しい天皇像」(『朝日新聞』一九九二年一〇月二八日)。
(68) 杉浦康之「天皇訪中　一九九一—九二年」高原明生・服部龍二『日中関係史　一九七二—二〇一二　I政治』東京大学出版会、二〇一二年、二八二—二八三頁。

(69) 柿澤弘治「天皇訪中後の日中関係――ライバルでなくパートナーとして」『中央公論』一九九二年一二月号。

(70) 翰光『亡命――遥かなり天安門』岩波書店、二〇一一年、三二一―三二七頁。

(71) 高井第三章注28前掲論文 一六二―一六三頁。

(72) 山崎豊子「『大地の子』と私の闘い」『文藝春秋』一九九一年五月号。

(73) 山崎豊子「わが涙の中国弔問記――胡耀邦さんにもう一度会いたい」(『文藝春秋』一九八九年七月号)、『大地の子 四』あとがき(文春文庫、三三九頁)。

(74) 山崎豊子「『大地の子』中国に還る」『文藝春秋』一九九一年九月号。

(75) 楊海英氏へのインタビューに拠る。二〇一三年五月一七日。

第五章

(1)『平成二四年度 大平正芳記念財団の事業』(パンフレット)公益財団法人 大平正芳記念財団、一五―一六頁。

(2) 馬場公彦「同時代史としての日中関係――相互の「認識経路」をてがかりとして」(佐藤幸男・森川裕二編『CEAKS研究叢書 交響するアジア④ 日中対話の新たな可能性をめざして――歴史・記憶との共生』二〇一三年)九九頁、富山大学「東アジア「共生」学創成の学際的融合研究」。

(3) 本章での「華」「台」の用法の区別に関しては、大むね当時の日本での慣用に倣うこととする。すなわち、国共内戦終結後の台湾地域を統治する政府ないしは日本との正式な外交関係があった台湾側政府については、「中華民国政府」あるいは「国府」(略号は「華」)を用い、国共内戦終結後の中華民国政府治下にある地域ないしは治下の住民を指す呼称としては、「台湾」「台湾人」(略号は「台」)を用いる。ただし、李登輝総統以降は、政府の呼称としても慣例に倣い、「台湾政府」(略号は「台」)を用いることがある。

(4) 張羣『我與日本七十年』(台北)中日関係研究会、中華民国六九年、一六二頁(古屋奎二訳『日華・風雲の七十年』サンケイ出版、一九八〇年、ただし本章の引用は原文からの拙訳である)。

張羣《ちょうぐん》 字岳軍、一八八九年四川省生まれ、蒋介石と同じ保定通国陸軍速成学堂一期生、東京振武学校を三年で卒業したあと、蒋介石と同じ高田野砲兵第一九連隊に配属。一九一一年武昌起義で帰国し革命に参加。第二次革命失敗で日本・インドネシアなどに亡命。一九一五年第三次革命に参加。一九二六年北伐で国民革命軍総司令部総参議。上海特別市長、湖北省主席、外交部長、中央政治委員会秘書長。抗日戦争期は四川省主席、行政院院長、総統府秘書長などを歴任し、総統府資政を務めた。

(5) 三谷太一郎「戦後体制と戦時体制」『岩波講座 近代日本と植民地 第八巻 アジアの冷戦と脱植民地化』一九九三年、三五六頁。

(6) 若林正丈「台湾の重層的脱植民地と多文化主義」鈴木正崇編『東アジアの近代と日本』慶應義塾大学出版会、二〇〇七年、二一五頁。

(7) 菅野敦志『台湾の国家と文化――「脱日本化」・「中国化」・「本土化」』(勁草書房、二〇一一年)第二章「蔣介石の「中華文化復興運動」と国民文化の一元化(一九六六―一九七六)」。

(8) 訳文は竹内実編『日中国交基本文献集』下巻、蒼蒼社、一九九三年、二二八―二二九頁に拠る。

(9) 馬場序章注4前掲書 九五―一〇〇頁。

(10) 司馬桑敦『中日関係二十五年』(台北)聯経出版事業公司、一九七八年、四五頁。

(11) 徐浤馨「一九五二年『中日和約』的性格再議」『台湾国際研究季刊』第八巻第四期、二〇一二年冬季号、一二三―一二四頁。

(12) 司馬注10前掲書 三七三頁。

(13) 総統対日編輯訪華団談話新聞剪輯(一九六八年六月三日―一二日)中華民国外交部檔案 012.22/0090、影像号11-EAP-01077、中央研究院近代史研究所檔案館蔵。

(14) 川島真・清水麗・松田康博・楊永明『日台関係史 1945-2008』東京大学出版会、二〇〇九年、五五頁(川島論文)。

(15) 司馬注10前掲書 二八頁、川島真「思想としての対中外交――外交の現場からみる蔣介石・中華民国・台湾」(酒井哲哉編『日本の外交 第三巻 外交思想』岩波書店、二〇一三年)二六九―二七四頁。

(16) 浅野和生氏(平成国際大学教授)インタビュー、二〇一三年七月二四日、平成国際大学にて。

(17) 曾永賢『従左到右六〇年――曾永賢先生訪談録』(台北)国史館、二〇〇九年、二四三―二四四頁。

曾永賢 一九二四年台湾苗栗生まれ、一九三九年、日本に留学、四四年、早稲田大学入学、四五年三月応召、四六年、日本共産党共産主義青年団に加入。同年台湾に帰り、四七年中国共産党台湾省工作員会に加わり正式に入党、五二年に逮捕され、調査局に拘留されるなか、転向し、調査局第二処に配属となり、中共資料の調査分析を続ける。九〇年に李登輝総統の招きで「国家統一委員会」に派遣、のち国策顧問・資政となり、中国研究と対日外交工作を担う。

(18) 王世杰(林美莉編集校訂)『王世杰日記』下冊、(台北)中央研究院近代史研究所、二〇一二年、九二六頁。

王世杰《せいけつ》 一八九一年湖北省崇陽県生まれ、抗日戦争期は中国国民党中央宣伝部三民主義青年団第一回監察会・中央訓練団・国民参政会・国防最高委員会中央設計局・軍事委員会参事室など六機構の首長を務め、遷台後は胡適の後を継いで中央研究院院長を務め、国家科学委員会・中米科学協力員会などの仕事に従事し、故宮博物院の移転・展示活動の事業を担った。一九八一年没。

(19) 外交部亜太司対日宣伝(一九五六年一一月二七日)中華民国外交部檔案 003/0001、影像号11-EAP-00452、中央研究院近代史研究所檔案館蔵。

(20) 対日宣伝方案初稿、影像号11-INF-00433、中央研究院近代史研究所檔案館蔵。

(21) 石井明は論文のなかで、この委員会を「非公式チャンネル」と評している。だが、台湾側のメンバーは大半が政府側の政治家・官僚であり、日本側も財界有力者やメディア関係者が含まれてはいるが、自民党の大物政治家がメンバーであること、台湾側は蔣介石総統の指導を受けた張羣秘書長の指示のもとに、正式の外交関係を補完するような活動がなされていたことから、本章では「準公式チャンネル」という表現にした。石井明「一九六〇年代前半の日台関係――周鴻慶事件から反共参謀部設立構想の推進へ」『国際法外交雑誌』第一〇一巻二号、二〇〇二年八月、一四四頁。

(22) 黄自進・訪問、簡佳慧・記録『林金莖先生訪問紀録』(中央研究院近代史研究所口述歴史叢書82、中央研究院近代史研究所、二〇〇三年、五八頁)によれば、設立は一九五六年四月とされるが、これは団体設立の契機となった台湾からの大規模な訪問団が訪日した時期であり、正式な設立は東京で最初の全体委員会を開いた一九五七年四月三日である。張羣注4前掲書、二二六―二二七頁に拠る。

(23) 曾永賢注17前掲書 二三二―二三三、二四三頁。

(24) 張羣注4前掲書 二二五―二三五頁。

(25) 司馬注10前掲書 三三―三八頁。

司馬桑敦 一九一八年、遼寧省金州城生まれ。本名は王光逖。父は地元の地主兼商人。三一年、満州事変により国家の大事への関心が芽生えたことで、中国の政治軍事人物の事績に関心を持ち、国家の弱体を意識し、武術を習う。三二年、抗日救国教導隊に入隊。三八年、ハルビンで『大北新報』記者となり、のちに副刊『大北風』を創刊し編集長となる。四〇年、訪日し、東京の「東亜操觚者」大会に参加。帰国後、解放区の遊撃隊に赴き『救国報』記者となるもなじめず、解放区を出て上海へ、作家活動に勤しむ。四一年、左翼作家の嫌疑で逮捕され、ハルビン拘置所と「新京」監獄に投獄。四五年、日本の敗戦で出獄。内戦中は長春・瀋陽に住み、四八年北平へ。五二年、台北に遷り『日本展望』雑誌を編集。創作活動に従事。五五年、東京大学大学院社会学研究修士課程に入り、『聯合報』日本特派員に。五七年東京大学大学院国際関係論博士課程に入る(指導教授は衛藤瀋吉)。七七年離日しアメリカ・サンフランシスコに渡り、八一年、ロサンゼルスで死去。主著に『野馬伝』『江戸十年』『扶桑漫歩』『中日関係二十五年』『張学良評伝』などがある。略伝は周勵、藤田梨那等著『回望故土――尋找與解読司馬桑敦』台北・伝記文学出版社股份有限公司、二〇〇九年に拠った。なお共著者の一人・周勵は、司馬桑敦の孫娘で元吉林大学文学系教授。ただし祖父とは生前面識のないまま、祖父はアメリカ・ロサンゼルスで客死した。また藤田梨那は、郭沫若の孫娘。二〇一三年一二月六日の周勵・藤田梨那氏インタビュー(東京にて)に拠る。

(26) 黄天才『中日外交的人與事——黄天才東京採訪実録』聯経出版事業公司、一九九五年、一八五—一八六頁。

黄天才 広西省陽朔生まれ。新聞記者として経済時報・民族晩報・聯合報・中華日報・中央日報・中央通訊社などで勤務。一九六一年より八五年まで中央日報駐日記者。

(27) 司馬注10前掲書 一九九—二〇四頁。

(28) 司馬同上書 六四—六五頁。

(29) 馬場序章注4前掲書 一六八—一七一、二〇四—二〇五、二一七—二二九頁。

(30) 邱永漢「台湾人を忘れるな」『中央公論』一九五七年八月号。

(31) 中島健蔵（日中文化交流協会理事長）の論壇時評『朝日新聞』一九五七年六月一七日。

(32) 邱永漢「一つの中国・一つの台湾——「二つの中国」はあり得ない」（『文藝春秋』一九五八年一〇月号）、同「台湾は必ず独立する」（『文藝春秋』一九六一年五月号）。

(33) 春山明哲の台湾研究所（早稲田大学）ワークショップでの報告。「日本における台湾史研究の一〇〇年 序論——「書誌学的方法」による研究ノート」二〇一三年七月一二日。

(34) 海外重要匪情僑情簡報（一九六一年一〇月二六日）中華民国外交部檔案 406/0049、影像号 11-NAA-01707、中央研究院近代史研究所檔案館蔵。

(35) 張羣注4前掲書 一七九—一九六頁。

(36) 張羣同上書 一九七—二一一頁。

(37) 石井明注21前掲論文 一六三—一六八頁。清水麗「日華関係再構築への模索とその帰結——一九五八—一九七一年」川島ら注14前掲書 八三—八四頁。

(38) 曾永賢注17前掲書 一七三—一七六頁。

(39) 日警偵査「台湾志願団」諜刺案、中華民国外交部檔案 406/0049、影像号 11-NAA-01707、中央研究院近代史研究所檔案館蔵。

(40) 陳鵬仁（前中国国民党中央党史委員会主任委員、現中国文化大学日本研究所教授）は断交後の一九七三年に亜東関係協会東京弁事処華僑事務所長として赴任した。そこでの主な任務は、六万人近い在日華僑に対して、中華人民共和国の統一戦線に乗せられないように指導することだったという。陳鵬仁氏インタビュー、二〇一三年八月一一日、台北にて。

(41) 王世杰注18前掲書 下冊一一四二頁。

(42) 張羣注4前掲書 二四五—二五四頁。

(43) 司馬注10前掲書 二七六頁。

(44) 王世杰注18前掲書 下冊一三九一・一四〇九・一四四〇頁。

(45) 馬場序章注4前掲書第六章「日中復交と歴史問題 一九七一—七二」。

(46) 一例として、中嶋嶺雄「〝台湾共和国〟は禁句か——中ソ対立と台湾の将来」（『諸君』一九七四年四月号）について、中華民国政府は、台湾の実質上の国力を評価しての立論であることから、フィクションの「仮定の結論」だとの留保をつけたうえで容認し、むしろ好ましい反応の記事として注目していた（國史館収蔵 020-199900-0088-00650x の外交部・行政院新聞局あて亜東関係協会東京辦事処檔案、一九七四年三月七日）。

(47) **馬樹禮** 一九一四年、江蘇省漣水県生まれ。明治大学で学び、セントトーマス大学（フィリピン）学士。シンガポールとマニラで華僑新聞の編集にたずさわる。一九三八年に帰国し従軍し、戦地で『前線日報』を創刊、戦勝後、該紙は上海で刊行。四七年、上海市で立法委員に当選（九〇年退職）、四九年台湾に移る。五三年インドネシアで『中華商報』創刊、社長兼編集長、五八年、新聞社の立場の問題から逮捕され、インドネシアで入獄、五九年帰国。六二―七二年、国民党中央第三組主任、海外工作に従事、七二年―八五年、中国広播公司董事長、七三年―八五年、駐日代表、八五―八八年、国民党中央秘書長、八八―九一年、中国電視公司董事長。その後、国民党中央評議委員会主席団主席、総統府資政を務める。著書に『インドネシア独立運動史』『使日十二年』などがある。

(48) 馬樹禮『使日十二年』台北・聯経出版事業公司、一九九七年、一九一―一九二頁。

(49) 黄天才注26前掲書 二四七頁。

(50) 曾永賢注17前掲書 二四五頁。

(51) 川島ほか注14前掲書 一三六頁に、主な日台間の準公式・非公式チャネルの一覧が掲げられている（松田論文）。

(52) 馬樹禮注48前掲書 二五七頁、林金莖『梅と桜――戦後の日華関係』（サンケイ出版、一九八四年、六〇二頁）、黄自進訪問、簡佳慧記録『林金莖先生訪問紀録』（中央研究院近代史研究所口述歴史叢書八二、〔台北〕中央研究院近代史研究所、二〇〇三年、二二一頁）。

林金莖 一九二三年、台湾台南県生まれ、四六年、公費で上海国立復旦大学へ、四八年、台湾大学法律系に転入、六二年、早稲田大学法学修士、八八年、亜細亜大学国際法法学博士号取得。高等文官試験行政官・弁護士・外交官領事館試験に合格。司法行政部秘書、省民政庁科長、外交部亜太司科長、駐大阪領事、駐日大使館政務参事、亜東関係協会駐日副代表、行政院建設委員会委員、駐日代表および亜東関係協会会長などの公務を歴任。

(53) 楊合義氏への電話インタビュー、二〇一三年九月一七日、および『問題と研究』誌上での関連情報に拠る。

(54) 浅野和生氏注16前掲インタビュー。

(55) 曾永賢注17前掲書 一六八―一七三頁、二四六―二五二頁。

(56) 呉俊才「国際関係研究所について」『問題と研究』一九七二年一月号。

(57) 徐浤馨氏（政治大学国際関係研究中心博士後研究員）からの教示による。曾永賢注17前掲書一六八頁にも関連の記述があるが、曾は前身の「国際関係研究会」の創立を一九五三年四月としている。

(58) 曾永賢注17前掲書 一五三―一六八頁。

(59) 馬樹禮注48前掲書 一四三―一七七頁。

(60) 黄天才注26前掲書 二五二頁。

(61) 黄天才同上書 二五五―二九一頁、司馬注10前掲書 三五九―三七六頁。

(62) 馬樹禮注48前掲書 六八頁、林金莖注52前掲『梅と桜』六三三頁。

(63) 林金莖同上書 六三五頁。

(64) 國史館収蔵 020-199900-0088-0070x の中央文化工作会あて亜東関係協会東京辦事処檔案（一九七四年三月一五日）020-199900-0088-0099a の亜東関係協会東京辦事処作成の「専題報告」（一九七四年三月二七日）など。

(65) 張超英口述、陳柔縉執筆『宮前町九十番地』台北・時報文化出版企業股份有限公司、二〇〇六年、一七七―一八六頁、二〇二―二一七頁、二五〇―二五一頁。

張超英 一九三三年、東京生まれ、その年に台湾に帰る。祖父は台湾石炭界の資産家、父は広東・上海で反日運動に参加し、台湾に強制退去された。四八年、香港の英文書院を卒業。五六年、明治大学政経学部を卒業後、上智大学の研究院に進学。五七年、台湾に帰り行政局新聞局に配属。六三年、国連の奨学金で渡米、カナダで映画の研修を受ける。六七年、ニューヨークの新聞処に派遣、八〇年から八五年まで東京新聞処処長、八五年、ニューヨークにテレビ番組制作会社を設立。九三年、台湾で公共テレビ準備会顧問。九四―九八年、新聞局中日新聞署署長兼駐日代表処顧問。〇三年より隠居生活に入る。書名の「宮前町九十番地」とは、張の生家があった日本時代の番地で、現在は台北市中山北路にある台湾セメント会社の向かい側の一千坪の広大な土地で、日本時代には青天白日旗が翻る中華民国駐台領事館に提供された。

(66) 李登輝著・口述、国史館李登輝口述歴史小組編『見証台湾――蔣経国総統與我』（台北）允晨文化実業股份有限公司、二〇〇四年、二三一―二三二頁。

(67) 傅大為「台湾民主化運動の新しい潮流」松永正義訳、『世界』一九九〇年六月号。

(68) 何栄幸『学運世代：衆声喧嘩的十年』（台北）時報文化出版企業股份有限公司、二〇〇一年。

(69) 李登輝注66前掲書 二五八―二五九頁。

(70) 曾永賢注17前掲書 二二一―二三五頁。

(71) 馬場序章注4前掲書、中嶋嶺雄へのインタビュー、六〇四―六〇五頁、李登輝注66前掲書五〇―五一頁、一〇四―一〇六頁。

(72) 台湾側呼称は当初「亜洲公開論壇」であったが、「公開」という名称はどの国の人も参加可能であるような印象を与えるので、「亜洲展望研討会」と名づけたという。楊合義氏注53前掲インタビュー。

(73) 曾永賢注17前掲書 二五二―二五四頁、日本側の費用負担については、曾前掲書のほかに浅野和生氏インタビューに拠る。

(74) 浅野和生氏注16前掲インタビュー。

(75) 斎藤貴男『空疎な小皇帝――「石原慎太郎」という問題』第三章「台湾海峡で危険な火遊び」(岩波書店、二〇〇三年、六八―九〇頁)、張炎憲・陳美蓉主編『羅福全與対日外交』([台北]財団法人呉三連台湾史料基金会、二〇一二年、一六七頁)。

(76) 川島ほか注14前掲書 一五七頁(松田論文)。

(77) 張・陳注75前掲書 一〇一―一〇九頁、一三八―一四一頁。

羅福全 一九三五年、台湾嘉義生まれ、五八年、国立台湾大学経済系卒業、六三年、早稲田大学政治経済研究所、経済学修士、六八年、ペンシルヴァニア大学修士・博士、六四年、フィラデルフィア台湾同郷会会長、台湾独立連盟に参加、六六年、全米台湾独立連盟中央委員、七三―八〇年、国連UNCDR国際比較研究主任、八一―八二年、ハワイ大学経済学部・地理学部兼任教授、九〇―九五年、国連大学学術審議官、九五―二〇〇〇年、国連大学首席学術審議官、国連大学高等研究所副所長、現在、国連大学高等研究所名誉教授、二〇〇〇―〇四年、駐日代表、〇四―〇七年、亜東関係協会会長。

(78) 曾永賢注17前掲書 二五四―二五七頁、張注65前掲書 二四三頁、張・陳注75前掲書 一八〇―一八一頁。

終章

(1) 本章の「一〇のアスペクト」という表現は、溝口雄三「中国儒教の一〇のアスペクト」(『思想』第七九二号、一九九〇年六月号特集「儒教とアジア社会」巻頭論文、同著『中国思想のエッセンスII 東往西来』岩波書店、二〇一一年に収録)を踏まえたものであることは言うまでもない。ただし、内容やテーマについては重なるものではない。

(2) 馬場公彦「ポスト冷戦期における東アジア歴史問題の諸相」『アジア太平洋討究』二〇〇一年第四号、早稲田大学アジア太平洋研究センター、八八頁。

(3) 李沢厚・劉再復『告別革命』天地図書公司(香港)、一九九五年。

(4) 中国と日本における近代中国に対する歴史認識の変化については、野村浩一・近藤邦康・並木頼寿・坂元ひろ子・砂山幸雄・村田雄二郎編『新編 原典中国近代思想史』第一巻(岩波書店、二〇一〇年)に掲げる「新編」総序」(全編集委員・編集協力)において論じられている。同巻に併載した「旧編」総序」(一九七六年初出)と比較対照されたい。

(5) 汪暉『近代中国思想の生成』石井剛訳、岩波書店、二〇一一年、とくにその「初期近代」ならびにその他―日本語版序文」。邦訳書は『現代中国思想的興起』(全四冊)三聯書店(北京)、二〇〇八年(第二版)の抄訳。

(6) 汪暉「現代中国の思想状況とモダニティの問題」砂山幸雄訳、『思想空間としての現代中国』岩波書店、二〇〇六年、一〇一―一八頁。原題は「当代中国的思想状況与現代性問題」。

(7) 民主化運動に参加した人びとの証言については、天安門事件前後に諸外国に亡命した運動家・知識人・芸術家にインタビューした記録として、翰光『亡命 遥かなり天安門』岩波書店、二〇一一年、にまとめられている（第四章に既述）。
(8)「北京コンセンサス（「北京共識」）」を扱った著書はいくつかあるが、アメリカ側からその解明を試みた専著として、Stefan Halper, *Beijing Consensus : How China's Authoritarian Model Will Dominate the Twenty-First Century*, Basic Books, N. Y., 2010（ステファン・ハルパー『北京コンセンサス　中国流が世界を動かす?』園田茂人・加茂具樹訳、岩波書店、二〇一一年）がある。
(9)「涼戦」については、Noam Feldman, *Cool War : the Future of Global Competition*, Random House, N. Y., 2013での造語。
(10) 中国の外交方式の変遷については、劉建平『戦後中日関係——「不正常」歴史的過程與結構』社会科学文献出版社（北京）、二〇一〇年、を参照した。
(11) 対日政策実務全般を担った廖承志グループの活動実態については、王雪萍編著『戦後日中関係と廖承志——中国の知日派と対日政策』（慶應義塾大学出版会、二〇一三年）がもっとも詳細に明らかにしている。王編著については下記の書評も参照されたい。馬場公彦「日本組的功績和遺産——読王雪萍編著『戦後日中関係与廖承志——中国的知日派和対日政策』」『抗日戦争研究』（北京）二〇一四年、第一期。
(12) 輿論と世論の区別、その内実と機能については、佐藤卓己『輿論と世論——日本的民意の系譜学』（新潮社、二〇〇八年）が参考になる。
(13)「日華」から「日台」への外交チャネルの変化については、川島真・清水麗・松田康博・楊永明『日台関係史　1945-2008』東京大学出版会、二〇〇九年の第六章（松田論文）を参照。
(14) 日本の中国研究における「シナ学」と「現地調査」の二大系統の流れについては、馬場公彦「出版界から見た日本中国学の変遷——岩波書店の刊行物を中心に」『中国学への提言』日本中国学会、二〇〇七年、参照。
(15) 竹内好『日本とアジア』（筑摩書房、一九六六年）、『内なる中国』（筑摩書房、一九八七年）など。
(16) 鶴見和子・川田侃編『内発的発展論』（東京大学出版会、一九八九年）、宇野重昭・鶴見和子編『内発的発展と外向型発展——現代中国における交錯』（東京大学出版会、一九九四年）など。
(17) 西村成雄『二〇世紀中国の政治空間——〝中華民族的国民国家〟の凝集力』（青木書店、二〇〇四年）、同『党と国家』（国分良成との共著、岩波書店、二〇〇九年）、同『二〇世紀中国政治史研究』（佐々木智弘との共著、放送大学教育振興会、二〇一一年）など。
(18) 濱下武志『近代中国の国際的契機——朝貢貿易システムと近代アジア』（東京大学出版会、一九九〇年）、同『朝貢システムと近代アジア』（岩波書店、一九九七年）、同『華僑・華人と中華網——移民・交易・送金ネットワークの構造と展開』（岩波書店、二〇一三年）など。

(19) 加々美光行『知られざる祈り――中国の民族問題』(新評論、一九九二年)、毛里和子『周縁からの中国――民族問題と国家』(東京大学出版会、一九九八年)など。
(20) 中嶋嶺雄『二一世紀は日本・台湾・韓国だ』(第一企画出版、一九八六年)、溝口雄三ほか編著『漢字文化圏の歴史と未来』(大修館書店、一九九二年)など。
(21) 渡辺利夫「帝国を志向する中国」『正論』二〇一二年三月号など。

補章

(1) 中見立夫「地域概念の政治性」溝口雄三・浜下武志・平石直昭・宮嶋博史編『アジアから考える(一) 交錯するアジア』一九九三年、東京大学出版会、二九一―二八四頁。
(2) 岸本美緒編『岩波講座「帝国」日本の学知 第三巻 東洋学の磁場』(岩波書店、二〇〇六年)「付録 文献解題・研究機関等紹介」(安藤潤一郎編)付録二―一〇頁、中見立夫「『元朝秘史』渡来のころ――日本における「東洋史学」の開始とヨーロッパ東洋学、清朝「辺疆史地学」との交差」(『東アジア文化交渉研究』別冊四号、二〇〇九年三月)。
(3) 戦後強制抑留史編纂委員会編『戦後強制抑留史』全八巻、二〇〇五年、独立行政法人平和祈念事業特別基金(HP)、第四編七〇―八〇頁、執筆は中山隆志。
(4) 馬場忠光「ウランバートルに弟の墓参を終えて」『ひとみに映った幾星霜』(私家版)二〇〇八年、岩波出版サービスセンター、一四一―一五七頁。
(5) テレビ信州制作番組『草原の墓標――モンゴルに日本兵の面影を追う』一九九一年九月一日放映、四五分、企画・構成はテレビ信州の倉田治夫。
(6) 楊海英『続墓標なき草原――内モンゴルにおける文化大革命・虐殺の記録』岩波書店、二〇一一年、三一七―三一九頁。
(7) 楊海英『墓標なき草原――内モンゴルにおける文化大革命・虐殺の記録』岩波書店、二〇〇九年、およびその続編である注6前掲書。
(8) 「「李陵」自然な表記で「定本」」『朝日新聞』二〇一三年一二月一日(吉村千彰)。中島の筆記した題名案が書かれたメモの写真が掲載されている。
(9) 井上靖『蒼き狼』「『蒼き狼』の周囲」一九六四年、新潮文庫版 四三六頁。
(10) 井上同上書 四一〇頁。
(11) 『民族学研究』第一三巻三号、一九四九年二月所収。
(12) 江上波夫「わが生い立ちの記――学問の探検」『江上波夫著作集 別巻』平凡社、一九八六年、三二四―三二五頁。
(13) 江上同上書 三二八頁。
(14) 二〇〇一年一二月一八日、宮殿石橋の間での天皇陛下の記者会見、宮内庁HP「天皇陛下お誕生日に際し[平成一三年]」より。
(15) 『蒙疆文学』第二巻一号、一九四三年一月所収。

(16) 都築七郎『秘録　伊達順之助』(番町書房、一九七二年)、渡辺龍策『秘録　川島芳子――その生涯の真相と謎』(番町書房、一九七二年)など。
(17) 中見前掲論文(一九九三年)。
(18) 安彦良和「「満蒙」からナショナリズムを考える」『世界』一九九七年一二月号、聞き手は筆者。『愛蔵版　虹色のトロツキー　4』(双葉社、二〇一〇年)に再録。
(19) ウーランフーの最新の評伝として、楊海英『中国とモンゴルのはざまで――ウラーンフーの実らなかった民族自決の夢』(岩波現代全書、二〇一三年)がある。
(20) バルダンギン・ツェベクマ(構成・翻訳、鯉渕信一)『星の草原に帰らん』一九九九年、日本放送出版協会。
(21) 田中克彦インタビュー(聞き手・和田春樹、川島真)「モンゴルの草原からアジア近現代史の真実を見つめて」『岩波講座　東アジア近現代通史　別巻　アジア研究の来歴と展望』岩波書店、二〇一一年。
(22) 田中克彦「「ノモンハン」と「ハルハ河」の間」『世界』一九六九年一一月号(『草原と革命』に収録)。
(23) 田中克彦『草原と革命』晶文社、一一七頁。

証言編

総解説　中国という巨大な客体を見すえて

前著『戦後日本人の中国像』に続いて、本書においても証言編を設け、中国論の送り手に対する口述歴史としてインタビューを行なった。前著では二二名へのインタビューを行ない、一五名の口述記録を証言編に採録した。それに対して本書をまとめるにあたってインタビューを行なったのは一一名で、採録したのは五名にとどまる。採録しなかった六名は、主にインフォーマントとして、事実関係を確認したり、文書資料を補ったりするうえでの協力者であった。

インタビュイーの五名はいずれも一九四〇年代生まれで、ジャーナリスト・コラムニストの船橋洋一氏を除き、アカデミシャンとしてのキャリアを積み、大学教授としてすでに定年を迎えたか、間もなく定年となる時期に差しかかっている。大学卒業後すぐに新聞社に就職した船橋氏を除き、大学入学後、あるいは大学院在学中に文化大革命を経験し、文革中あるいは終了直後に大学での教職に就いている。戦後第一世代の中国研究者から中国研究の手ほどきを受けた第二世代の研究者で、国交がない時期であるため、訪中体験は年齢的にかなり遅い。

研究体制においても、研究手法においても、中国研究はそれなりに制度化が進んでいるなかで、学術業績を積み重ねていった。第一世代の研究者とは違って、学術圏のなかで学者・専門家同士で共同研究や討議を通して研鑽を積み、運動圏や市民層とのつながりは比較的稀薄である。船橋氏を除き主な活動の舞台は学界・講壇であって、論壇での活動は副次的である。そのためか、前著の証言編総解説のタイトルを「新中国に投企した人びとの肖像」としたのは対照的に、本書における彼らにとっての中国は、観察主体としての自己から距離をおいて冷静客観的に分析する対象であった。

他にも本書のインタビュイーに相応しい中国論者は少なからず想起される。終章の表6－2に掲げたように、本書が扱った一九七三年から九二年にかけて論壇に登場した寄稿者の頻度に照らすと、候補者は枚挙に暇がない。ただ頻度順に中嶋嶺雄・竹内実・本多勝一・加々美光行の各氏は、すでに前著で採録した。加々美氏には再度インタビューを試みたい欲求に駆られたが、彼一人のみ再度の採録をすることは躊躇した。残念なことに中嶋・竹内の両氏は昨年（二〇一三年）物故され、柴田穂・吉田実・小島朋之・衛藤瀋吉・井上靖・菊地昌典・戴國煇・司馬遼太郎の各氏もすでに鬼籍に入っている。とりわけ戴國煇氏はじっくりとインタビューをしたかった。台湾では氏の著作集が出されるなど、著作の多くは整序された形で残っているが、台湾研究や台湾・台湾人そのものについて、著者なりの問題関心から証言を得たかった。戴氏以外にも中国・台湾出身の研究者でインタビューすべき人びとがいるはずだが果たせなかった。ただし、中国大陸出身の現役研究者は、天安門事件前後に来日した留学生が圧倒的に多く、本書の扱う時期に定職を得て論壇で活躍した研究者は少ない。

むろん、一九四〇年代生まれ以降の研究者へのインタビューを試みてもいいのだが、彼ら現役研究者の多くは、まだ自身の研究者としてのキャリア形成や中国像の形成過程について、回顧するサイクルには入っておらず、彼らのナラティヴは、問答体にはなじまない。いや、ここに採録した五名の中国論者もまた、必ずしも回顧モードで自分語りをしているわけではない。彼らが開陳する中国像は、不定形な現在進行形のものではないし、固形化した過去形のものでもない。いわば現在完了形としての中国像と言えようか。

過去から生成し現在にいたるこの中国像は、さらに大きくメタモルフォーゼを遂げようとしつつある。それでも彼らは中国像の構築を目指して知的探求をやめようとはしない。その姿勢に、後進世代のわれわれは深い敬意を覚えるのである。

1

若林正丈　歴史研究から同時代政治へ――台湾社会を見る目

二〇一二年八月二日　相模大野・若林氏自宅にて

若林正丈（わかばやし・まさひろ）
一九四九年、長野県生まれ。七二年、東京大学教養学部教養学科卒業、八五年、東京大学博士（社会学）、九五年、台湾・中央研究院民族学研究所客員研究員、九六年、東京大学大学院総合文化研究科・教養学部教授を経て、現在は早稲田大学政治経済学術院教授。日本台湾学会初代代表。台湾近代史・現代台湾政治研究。
著書（編著を含む）、『海峡　台湾政治への視座』（研文出版、一九八五年）、『台湾　転換期の政治と経済』（編著、田畑書店、一九八七年）、『台湾　分断国家と民主化』（東京大学出版会、一九九二年）、『蒋経国と李登輝』（岩波書店、一九九七年）、『台湾抗日運動史研究（増補版）』（研文出版、二〇〇一年）、『台湾　変容し躊躇するアイデンティティ』（筑摩書房、二〇〇一年）、『台湾の政治――中華民国台湾化の戦後史』（東京大学出版会、二〇〇八年）、『ポスト民主化期の台湾政治　陳水扁政権の八年』（編著、日本貿易振興機構アジア経済研究所、二〇一〇年）、『岩波講座　近代日本と植民地』全八巻（岩波書店、一九九二―九三年）編集委員。

台湾研究をこころざす

――先生は長野のご出身ですが、中国研究に関心を持つきっかけは、長野と何か関係がありますか？

特にありません。受験の時、第二語学を選ぶというときに、中島敦「山月記」などを読んでいたので、その雰囲気に惹かれて中国語にしたのです。出身は長野県の篠ノ井です。松本高校と東京帝国大学を卒業した満鉄出身の叔父がいました。戦後苦労して満洲から引き揚げてきたそうです。日本はもう駄目だと思ったらしくて、県庁出仕の誘いも断わってリンゴ園を開いたそうです。私は長野高校出身です。

――東京大学の教養学部ではどのような勉強をしましたか？

中国語はEクラスでせいぜい履修者は三十数名でした。いまでもクラス会をしています。先生は工藤篁《たかむら》先生でした。私が入学した翌年から大学紛争で、入試が受けられませんでした。

――学生運動には加わりましたか？

社青同解放派とかフロントとか構造改革派がいました。ML派もいました。運動はデモに誘われて一、二回出た程度です。三年生になり教養学科に進みましたが、すべて少数講義だということで、ゼミもありませんでした。衛藤瀋吉先生のアジア国際政治史を受講しましたし、非常勤で来られていた岡部達味先生の授業も受けました。中国語専攻のEクラスだったのでアジア経済研究所（アジ研）の矢吹晋先生が非常勤講師でいらしていました。その関係で同じアジ研の戴國煇先生を紹介されました。戴先生は東寧会（東寧は台湾の別称）を組織しようということで、そこに加わることになりました。

――東寧会とはどういう集まりですか？

私は学生として参加しただけで、有力メンバーとしては、小島麗逸さん、加藤祐三さん（東大の東洋文化研究所）、池田敏雄さん（平凡社編集部在籍、台湾出身で若い頃『民俗台湾』の編集をしていた）などがいました。学生としては私のほかに松永正義さん（一橋大学）、宇野利玄《としはる》さん（成蹊高校教員、故人）がいました。春山明哲《めいてつ》さんが戴さんの紹介で途中から入ってきました。戴さんとは父親同士が戦後台湾からの留日学生ということで知合いだったのでしょう。東寧会に来たころは東大の有機化学の博士課程の学生でした。その後に歴史に興味を持つようになったのです。

――卒論のテーマは何でしたか？

テーマを決めないといけないとき、講義に来ていた宇野重昭先生に卒論のテーマを相談したのですが、国共合作のころがいいのではと言われました。最終的には戴國煇さんに出会ってテーマを決めたのです。一九二〇年代台湾の抗日運動内部の左右の路線論争である「中国改造論争」を紹介するものです。論争は『台湾民報』に載っており、その背景を書きました。

――卒論のときから台湾を対象にしていたのですね。

そうです。台湾研究を始めたのは大学三年のころからです。一九七一年ころ、台湾の作家の呉濁流《だくりゅう》さんが来日しました。ちょうど『無花果』を台湾で発表しまして、そこでは二二八事件が描かれていましたから、情勢がまずくなると困るのでしばらく国外に出たということだったようで、アメリカへ行き日本に割と長くいました。戴國煇さんも呉濁流さんも日本人とは随分雰囲気が違う方たちで、興味を持ちました。台湾については、かつて日本の植民地だったことだとか、子供の時に耳に入った軍事衝突のニュースで「金門・馬祖」という言葉くらいはうすうす知っていましたが、二二八事件のようなことがあったということは知りませんでした。突如台湾について何も知らない無知に気づき、真空に引かれるようにして研究に入りました。当時の日本の台湾議論といえば、日本の資本がどんどん入っていて、従属理論風に台湾経済のことが説明されていたり、入国管理法問題で在日台湾人の人権問題が出てくる程度でした。

――台湾から来た独立運動系の人とはつきあいがありましたか?

戴國煇さんは客家《はっか》だったこともあって、独立運動とは切れていましたが、衛藤先生のゼミに出ると宴会の時に独立派の人たちが出てきて顔を合わせたりしました。

――独立運動派の人が発行していた雑誌『台湾青年』は読んでいましたか?

二二八事件特集はコピーして読みました。非独立派の人は二二八事件を書きませんから。王育徳さんの『台湾　苦悶する歴史』は読みました。ただ運動には関わりませんでした。

――反共雑誌は読んでいましたか?

当時は台湾の歴史をやっていて、現代につなげることは考えていませんでした。反共雑誌は「匪情研究」と称していて、中身は中国大陸のことなので研究上特に見る必要はなかったのです。

台湾・台湾人を知る――戴國煇との出会い

――東京大学教養学部の修士課程では何を研究しましたか?

指導教授は上原淳道《ただみち》さんですが、専門は古代史です。そこで衛藤先生のゼミにも出まして、論文の発表の仕方など教えていただきました。修論は台湾共産党です。史料がなくて困りました。戴國煇さんの紹介で、『思想』一九七五年に発表した論文(「「台湾革命」とコミンテルン――台湾共産党の結成と再組織をめぐって」『思想』第六一〇号、一九七五年四月)がデビュー論文となりました。編集部に縮めるといわれて、何度も書き直したことが勉強になりました。『台湾総督府警察沿革史』の一つの巻が台湾社会運動史で、許世諧《せいかい》さんが復刻したもので、重要な史料でした。総督府の警察の管理下で判決が出た後は、報道が許されましたので、新聞記事を使って、台湾民衆党系の黄師樵《ししょう》が『台湾共産党史』を書きました。そのコピーがハーバードの燕京図書館に収められていましたので、平野健一郎先生のつてで取り寄せていただきました。新聞資料を編集しただけのものですが、警察資料だけで書きたくなかったので参照しました。コミンテルン関係や世界革命戦略のなかで台湾の共産党運動がどう位置づけられたのかはよくわかりませんでした。ロシア語はできませんでしたし、当時はソ連でしたから、コミンテルンの内部資料は公開されていません。

――台湾に行っても研究のメリットはなかったのでしょうね。

台湾内部では共産党のことは口に出せませんでした。のちに民進党の盧修一さんがパリ大学で論文を発表されたのが戒厳令解除後に台湾で出まして、最初の研究とされていますが、実際は私の『思想』論文の方が早かったのです。

――一九七二年九月二九日に日本と台湾が断交を発表します。そのときの記憶はいかがですか?

大学院に入ったのが一九七二年ですので、断交は直後のことです。前年七月にキッシンジャーが秘密訪中してニクソン訪中を電撃的に発表しました。当時、教養学科のEクラスの一年上の先輩が、駒場東大前駅から帰ろうとしていたとき、僕の顔を見るなり、「若林君、ニクソンが中国に行くぞ」と言ったのを、表情も含めてよく覚えています。

ただそのころ日中国交正常化は当然という流れでしたから、台湾との断交は自然に受けとめていました。断交がその後の台湾社会をどう変えていくかということまでは、考えが及びませんでした。

――はじめて台湾を訪れたのはいつでしたか?

戴國煇さんの紹介で、一九七三年にはじめて行き、台北・高雄の戴さんの友人を訪ねました。また河原功さんの紹介で、台中の河原さんの友人にも会いました。文学史関係の資料を集めていて、作家の楊逵《ようき》さんとか、林献堂の秘書だった葉榮鐘《えいしょう》さんのお宅に行きました。日本統治下の抗日運動史で修論を書こうと思っていた時期でもあったので、非常に印象深かったですね。

当時は戒厳令下で、左翼の通常観念からすると、蒋介石反動派が人民を抑圧していて暗いところだということだったのですが、台北の街など活気のある印象でした。経済の動きは活発で、南北高速道路が開通したばかりの頃で、まだ中央分離帯がありませんでした。反共スローガンが街中のいたるところにありました。一九七〇年に中国に行っていたのですが、そういうスローガンが公共の建物にある風景は、中国も台湾も同じだと感じました。

——中国大陸訪問のいきさつは何だったのですか？

中国には大学生が訪中団を組む「斉了会《チーラ》」で行き、広州、長沙、井岡山、南昌、北京、上海などを訪問しました。文革のさなかで陳伯達失脚の直後で、九全大会のあとで、林彪が副主席でした。彭徳懐は悪者とされていました。

——文化大革命をどのようにとらえていましたか？

すばらしいことをやっていると思っていました。でも、読むものが毛沢東と魯迅しかありません。宣伝物を読むと理屈はすぐ分かってしまって、それ以上興味をそそられませんでした。

——当時同年の研究者にはどういう方がたがいますか？

古田元夫さん、並木頼寿《よりひさ》（故人）さん、田島敏雄さんなどです。ちょうど日韓闘争の時の学生運動のリーダーだった濱下武志さんの停学が解けて同年になりました。大学院になってから濱下さんにはいろいろ教わりました。衛藤瀋吉先生は学生に台湾出身の黄昭堂さんがいて指導していましたし、台湾が視野に入っていました。講義に出て指導されたのは、岡部達味先生と宇野重昭先生でした。

東寧会は月一回で、研究発表会でした。戴さんを訪ねてきた台湾の学者の話を聞いたりしました。

——博論は？

『台湾抗日運動史研究』です。研文出版から刊行されました。

——学位を取ってすぐ就職ですか？

駒場の中国語の助手を随分長くやりました。そのあと就職がなかなか決まりませんでした。私は駒場の勤続年数が長いのです。

現代台湾政治への関心

——一九七四年年末に、台湾先住民族の元日本兵・中村輝夫がモロタイ島で見つかり大きなニュースになります。

彼はすぐに台湾に帰りますが、奥さんが別の人と結婚していたりとか、先住民族のつらい話だと思いました。当時は東寧会が活動していましたが、ちょうどこのころ、後藤新平研究会が始まり、その前から霧社事件研究会が発足していました（春山明哲氏によると、霧社事件研究が本格化したのは一九七三年、後藤新平研究会は一九七五年から一九七七年だった）。

——一九七五年四月五日の蔣介石総統の死去のときはどう感じましたか？

あまり強く受けとめませんでした。

——台湾の現実政治には関心を持たなかったのですか？

台湾経済は成長していて、涂照彦《としょうげん》さんが研究していました。政治は「匪情研究」をする桑原寿二《としじ》とか一群の人たちが「大陸問題研究会」を組織していました。政治はそういった「以徳報怨」的な反共の保塁としての台湾派と台湾独立派しかなくて、それ以外の台湾政治論はなかったのです。

一九七五年末の立法院選挙の宜蘭《ぎらん》での選挙で、党外候補が当選確実と見られていたのに落選が宣告され、開票不正が疑われて、暴動寸前までいきました。このことを当時、川久保公夫さんという方が雑誌論文で紹介しました（「人民造反でゆらぐ台湾」『世界政経』一九七六年五月）。日本では人権活動家が台湾政治犯に関心を持ち、動き始めていました。社会党系の人権活動家が地道にやっていたと記憶しています。

――台湾人の元日本兵に対する援護法とか、軍属への未払い給与とかの運動ですね。

王育徳さんが台湾人元日本兵補償問題で頑張っていましたが、私は関わっていません。一九七七年の中壢《ちゅうれき》事件（台湾の地方公職選挙での不正に端を発した暴動事件）の頃から、『タイム』『ニューズウィーク』の報道を見て、台湾政治が動き始めたなという感触を持ちました。池田敏雄さんが選挙を見に行って、反国民党の「党外」という存在があることを教えてくれました。そのあと七九年に美麗島事件（一九七九年に創刊された月刊誌『美麗島』が停刊処分となり、主要メンバーが懲役刑となった事件）があって、台湾政治を研究したいという興味が猛烈に起きました。

――春山明哲さん（早稲田大学台湾研究所）の証言によると、一九八四年二月の台湾近現代史研究会の例会で若林先生が「台湾の民主化と選挙」というテーマで発表したとのことです。

中壢事件と美麗島事件は大変だと思い、研究しないといけないと思って、初めてこの頃『中研月報』に論文を書きました（「台湾における選挙と民主化」『中研月報』第四三九号、一九八四年九月、後に加筆して『海峡　台湾政治への視座』研文出版、一九八五年、に収録）。美麗島事件直後の一九八〇年に、二回目の台湾訪問をしました。滞在中に林義雄《ぎゆう》さん（美麗島事件で逮捕起訴されていた省議会議員）が逮捕されて裁判がおこなわれる間に、家族が惨殺される事件が起こりました。

その頃はまだ歴史研究も途中段階で、現代に移りたいけど移れない状態でした。一九八三年に歴史研究の延長で「台湾籍民」研究のためにアモイ大学台湾研究所に行きました。研究するところだと思って行ったのですが、先方は私のことを日本が送り込んだスパイだと当初は思い込んでいたようです。一九八五―八六年に香港に専門調査員として一年いました。台湾の政治記事を切り抜き、メモをしていました。そこで主力を歴史から政治にチェンジしたのです。

――戴國煇さんは研究の移行についてどう言われてましたか？

戴さんとは関係なかったですね。でも、香港から帰国してからの台湾の現状についての私の説明は、気に入らなかったようです。

――政治的スタンスの違いでしょうか？

よくわかりません。八〇年代途中からオポジションの主流が台湾ナショナリズムの方に向かい、戴先生の期待するような反国民党の方向にかならずしも行かなかったからではないかと想像しています。そのことを新しい動向として報告するのがお気に召さなかったようです。その後、ご自身も台湾に帰り、南部では統一派と見られて批判されたこともあったように聞いています。戴さんは、「党外」の人と連絡があって、美麗島事件以降、康寧祥さん（台湾の党外人士の代表的人物の一人。国民党と党外勢力とのパイプ役となり、民進党設立に参画した。立法委員）などが東京に寄って戴先生に会うときなど同席させていただいたことがあります。党外の主流が台湾ナショナリズムの方向に動いて、戴さんが違和感をもたれたであろう時期より少し前の話です。戴さんは思想としては左派なのでしょうね。福建系の人が中心になっている人びととの立場とは違ったようです。

――陳映真さんの立場と近いのでしょうか。

近いですよ。陳さんが七〇年代終わり頃、訪米を許されて、東京に立ち寄ったおりに、研究会で会いました。台湾に行ったときに陳映真さんの雑誌社『人間』に行きました。戴さんには、日本の出版界での知名度がありましたから、台湾から来る人も会いたがるのです。でもやはり統一派系の人が多かったようですね。

――先生の場合はどういうメディアを通して情報を入手していたのですか？

台湾政治ウオッチの見習いのようなものです。選挙用語とか、台湾の人なら当然知っているようなことも知らなかったのですから、一生懸命新聞を読んで、台湾政治特有の語彙を覚えたりしました。

――台湾に留学しようとは思わなかったのですか？

オフィシャルなルートで留学しようとは、全く考えたことはありませんでした。でも考えてみれば、当時は台湾大学には沖縄の留学生もアメリカからの留学生もいましたから、やろうと思えばできたのかもしれません。でも、国交がありませんでしたし、日本から台湾への留学制度があったかどうか知りませんでしたし、台湾研究で科研費などの公的経費がとれるとは当時は全然思いませんでしたしね。

――台湾政治をウオッチする際の分析枠組みは何だったのですか？

助教授になって間もない一九八五・六年の頃ですが、東大の駒場でエスニシティについての研究会がありました。小さなシンポジウムで、台湾について本省人と外省人、先住民族と漢族といったエスニック・グループの話をしましたね（「台湾におけるエスニック関係の展開・試論」『東京大学教養学部教養学科紀要』第一七号、一九八五年三月、『海峡台湾政治への視座』研文出版、所収）。といっても選挙に行ってみた話をしただけですが、民進党ができたので、明らかに政治体制が変わり始めました。駒場には恒川恵市さんがいて、本郷には髙橋進さん（故人）がいて、七〇年代、南米が民主体制に移行したり、ポルトガルが権威主義体制だったりといったことから、権威主義体制論や政治体制移行論について教えられました。その頃、比較政治学については、ほとんど何も知りませんでしたが、民進党成立（一九八六年九月）前後に、シュミッターとオドンネルの『民主化の比較政治学――権威主義支配以後の政治世界』（真柄秀子・井戸正伸訳、未来社、一九八六年）という本が出ました。駒場の生協の本屋で買って井の頭線に乗ってすぐ読み始め、その権威主義体制の移行の議論がかなり参考になると感じて惹きつけられ、乗換駅をだいぶ乗り過ごしました。ということで、台湾の目の前の事態が、権威主義体制の移行ということで議論ができることに気づいたのです。そこで、民進党結成からしばらくした後の一九八七年に、台湾政治体制の移行のことを『世界』（「転換期の台湾政治――民主派へのドアはどれだけ開かれたのか」『世界』一九八七年二月号）に書いたのです。

民進党ができてからはめまぐるしい変化です。大陸への親族訪問とか、蒋経国が死んでからの内部権力闘争とか、一九九六年に第一回総統選挙があり、台湾海峡に中国人民解放軍のミサイルが飛びます。

台湾研究の学会を組織――日本台湾学会設立のころ

――香港から帰国後、もっぱら現代台湾政治を研究するようになったのでしょうか?

一九八六年に香港から戻って駒場の助教授になり、教養学部の部屋を借りて「現代台湾研究会」を立ち上げ、現代台湾ウオッチを始めました。月に一回くらいのペースです。台湾の社会運動について報告したり、康寧祥さんが来て報告したり、軍事安保問題評論家の小川和久さんに台湾をめぐる軍事問題の報告をしていただいたり、当時の李登輝総統とアジア・オープン・フォーラムを始めた中嶋嶺雄先生にも来ていただきました。一〇年くらいつづいたでしょうか。会員はいろんな人がいました。アカデミズムにいる人ばかりではなかったですね。東寧会がなくなったので、その代わりのようなものでしたが、歴史は扱いませんでした。

――戴さんとはしばらく疎遠になったのでしょうか?

アジア・オープン・フォーラムの第一回が一九八九年六月に開かれます。私は確か九一年から参加していますが、そこで何回か顔を合わせていました。このフォーラムはそこに行けば時の人に会えますから、招待されれば参加しました。フォーラムそのものは言われているほど政治色の強い集まりではありませんでしたし、もちろん親中国ではありませんでした。李登輝総統と中嶋嶺雄さんが組織したもので、それまで日本の台湾派は蔣介石の遺徳を慕って集うようなところがありましたが、李登輝さんとしては、そうではないような日本人との間に対日チャネルを作りたかったのだろうと推測します。実は集まっている学者が重要なのではなくて、フォーラムによる雰囲気作りと、それを口実に誰かが来てどこかで会っているという仕掛けが重要だったのです。こうしたことも含めたフォーラムの全貌を知っているのは李登輝さんと中嶋嶺雄さんだけだと思います。

――一九九八年に東京で日本台湾学会が設立されます。先生は初代の代表ですが、設立の背景はどうだったのでしょうか？

戒厳令解除で、台湾が政治的に開かれた世界になりました。政治的制約なしに学術交流ができるようになり、政治的心配なしに台湾で人と会えるようになったのです。台湾の台湾研究がだいぶ盛んになり、研究者も増えました。藤井省三さん（東京大学文学部、中国文学専攻）が台湾文学をやり始めました。学会発足については、藤井さんに半分ひっかけられたことがあるのです。一九九七年頃、本郷に行ったついでに藤井研究室を訪れたとき、現代台湾研究会よりも広い学会をつくるという話もあるんだが、と言ったら、藤井さんがそのことを台湾の『中国時報』の記者に話して、記事が出てしまったのです。呼びかけ人は劉進慶、涂照彦さんなどにもお願いしました。関西にも天理大学の下村作次郎さん（台湾文学、台湾原住民文学研究）や石田浩さん（故人、関西大学、経済研究）などを中心として多くの研究者集団がありました。東京は「台湾近現代史研究会」「現代台湾研究会」に参加していた人と中国文学の研究者で台湾文学に関心を持つようになった人びとが核になりました。石田さんたちの研究会は、最初は「台湾史研究会」と言っていました。

振り返ってみると、当初は自分のなかに台湾という知識の、知的な真空がある、その真空が空気を吸い込む勢いで勉強し始めたので、その後も自分のやり方は、戦略といったようなものはなくて、行き当たりばったりなのですが、自分の書いたものが論文としてアクセプトされてくると、やはり、台湾研究というものを、学術的な一つの分野として日本の学界で受け入れられるものにしたい。それには、日本の台湾研究の流れとしては、劉進慶、涂照彦、許世楷、黄昭堂、戴國煇といった台湾人の戦後留日第一世代が、七〇年代前半に盛んに研究成果を発表して、土台を据えた、それを引き継いでいく、ということになると思います。そういう気持ちがときどき湧いてきた。そういうのがぼんやりあったので、藤井省三さんの発言がきっかけとなって出た「新聞辞令」に乗ったのかも知れません。

――学会が発足し、台湾研究の厚みは増したでしょうが、台湾研究者の研究職を確保することの難しさは変わらないのではないでしょうか？

きつかったですね。それは全く変わっていません。中国語を教えるとか、留学生担当とかでポストを得ているのが多いようです。私も助手になってからは苦労しました。

――今の研究課題・ご関心は何ですか？

現代台湾政治研究については、二〇〇八年に『台湾の政治――中華民国台湾化の戦後史』を書いてひとまずはけりがつきました。いま自分の研究を振り返ってみると、七〇年代の終わりから八〇年代に選挙を観察し始めて、自分が関心をもって目の前の現実を追いかけていたと思っていた時期が、すでにいまや歴史になってしまったという実感があります。もはや台湾の人でさえ若い人は美麗島事件を知らないし、康寧祥さんのことを知らないような時代になりつつあります。自分が目の前の現実を観察していたと思っていたのが歴史となってしまったのです。当時の雑誌をもう一度読み直したりしているところです。「オポジションの形成史」をやろうと思い立ち、共同研究を組織して科研費も取ったところです。

――先生がめまぐるしい現実の情勢の変化に引きずられるようにして飛び込んで行かれた台湾同時代研究が、気がつけばいつしか台湾歴史研究になっていた、ということですね。

日本人の台湾認識はどう変わったか

――話題をかえて日本人の台湾認識について、うかがいます。日本人がそういった台湾内部の反対勢力の力を実感し始めるのは、民進党が結成され、戒厳令が解除される八〇年代半ば頃からでしょうか？

李登輝総統が就任して以降の九〇年代からでしょう。台湾の民主化だけでは日本の社会一般に響いてはいかなかったでしょう。それと司馬遼太郎『台湾紀行』の影響が大きいですね。

――司馬遼太郎の「街道をゆく」の『台湾紀行』が一九九四年に出て、そこで蔡焜燦《さいこんさん》さんが出てきたり、八田《はった》與一の話をしたり、李登輝さんが「台湾人に生まれた悲哀」を語ったりして、日本人の琴線に触れました。でもその日本経験の意味は戴國煇さんがすでに七〇年代に問題にしていました。また岩波講座の『近代日本と植民地』（全八巻、一九九二―九三年）で若林先生は編集委員のお一人として、日本の台湾領有の意味を、広くコロニアリズムの問題として問い直していました。

わたしが博士論文を書いた頃はまだ歴史研究の段階で、台湾の人びとにとっての脱植民地化の問題と関連させて考えることはできていなかったと思います。戴さんは台湾人ですから意識していたでしょうが。ただし、戴さん自身は、民主化していろいろな言説が自由になり、日本人が親日的と受けとめて、台湾人の日本観がにじみ出てきてしまうようなことを予想していなかったのではないでしょうか。あるいはわかっていながらそれではだめだと思っていたか。国民党批判が日本の植民地統治に肯定的に結びついてしまうことに対しては大変センシティヴでしたね。そこに抵抗感を持つということは一貫していたと思います。

——戴さんのそのスタンスは、日本の研究者にとっては歯止めになっていましたね。

研究者レベルでは歯止めが効いていますよ。いっぽう李登輝さんはそういう親日的なところを政治的に利用していましたね。そこには敵の敵は味方という政治的ニヒリズムがありますよ。

——その場合の敵とは?

中国ですよ。台湾を呑みこもうとする大陸的な勢力です。そのことより問題なのは、日本の論壇が、かつて台湾が日本の植民地だったことを忘れていたことです。でも台湾の方では忘れていない。台湾で戒厳令が解除されると、台湾の老人が日本語で本を出して、必ずしも日本を否定的にではなく、蔣介石政権を否定的に書くのを、日本人が親日的と捉えてしまうようになった。それは、台湾史の問題というよりは戦後日本政治史、あるいは政治思想史の問題だと思うのです。そういう戦後日本人の台湾認識を、懐の深いやり方で研究しないといけないとずっと思っていますが、なかなかやれない。

——戴さんが日本の植民地支配を親日的と受け取ってしまうことを予想していなかったとのことですが、戴さんには「中村輝夫の生還」という『展望』一九七五年四月号に書いた論文があります。そこでは、「(中村は)植民地統治の最底辺の犠牲者であり、侵略戦争の擬制的加害者であった一方、もともとは「聖戦」の弾丸よけ的存在でしかなかった」と言っています。中村輝夫的なものが日本人のある種の部分をくすぐることに最初から歯止めをかけようとしていたと思うのです。

それはかなり感じていたでしょうね。戴さんはもっとたくさんやりたいことがあったと思うのです。彼の言っていたことでいちばん大事だと思ったのは、日本の左派批判です。五〇年代後半に留学生として来日して、東大では左翼学生の華々しいころです。友人は、台湾は蔣介石反動派の島で、革命思想からすれば一顧だに値しないところというふうに見ていた。戴さんはある日、「君たちは口を開けば人民というが、蔣介石反動派の台湾には人民がいないと思っているのか」と怒ったというのです。台湾を無視するのはダブル・スタンダードです。中国には人民がいて、台湾には人民がいないというのですから。台湾から来た人から見れば、日本の左翼は明らかに偽善です。

——邱永漢は『中央公論』一九五七年八月号に「台湾人を忘れるな」を書いていますが、そこでも、台湾にも台湾住民がいると、同じことを言っています。

彼らは政治的立場は違っていてもこの点は変わらなかったと思いますね。戴さんから学んだことはそれでした。具体的に学問をやるときに、どういう視線でするかが難しいのです。日本人の自分の台湾に対する視線がどうなのか、わからないでやってきたのです。視線の構造が問題だと、戴さんの話を思い出すと気づくのです。

——若林先生のように学界のキーパーソンになると、あなたは独立派ですか統一派ですかと、紋切り型の研究の倫理やアイデンティティを問いただされてしまいませんか?

日本ではさほどそういうことはありませんが、台湾学会を立ち上げる時は警戒する向きもあったようですね。台湾独立派支援団体のように受けとめた人もいたでしょう。創立大会のとき、中国系の華僑向け通信社の人が来て、名簿をよこせと受付で言うのです。藤井省三先生が対応して、学会員になり会費を払っていただければ渡します、会員になるにはこういう規定がありますと説明すると、その人はしばらく会場にいて帰ってしまったそうです。台独(台湾独立)派を追い出すようにと、中国筋からの警告に来ていたのでしょう。いっぽう独立派の台湾人は政治的応援団になるかと思って会場で不規則発言をしました。私は大声で怒鳴ってその人を追い出した。思わずやってしまったことですが、結果としてはあのパフォーマンスは成功でした。学術に政治的な意味合いは付きまとうものですが。

——学術・活字メディアの役割も大きいですが、台湾の場合、観光・料理・文化のイメージ喚起力が大きいですね。

七〇年代の台湾は売春観光の島でした。七〇年代に台湾に行こうとすると、女房は「ご主人大丈夫?」と言われたそうです。あるいは、台湾に行ったら中国に行けないでしょうとか。さすがに八〇年代途中からそういう雰囲気は全くなくなりました。

——八七年頃に初めて公開された台湾映画の影響は大きかったと思います。中国映画とは違う伝統や風合いがあって新鮮な印象を与えました。

台湾社会の変化については、日本の論壇は民進党ができて気づきますが、日本の社会一般が影響を受けるのは映画もありますし、その前に文学への関心がありました。中国文学をやっている人が台湾文学に注目し始めたのです。松永正義さんあたりが最初ですね。文学研究は日本台湾学会でも最大集団です。一九九七年日本台湾学会の呼びかけをした時、いろいろな分野の人が応えてくれました。地域研究はいろんな分野がないと成立しませんから。それぞれ台湾のカウンターパートとの連携もありました。

——台湾自身も多元化していますし、国際化しています。これからの台湾研究は中国語だけでなく台湾語もできないといけないという人もいるようです。台湾を起点に新しい見方の発見や学知の創造がありうるでしょうか？

台湾の存在そのものがユニークですからね。松田康博さん（東京大学東洋文化研究所）が台湾について、最近「例外的存在の普遍性」と言い始めました。国民国家とか当たり前と考えられていることについて、新たな見方を台湾の事例から提示することができるはずだというのですね。ここ数年、映画・教育・先住民研究など、台湾関係の若手のぶ厚い専著が次々に出ています。今後の展開が楽しみです。

インタビューを終えて

台湾は複数のエスニック集団から構成された多重族群社会で、大陸からの亡命政権であり、錯雑とした歴史と国際関係のなかに息づいている、とらえどころのない「ヤヌスのような」（戴國煇）場所である。それが若林氏の手にかかると、「分割払いの民主化」「東洋民主主義」「七二年体制」「遷占者国家」といった術語を駆使して、その構造と変動を分析するための視角がクリアカットに提示されていく。その手際のよさに、目を奪われるような思いをしてきた。

若林氏と初めて二人だけで面談したのは、一九九一年ころ、近代日本の植民地問題に関するシリーズ論集の編集を思い立ち、日本の台湾植民地支配についての研究を手がけてこられた経験をうかがうためだった。そのとき私は古本屋で見つけた『台湾近現代史研究』のバックナンバーを携えていたように思う。シリーズの編集委員を懇請したのだが、「もう私は台湾の歴史研究から離れてしまって、現代台湾をやっているのですよ。何も新しいことはできないと思うけどなあ」と躊躇されてしまった。確かに若林氏は、そのころすでに台湾現代政治に関心を移していて、まもなく東京大学出版会から「東アジアの国家と社会」シリーズの一冊『台湾　分断国家と民主化』を上梓した。

若林氏は台湾の現代政治への関心を維持しながらも、『岩波講座　近代日本と植民地』の編集委員になることを承諾してくれた。そして、「一九二三年東宮台湾行啓と「内地延長主義」」「台湾議会設置請願運動」の二本の長大な論文を寄稿し、春山明哲・松永正義氏など「台湾近現代史研究会」の研究同人や呉密察・林瑞明氏など多くの台湾人研究者が執筆陣に入ることにも尽力してもらった。講座のパンフレットには若林氏を台湾の歴史研究に誘った戴國煇氏が推薦文を寄せてくれた。

当初、講座は七巻構成を予定していたが、編集委員のお一人でもある三谷太一郎氏（当時東京大学法学部教授）が、

「脱植民地化」(de-colonization) という概念を提示され、編集委員会で協議の結果、急遽「アジアの冷戦と脱植民地化」の第八巻が加わることになった。若林氏もこのとき虚を衝かれたような思いで、「脱植民地化」という概念を「光復」後の台湾に適用することの意義に目覚めたと、インタビューのさいに回想していた。最近の論文では台湾の事例を「遅延し、希釈され、代行された脱植民地化の植民地性」と表現している(若林正丈「台湾の重層的脱植民地と多文化主義」、鈴木正崇編『東アジアの近代と日本』慶應義塾大学出版会、二〇〇七年、一九九—二三六頁)。講座の刊行は、その後、コロニアリズム研究、とりわけ「帝国日本」の植民地研究の新たな潮流のきっかけの一つとなり、若手研究者が現地調査や資料発掘で次々と新しいモノグラフを発表するようになり、台湾植民地研究は一九九八年に若林氏が代表となって設立された日本台湾学会の研究題目の一大主流を成しているように見える。

二〇一〇年に早稲田大学で「国民国家の歴史認識を超えて——植民地主義・分断・アイデンティティ」という国際シンポジウムで「台湾史をどのように語るのか」というセッションが設けられ、私がコメンテーターを務めた折に、戦後台湾史において日本の台湾研究の空白がしばらく続いたことを指摘した。そのとき司会を務めていた若林氏は、台湾研究のリーダーのお一人としての責任に思いが及んだのか、「台湾は戦後日本の知的世界の片隅に粗雑に放って置かれた」と発言した。なぜ戦後日本人は五〇年間も領有した場所について、敗戦と同時に撤退し引き揚げるやいなや忘却し、「反共反動政権の島」なのだからとして、正対することを忌避してしまったのだろうか。在日台湾人の台湾独立運動や「皇軍兵士」とされた元日本兵台湾人の補償要求運動など、身近なところで日本の植民地支配や台湾の脱植民地化の歴史について想像をめぐらせるよすがは、あったはずである。

インタビューで意外だったのは、世代的にいって若林氏は中国研究から出発して台湾に関心をずらしていったものと思い込んでいたが、学部時代からすでに台湾研究を志していたことだった。若林氏は台湾人研究者や文学研究者を除けば、日本における台湾地域研究のパイオニアであり、とりわけ現状分析においては、若林氏の台湾論が実質的な学界の範例とされてきた。インタビューで若林氏は「視線の構造」が問題なのだとし、早くから戴國煇氏はそのことに気づいていながら、自分は無頓着だったと述べている。戴氏の研究を継ぎ、歴史研究と現状分析を手がけてきた若林氏が、今後、台湾発のどのような問題を提起していくのか。地域研究からのその問いには、地域を超えるヒントが隠されているに違いない。

2　西村成雄　変わりゆく中国に埋め込まれた歴史の地層を見据えて

二〇一三年五月一四日　神田神保町にて

西村成雄（にしむら・しげお）
一九四四年生まれ。六六年、大阪外国語大学外国語学部中国語学科卒。六九年、東京都立大学大学院修士課程修了。同年大阪外国語大学（―二〇〇七年）。八六年、法学博士（立命館大学）、九四―九五年、ハーバード大学フェアバンク・センター客員研究員。九三―二〇〇七年、南京大学・中華民国史研究中心・客座教授。六九年、「中国現代史研究会」、九一年、「近現代東北アジア地域史研究会」の発起人。二〇〇六―〇八年、「日本現代中国学会」理事長。〇八年、放送大学。

著書（編著を含む）、『中国近代東北地域史研究』（法律文化社、一九八四年）、『中国ナショナリズムと民主主義』（研文出版、一九九一年）、『張学良』（岩波書店、一九九六年）、『現代中国の構造変動　第三巻　ナショナリズム』（編著、東京大学出版会、二〇〇〇年）、『二〇世紀中国の政治空間――〝中華民族的国民国家〟の凝集力』（青木書店、二〇〇四年）、『中国外交と国連の成立』（編著、法律文化社、二〇〇五年）、『近代中国東北地域史研究の新視角』（共編著、山川出版社、二〇〇八年）、『中華民国の制度変容と東アジア地域秩序』（共編著、汲古書院、二〇〇九年）、『党と国家』（国分良成との共著、岩波書店、二〇一一年）、『二〇世紀中国政治史研究』（佐々木智弘との共著、放送大学教育振興会、二〇一一年）、『国際関係のなかの日中戦争』（共編、慶応義塾大学出版会、二〇一一年）。

学生・大学院時代──文化大革命のころ

──学生時代の中国との出会い、中国に関心を持つきっかけは何でしょうか?

高校時代の先生から影響を受けました。実は漢文の先生が戸川芳郎先生（東京大学名誉教授）だったのです。当時、戸川先生は京都大学の大学院生で、重沢俊郎先生のところにおられました。当時、通っていた高校（大阪府立市岡高等学校）の漢文の先生が転勤されたためにお見えいただいたとのことでした。「鴻門の会」を中国語で朗読されたり、はじめて「草原情歌」を中国語で聞く機会がありました。

また、一九六〇年の安保闘争が高校二年生のときで、当時、丸山眞男の論評を読書会で読んだりしていました。また高等学校自治会の横の連携で高校生たちが集まって、御堂筋でフランス式デモをしたこともあります。世界史の先生の影響も強く受けて、今後中国を含めてアジアを考える必要があることを雰囲気として受けとめていました。

中国関係として読んだ本のなかには、竹内好の『魯迅』がありましたし、先生から中国に関することをやってみたらと言われて、結果的に一九六二年に大阪外国語大学に入学したわけです。親しくしていただいていた一年先輩が既に入学されていたこともありました。中国に関していえば、現代中国の問題を当時の雑誌論文で読んでいました。大きな影響を受けたのは、野村浩一先生の『近代中国の政治と思想』（筑摩書房、一九六四年）で、今も印象深く記憶しています。

──当時、現代中国語を学ぶ意味はどう思っていましたか?

中国語をやることで何らかの方向が出るのではないかという漠然とした感覚はありました。しかし周囲からは、中国は赤い国だから、中国語をやるとピンク色になるぞと脅されたりしたものです。語学が好きということではなく、言語を通して関わり方を捜すという程度だったと思います。

──当時の清末研究や民国史研究において、現代中国語の論文を参照することは、何か役に立ったのでしょうか?

最初に入ったゼミの指導教員は、現代中国経済論の芝池靖夫先生（元満鉄調査部）と中国近代史の彭《ほう》（伊原）澤周先生でした。彭先生は、武漢大学を卒業され、一九四九年以前に台湾で教員をされ、後に京大に留学された方です。ゼミでは胡華の『中国革命史講義』を読みました。他にも中国現代史研究者の著書などをテキストで使用されていました。また、林要三先生（帝塚山大学）の中国近代史の講義もあり興味をもちました。卒論は、李大釗《たいしょう》の選集が出ていたこともあり五四期の思想を取り上げました。当時、大阪外国語大学の学科のカリキュラムには、言語・文学とならんで現代中国地域研究の領域が設定されていました。また、大阪にも中国からの輸入書籍を扱う店がありましたので、中国からの新刊本を読むうえで不自由はしませんでした。

——当時の日本の中国近現代史研究はどのような状況でしたか？

一九六六年、東京都立大学大学院で里井彦七郎先生のところで勉強し始めたころは、一つの潮流として辛亥革命期の研究が盛んになっていました。私が東北地域史に関心を持ったのもそういう流れからです。清朝権力の側が東北社会をどう統合しようとしたのかを、新政期・憲政期の地域政策として再構成することから始め、さらに権力と社会の側の抵抗・緊張関係に着目したうえで、地域権力の再編成過程を捉えなおそうとしたのです。辛亥革命の東北での権力の社会的条件を見ようとしていました。

——なぜ大学院で東北地方（満洲）の地域史に関心を持ったのですか？

地域の独自性の形成を知りたかったからだと思います。その意識の背景にあったのは、当時の革新自治体運動です。東京の美濃部亮吉都政、大阪の黒田了一府政、京都の蜷川虎三府政の運動などです。直接には関わりませんでしたが、地域社会への注目という点で影響は受けました。一九六六年に東京都立大学の大学院に入った際、地域史の枠組みで中国を考えてみようと思ったわけです。当時、国会図書館に『盛京時報』（奉天発行、一九〇六年創刊）が所蔵されていて、まだ使われたことがなかったので、東北地域史という枠組みで、辛亥革命前夜の辛亥革命を地域そのものの独自性、自立性に着目して研究してみようと思ったのです。

一九六七年には「建国記念の日」に反対する運動があって、それは今も続いていますが、その二月一一日には、雪が降るなか、渋谷でビラまきなどをしました。そのころは市民運動や公害闘争の昂揚期で、地域社会が新たな政治的凝集力をもちはじめ、革新自治体が次々と生まれたのです。それに歴史学はどうこたえるべきか。一九六八年の羽仁五郎『都市の論理』は、同時代の地域社会の市民運動や反公害闘争を分析対象にした点で刺激的でした。その後、大阪に戻ってから「大阪歴史科学協議会」に加わり、日本近現代史研究者から多くの刺激を得ました。大阪歴科協は日本史が中心でしたので、日本史研究者との対話のなかで、中国史側はどう考えればよいのか、よく議論し刺激を受けました。

——なぜ東北だったのでしょうか？

日中関係の焦点は歴史的に満洲にあると思っていたようです。大阪外国語大学の学部生のころ学んだ外山軍治先生は金朝史の専門家で、金朝史の史料を講読されており、学問的影響を受けました。そのことが基盤になり、ある意味では辺境地域の自主性・独自性・自立性に注目したのです。私自身が周辺的立ち位置にあるという意識もありました。

当時、辛亥革命を議論するとき、辺境あるいは周辺としての東北地域社会は視野に入っていなかったと思います。

――内藤湖南とか白鳥庫吉といった、戦前の「満洲史」「満蒙史」「満鮮史」の流れにある東洋史研究者は先行研究として参照しなかったのですか?

もちろん、外山先生からそうした研究動向をお聞きし、関連する先行研究は目を通していました。近現代史の視点から見て私は「満洲史」ではなく、中国近代史の枠組みで東北を捉える必要性を感じていました。「満蒙史」は中国近代史上の国家主権とは分離したものとして扱ってきたわけです。都立大でゼミにも参加しておりました旗田《はただ》巍《たかし》先生は、すでに一九六二年に『歴史学研究』誌などで「日本における東洋史学の伝統」を執筆され、また「満鮮史の虚像」のなかで日本近代における中国近代史研究に内在する問題点を明確にされていました。この背景には一九六二年のアジア・フォード財団問題(一九六二年、アメリカのアジア財団とフォード財団から、日本のアジア研究機関に多額の研究資金が供与されることとなり、その受け入れをめぐって研究者・学会で議論されるような事態になった問題)があります。

――アジア・フォード財団問題にはどのように関わりましたか?

当時は大阪外大の学生でした。学生の全国組織で「中国研究会」という横の連合体がありました。毎年大会を開き、東京からは姫田光義さん(中央大学名誉教授)や栃木利夫さん(法政大学名誉教授)、笠原十九司《とくし》さん(都留文科大学名誉教授)もおられました。中国革命について、ある種の憧憬も含め、世代的に共通するものがありましたね。そうしたなかでアジア・フォード財団の資金導入問題には、そのような学生組織の一員として参加し、その後、里井先生を通じて野澤豊先生や小島晋治先生、田中正俊先生と面識を得ることになりました。

――学生運動や日中友好運動にはどのように関わりましたか?

私自身は、学生運動や友好運動に周辺的に関わっていたといえるでしょう。しかし、大阪では、日中関係という点では経済界が日中国交回復運動に積極的で、高碕達之助とか南海電鉄の社長とか、関西資本の枠組みで日中貿易を推進していた雰囲気でしたね。代表的人物は倉敷レーヨン(クラレ)の大原総一郎氏で、ビニロン・プラントの輸出の際、輸出入銀行の資金を使うべきだと主張していました。そういえば一九五六年でしたか、大阪中之島での中国物産展に親に連れられていった記憶があります。

――一九六六年三月の日本共産党と中国共産党の決裂で、日中友好運動は分裂しますね。

その年に都立大学の大学院に入ったのです。五月に五一六通知が出て、北京大学の聶元梓《じょうげんし》の壁新聞が文革に火をつけますね。中国研究者の団体や個人の関係でも文革を支持するのかしないのか、大きく分かれました。支持しないと反中国だと言われるような雰囲気でした。指導教授の里井彦七郎先生は、文革はおかしいとみていました。

学内では、一九六八年の「学園闘争」で封鎖などがありましたが、それには反対でした。また、全国大学院学生協議会（全院協）があり、この運動を通じて多くの知人ができましたが、たしか古厩《ふるまや》忠夫さんが事務局長をしていました。

――文革中のそのような態度というのは、少数派ではなかったのですか？

結構いましたよ。吉沢南、古厩忠夫、安井三吉、座間紘一、笠原十九司、上原一慶さんらで、こうした中国近現代史研究者や中国経済研究者が各地に就職し、それぞれに中国近現代史研究の拠点を作りました。私はその驥尾に付していたのです。

文革期は私にとっては、たしかにひとつの大きな転機でした。その間に書きためていたものが、一九八四年の『中国近代東北地域史研究』となったのです。

――文革批判とはどのような論拠からの批判ですか？

この権力闘争は社会主義の枠組みから外れているという実感ですね。社会主義の権力構造にそういう権力闘争の視点を導入したのは、中嶋嶺雄『現代中国論』（青木書店、一九六四年）でした。その後、分析の視点はちがいますが、文革期に出された中西功『中国革命と毛沢東思想』（青木書店、一九六九年）は、同時代的にみてかなりの衝撃でしたね。また当時、日本でできることをやるしかないだろうと思っていて、徐世昌や錫良らの史料や県誌、さらに外交史料館の文書や新聞閲読が、中国東北地域の研究につながったのです。

教職者・研究者時代――日中国交正常化から改革開放の頃

――一九七二年の日中国交正常化をどのように受けとめましたか？

衝撃的でした。最初の衝撃はむしろ、中国の国連での地位回復で、それでアメリカの対中国政策が変わったと実感しました。一九七二年二月のニクソン訪中をテレビで見たとき、一〇年前の大阪外大入学からもう一〇年もたったのだという印象をもちました。でも中国の側はソ連が攻めてくるかもしれないと、もっとシビアに考えていました。佐藤栄作内閣は「沖縄返還」後退陣し、田中角栄内閣に交替します。大阪的な感覚でいうと、大阪財界は日中国交回復を主張していましたし、市民レベルの日中友好協会などの運動もありました。ですからその社会的衝撃は少なかったと思います。日中国交回復はすべきではないという声もありましたが。

中国研究の領域では、私は、野澤豊先生や今井駿さんのアドバイスもいただきながら、一九三七年段階の中国をどうとらえるのかという「統一化論争」(矢内原忠雄、尾崎秀実、中西功など)をとりあげ、当時の中国認識の一端を再検討していました(『歴史学研究』一九七二年一二月)。また当時、国交回復が確定したので、これで国立大学の教員は賃金カットされずに中国に行けるという話もありました。それ以前に北京シンポジウムに参加された方々は、国家公務員ということで賃金カットされていましたから。とはいえ、私の最初の訪中は一〇年後の一九八二年でした。文革が終結してからです。

――文革の終わりをどのように実感しましたか?

文革そのものの終わりを実感したのは一九八〇年頃からです。研究者交流が進みましたから。私個人は大げさですが、中国には一生行けないだろうとすら思っていましたので。

――中国近現代史研究の学界ではどのような動きがありましたか?

里井先生が一九七四年に亡くなられて、野澤豊先生と田中正俊先生が中心となって、一九七八年に東京大学出版会から『講座 中国近現代史』(全七巻)が出されました。文革が終わる時期ですね。私たちのような若い世代も参加させていただきました。そのころはもちろん革命パラダイムが主流でした。ただ個別の論文は必ずしも革命パラダイムではありません。私は中国におけるブルジョアジーの役割について書きました(「一九二〇年代権力構造の変動とブルジョアジー」、第五巻)。そうした側面をみないと一九二〇年代の革命史はわからないだろうという発想です。実に多彩な執筆陣だったと思います。東京大学出版会では渡邊勲さんが担当されていました。

事務局的な役割は都立大出身でその後、茨城大学に移った、吉沢南さんが担っていました。全体的な研究会はなく個別に参加していました。

――ちょうど一九七八年は、岩波書店で『原典 中国近代思想史』(全六巻)が刊行され始めた時です。そのころ歴史学の研究対象として東北・満洲地域を研究している人はどれほどいたのですか?

ほとんどいませんでしたが、日本植民地史研究の領域では多くの成果が出されていました。私は中国近代の主権国家の枠組みで東北を捉えなおすべきだと考えていました。結果的には東北地域社会が四九年革命に接続すると考えていましたので、四五年で切らない。「満洲史」の枠組みではないということです。さらに一九四九年を超えて計画経済の予行演習がなされて五五年まで継続するわけです。地域史研究の枠組みで考えるべきだと思ったのです。社会主義革命につながるにせよ、当時は新民主主義革命段階としてとらえていました。

その前後には松本俊郎さん（岡山大学）が、植民地支配と開発関係の問題をすでに満洲で明確に提起していました（その後『侵略と開発――日本資本主義と中国植民地化』御茶の水書房、一九八八年にまとめられた）。当時は植民地支配下の開発的側面を言うこと自体が難しかったものですが、私はその主張に賛成で、書評を『アジア経済』に書きました。浅田喬二先生と領域的に重なることから、古くからお付合いさせていただいており、日本知識人の植民地観を分析された諸論文を読んでいました。尾崎秀実《ほつみ》研究では今井清一先生（横浜市立大学）の論文などを読んでいました。満鉄研究では、安藤彦太郎先生（早稲田大学）門下の方々の研究も見ていました。その後、山本有造先生（京都大学人文科学研究所）の研究班で「満洲国の研究」に参加させていただき、視野を拡大する機会を得ました。

――日本の歴史学界・近現代中国史学界において、中国の歴史学界と戦後初めて交流がなされたときのご記憶・印象はいかがでしたか？

一九八〇年に呉承明先生（中国社会科学院・経済研究所・経済史研究室副主任）が近藤邦康先生（東京大学）のつきそいで関西に来られました。主に京大との交流が中心でした。私も研究会でお会いし、その後、一九六九年以来関西を中心に活動していた中国現代史研究会と交流できないかと呉先生に直接手紙を出したのです。すると返信があって受諾いただいたのです。翌年に正式な受諾書簡を受けて、八二年夏に訪中し、「中国近現代経済史・学術座談会」を開催することになりました。北京の中国社会科学院経済研究所（厳中平所長）、天津の南開大学経済研究所（対応いただいたのは魏宏運歴史系主任）、上海の社会科学院経済史研究所（張仲礼所長、姜鐸副所長）の三カ所でシンポジウムをしました。文革後日本から中国近現代史の民間学術団体（約三〇数名）が学術交流に参加するのは私たちが初めてということでした。中国側は『中国資本主義発達史』（全四巻）の研究グループでした。当時、中国側の若手で、楊奎松氏（現・華東師範大学）、牛軍氏（現・北京大学国際関係学院）なども参加していました。

会議開催に間に合わせて、中国現代史研究会編で『中国近現代経済史・学術座談会参加論文集』を作りました。そういえば上海の錦江クラブでのシンポには、当時総領事館の専門調査員をされていた毛里和子さんも参加されました（西村成雄「「一九八二年・中国近現代経済史学術座談会」を準備して」『近きに在りて』第三号、一九八三年、参照）。

――当時の研究環境はどうでしたか？

一九六九年に大阪に帰ってから、芝池靖夫先生や池田誠先生、松野昭二先生、林要三先生、田尻利先生などの提唱で中国現代史研究会が組織されました。研究報告会とともに、基礎資料の講読会も開かれ、林先生と、復刻された『嚮導週刊』や『解放日報』などをかなり長期にわたって取り上げました。そのころ、ちょうど安井三吉さんや副島昭一さんも関西に来られていました。また、現代中国学会の関西支部は、さまざまな領域からの研究者によるいわば地域研究としての現代中国分析の先端的議論をお聞きできる場でした。天野元之助先生もよくお見えになりました。もちろん、歴史学研究会や歴史科学協議会などでも機会あるごとに交流していました。

——台湾の中国研究との出会いはいつごろですか?

最初は、台北で一九九六年に西安事件六〇周年の国際シンポが行なわれ、参加したことです。きっかけは、一九九四年にハーバード大学で張玉法先生(中央研究院近代史研究所)とお目にかかったことから交流するようになりました。また、大阪外大に勤めていた頃、大学院の博士課程の学生として社会人入学で入ってきたのが、台湾からの陳銘俊氏で、外交官でした。中華民国政府の外交政策を教えてもらいました。遅ればせながら、台湾を視野に入れる必要性を実感し、現在、東華大学におられる許育銘さんやそのご夫人の曾淑卿さんと交流していました。彼女は私の博士課程にも在籍していました。台湾側からみるとこうなるのかと、多くの学問的刺激を受けました。

さらに決定的だったのは、アメリカで、寧恩承先生という張学良の元ブレーンで「東北大学」の学長(一九三〇—三三)をされていた方にお会いでき、東北関係者とのつながりができました。先生は南開大学を出て、張作霖の奨学金でイギリスに留学し、ロンドン大学やオックスフォード大学で金融学を学び、帰国後張学良のブレーンになりました。張学良政権と国民政府の幣制改革に関わった人物で、当時スタンフォードのパロアルトにお住まいでした。イギリス政府の首席経済顧問リース・ロスが中国にやってきたとき、直接接待をした人です。先生には回想録『百年回首』(東北大学出版社、一九九九年)があります。また、メリーランドでは東北大学工学系卒業生で、アメリカのNASAにも勤務された張捷遷先生にもお目にかかりお話を伺う機会がありました。張学良の政治的自由の早期獲得を主張されていました。それは二〇〇〇年に実現します。もちろん、そうした多くの方々の援助を得て、特にコロンビア大学の唐徳剛先生や陸鏗先生、さらに陶鵬飛・張閭英(張学良の長女)ご夫妻のご尽力で、一九九五年一月にホノルルで張学良氏との面談が可能になったわけです。修士論文で東三省における辛亥革命を書いた時、里井先生から、次は張学良がなぜ西安事件のような政治的選択をしたのかについて考えるようにとの示唆をいただいて、張学良の研究にはいっていたのです。先生が亡くなられてほぼ二〇年後に『張学良――日中の覇権と「満洲」』（岩波書店、一九九六年）で宿題を果たした次第でした。

天安門事件のころ

――一九七八年以降の中国での民主化運動をどう見ていましたか？

文革期における中国政治体制がどのような特色をもっていたかという、政治体制論的とらえ方に注目していました。文革を歴史のなかにどう位置づけたらいいのかという意識をもっていたことは事実です。現代中国政治の構造変動を同時代的にどう分析するかという課題と、そういう変動を歴史的にどうとらえればよいかという課題意識が、私のなかでは並行していたのです。地域史研究の枠を含めた中国政治の構造を明らかにしたいという願望があって、東北地域史研究からナショナリズム研究へと関心が移っていきました。地域政治を踏まえつつ全国的な政治分析へ移行したのです。その意味で、文革期における政治体制の特色をどうとらえれば、政治的民主主義のあり方を考える視点を得られるのかという課題を考えていました。同時代的な民主化運動に着目するのは、やはり一九八〇年代後半からになります。

――天安門事件当時、中国の権力政治の動向を分析したチャイナ・ウオッチャーたちは、中共中央の権力者の政治的傾向、個人的資質といった、パーソナルな要素に還元し、中南海の権力闘争、パワー・ポリティクスという観点から見ていたと思います。先生の場合は、もっと政治学的な権力政治の枠組みが強かったように思われます。

そう言われれば、当時どういう影響を自分は受けたのか、あまり明確に考えてはいなかったように思いますが。東北地域を中心にやっていたのが、政治構造へと問題関心が移っていったのは、八二年以降、中国の研究者との交流が始まり、専攻領域のみならず歴史意識を議論するようになり、革命パラダイムや現代化パラダイムなどの歴史意識のあり様を構造的に考える必要性があると思い始めたことが、きっかけだったのかもしれません。

――六四中国近現代史研究者声明有志連絡会『中国――民主と自由の軌跡』（青木書店、一九八九年）は、天安門事件後、最も早い時期に編まれた書籍でした。ここに集う著者の方々は論壇というより学術圏に属する歴史学者の方々でした。また、辛亥革命から始まった百年の軌跡の先に八九年の民主化運動があるという視点は、当時の日本の同時代中国論からすると極めてユニークでした。本書の編集・刊行の経緯を教えてください。

当時、私のゼミ生が北京大学などに留学していて、四月から天安門での民主化運動に参加しまして、ビラを集めていたのです。辻美代さん（神戸流通科学大学）たちでした。持ち帰ったビラを見て衝撃を受けました。安井三吉さんも衝撃を受け、まず六四事件に関する歴史的展開過程を安井さんがまとめました。そのあとを受けて私が現代中国の政治体制論的視点からまとめました。古厩忠夫、石島紀之、奥村哲、久保亨、井上久士、渡辺俊彦の方々と共同作業し、あとは資料集として天安門で配布されたビラの翻訳と、横山英編訳の『ドキュメンタリー中国近代史』（亜紀書房、一九七三年）から転載させていただきました。歴史に伏流する民主化運動を歴史的視点から系統的に紹介しようという発想でした。

ビラの翻訳はゼミ学生に下訳を依頼して、八九年の夏休みに進めました。翻訳参加者の名前を明記するつもりでしたが、今後の就職問題に影響する可能性があるということで名前は伏せました。九月に最終的な編集に入りました。

中国における民主主義の問題を考えるにあたって、歴史的なパースペクティヴから現代を捉えたいと考えていました。民主化問題は個々の局面では複雑な事態になりますが、その現われ方の基盤には歴史的な地下水脈があるはずです。その意味を考えたときに、国家と社会の論理が重要だと思ったのです。中国の社会史研究は七〇年代から始まっていて、社会の側から権力を見直す視点が重要だという論理でした。実はその前夜の一九八七年に、中国現代史研究会では『抗日戦争と中国民衆』（池田誠編著、法律文化社）を出版していました。戦争のなかで、中国の民衆がどのようにナショナリズムを政治的に凝集させてきたのか、その過程における政治的民主主義がどのように形成・蓄積されたのか、その岩盤の上に国民党も共産党も乗り、そのエネルギーをどのように吸収しようとしたのかという発想です。こうした前提があって今回の資料集をまとめられたと思っています。

――一九九一年の単著『中国ナショナリズムと民主主義――二〇世紀中国政治史の新たな視界』になると、明らかに中央の権力政治の構造的理解を強く押し出したものになっていますね。それまでの先生のモノグラフィックな地域史の著作とは様相を異にしています。

それは、野澤豊先生の出されていた『近きに在りて』誌で「中華民国史の再構成」の特集をするから参加しないかとお声をかけていただいたことが契機となっています。すでに一九八五年頃から大阪歴史科学協議会でも「中国近代史像の再構成と抗日一五年戦争」として報告したり、現代中国学会でも「現代中国における歴史意識の転換と歴史学」として一九八六年に発表していました。

そこに政治体制論的視点が濃厚に現われているのは、当時、日本近代史の研究領域で、政治的委任－代表関係の視点から明治期を捉えるという奥村弘（神戸大学）さんの論文「近代日本社会形成過程分野における「政治代表」概念について」（『新しい歴史学のために』第一八九号、一九八七年一一月）と出会い、さらに憲法学領域の杉原泰雄『国民主権の史的展開』（岩波書店、一九八五年）や、ウェーバーの関連書なども含めて読み直していました。誰が委任して誰が代表するのか、中華民国政治は、「主権在民」論が原則の共和制度とはいえ実際は「主権在党」という訓政政治システムに転化していたわけです。同時に、八〇年代に台湾や香港の研究書を読んでいました。軍事独裁論とか台湾の政党システムとか東南アジアの軍事独裁政権論とか、日本でも権威主義体制として議論になっていました。

——中国の権力の正統性論については、どんな影響を受けましたか？

『近きに在りて』で民国期の訓政国家論を連載したあと、本にまとめたのです。特集は先ほどもいいましたが、「中華民国史の再構成」でした。訓政国家論的視点から民国期の政治空間を考えようとすれば、どうしても一九三六年五月五日の「憲法草案」公布にいたる、またその後の憲政運動を取り上げることになります。「憲法草案」の実施は七七事変で中断を余儀なくされます。その後、憲政運動は、諮問機関の位置づけでしかなかったのですが一九三八年「国民参政会」の制度化をもたらし、新たな政治的正統性の根拠となり、実質的に訓政体制の正統性を侵食することにつながったわけです。

またそれより前に、ジョヴァンニ・サルトーリの政党論を翻訳で読んでいました。「政党国家体制（パーティー・ステイト・システム）論」はそこに出ています。世界の政党体制を研究して、競合的政党体制と非競合的政党体制とに分けて、非競合的なものをさらにソ連のような一党制と、中国のようなヘゲモニー政党制に分けたのです。競合的政党制にも一党優位制があり、それは日本だというのです。

こうした分析枠組みを視野に入れて、中国の二大武装政党の対立における政治的特色を明らかにしようとしました。武装政党にあっても、その政治的正統性を担保するのは政治的委任‐代表関係の創出・制度化にあると見ていました。ナショナリズムと民主主義の関係性という視点から、民国政治史の分析に入ったということです。八〇年代半ばから、東北地域史研究を進めながら民国期政治史を分析することになりました。その場合も私の文脈から、張学良の易幟《えきし》（一九二八年）と西安事件（一九三六年）に注目したわけです。ちなみに、その後二〇一一年に、「中華民国・中華ソヴィエト共和国・国民参政会——「党治」から「憲政」への模索」（『岩波講座　東アジア近現代通史』第五巻）としてまとめています。

——二〇〇九年に慶應義塾大学の国分良成先生との共著で『党と国家』を出版されます。国分先生は党国体制のうち、

とくに官僚制に着目されます。それまで先生はあまり慶應義塾大学の中国研究者との交流はなかったように見えるのですが、国分先生の先輩にあたる山田辰雄先生との出会いはどういうきっかけだったのですか？

それはあなたに媒介していただいたのです。ソ連が解体し、中国も崩壊するのでは、と議論されていた一九九二年の頭に大阪に来られて、『思想』の「思想の言葉」の執筆依頼を受けたことからです（「二〇世紀中国　底流する多民族的国民国家の論理」『思想』一九九二年四月号）。実はその同じ号で、山田先生が前年に出版した私の本（『中国ナショナリズムと民主主義』）を書評してくださったのです（「【書評】中国現代政治史像の再構成」）。それまでにもアジア政経学会などで山田先生とご一緒することはありましたし、他の学会でも交流させていただいてはおりました。その書評で、山田先生は訓政国家論の私の視点に共鳴しつつも、私が中華民国期一九四五年前後の政治的民主化をめぐって、「真の民主主義」をめざしたとするのは過大評価ではないかと批判されました。

たしかに『中国ナショナリズムと民主主義』は訓政国家論ですが、同時に政治的民主主義の課題としての憲政問題を視野に入れないといけないと強く意識していました。さらに二〇世紀を通底する国民国家化過程と、ナショナリズムおよび社会主義の交錯する論理について、一九九二年に歴史科学者協議会の大会で報告をしました。地域史研究から政治体制研究へ、訓政国家・憲政国家論を展開し始めていました。これらをまとめたのが、「中国政治体制史論」（土屋健治編『講座現代アジアI　ナショナリズムと国民国家』東京大学出版会、一九九四年）でした。この後、一九九四年から翌年にかけて、ジョシュア・フォーゲル氏や平野健一郎先生の御紹介でフェアバンク・センターなどに行きました。

――その後、先生は「百年中国」という長期スパンで中国を見る視点、あるいは中華民国―中華人民共和国の歴史的連続性の視点、その結果として現代中国の歴史的経路依存性などを強調されるようになっていきます。

かなり自覚的に言うようになりましたね。中国という政治空間内に作用している「潜規則」、すなわち中国政治を解読する未発見のコードをどのように提起できるのかという意識が強まりました。革命、反帝闘争、近代化がともに埋め込まれたネイション・ステイト化への政治的エネルギーの顕在点を、一八九八年の戊戌《ぼじゅつ》の変法や一九一一年にいたる辛亥革命期に設定する意識です。つまり、戊戌の変法の失敗前後に「ネイション・ステイト」の形成期を設定する時期区分になります。二〇世紀中国の国民国家化の第一段階です。現代化パラダイムと革命パラダイムを統合しようとする、「ネイション・ステイト」システムの一員として中国を位置づけるというグローバルな視野が必要になるわけです。この議論は池田誠先生の『中国現代政治史』（法律文化社、一九六二年）に影響を受けています。その歴史的段階は二〇世紀史として、第二段階の中華民国、第三段階の中華人民共和国・毛沢東期と第四段階の鄧小平期に区分し、二〇〇一年のWTO加盟までとしています。しかし、ネイション・ステイトに閉じ込めることになるのではないかと批判されました。そうではなくて、東アジアは、全体としてなお日本も含め、国民国家間の調整能力が形成途上にあり、またリジッドな国民国家的論理を相対化できず、その領域性意識もなお堅固に主張する傾向をもって作用しています。「領土ナショナリズム」の一般化です。このあり方をどのようにして東アジアの新たなプラットフォームに組み替えることができるのか、いわゆるトランス・ナショナルなあり方と国境多孔化という制度化を追求する課題がますます重要になっていると思います。

――中国的国民国家の論理はわかりますが、その場合、中国社会の論理はどう組み込まれているのですか？

現代中国の解読コードの一つは、三層からなる歴史的地層のそれぞれの磁場の相互浸透性をどう理解するかという点にあると考えています。その岩盤ともいうべき「中華世界システム」の地層があり、その上に一九世紀層・二〇世紀層という二〇〇年におよぶ資本主義層の中間的歴史層、さらにその上に全面的ではなく一部としての表層に社会主義的地層が覆っているという理解です。しかもこの二〇〇年をくぐりぬける歴史的過程は、基本的にはネイション・ステイト形成過程にあると見ています。単純化していえば、資本主義化とネイション・ステイト化が強弱をもって岩盤を何度も上書きしている状態で、これが広い意味のグローバリゼーションの波動です。そのかぎりで岩盤は独自な歴史的磁場をもっていることから、結果として社会への浸透力に示されるその相互浸透性は、濃淡を持つハイブリッドな政治的経済的、さらにはイデオロギー的な体制を形成するわけです。歴史的経路依存性ともいうべき、いわゆる「党国体制」や国家主導型資本主義体制、また社会主義的再配分システムなどもその現われといえるのではないかと思います。社会の側がどの程度この主流的体制形成に対応しているのかという周辺的自律性の形成が論点になっていると考えています。

たとえば、現代中国社会を研究している楊継縄氏の分析によると、二〇〇八年の中国の労働力人口は所得階層からみて、大きく上中下の三層に分けられるとしています。そのうち、中の下が六八％を占め五億四〇〇〇万人、下層は一四％で一億四五〇〇万人で、これらを併せると約六億八五〇〇万人です。中の上は三・二％、中の中が一三・三％。これらを併せると一億三〇〇〇万人。この六億八五〇〇万人対一億三〇〇〇万人の社会集団に亀裂があるというわけです。こうした現実のなかで、権力の側が六億八五〇〇万人をどのように社会主義的所得再配分システムに組み込もうとしているのか、また他方で社会の側にとっても一億三〇〇〇万人がどのように自らの政治的凝集力を構想し、かついわゆる「エスニック・グループ」を含む全社会にわたる委任 - 代表関係の制度化などをどのようにとらえようとしているのかが、現代中国社会理解の重要な課題になると思います。あえて言うとすれば、アンビバレントですが、中国社会の側における市民社会の基盤が形成されつつあるととらえられるわけです。この社会の側の変容と社会自身の政治的凝集力、さらに権力への対応力の歴史的意味が問われているように思います。これが、今日的な社会の側の論理と考えられます。中国政治の憲政に至る道の制約条件は、岩盤層や、中間層、さらには表層などの主流的かつ強力な磁場が作用しているわけですが、中長期的にとらえる必要があると思います。二一世紀段階の中国社会は、ネイション・ステイトとしてなお曲折を経るとしても、すでに内在する憲政への社会的底流のあり方をそのハイブリッドな政治的可能性として視野に入れる段階に到達していると考えています。

インタビューを終えて

インタビューで話題になったように、西村氏との出会いは一九九二年、大阪を訪ねたおり、大阪駅近くのホテルのロビーだった。このとき私は勤務する出版社の講座シリーズ企画の構想を抱いており、そのなかでの中国抗日根拠地論のご相談と、併せてある雑誌の原稿依頼を兼ねていた。刊行されて間もない『中国ナショナリズムと民主主義』を読んでいた私は、該書を「天安門事件後」の問題状況のなかで、中国政治の構造を長期的な歴史の尺度から解き明かした、事件後最初の学術書として受けとめていた。当時、日本は西側諸国のなかで真っ先に経済制裁を解除し円借款を再開していた。ソ連が解体し、いよいよ中華人民共和国の屋台骨がぐらつきはじめたとの臆説が世間を賑わせていた。いったい天安門事件後の日中関係をどう立て直せばいいのか、と疑問をぶつけたのであった。

私にとって氏は、中国近現代史の専門家であると同時に、日中関係史の専門家であるかのように思いこんでいた。日中関係の専著がないのに、なぜそう思いこんだかというと、主な研究対象の一つがかつて日本が「満洲」と呼んだ中国東北地域であることから、著作のなかで日中関係に関する記述が印象に残っていたからである。さらに、いずれの論文にも日本の戦後歴史学の影響を受けているようなものが感じられて、日中関係史の研究者だと勝手に思い込んでいたためである。

インタビューのなかで、氏が中国東北地域史を初期の研究対象に据えたきっかけは、六〇年代の革新自治体運動に触発されてのことだと証言された。確かに当時は歴史学の羽仁五郎や政治学の松下圭一がよく読まれたように、地域社会や自治体に根を下ろした住民運動・市民運動が注目されてはいたが、歴史研究とはいえ現代に近い中国史を専攻する以上、同時期に生起した文化大革命を核心とする政治の荒波に翻弄されてのことに違いないと思っていた。論壇も学界も、賛否は分かれるにせよ文革の熱気に煽られていたからである。

だが、氏は文革を比較的醒めた眼で眺めつつ研究していたという。しかも初訪中は一九八二年と、かなりの奥手である。おそらく氏のようなタイプの研究者は、中国学においては少数派だったと推察されるが、氏のほか安井三吉・石島紀之・笠原十九司氏など、いま教職から引退時期を迎えるような世代の中国研究者においては主流をなしている。

今回のインタビューの核心は、天安門事件直後に刊行された、西村氏が安井三吉・久保亨・石島紀之氏らとともに編者に加わった資料集『中国――民主と自由の軌跡』の成り立ちをめぐる証言であった。現代史の画期を刻印するような天安門事件に対して、最も早く書籍の形で一つの道筋を提示したのが、現代中国の地域研究者やチャイナ・ウオッチャーではなくて中国歴史学の専門家であったという事実に注目したのである。氏はこの事件のきっかけとなる民主化運動が活発になった一九八〇年代前半から、中国の歴史学者との直接交流に触発されたこともあって、研究の主軸を地域史研究から政治権力の構造分析に移したという。

その意味で、文革の終わりから天安門事件にいたる脱毛沢東時代の中国の変動は、西村氏を、氏の師匠にあたるような、故野澤豊氏や野村浩一氏の世代の中国学者がおしなべて研究関心の中心に据えていた、中国という版図を統治する権力の正統性根拠とは何か、という問題圏に吸い寄せていったように見える。そして氏は、権力基盤の重層性と権力の正統性獲得の歴史経路依存性に着目して権力構造モデルを抽出しようという知的営為を、今日も継続している。

そのさい、西村氏の権力論のキーワードは「凝集力」であり、重層的な権力基盤を「地層」「岩盤」と表現することからもわかるように、あるシステムへの統合のベクトルを強調し、被統治者から統治者へ、周縁から中央への権力の求心性を説明し理解しようとする傾向が強いように思う。もちろん、社会の側の「凝集力」として憲政運動などもとりあげているが、これを国家と社会との相関関係という視点からとらえ直すと、氏と同世代の濱下武志氏（一九四三年生まれ）の権力構造モデルと比較した場合、社会が権力から情勢に応変して枝葉を広げ拡散していく濱下氏の華僑ネットワーク論に見られるような、遠心性を強調しようとする傾向と鮮やかな対照をなしている。

いわば西村氏を北方型（強い国家と弱い社会）とすれば濱下氏は南方型（弱い国家と強い社会）で、あたかも辛亥革命における北方立憲君主型権力と、南方革命型聯省自治権力という二種の政体モデルに対応しているように見える。西村氏の問題関心を約言するならば、国分良成氏との共著タイトルにあるとおり「党と国家」論であり、濱下氏を約言すれば「華人社会」論ということになろうか。学部時代は東京大学で学生運動のリーダー的存在であった濱下氏と、大阪にいて地元の革新自治運動に触発されながら地域史研究を手がけその中央政治との関係性を分析しようとしていた西村氏との間で、中枢と周辺をめぐる思考の方向がたすき掛けのように対照的な軌跡を残しているのは興味深い。

3 濱下武志　地方・民間社会・南から見た中国の動態

二〇一三年四月三〇日　中山大学（中国広州市）にて

濱下武志（はました・たけし）

一九四三年生まれ。東京大学文学部東洋史学科卒業、東京大学東洋文化研究所教授を経て、京都大学東南アジア研究センター教授。龍谷大学国際文化学部教授、香港大学、香港・中文大学、シンガポール大学、政治大学、ソウルの延世大学などで客員教授を歴任、現在、中山大学亜太研究学院教授。

主な著書・編著書、『中国近代経済史研究――清末海関財政と開港場市場圏』（汲古書院、一九八九年）、『近代中国の国際的契機――朝貢貿易システムと近代アジア』（東京大学出版会、一九九〇年）、『香港――アジアのネットワーク都市』（ちくま新書、一九九六年）、『香港大視野』（商務印書館、一九九七年）、『朝貢システムと近代アジア』（岩波書店、一九九七年）、『地域史とは何か（地域の世界史1）』（辛島昇との共編、山川出版社、一九九七年）、『東アジア世界の地域ネットワーク』（編著、一九九九年、国際文化交流推進協会）、『沖縄入門――アジアをつなぐ海域構想』（ちくま新書、二〇〇〇年）、『アジア交易圏と日本工業化　一五〇〇―一九〇〇』（川勝平太との共編、藤原書店、二〇〇一年）、『アジアから考える』全七巻（東京大学出版会）、『海のアジア』全六巻の編集委員を務める。Giovanni Arrighi, Takeshi Hamashita, Mark Selden ed. *The Resurgence of East Asia : 500, 150 and 50 Year Perspectives* (*Asia's Transformations*)（Rouledge, 2003）; Mark Selden, Linda Grove ed., Hamashita Takeshi, *China, East Asia and the Global Economy : Regional and Historical Perspectives*, Routledge, 2007,『中国、全球経済―区域和歴史的視角』（社会科学文献出版社〔北京〕、二〇〇九年）、『華僑・華人と中華網――移民・交易・送金ネットワークの構造と展開』（岩波書店、二〇一三年）。

学生時代――文化大革命のころ

――先生は一九四三年のお生まれですから、戦後第一世代であって、戦争の体験はありませんね。また、中国とは断交していました。そういうなかで、初めて中国と出会った経験や記憶とはどういうものでしたか？

静岡高校時代は六〇年安保で、安保反対運動に少し関わりました。中国というよりは、韓国・朝鮮の歴史とか、ポーランドの歴史といった、絶えず圧迫されてきた周辺に関心がありました。日本の歴史を理解するには、韓国・朝鮮・台湾・香港・シンガポールといった、かつて日本やイギリスの植民地であったところを理解する方が大切であると考えていました。大学に入る前には、中国革命に関する著作を相当読み漁りました。その後は、とくに私は中国社会の歴史性に関心を持ちました。

それを支える背景としては、やはり最初に中国研究の動機になった、日本の戦争にいたるいわゆる近代史とアジアとの関係ということがあります。戦後日本の歴史研究が戦争を無条件に否定してきたことは、もちろん私も無条件に否定するということにやぶさかではないのですが、歴史の文脈のなかで戦争を位置づけるという努力によるものというよりは、むしろ戦争を断罪するという目的の方が先行していたのだと思います。それはときどきの政治的意味はあったかもしれませんが、歴史研究の上では、私は必ずしもそのような方向をとってきませんでした。田中正俊先生からお聞きした戦争体験のお話も影響していると思います。もっとより長期に、より広い地域的な視野・射程のなかでの歴史的な文脈を再構成しながら議論して位置づけないといけないと考えたわけです。また、これまでその問題は、すぐ平和と対置されてきたわけですね。

その問題は、一九六〇年代初頭の『きけ　わだつみのこえ』の再版のときの書評文でも触れましたけれども、その後『中国――社会と文化』(第一七号、二〇〇二年)で、「グローバリゼーションの中の東アジア地政文化――「近代国家」から東アジア地域世界へ」という文章のなかで、四〇年ぶりに改めて東アジア史を考える動機に触れました。そのなかでむしろ主要に書いたことは、東アジアのなかに通底する地縁文化のようなものが考えられないかということです。

そこで私としては、戦中派世代にとってのアジアという課題、さらには戦争と人間という課題、などの問題提起に対する当面取り組むべき一つの課題を示そうとしました。この姿勢は戦後の歴史研究が戦前を反省するために、否定的なものと見てきた歴史の文脈の問題に対しても、改めてそれら両者ともに考え直す必要があるということです。

――卒論は何について書きましたか？

田中先生のなさっていた中国のウェスタン・インパクトを近代経済史の観点から考えてみようとして、綿布業をやりました。田中先生は生糸をなさったのです。世界市場のなかで中国経済はどうだったかということに興味を持ち、綿布業は中国経済の中心でしたから取り上げたのです。しかし、生産品というとほかにも生糸もお茶も米もあるので、どうしようかということで、修士論文ではそれらをカバーできる領域として香港上海銀行の資料を使って金融をやったのです。綿布業では、土布（在地の綿布）生産について小山正明先生が、また西嶋定生先生が前近代をなさっていました。

――西嶋先生の教えを受けたとなると、先生の朝貢システム論は西嶋先生の影響によるものでしょうか？

西嶋先生は朝貢システムというよりは中国からの冊封体制論ですね。どのように周縁にかかわったかというご研究です。

――東京大学在学時代に文化大革命がおこりましたが、先生ご自身はどのように受けて止めていましたか？

相当に距離を置いていました。当時は中国からの情報量の少なさが気になっていましたね。こんなにひどいという情報と、これほど前衛的にやっているという情報と、両極端でした。国家の名の下に国民相互に暴力を振るうという現象は、「革命」ではなくて「内戦」に近いのではないかという疑問がありました。さらに、日本では戦後から一貫して中国通という人たちが中国情報を紹介していました。そういうチャネルには疑問を持ちながらも、変革への強い期待・目標みたいな感じもありました。

――国家それ自体というよりは、紅衛兵や各単位の造反派が実際には暴力を振るっていたわけですね。それを当時、国家の暴力と捉えたわけですか？

国家の名目でやらせているというか、代行させているということですね。そういう側面を見たのです。確かに実際には革命派や紅衛兵が暴力を振るっているのですが、行なわれていることを権力構造からみると、国家の暴力装置が行使されていると思ったのです。国家それ自体の権力の凝集と離散があって、そういう意味では国というより政治の風を読み取ることが重要になるのかもしれません。

あのときは無条件で文化大革命を賛美していた人に対して、とても醒めた感じがありました。文革が終わると、そういう人たちは消えていったという印象です。代弁者になるか、まったく距離をとるか、両極端になってしまうのが日本における文革論議の特徴の一つなのかもしれません。

――当時、論壇で華々しく中国論を展開していた方との直接の交流はありましたか？

当時何度か中国研究所の研究会や講演会に顔を出したことがあったと思います。むしろ歴史関連の野原四郎先生や小島晋治先生の話をよく聞いていました。

――それとご自分の近代史研究がつながることはありましたか？

むしろその前の戦争責任や戦争体験を東アジアの地域の変動から見るとどうなるか、ということを考えないといけないと思っていました。中国と周辺との歴史関係とか、戦争は、地域の長い歴史のなかでの、接触のあり方の一つの表われでもあるということです。ですから、いっそうあとさきをしっかり見据えなければならないわけです。無条件に戦争を頂点において歴史を判断するようなやり方は、今後ますます歴史を縮小再生産させてしまうような感じを持ちました。何か立場を表明すればそれで終わるような、反対とか賛成とかを表明すれば歴史の文脈に帰ることができるというのは違うのではないのかということですね。

やがて私の中に日本を離れたい、あるいは日本を外から見ることを考えたいという思いが強くなります。それは、日本から眺めただけでは戦争のようなことがどうして起こったのかを説明しきれないと思ったのです。それをどう対象化するか、どう取り組むかと考えたわけです。これは今でも続いていますし、戦後もアジアでは冷戦構造が続いてきたことに強い関心を持っています。

教職者・研究者時代――日中国交正常化から改革開放の頃

――結局中国には行けたのですか？

浪人時代には内山書店にはほぼ毎週通っていましたし、毛沢東や劉少奇の著作をよく読んでいました。逆転している面もあって、頭でっかちになっていたかもしれません。初めての訪中は一九八〇年で、ずいぶん遅くなってからです。すでに国交が回復していて、研究者交流がありました。大学院時代に北京の劉大年、呉承明先生がはじめて東大にいらっしゃいました。厦門《アモイ》大学の傅衣凌《ふいりょう》先生も東京にいらしていました。一九八〇年は社会科学院のつてで、一人で北京・天津・上海・南京・厦門・広州・香港を列車で三週間くらいで駆けぬけました。主には経済史関係の先生が多かったですね。その後、初めての訪中団は石田米子先生が団長で、大東文化大の徽州文書研究の臼井佐知子さんが秘書長で、団長・秘書長とも女性の訪問団は初めてだといわれました。

八二年から改革開放政策の下で中国ではいろんな国際学術会議が行なわれるようになり、できる限り出席しようと思いました。三年間くらい続けてみて、いくらか状況が把握できるようになりました。なかでも、近代史の章開沅《しょうかいげん》先生（華中師範大学）のところに何度か訪問した際、桑平《そうへい》さん（中山大学歴史学系教授）とか、北京の虞和平《ぐわへい》さん（中国社会科学院近代史研究所）などの近代史研究者に会い、そこから一気につながりが広がったのです。上海の社会科学院の経済研究所の丁日初《ていにっしょ》先生のところにもかなり長く行きました。そのまえに七〇年代から八〇年代にかけて中国との経済史関係の長いイギリスに行き、その他ヨーロッパ諸国を回り、八五年に初めてアメリカ、韓国、台湾へ行きました。ちょうど台湾では戒厳令が解かれたころです。中国に長期で滞在することはあまりありませんでした。

——日中国交正常化はどのように受けとめていましたか？

博士課程の二年生のときですね。アメリカのあとについている印象がとても強かったです。むしろ沖縄返還に関心がありました。日本政府とアメリカとの取引ですね。非核三原則が問題になっていました。国交回復自体はあとで、その経緯について、戦争賠償放棄のことや迷惑をかけたという謝罪のことを知ると、政治レベルのやりとりはそんなものかと思いました。

むしろあのころは「中間地帯論」に関心がありました。国際共産主義運動でソ連が主導して進めようとしたときに、中国が対抗して中間地帯論を出したのですね。中国なりの世界戦略として地帯構造の考え方で世界を見るということで、ゲオポリティクス的な議論に注目しました。そういうところから、むしろマハンの海上権力論のような海洋への関心が、世界システム論のなかのアジアの問題も含めて、関心が芽生えたのです。

——ベトナム戦争や沖縄のような、世界システムからこぼれるような場所へのシンパシーがあったのと関わっていますか？

大学時代には、アカデミックな関係で参加を要請されたもの以外は社会運動とは関わりを持たなくなりました。大学紛争の後、教室と図書館と家と三点でしか行動しないで社会運動に関わらない人のことを三点行動派といって皮肉っていましたが、自分がまさにそうだと思いました。中国問題は関心の軸であり続けたのですが、近代経済史研究、とりわけ海関史研究に集中する期間があり、その期間は中国にはそれまでのように頻繁には行きませんでした。

——そこで香港を研究拠点にされたのでしょうか？

私は中国よりも香港のほうが早くから、また長期にわたり、香港でのアジア研究のほうに力を入れたという感じがあるのです。一九七七年に最初に香港に行ったのは、それまで研究者の誰もが見たことがなかった香港上海銀行の資料が見られるようになったからです。香港大学アジア研究センターのフランク・キング（Frank King）所長が同銀行一二五周年の大きなプロジェクトを行なうなかで、各国の研究者に支店史資料調査を委託したのです。私は日本支店の行史編集に携わりました。ただ、関東大震災で横浜の資料は焼失しており、香港での調査となりました。その過程で華僑送金のチャネルが浮び上がり、香港上海銀行はいかに華僑送金のネットワークをビジネスに活用しているかということがわかったわけです。たしかにいちばん中国寄りの銀行といわれていますように、最初からサンフランシスコなどに送金ネットワークを広げていきました。この資料閲覧は九七年の返還まで二〇年間つづきました。ただ、その資料に基づいた論文はまだ書いていません。そこでの香港上海銀行行史編纂の各国メンバーが、その後の研究者ネットワークとして続いています。

――一九八四年の中英合意をどう見ていましたか？

香港返還について日本では多くの人が民主主義と人権の枠組みで見ていましたが、私はそうではないような感じを持っていて、中国の香港化は避けられないだろうと見ていました。あのときは私の知りあいも移民でずいぶん香港から海外に出ましたが、それでまたネットワークが広がったのです。香港には何百回通ったでしょうか。そこを経由して東南アジアや華南地方に行くようになったのです。

八〇年代前半には、頻繁に東南アジアに行っていました。東南アジアから中国を見るようになったのです。最初は香港とシンガポールで、その後マレーシア、タイですね。こちらから見た方が中国は、南の中国としてよく見えると思いました。そこで南の中国に現われる東南アジアを見てみようということで、厦門《アモイ》・温州に行きました。このあたりまでは東南アジアだという感覚ですね。そこで華僑送金や合会のような、民間の地域社会のなかの仕組みや動きが移民を通して東南アジアに残っているということですね。これまでの中国論は、いわゆる社会主義政治・経済が中心で、そのもとにある中国社会となると狭くなりますね。人民公社だけでは社会の現われを捕まえるには限界があると思いました。

そう考えて村松祐次とか内藤湖南などに、「中国社会」という大きな課題があることに注目しました。なかでも注目したのが「会」すなわち頼母子講のような民間社会内部のつながりです。お金の流れと土地のリーダーのような人間のつながりとを重ねて、移民社会の「会館」とか地域社会のお金が外に向かう華僑送金とか、頼母子講と華僑送金の調査を、東南アジアから始めたのです。そこから広東・福建という南の中国に戻ってきたわけです。

――当時そういう研究がフィールド調査としてなされていましたか？

可児《かに》弘明先生は香港の蛋民《タンミン》＝ボートピープルの研究をなさっていましたし、須山卓《たく》・市川信愛先生が東南アジアの華僑会館の調査をなさっていました。また一橋大学で戦前、華僑会館の研究を進め東亜経済研究所におられた内田直作先生にもお目にかかりました。ご自宅でお話をうかがう機会がありました。根岸佶《ただし》先生の上海ギルド資料コレクションについてのお話をうかがうために内田先生にお会いしたのだったかもしれません。当時は上海の「公会」を上海のギルドと言っていました。

——当時すでにはやらなくなっていた研究に注目したわけですか？

日本の学界の主流が何かという関心はほとんどありませんでした。むしろ当時東南アジアでは相当活発に華僑会館を通してお金が動いていましたから、皆華僑送金や「会」（頼母子講）のことを知っているわけです。そこにとても関心があったということです。

八〇年代半ばに厦門で地元の研究者に械闘《かいとう》（宗族間の衝突）のことを聞いたことがあります。すると皆の顔つきが真剣になりました。温州に行って「会」運営の実際の資料を見たのです。会を組織する人々にも会いましたし、香港では七〇年代に禁止はされていましたがじっさいに頼母子講はやっていました。中国に来て、郷鎮企業の資金の流れはそこからだということがわかったのです。地域秩序を利用して、民間の金融業者は動いていたのです。温州での経験から、改革開放とは、政府の上からの政策で下りてくる金でやるのではなく、民間は民間でやりなさいということで、手を放したのだということに確信を持ちました。それがソ連とも違ったところです。

——そのころは内発的発展論として、日本の中国経済学者や社会学者が郷鎮企業に注目していましたね。

そうです。宇野重昭先生が進めておられました。費孝通先生も日本にいらっしゃいました。「内発的発展論」は本では読んでいましたが、私は単独行動でした。

——インフォーマントはいたのですか？

特にいませんでしたね。私は人類学の手法はとっておりません。現地へは行きますが、それは膨大な歴史資料に書かれている現実の姿を現場で感じ取り、確認しようとするためです。あるときは社会科学院の人についてきてもらうとか、現地の政府の人を上海で紹介してもらって、その人に案内してもらうとかしましたが、インタビューしてそれを資料とするということはしませんでした。調査環境もあまり適しているとは思いませんでした。こうして八〇年代半ば頃には、北は黒竜江省ハルピンから南は広州近郊まで沿海地帯を巡り歩きました。そしてその中心は温洲と晋江でした。

——温州や厦門でつきとめた頼母子講や華僑送金の実態について、村松祐次や仁井田陞《のぼる》のギルドや民間社会の研究で読んでいたことを確かめたということですね。

もっとさかのぼって、京都帝国大学経済学部が中国経済史研究を中心的に進めていました。いわば、国策的に、京都は経済、東京は政治法律という分業です。李登輝氏の先生にあたる柏祐賢《かしわすけかた》先生などもそうですね。『経済論叢』に多くの研究成果があります。私が京大に移った理由の一つはその蔵書を見たかったということもありました。実際にすごいコレクションでした。多くの言語の中国調査研究が、地方経済の分類まで系統だてられており、本当によく集められていました。それが一九三〇年代でぷっつり切れていて、戦後はまったく使われていなかったようです。

天安門事件前後――香港・東南アジア・南方中国

――当時は一九七八年からの知識青年による民主化要求の流れのさなかでもあったわけですが、どう見ていましたか?

八〇年代半ばは胡耀邦総書記の時代でした。黒竜江省から広東省まで沿海の郷鎮企業を訪ねました。そこで郷鎮企業の工場長や地方の幹部に話を聞くと、胡総書記への評価がとても高かったのを覚えています。

――一九八八年以降の学生による民主化運動をどう見ていましたか?

私は香港と中国の地方から見ていました。動きの中心的な文脈に対しては距離はおいていました。あれは始まりであって、問題は次だと思いました。ソ連との比較、政治と経済の関係など重要なテーマにも関心がありました。ただこのころは、相当はっきり、中国を南から見る、香港・東南アジアから見るという視野はできていたように思います。

――天安門事件をどう受けとめましたか? 事件の前後で、中国史に対する評価にどのような変化がありましたか? 香港では日本以上に激しい動きがありましたね。

香港は激しかったですね。香港のもともとの成り立ちがそうでしたから。香港の返還もそうですが、民主主義や人権で動いているのではないということを強く思いましたね。日本でのように民主主義がどうなるとか、そういう文脈でしか香港返還を語らないのは違うのではないかと思いました。

天安門事件ではむしろ都市の流動人口の問題で、旧市民が批判的であったことを口実にして、権力が動いたのではないか。地方が変わらないから起きたともいえるし、変わった証拠として行なわれているということもあると思いました。

歴史・地域・ネットワークの視界から中国を見る

――今後の日本との戦略的互恵関係を考える上で、中国という存在をどう受け止めていけばいいかという問題についてうかがいます。先生は華僑・華人論を発展させて中華的世界、あるいは中華ネットワーク論を唱えておられます。中華世界が放射線状に広がるという議論を持ち出すと、日本では中国膨張論・脅威論の文脈で受け取られてしまいがちですよね。

一面でそのように思われることはわかりますが、それがどういう構造やどういう歴史的条件のなかで、どういうシナリオに展開していくのかということに対して、議論の幅が狭すぎると思いますし、もう少し客観性が必要だと思います。中国から見れば、日本のすぐ後ろにはアメリカが控えていると映っています。中国にも基本的には日本脅威論がベースにあると思います。脅威論は心情論でもあり条件によってはわずかの脅威でものすごい脅威感を感じることもあるし、他方で、大きな脅威でも恐怖感を感じないこともあります。そこをどんなふうに吟味できるのか、“long history”から問題提起ができないといけません。尖閣諸島の問題も、もっといろんな構造・角度から考えないと、いまは初期の感覚的対応にとどまっているようです。そこをメディアがいっそう拡大していると思います。

他方で、未来から現在への条件づけをどう考えるかという視点も大切ではないかと思います。例えば二〇三〇年代からの中国の労働人口高齢化が、東アジアさらにはアジアへどのように影響するかといった問題などです。これらは歴史的に初めての動きです。この状況からの現在ならびに将来に対する逆規定性は何かということですね。現在は研究サイドもとてもナショナリスティックになっているように思いますね。

——鄧小平の南巡講話をどう受けとめましたか？　その後、それまでの西側の経済制裁をはねのけて、V字回復を遂げ飛躍的な経済発展を遂げますが。

それも香港から見ていました。南という香港に寄りかかった場所で始めたということですね。地理的には北京から離れていますが、香港と広州の間に深圳を置き、いわば間に楔を打ったとも言えるのです。香港は広東の一部というメッセージにもなりますね。

巧みな政治的な判断だと思いましたし、台湾へのメッセージも込められていると感じました。鄧小平は六〇年代にすでに台湾に対して「一国二制」ということを言っています。いま中国は、世界各地に孔子学院を作るような、積極的な「公共外交」を展開しています。放射状に「中華」が広がり、世界に影響を及ぼしていくようなダイナミックな動きです。その意味で、中国あるいは現在の中国が位置するユーラシア大陸の東側は、極めて長期にわたって継続する巨大な歴史資源だと言えると思います。特に民間社会は末広がりの柔軟性と流動的なスペースを擁していると考えるからです。

世界史的に見ますと、これまでもポルトガル、スペイン、大英帝国と帝国の興亡がありましたが、ここ東アジアはものすごいエネルギーを数百年周期で発揮しているという、歴史的にも世界史的にも注目すべき地域です。ただしこれは、国としてよくできているということではなく、むしろ逆に民間社会がダイナミズムを持っているということです。

政治が上から管理し、それをはねのけようとする民間や周辺との歴史的なせめぎあいが、絶えず存在しています。

――「海の中国／陸の中国」「沿海の中国／内陸の中国」「周縁の中国／中心の中国」「開いた中国／閉じた中国」といった「中国的システム（「圏域」）」論がいまは普通に言われるようになりました。先生のネットワーク論から、これらの議論をどう見ていますか？

一九九〇年から沖縄・琉球史のなかの『歴代宝案』という史料の編集に参加することになりました。『歴代宝案』は、一五世紀初めから一九世紀後半にまでいたる四四四年間にわたる一貫した朝貢使節の記録で、この編集作業は、現在まで続いています。これまで西欧の東インド会社史料を中心に見てきた一六、七世紀から一八、九世紀くらいの間の史料をアジア側の史料でどのように見るかという課題に対して、これからは『歴代宝案』を併行して使うことができると思っています。『歴代宝案』の記録のなかの商品データはとても簡単ですが、実は政治表現による経済史料スタイルが多いという特徴があります。このことは、いわゆる経済史の資料そのものではありませんし、ヨーロッパ経済史の対象と同じレベルの資料でもないわけです。

この『歴代宝案』という史料によって、沖縄という歴史的課題を東アジア朝貢貿易や商業史のなかから考えることができるようになりました。また、『歴代宝案』の編集に関わるということから、沖縄の、かつての日本と沖縄、日本の沖縄という、戦争問題にかかわる議論、あるいはひめゆり部隊の話など、小学生のときから感じていたことが結びつき、関連づけられるようになりました。小葉田淳先生、神田信夫先生とか、小島晋治先生、生田滋先生など、また沖縄の研究者の方々とそういう討論ができたことが、とても大きいと思います。琉球の位置と役割、海洋貿易、朝貢貿易を周辺から見るなど、琉球と東アジア、琉球と東南アジアという、琉球の視点ということに非常に強く注目したことで、朝貢貿易の研究に対しても、地域秩序の中心－周辺論、あるいは、ヨーロッパとアジアという問題に対しても、再検討できることになりました。

私なりに朝貢ということについて、琉球がいかにそれを活用したかという点で、一方では朝貢という表現を使わないようにしようという議論もあるなかで、琉球自身が歴史的に朝貢ということを言っていますから、その朝貢の歴史的な役割を広く考えてみたいということです。

海洋アジア研究について、現在の海洋研究の基本的な視点は、それを国家の延長として見ているように思います。東アジア圏という特徴を見るよりも、国の視点を強く出しているように思います。国というものの時代性、近代の時代性というのは、歴史的な時間幅を長期にとった時になくなってくるのです。

そこで、知の地域、いわゆる「知域」という知識ネットワーク論を立ててみたいのです。知識体系は何によって生まれ、何によって変化するのか。国によっての「知域」の特性というのは、当然あり得ますが、必ずしも国家が前提とはされないだろうと思うのです。辛亥革命一〇〇年にあたって、ジェレミア・ジェンクス（一九世紀末—二〇世紀初頭のアメリカの経済学者。カルテルに警鐘を鳴らした。また中国を初めとする非西欧諸国の金融制度調査などを行なった）によって孫文の蔵書コレクションを繙いてみたのです。すると、孫文は革命家というよりむしろ国際知識人と見た方がいいと思うようになったのです。例えば孫文がなぜ南方熊楠と会わないといけなかったのか。

いっぽう日本人はどうしても「日本人」としてどう考えるか、ということを強調しますね。とくにそういったナショナリスティックな言論の立て方が、知識人でもメディアでも目立つようになってきた。おそらく小泉政権のころからではないかと思います。それが投企的な言説をもたらし、動機が肥大化したような議論を生み、心情が論理に先行するような結果をもたらしたのではないかと思ったのです。学術ではなくて動機として処理されてしまう。そこで時間軸優先の歴史を空間優先の歴史にずらしてみようと思ったのです。

——朝貢システム論については、中国がこれからのグローバルな世界戦略に援用していく動きがあるような気がします。

それは明らかにあります。歴史的なものと現代のパワーを結びつけるような議論もはっきりありますし、基本的には現代を見通そうとするときに歴史的な議論を前提にすることは大切です。ただ、一つの局面のみを取り上げてそれをそのまま適用する方法は、歴史的ではなく政治的なものです。いわゆる朝貢体制が世界史的な近代の時代に直面した多くの問題も、同時に検討の視野に入れる必要があります。欧米でも朝貢をもてはやす傾向があります。ただ、朝貢を現代の外交関係、国際関係に横滑りさせて、華と夷を分けて中国と外国としてしまうのです。国家から見てしまえば、朝貢という広い地域空間の歴史には届かないところがあまりにも多くあります。近代化の問題は国家の問題からのみではなく、朝貢の変化として見ていく視点が必要だと思います。歴史的な地域秩序という幅を持たせて考えていきたいと思いますし、この点は近代の歴史認識の問題にも関わってくることです。

さらに、朝貢関係をめぐる長期の地域関係は、中国の問題だけではなく、そこには日本をアジアのなかにどう位置づけるか、という課題があります。それから東アジアという広い地域は、ヨーロッパ地域が主権国家のつながりとして構想されたのとは違う地域像です。さらにそれを一歩進めていえば、地域システムという視点からみて、歴史的な東アジアでは朝貢関係が地政的な中心－周辺関係を構成するいちばん重要な領域だということで、そこに集中したということになるわけです。

私が考えた朝貢関係をめぐるアジア論は、日本のそれまでの近代化論に対する批判という動機がとても強かったと思います。論理として東アジアそのものを対象として議論するということは、日本史を東アジア史と区別するという議論とは違うのではないかと思いました。あるいは日本史研究自身が対象を日本国内史と対外交渉史という二つに分けてきたわけですが、その対外というのは、やはり長崎を通した江戸時代のオランダ、イギリスなどのヨーロッパを中心とする対象を研究するという特徴がありました。そうではなく、日本をアジアの歴史のなかに置くということが必要と思いました。

また、朝貢という議論が起こった背景には、日中・日韓などとして東アジアというつながりを、簡単に二国間関係に引き戻せばいいというものではなく、やはり、数千年にわたる多角的な相互通交の経緯がありましたから、東アジア史という視野に立つことによって近代というものをもう少し相対化できるのではないか、という関心があったと思います。中華システムによるアジア論を、周縁から見ていこうという動機がそこにはあります。

インタビューを終えて

濱下氏は学術界・出版界では「空港教授」（エアポート・プロフェッサー）の異名で知られている。日本ではなかなか会えず、シンポジウムなどで拝顔したかと思ったら、翌日はどこか異国の空の下にいる。携帯電話をお持ちではないので、動静を把捉できない。原稿の依頼はできても、どこに催促していいのかわからないまま締切りとなり空しく時間が過ぎていく……。

今回のインタビューでは、たまたま広州にフィールド調査に行く機会があり、中山大学を拠点に調査することとなったことから、氏の赴任先に乗り込むような恰好で、インタビューが成立したのである。ガジュマルや蘇芳など南洋の鬱蒼とした緑滴る樹木に囲まれたキャンパスで、バケツをひっくり返したような驟雨の轟音に、その小声で朴訥とした語りがかき消されるようななかで、対話は続けられた。

空港教授という異名を持ちながら、またこのインタビューで語られる、中国大陸や東南アジア海域世界を縦横無尽に走破するかのような行動力とは裏腹に、氏は物静かで地味なタイプだ。パスポートは各国の出入国スタンプやビザで真っ赤になっているだろうが、マイレージがどのくらい貯まっているか、確かめたこともないという。チケットの手配や空港へのアクセスなど、煩雑極まりない手続きを、毎回自分で苦労されながらこなしている。私などは海外渡航というだけで、名物料理や観光をどう堪能しようかわくわくするのに、中国ではほぼ毎日のように屋台の豆漿《トウジャン》（豆乳）と饅頭《マントウ》だけで朝食・昼食を済ませている。どこのレストランの何がおいしいといったグルメの話題を氏から聞いたことはない。

中山大学には二〇〇五年に正教授として赴任し、創設されたアジア太平洋学院の院長を務めている。当時はそのような日本人学者はほとんどいなかった。「なぜ広州なのですか」と氏に聞いたとき、「東京へも、北京へも、ソウルへも、台北へも、シンガポールへも、ほとんど等距離等時間で行けるから。それに香港も目と鼻の先だし」ということだった。

これは単に空間的な距離だけではなく、中国と日本の首都へのほどよい間合いを取ろうとしたためではないかと私は思っている。氏はこれまで『近代中国の国際的契機』で朝貢システム論を、『東アジア世界の地域ネットワーク』『沖縄入門』で海域圏論を手がけてこられた。その朝貢システム論はそれまでの華夷秩序論を継承し、海域圏論はそれまでの「陸のアジア・海のアジア」論を継承したかのように見える。だが、根本的に発想が違う。それは、国家から出発するのではなく、国家を相対化する視点に貫かれていることにあると思う。そうだからこそ、氏は中国の南方に位置取りをし、南方から北京を眺め、東南アジアを眺めている。

最新刊の『華僑・華人と中華網』は「華僑網＝華僑ネットワーク」論である。これも従来の華僑論を継承しているように見えながら、そこでよく言われた「「落葉帰根」から「落地生根」へ」といった「自分語り」の華僑アイデンティティ論とは様相を異にしている。この発想の原体験としてあるのは、今回語られているように、一九七七年に香港上海銀行一二五周年の大きなプロジェクトを引き受けて、日本支店の行史編集に携わったことである。そこから華僑送金のチャネルがわかり、華僑の移民・交易・送金のネットワークが透けて見えてきたのだという。このネットワークは一九九七年の香港返還まで持続された。香港返還については、通説では「香港の中国化」が予見されていたものだが、濱下氏は「中国の香港化は避けられない」と見ていたと語った。

高校時代に安保反対運動に関わり、浪人時代に「わだつみ会」に関わり、大学時代初期に自治会委員長を務めたという、熱い政治の季節で滾《たぎ》らせた情熱は、その時がピークで、あとは退潮し下降線のスパイラルに入ったのだと、氏はインタビューのあと苦笑しながら語った。確かに文化大革命のおりには革命熱に煽られることなく学究活動に沈潜し、天安門事件では民主化運動に同調せずに静かに華僑ネットワークの動きを注視し、香港返還では香港の動揺に足元を掬われることなく中国の変化を観察した。むしろ情熱は内側に溜《た》めて過剰な自己表現を自制しながらも、研究者としての行動はより広くダイナミックになっている。

濱下氏の研究は緻密かつ実証的で、決してとっつきやすいものではない。だが、その世界に足を踏み入れていくと、既存の時間軸や認識空間がゆがんで新たな歴史像が浮かび上がってくるような気分に浸ることになる。寡黙な空港教授が内に秘めた創造的破壊へのパッションには、相当熱いものがある。そのことを今回のインタビューで確信した。

4

船橋洋一　改革の陣痛に立ちあって――『内部』の頃

二〇一四年一月二一日　財団法人日本再建イニシアティブにて

船橋洋一（ふなばし・よういち）

一九四四年、北京生まれ。東京大学教養学部卒。六八年、朝日新聞社入社。七五―七六年、米ハーバード大学ニーメンフェロー、八〇年二月―八一年一二月、朝日新聞社北京特派員、IIE（Institute for International Economy）、八四―八七年、朝日新聞ワシントン特派員、八七年、アメリカ国際経済研究所客員研究員、東京本社編集委員、九三―九八年、アメリカ総局長、コラムニスト、二〇〇七―一〇年、朝日新聞社主筆。八六年日米経済報道でボーン・上田賞、九二年石橋湛山賞、九四年日本記者クラブ賞を受賞。現在、財団法人日本再建イニシアティブ理事長、法学博士。

主な著書（単著のみ）、『内部――ある中国報告』（朝日新聞社、サントリー学芸賞、一九八三年）、『日米経済摩擦――その舞台裏』（岩波新書、一九八七年）、『通貨烈烈』（朝日新聞社、吉野作造賞、一九八八年）、『冷戦後――同時代の現場で考える』（岩波新書、一九九一年）、『日本の対外構想――冷戦後のビジョンを書く』（岩波新書、一九九三年）、『アジア太平洋フュージョン――APECと日本』（中央公論社、アジア太平洋賞大賞、一九九五年）、『同盟漂流』（岩波書店、新潮学芸賞、一九九七年）、『歴史和解の旅――対立の過去から共生の未来へ』（朝日選書、二〇〇四年）、『青い海をもとめて――東アジア海洋文明紀行』（朝日新聞社、二〇〇五年）、『ザ・ペニンシュラ・クエスチョン――朝鮮半島第2次核危機』（朝日新聞社、二〇〇六年）、『日本孤立』（岩波書店、二〇〇七年）、『冷戦後――失われた時代　日本@世界』（朝日新聞社、二〇〇八年）、『新世界　国々の興亡』（朝日新書、二〇一〇年）、『カウントダウン・メルトダウン』（文藝春秋、大宅壮一ノンフィクション賞、二〇一三年）、『原発敗戦――危機のリーダーシップとは』（文春新書、二〇一四年）。

ジャーナリストの原点としての中国

――お祖父さまが中国でジャーナリストをしていらしたとの由（斎藤貴男氏との対談「ジャーナリズム」『世界』別冊二〇〇〇年五月号）ですが、ご記憶がありますか？

記憶はありません。会ったこともありません。祖父は私が生まれる前に亡くなっています。

祖父は船橋半三郎といい、記者をしてました。

彼は香川県丸亀出身ですが、一高在学中、徳富蘇峰に憧れ、蘇峰が発刊した『国民新聞』に入り浸りとなったようです。学校当局に対してストライキをした首謀者ということで途中退学をさせられたと言います。そんなこともあって、親から勘当させられたようで、本家とのつきあいも途絶えてしまったようです。

『国民新聞』では横浜支局長を務めたあと、大阪でも仕事をしたと聞いています。叔母の得津恵美子によると、祖父は大阪時代は力士のタニマチもやったりして、家にもお相撲さんがよく来て、相当にぎやかな記者生活だったようです。

祖父はその後、満鉄に行き、そこで中国軍閥の研究を始めたのです。特に張作霖の奉天派に食い込み、深い人脈をつくったみたいです。大陸浪人の端くれのような存在になっていたのかもしれません。満鉄での研究成果としては『入關後に於ける奉天派』（南満州鉄道株式会社庶務部調査課）があります。これは昭和三年三月に刊行されたものですが、祖父が筆者です。

何應欽軍の徐州の占領は、「北方軍、すなわち奉天派と南方軍、すなわち国民革命派との争覇戦開始」を告げるものとなり、北伐軍成功以来の大戦争へと発展しつつある、と分析するとともに、「外蒙政府の最高軍事顧問として庫倫に入ったボロヂン」の「満蒙北支の赤化」を潜在的には奉天派にとっても民国にとっても日本にとっても新たな挑戦と受け止めています。スターリンの中国革命工作員のボロディンのことです。この論文の最後で「怖るべきは赤露の南侵東漸であり、警くべきはボ氏が辛辣なる策謀である」と結論づけています。

翌年（昭和四年一〇月）刊行された『支那官憲の在満鮮人壓迫問題』では編者をしています。『入關後における奉天派』刊行から三カ月後に張作霖が爆殺されています。奉天派に肩入れしていたように見える祖父にとってはショックだったのではないでしょうか。その結果、国民党の勢力が満州にも及ぶようになりました。それにともなって朝鮮族への圧迫が始まってきました。論文では「張作霖氏の奉天城外に爆死し、南北の抗争は止み、国民党の勢力北漸するや、諸種の利権回収運動は起こり、各種の形式によりて在満鮮人を圧迫するに至った」と記しています。それからしばらくして万宝山事件が起こりますよね。

満州時代、『国民新聞』とも引き続き何らかの関係を持っていたと聞いていますが、大連で起業したようです。仕事の関係のフランス人と一緒にしゃれた幌付車に乗っている写真を見たことがあります。ただ、私が生まれる前に亡くなったため、会ったことはありません。祖母は子どもも孫も記者にだけはしたくないと何度もこぼしていました。朝日新聞社に入った時も、祖母は別に喜んでくれませんでした。弟が大蔵省に入省したときはもう大変な興奮ぶりでした。明治の女ですから。私は記者である夫を持った祖母の苦労話を通じてしか祖父は知りません。ですから船橋家のことはよく知りませんし、父もあまり語りませんでした。

父は、大連一中、一高、東大と進み、それから一九三八年に設立された北支那開発に勤めてました。華北蒙彊の重要産業に投融資する国策会社で、父が勤めていた時の総裁は津島壽一です。その時の写真が残っています。武漢で中国人と一緒に働いていて、中国語もよくしましたし、中国の古典に明るかった。戦争に負けたとき、これからは新しい中国だ、それも蔣介石ではなく毛沢東の中国になると言って、毛沢東に会いに行こうとしたそうです。二〇一一年に父の北支那開発時代の同僚の飯河五郎氏に話を聞きました。一緒に働いた中国人は、戦後、漢奸として挙げられることを恐れて台湾に逃げた人や台湾出身の人が多いのです。そのうちの一人で張燦堂《サンドウ》という方は、後に台北市助役（副市長）を務めました。一九六五年、私が大学二年生のとき、一カ月近く台北の張さんの家に寄せていただいて中国語の勉強も兼ねて台湾を回ったことがあります。

そんなことがあって、中国には関心がありました。エドガー・スノーの『レッドスター・オーバー・チャイナ（中国の赤い星）』、アグネス・スメドレーの朱徳を描いた『偉大な道』の二冊にはしびれました。ジャーナリストの中国報道ロマンとして読んだだけなのかもしれませんが。

——敗戦後すぐ引き揚げられたのでしょうか？

私は一九四四年一二月一五日、北京生まれで、四六年夏に日本に引き揚げました。父は北支那開発の総裁室文書課に勤めており、会社の残務整理などしていて引揚げが最後になったのです。

父は、北京時代、大陸浪人の石本憲吉男爵にかわいがられたようです。石本憲吉は、満鉄の理事をしていましたが、松岡洋右が総裁直属の満鉄事務所をつくったとき、ここの常任理事に任じ、北支那開発のための経済調査をさせた人です。私の祖父はその石本と一高時代の友人でした。父はそんな縁もあって、いつも石本の家に呼ばれたり、結婚したばかりの父の家に石本が来たりしたようです。

敗色が濃くなった昭和一九年一月のことですが、父は石本に次のように言われたと言います。「船橋君、考えても見給え。中国は偉大な国だよ。アメリカが勝てば蒋介石政府、ロシアが勝てば延安の毛沢東政府、日本が勝てば南京の王兆銘政府。どこが勝っても、中国は戦勝国じゃないか。しかし、僕の見るところ、日本はダメだから、生き残るのは重慶と延安だな。そして、この二つのうち、さらに生き残るのは延安だよ。この貧しい多くの人民が選択するのは共産主義にきまっている。ロシアが現にそうじゃないか。」

この時の石本の話は、よほど父には印象的だったと見えます。大学に入って中国語を勉強し始めた私にも、父はその話をしたものです。

「そうかなぁ」私は合点が行きませんでした。別にそのように中国の誰かが裏で大戦略を練っていたわけではない。ただただ、それぞれテンデバラバラにやっていただけではないか。それもお互いに殺し合いをしながら。ナチス・ドイツに協力したフランスのヴィシー政権のペタン将軍は、戦後、フランスを解放したドゴール将軍と自らを引き比べて、「双方ともフランスを救うために必要だった。ドゴールが剣だったとすれば、自分は盾だったのだ」と述べたが、どこかそれと似た自己催眠術のきらいがある、と私は疑っていました。

いや、ひょっとして石本の言うことにも一理あるかもしれない、と思うようになったのはずいぶんと後になってからのことです。中国には大戦略を考えている中核などどこにもない、国盗り物語だけの国だ。ただ、敵味方になりながらも、バラバラギザギザになりながらも、民族が生き抜くため、この民族は軟体動物のような生命力と分泌液を持っているのではないか……。

ついでながら、父は昭和一九年春、突然、石本から来てくれという話で出かけたところ、石本に言われたのだそうです。

「船橋君、八路軍と連絡がついたよ。一つ毛沢東に会いに行こうと思うんだが、君、僕の秘書として一緒に行かんかね。」

毛沢東相手の和平交渉を石本は悲願とし、それを実行に移そうとしていたのです。

父は、一緒に行くことに決め、新婚ほやほやの母を説得しました。母は健気にも涙をいっぱいためて承知した、と父は書いています。

会社から一〇日間の休暇を取って、準備を始めたところ、予定日の集合時間の直前になって石本からの使者が親書を届けに来ました。

「状況が悪化したので延期する」

どうやら憲兵筋に計画が漏れて差し止められたらしい。

毛沢東に会うための決死行構想は潰れました。

一九四六年四月二五日、父、母、私は無蓋列車に乗って、北京から天津に向かいました。母はお腹に次男坊を宿していました。天津の塘沽港《タンクー》を出港という日の朝になって、父はOSS（極東情報部）から呼び出しを受けました。どうやら共産党員かシンパと疑われたようなのです。出帆時刻を過ぎても、アメリカ人の将校と二世らしい通訳の尋問は長々と続きました。ようやく疑いが晴れたようです。将校は最後に握手しながら、言った。

「日本に帰ったらデマカーシーのために活動してください。Ｇｏｏｄ Ｌｕｃｋ！」

デモクラシーを、デマカーシーと発音するアメリカ人の言葉が父の耳に残ったようです。

デマカーシー、そうだ、それもこれも「出まかせ」なんだ。何がＧｏｏｄ Ｌｕｃｋ!だ。そんな風に父は書き残しています（船橋破魔雄「私の追憶」、エン樹会編『北支那開発株式会社之回顧』一九八一年）。

——東京大学教養学部で中国語を専攻なさり、国際関係論を学ばれた動機は何だったのでしょうか？　指導教官、学習・研究の内容、卒論のテーマなどを教えてください。

Ｅクラスでした。担任の工藤　篁《たかむら》先生には四年間お世話になりました。同期生に濱下武志さん（東京大学名誉教授、広州・中山大学教授）、近藤大博さん（元『中央公論』編集長）、内山籬《まがき》さん（内山書店社長）などがいました。Ｅクラスの同級生の多くは学生運動に加わって、中国への関心もマルクス・レーニン・毛沢東への関心から派生したような趣きがありました。内山さんと私はノンポリで、運動には加わりませんでした。

衛藤瀋吉先生、岸陽子先生、新島淳良先生などの授業を受講しました。岸先生には中国語を習い、新島先生は早稲田から非常勤で教えに来られていて、一、二人の受講生だけで授業をしていました。清末の外交文書を読むゼミでした。一時学者になろうとも思いました。

卒業論文は李大釗《たいしょう》について書きました。陳独秀と並んで中国共産党を設立し、人民という概念を作って人民戦線論を展開した人です。それが毛沢東の思想のある部分につながっていったのです。モーリス・マイズナーが当時いい本を書いていまして（Maurice Meisner, *Li Ta-chao and The Origins of Chinese Marxism*, Harvard University Press, 1967）、李大釗に関心を持ったのです。日本でも野原四郎先生や野村浩一先生が李大釗を書いていましたが、主に政治思想史からのアプローチでした。マイズナーは政治そのものからのアプローチでしたね。二〇年代から三〇年代の中国に関心があり、アンドレ・マルローの書いた一九二七年の上海事件と白色テロを題材にした『征服者』とか、竹内好の中国論、それから宮崎滔天などの大陸浪人の群像に興味があり、乱読しました。

——卒業後、なぜジャーナリズムの道に進もうと思ったのですか？

エドガー・スノー、アグレス・スメドレー、セオドア・ホワイトたちアメリカ人ジャーナリストの中国報道ロマンに魅せられたことがあったかもしれません。父の影響もあったかどうか……。もう一つ、私の伯父（母の姉の夫）に安保清隆さんという人がいて、戦前の毎日新聞の北京特派員でカメラマンをしていました。昭和一七—二〇年ころの現地の写真をたくさん残しています。伯父は大陸時代、橘善守さん（後に毎日新聞論説委員）にとてもお世話になり、親しかった。橘さんは橘樸、細川嘉六などと付合いがあって、毎日新聞の戦前の支那通でした。盧溝橋事件をスッパ抜いた特ダネ記者でした。彼が朝日新聞の広岡知男社長の友人で、「広岡さんに洋一君の推薦状を書いてあげよう」と伯父が陰で運動してくれたようです。

朝日新聞に入社する時は英語以外の外国語でも受験できまして、試験問題を見ると中国語の問題がやさしそうだったので中国語で受験しました。

北京に特派員として赴任して

——経済部に配属されていたのが、八〇年に北京特派員として赴任されるいきさつは何だったのでしょう？

一九七九年一二月に大平首相が訪中した時に同行しました。そのとき『朝日ジャーナル』の副編集長の高津さんに頼まれて『朝日ジャーナル』に「日本は「等身大の中国」を見据え、その中国と実務的につきあうべきだ」と書いたのです（「浮かび上がる「近代化」外交の輪郭——日中首脳会談にみた中国の八〇年代対外戦略」『朝日ジャーナル』一九七九年一二月二八日号）。その記事を松下圭一さんが「論壇時評」で取り上げてくれました。今までの中国観と違うものがでてきたというわけでお目に留まったのでしょうね。松下さんのような乾いた知性の知識人も、中国をめぐって格闘しているのか、と深く感じ入りました。当時の知識人的なスタンスは、野村浩一さんのように「自らの課題をもって中国に迫る」というもので、歴史問題でも開発理論でも第三世界論でもそういう姿勢でした。そういうなかで、等身大でリアリズムで中国を見ないと間違えるのではないかと、自分なりに感じたことをぶつけたのです。私は記者なので理論を作っているわけではありません。理念や理論ではなく、生活の現場から、とくに経済から全体に立ち返っていけないかと対中問題の方法論を模索しました。

大平正芳首相の訪中では対中円借款が決まり、私は翌年二月に、北京に赴任しました。それまでの記者協定で朝日新聞はじめ各社とも一人の駐在記者しか認められなかったのですが（共同通信のみカメラマンを含めて二人の駐在が認められていた）、二人までよいということになり、経済部長の浜田隆さんが中国語で試験を受けたなかに船橋がいる、という話を聞きつけて、「興味あるか」と聞く。「ぜひ行かせてほしい」と答えました。それまでは朝日の中国報道は外報部中心で、圧倒的に外大系（東京外国語大学・大阪外国語大学）出身者が多かったのです。私の場合は経済記者で初めてのケースでした。

――北京の特派員生活はいかがでしたか？ 自由に取材をしたり、人に会ったりすることは大変難しかったでしょう。

私が赴任した頃、東芝、松下電器、資生堂、電通なども中国に社員を派遣し始めました。松下電器の青木俊一郎さん、三菱商事の大曲則彦さんたちと親しくさせていただきました。当時、北京に滞在していたハーバード大学のジェローム・コーエン教授を囲んで定期的に勉強会をしたこともあります。友好商社の人にもいろいろと教えていただきました。彼らは新僑飯店に駐在していました。皆さん、実に中国語に堪能でしたね。ちょうど一九七八年の三中全会で改革開放政策が始まったあとで、経済的視点から中国を見ると、社会主義経済ではうまくいかないところが目についてくる。中国人自身がそのことを批判的に見ていました。

北京でとてもお世話になったのは北京大学教授で経済学者の朱紹文先生でした。「日本を見ると桜を思い出す。栄華を誇り爛漫と咲いているが、一気に散るような脆さを感じる」と先生がおっしゃっていたことを記事のなかで紹介したこともあります。冷戦後の日本の「失われた時代」について考える時、私はあの時の先生の言葉を思い出すのです。東京帝国大学に留学され、堤清二さんとも親しかった。北京大学経済学部教授という中国最高峰の経済学者が、社会主義という大枠を前提として、中国経済について主要矛盾はどこにあるのか、どこに脆さがあるのか、出来合いの理論ではなく、必死になって考えていました。

朱先生からの情報で、一度人事の大特ダネを書いたことがあります。一九八〇年の四人組裁判の直前でしたが、華国鋒派の人たちが一斉に退場する人事を報じたのです。『朝日新聞』の一面の左肩に載りました。朱先生が、党書記に呼ばれて口頭伝達された人事を教えてくれたのです。共産党の決定は、教員たちはじめ民主党派など非共産党員や、各単位の主導的立場や中間管理職的な立場にある人には、口頭で伝達されるのです。メモをしてはいけません。でもそういう時には、人は刷り込まれるようにしっかりと覚えるものなのです。

――北京時代の取材を『内部――ある中国報告』として連載しまとめる動機は？ どういういきさつで、非公開文献（「第五期全人代第三回会議提案」資料や『解放軍報』など）を本格的に使おうと思ったのですか？

北京特派員のあと帰国してから、『朝日新聞』で「中国経済　風土と論理」を三二回連載しました。記事を書く過程で、ある中国の方から全人代（全国人民代表大会）の資料を手に入れることができたのです。『人民日報』に全人代でこういう提案があったという記事がいくつか出ていて、非常に面白いので切り抜いておきました。『人民日報』の記事になった提案は、改革にプラスになる差し支えないものだけを選んであるのでしょうが、三〇〇〇以上のすべての提案が手に入ったので、これをベースに本にしようと思ったのです。提案のなかには中国当局が隠しておきたいものも沢山ある。しかし、ジャーナリストにとってはまさに宝の山なのですね。全人代は国権の最高の意思決定機関ですから、その提案は重い意味を持ちます。

特派員の任務を終え、北京空港から帰国する時、横井裕さん（当時、外務省から北京大学に留学中、現在、駐トルコ共和国日本国特命全権大使）たちが見送りに来てくれました。ところが公安が私の荷物を四〇分間くらい徹底的に調べて飛行機が出発できない。当時、娘が小学校五年生で、「ドラえもん」の漫画をスーツケースに詰めていたのですが、中国の公安はそのなかに中国の内部文書を隠しているのではないかと、そこまで徹底的に点検するのです。娘が「あのおじちゃんたち漫画読んでるの？」と聞くのです。最後の最後まで公安には狙われ続けました。

辺見庸さん（本名辺見秀逸、共同通信で一九七七―八〇年と八四年の二回、北京特派員、八四年五月に国外退去処分を受ける）は、一九七九年二月の中越戦争の開戦をスクープしました。辺見さんが帰国される時は空港まで見送りに行きました。逸見さんは中国の公安に狙われていました。私も危なかった。

――『内部』はそれまでのとりわけ朝日社内の中国報道のありかたからして、かなり破格な中国報道だったと思います。一般的な日本人の中国像や日本人ジャーナリストの中国報道姿勢に対して、当時どのように受け止めていましたか？

中国報道はイデオロギーと政治と感情のるつぼに入りやすい。初めから中国を叩く人は「レッドチャイナ」というわけで、反共主義の立場から徹底的に叩きます。いっぽうで日本の対中侵略の罪悪感もあって、親中的な立場やイデオロギーもまた強い。

当時、朝日は「親中」でむんむんしていました。北京特派員に赴任する前に、外報部に数カ月勤務したことがあったのですが、本音と建前を使い分けていると感じたことが何度かありました。それに、知っていながらなぜそれを書かないのかと、中国報道に関して違和感を抱いたこともあります。広岡知男社長以下の経営陣が、七二年の国交正常化のおりに、「友好第一取材第二」のテーゼを作ったのです。後藤基夫さん（当時、朝日新聞東京本社編集局長）が中心になってつくった取材訪中団の中国報道は、基本的に日中友好報道キャンペーンでした。訪中団の活動も中国側でセットアップされていて、事実をクリティカルに伝えようとしてもどうしても甘くなる。訪中団のような取材はつくづく危ないなと思いました。

私はジャーナリズムにあってキャンペーンそのものを否定しません。時には強固にやらなければならない。そのことは間違っていないと思っています。しかし、事実をしっかり抑えておかないといけません。事実でもって語らしめないと、「不都合な真実」に目をつむることになる。事実に即したところでリアリズムに徹していこうと心に誓いました。

――赴任された時期は、改革開放政策の行きすぎが反省されて、経済調整の引締めの時期だったのではないですか？

赴任した一九八〇年の夏、全人代には改革の熱気が溢れていた。青空が一面に広がっていた感じでした。宝山製鉄所のプラント輸入キャンセルがあり、やがて経済の調整に入ります。すると政治的に緊張感が漂い、それまで会ってくれていた人がさーっと引いて会ってくれなくなります。中日友好協会（当時の会長・孫平化）などは態度がはっきりしていました。それでも会ってくれる人もいて、ありがたかった。

入社して最初の赴任先が熊本支局で、水俣の取材をしました。石牟礼道子さんや日吉フミ子さんには取材でお世話になりました。そのときの厚生大臣が園田直さん（後に外務大臣）で、彼は天草出身ということもあって、政治指導力を発揮して水俣病について国の責任を認めたのです。そんな御縁もあって、園田さんと親しかった。北京に赴任する前に挨拶に行くと、園田さんはその場で二通の紹介状を書いてくださいました。相手の一人は鄧小平、もう一人は廖承志です。

『内部』の反響と波紋

――『内部』をめぐって、社内での反応はいかがでしたか？

広岡社長には『内部』をお送りしました。礼状をいただいて、そこには「僕は君の書いたものを読んでも驚かない」とありました。

坂尻信義記者が『新聞と昭和』（朝日新聞に連載したものを朝日新聞出版が二〇一〇年に刊行）に、「船橋と北京で特ダネを競った共同通信の辺見庸」と書いていますが（五五六頁）、私は北京赴任から一年一〇カ月で帰国を余儀なくされました。通常の駐在期間は三年です。当時経済部デスクだった松本知則さんから、「船橋君、そろそろ帰ってきたらどうか」と言われたのです。なにかまずいことをしたかなあと思いましたね。中国の公安に付けられていることはわかっていました。周斌《ひん》さん（国務院新聞弁公室）から、「船橋さん、取材の仕方荒いですね」と言われたりして、「これは警告なんだな」と感じていました。駐在記者としては、周さんににらまれるとやりづらくなるのですね。ただ私は周さんとはつきあいがなくて、丁《てい》民さん（当時、中国外交部アジア司日本課長）と親しかった。彼は朝鮮族です。

少し後のことですが、北京公使だった加藤吉弥さんが、世田谷のご自宅に食事に誘ってくれました。彼はフランス派で、東大教養学科の先輩でした。東大では小和田恒さん（元外務省国連大使）と同期の方です。その夕食会のメインゲストが丁民さんでした。そのとき丁さんから、「船橋さんのおかげでずいぶんかわいそうなことをした中国の人がいますよ」と言われました。何人かの中国の方々の顔が思い浮かび、食事が喉を通りませんでした。

そのうちの一人に、田川誠一さんの紹介で会った元軍人がいました。彼の家を訪問しますと、家族全員で餃子を作ってくれたりしました。彼は以前、日本軍の協力者ということで文革で随分やられたと言っていました。外国人記者が中国人の自宅に行くのは相手に迷惑をかけるリスクが大きいのです。申し訳ないことをしたなと心が痛みました。むろん全然やられていない人もいます。八〇年の夏、高幹児子（太子党、高級幹部の子弟）の家で、朝まで麻雀をしながら人事の話を聞いたこともあります。その人はいま画家となり、アメリカで個展を開いたりしています。

——当時の朝日新聞の北京特派員はどういう方々でしたか？

私が赴任した時の支局長は近藤龍夫さんで、そのあとの支局長が田所竹彦さんでした。近藤さんは鷹揚に構えて好きにやれというタイプでしたが、田所さんは慎重派で、ハラハラして見ていたのではないですかね。私の後任が横堀克己さんでした

広東省から華国鋒失脚の第一報を打ちました。そのときのガイドが面白い人で、内部文書でこういうのを読んだと見せてくれたので、それに飛びついたのです。近藤さんに書いてもいいかと聞いたら、「おお、書けよ書けよ」と言ってくれました。普通なら支局長が自ら書くところですね。近藤さんは「大人」でしたね。のびのびやらせてもらった。本当に感謝しています。

秋岡家栄《いえしげ》さんはもっと前の文革中のときの朝日新聞の北京支局長で、一九七一年の林彪事件のとき、「プロレタリア文化大革命という歴史的偉業を成し遂げた中国に異変などあろうはずがない」という原稿を送ってきたという伝説を六角机（新聞社編集部の当番デスクたちの詰める机）でさんざん聞かされました。中国人自身が中国の内部矛盾をどのように見ているか、どこがいちばん怖いと彼らは思っているのか、先輩記者たちからそういう話を聞きながら、その「内部」を報道することが北京特派員の仕事だと自分に言い聞かせました。

——船橋さんが赴任される直前に、四人組が逮捕され、北京の春があって、船橋さんが赴任された頃は庶民が現状への不

満をはっきりと口に出すようになってきた時期でした。むしろ船橋さんに不満や批判を聞いてほしかったのではないですか？

間違いなくそれはありました。朱紹文先生は私が経済記者であったこともあって、いろいろ経済の話をしてくれました。太子党の連中に、日清のカップヌードルをたくさん持って行き、ネギやチャーシューも一緒に買って行って少し味を濃くして食べさせたら、こんなうまいもの食べたことないと大喜びでした。日本の経済がまぶしくてしょうがないのです。どうして日本の経済はうまくいくのかと、彼らはとても知りたいのです。北京に赴任したときに、飛行機で行かずに、香港から汽車で広州経由で二泊して行きました。そのとき香港から入る人たちは皆大きな荷物を背負っていて、ほとんどがサンヨーのカラーテレビでしたね。深圳にサンヨーの工場ができたのはその少しあとです。

――同時期に中国取材を続けていた、『ニューヨーク・タイムズ』のフォックス・バターフィールド（『中国人』〔上・下〕時事通信社、一九八三年）の中国報道、あるいは同業他社の日本人ジャーナリストの中国取材・報道をどのように評価していましたか？

『ニューヨーク・タイムズ』にすごい記事が出ているぞと、東京からの打ち返しがあるのです。当時の米国メディアの北京特派員たちは、バターフィールドはじめ、一九七九年の米中国交樹立の後、米中記者協定ができて第一陣できた記者たちで、とても優秀でした。セオドア・ホワイトに連なるようなオールド・チャイナハンズ（中国通）の流れを汲んでいましたが、若い記者たちは、エズラ・ボーゲル、ドーク・バーネット、マイケル・オクセンバーグといった中国学者の薫陶を受けたサラブレッドたちでした。バターフィールド、マイケル・パークス（その後『ロサンゼルス・タイムズ』の編集局長）、メリンダ・リュー（『ニューズウィーク』の女性記者）、フランク・チン（『ウォールストリート・ジャーナル』の中国系アメリカ人）、ジェイ・マシューズ、リンダ・マシューズ（『ワシントン・ポスト』）といった連中が特ダネ競争をしていました。そのなかでもフォックス・バターフィールドは特ダネ記者としてずば抜けていた。

一方、英国人記者は、ロイターのグレアム・アーンショー、デーヴィッド・ボナビア（『ファーイースタン・エコノミック・レビュー』で香港から見ていた）、四人組を抜いたデイリー・テレグラフのナイジェル・ウェイドなどがペキノロジスト的視点から中国を冷静に視察していました。

――バターフィールドの『中国人』は彼自身の体験を交えた私小説風のドキュメンタリーで、文献が中心の『内部』とはだいぶ手法が違いますが、意識されたのでしょうか？

『内部』のころはまだ『中国人』は出ていなくて、記事でしか知りませんでした。中国側の新聞司の人だったか、バターフィールドの報道について「中国をトイレから見た」とかいって随分貶めていました。彼ら西洋人にとっては、人権の問題が非常に大きな関心事でした。私も、一九七九年の〝北京の春〟民主化運動の立役者の一人の電気工の徐文立の自宅にうかがい、彼の思いと思想を聞き、記事にしました。

また、日本人妻の近藤妙子さんが夫の「平反昭雪」（名誉回復）をしてほしいと訴えた、「たった一人の闘い」を取材し、報道しました。このケースはその後『内部』を出版するにあたって再取材しました（二一七―二三五頁）。近藤さんはその後ご自身で本をお出しになりましたし、京都のご自宅にもうかがいました。『朝日新聞』の夕刊に大きく出た時の反応がすごかったことは忘れられません。

――単行本として『内部』を出版された後の反響はいかがでしたか？

宇都宮大学の伊藤一彦さんが『内部』が出てしばらくして、日本の中国観がどのように作られてきたかの論文をお書きになっていて、そのなかで『内部』を取り上げてくださいました。こう書いてあります。「『朝日新聞』北京特派員だった船橋洋一の『内部――ある中国報告』は、そのなかで最も話題をよんだものの一つで、タイトルの「内部《ネイブー》」という中国語は、たとえば「内部発行」の書物が、原則として外国人＝外部の者は閲覧不可であるように、内外を厳しく区別し、内部が外部からはうかがい知ることのはなはだ困難な中国社会の構造を明らかにし、その「内部」に迫ろうとしたきわめて意欲的な作品である。たとえば「単位《タンウェイ》」が、日本語における「職場」という以上に各個人の生活の全面を規制する組織であること、中国社会におけるその重みについて明らかにした」（『現代中国研究案内』岩波講座現代中国別巻二、岩波書店、一九八九年、二八頁）。

心に秘めていた私の想いを掬いとってくださったのはありがたかった。こちらの想いがちゃんと伝わったと感じました。『内部』を書いているときは、反中の材料にされたくないなと思っていましたから。だからこそ内部文書のきちんとしたドキュメントを使ったのです。文革を「ジャリ革命」と言ったりするような中国言論の流れがありましたから、それらと一緒にされたくなかったのです。

――取材や分析にあたって香港や台湾からの情報は活用なさいましたか？

台湾情報はあまり使いませんでした。香港の『争鳴』と『動向』は読んでいました。時々面白くない記事が出ると中国側が税関で差し止めるのか、届かないこともありましたが、しばらくするとまた配布されました。あくまで参考情報として目を通していたのです。

ロイター、ＡＰはもちろんですが、ロシアのタスの記者は中国とのつきあいが長いし、中国の事情をよく知っています。ユーゴスラビアのドラゴスラブ・ランチッチのような、共産圏の記者が面白かったですね。しょっちゅう情報交換していました。

同時代中国を見つめて——改革しか道はない

——その後、船橋さんは中国駐在を任じられることはありませんでした。短期取材などの機会もありませんでしたか？

よく事情はわからないのですが、どうもビザが出ない感じで、九二年まで行けませんでした。こちらとしてもビザ申請をして降りないと前例になってしまうので、申請もやめておこうという判断でした。

その後、訪中したのは一九九二年が初めてです。そのときは社会科学院世界経済研究所の研究者たちの眼に『通貨烈烈』がとまり、招請してくれて、単独のビザで行きました。当時は円の時代でしたから、円についてブリーフィングしたのです。それがきっかけになってその後、北京大学や現代国際問題研究所（ＣＩＣＩＲ）などさまざまなところから招待されるようになりました。

——一九八九年の天安門事件の時は取材されたのですか？

あのときは斧泰彦さんが支局長で、堀江義人さんも北京支局員としていましたね。私はアメリカの特派員をしたあと、経済部の編集委員をしていて、中国への現地取材はしていません。ただ天安門事件に関しては「清朝末期をみるようだ」との記事を一本だけ書きました。それをハロライン富美子さんが読まれて、「そこまで言う？」というお便りをいただきました。親しくしていた中国人の一人が、八八年の夏、「中華」タバコが今ものすごく高くなっている、これではもちません、これだけ物価が上がったら民衆の不満は爆発しますよと言っていた。これが導火線かと思いました。

『内部』でも書きましたが、文革の紅衛兵や紅小兵がその後、改革開放の時代の〝鬼子〟となってしまい、彼らのルサンチマンと言うか、永久革命に裏切られて永久敗者になる彼らの不満が爆発するのではないか、そのリスクを中国が回避するには、徹底的に改革するしかないと思っていました。

天安門事件のあと、一九九二年に鄧小平の「南巡講話」が出ました。徹底した改革しかないと彼は覚悟を決めたのですね。

——「六四」の天安門事件の時は、日本では鄧小平率いる共産党の弾圧のやり方に対して、非常に否定的な見方が主流を占めていました。その後一九九二年初の「南巡講話」があり、中国経済は見事にＶ字回復を果たしました。いまや鄧小平は「改革の総設計師」として評価され、「六四」の時のような独

裁者のイメージは後景に退いた観があります。

鄧小平の改革開放による経済改革と所得アップは、平和台頭と併せて考えなければなりません。それにより三億人を中産階級にしたことが、鄧小平の大きな功績です。それを社会の安定のバラストにして、対外的には中国がアメリカ・日本と低姿勢を保ちつつ平和に台頭する。

この三〇年来の中国の改革開放の歩みは正しかったと思うし、あれ以外になかったと思います。中越戦争に見られるように本当に平和台頭だったかという疑問はありますが。この三〇年間アジアは安定し平和だったし、中国にとってもプラスでした。これはWTO加盟も含めて改革開放を進めたからです。そういう中国となら日本もアジアの諸国も一緒に秩序を作っていけます。

しかし中国の内政の腐敗はあまりにもひどく、格差があまりにも大きく、中国共産党の上層幹部が、あそこまで隠し資金を海外に移しているのは何のためか、あなたは中国の将来を信じていないのでしょう、と国民は冷ややかに見ています。鄧小平の先富論の限界が次第にあらわになってきました。鄧小平改革の最大の負の遺産は国民の貧富の格差の拡大と党の腐敗です。それから、二〇〇八年から二〇一〇年ころにかけて平和台頭論が終わりに向かい始めたとも感じます。しかし、どのような地域秩序ビジョンを中国がつくろうとしているかが見えない。危うさを感じます。

――『内部』でお書きになったような中国社会の抱える問題や矛盾は、その後の三〇年間の改革開放でかなり解決された部分もあると評価されているのでしょうか？

解決された部分は大きいと思います。そこは評価しないといけない。あれ以外のどういうオルタナティヴがあるのか。共産党を解体せよなどと言う人もいるかもしれないが、あれだけ統治能力があるのは共産党以外にない。国民にとっては重苦しいことかもしれないけど、オルタナティヴがないし、共産党も自己革新をしています。やはり改革開放は鄧小平の革命だったと思います。

とはいえレガシーは重くのしかかっていて、共産党の幹部や国営企業が腐敗の温床となっている現実は、そろそろ限界にきていると思います。胡錦濤も「和諧社会」と言いながら実現できなかった。薄熙来のようなちゃちなエセ文革がなぜ国民に受けるのか、鄧小平の歴史的評価はまだ定まっていないと思います。

中国の民主化の道のりは、中国なりのやり方があるのでしょうが、人権と所有権の確立を実現するための改革に向かわない限り、中国の経済の持続的発展はないと思いますし、民主主義への道も開けてこないと思っています。

――鄧小平の功績に対する評価はわかりますが、八〇年代半ばに趙紫陽の改革派のブレーンたちが、政治体制改革も含めた改革構想を現実化しようとしていましたね。でも鄧小平が

趙紫陽を含め彼らを潰してしまった。

私は趙紫陽よりもむしろ胡耀邦だと思う。胡耀邦は鄧小平理論を補うだけでなく、それに代わる可能性を秘めていたと思います。日中関係の展開にしても、より深く、より持続可能な共生オプションを用意したと思います。ところが胡耀邦の追放によって砕かれてしまった。

私が北京にいたときの八〇年五月に、ユーゴスラビアのチトーが亡くなりました。国葬なので当時国家主席の華国鋒が専用機で北京空港から飛び立った日の朝六時ころ、政治局常務委員全員が空港で見送りました。当時は海外の新聞記者の同行見送りが認められていました。私のほかに時事通信の辻田堅次郎さん、読売新聞の荒井利明さんほか、あと数名いたと思います。飛行機を見送り、雲に隠れても政治局員たちはまだ手を振っていました。ようやく彼らが手を下し、私たちも手を下したころ、隣にいた小柄の男に呼び止められたのですが、胡耀邦総書記でした。

「君は幾つか?」「三五歳です」「若い日本の記者たちとちょっと話したい。時間はあるか」そんな会話を交わして、私と辻田さんと荒井さんの三人が空港の二階に案内されました。空いた部屋もないので、四人一緒にソファに坐りました。「日本の大学生は何が夢なのか?」「日中の青年交流をどう思うか」などなど次々と質問してくるのです。その後一九八三年に来日したおり、日中青年交流をやろうと提案しますね。ああ、あのとき彼が青年交流について話しかけたのはこのことだったのかと合点がいったのです。

ところがその日中青年三〇〇〇人交流が、八六年の胡耀邦打倒キャンペーンの際の罪状の一つになってしまった。その前に八二年に教科書問題があり、八五年に中曾根首相が靖国を参拝しました。中曾根首相が訪中した時、胡耀邦は中曾根さんを息子の弘文さんとともに自宅に呼びました。日本党高官は外国人を自宅に呼んではいけないのですね。日本と関係が深いということが弾劾《がい》された。その揚句が天安門事件で、事件後に総書記を継いだのが江沢民です。ですから江沢民は日本との関係には殊更、神経質になった。愛国主義教育をやって、日本叩きと歴史問題を使ってレジティマシーの欠如を補った。今年は胡耀邦が訪日して三〇年ですが、胡錦濤時代に胡耀邦の名誉回復はできませんでしたね。

インタビューを終えて

私が『内部』を読んだのは、一九八三年に刊行されて間もない頃、大学を出て中国関係の専門書店に就職した年のことだった。その二年前に初めて訪中していて、書物を通して憧れを抱いていた中国の大地と人びとに違和感を抱いたまま帰国した。その違和感とは、書物に描かれた過度に理想化された中国像と、日本の側の人びとの暮らしとの、隔絶したとでも言うべき距離感によるものであった。カメラを提げ街角に立つわれわれ日本人学生たちを十重二十重に取り巻き、栄養の欠けた充血した目で眉間に皺を寄せて凝視しているのを、こちらも凝視した。それはあたかも互いにエイリアンを見ているような構図だったかもしれない。

中国専門書店の会社ではしょっちゅう中国からの出版・書店関係の同業者たちが会社を訪ねてきた。そこでの商談では、「中日友好」と「老朋友」を一方的に強調して、何とかこちらから有利な取引条件を引き出そうという底意がありありだった。その後の宴会では、彼らは刺身が苦手なので、主にうなぎ屋やすき焼き屋に招待することとなり、そこでの半ば本音トークでは、二時間の昼寝の習慣がなかなか抜けないとか、退勤前の四時頃になると仕事を切り上げて自由市場で買い物の長蛇の列に並ぶとか、業績が上がらない原因を挙げては、われわれは日本に学びたい、改善すべきことがあれば何でも遠慮せずに忠告してほしい、と私のような新人にも真顔で訴えかけるのだった。

あの頃、私には「彼らに近代化などできっこない」という諦観のようなものがまとわりついていた。そんなときに読んだ『内部』では、その諦観に確固とした典拠と理由づけがなされ、諦観が確信に変わるような感覚を覚えたように思う。当時、『朝日新聞』のスター記者になりつつあった船橋氏には、アメリカ帰りで、欧米ジャーナリズムの洗練された文化を身につけた記者という印象があった。彼が土臭さの抜けない北京で取材して配信した記事は、それまでの中国駐在記者の書く記事とは違って、執着のない、乾いた事実探求の精神に支えられた清新さがあった。同時期に時事通信社から出された『ニューヨーク・タイムズ』記者バターフィールドの『中国人』はさらに乾いていて、異質な文化を愛情で受容しようとしたりせず、病巣をえぐって見せるような、酷薄なまでの批判精神があった。両著が当時の読者に与えた影響については、本書第一章でふれた。

船橋氏の北京駐在は二年足らずと短く、その後一〇年近く渡航ビザが下りないため、久しく中国関係の記事や著書は出されなかったし、天安門事件でも現地取材ができなかったため、目立った記事は書いていない。むしろ、サミットや日米同盟（とりわけ基地問題）や朝鮮半島情勢や最新では福島原発事故など、同時代に生起した世界史の現場に立ち会い、綿密な調査と当事者への聞取りで他の追随を許さないような調査報道を、ほぼ毎年のように浩瀚な著作にして世に送り続けている。

そのスタイルは客観報道に徹していて、「ジャーナリスト」の王道を歩いているように見える。だが、職能としてはむしろ西側の「コラムニスト」、近代日本の用語でいえば「政論家（パブリシスト）」に近いと思う。このインタビューでも、『内部』において、いかに記者の勝負勘をひけらかさずに客観報道に徹するか、取材や資料調査の苦心が語られている。いっぽう鄧小平や胡耀邦への評価などでは、歴史家のような冷静で長期的視野から、政論家としてのコメントがなされている。

船橋氏のジャーナリストとしての業績を知る人には意外かもしれないが、氏は中国生まれで、大学で中国語を学んだ、いわば生粋の中国派である。記者を志望したのも、スノーやスメドレーなど、アメリカ人ジャーナリストが延安で取材したレポートに魅せられ、自分もあのような仕事がしたいと願ったからだったという。今回はじめて記者だった祖父・船橋半三郎のことを詳しく語られた。船橋氏の体内には父祖伝来の、中国派記者DNAのようなものが流れているのかもしれない。

おそらく船橋氏の目下の最大関心は、尖閣問題に代表されるような日中関係だろう。北京の半三郎が戦争末期に毛沢東に照準を合わせたように、また船橋氏が華国鋒から鄧小平への権力移行期に胡耀邦に注目したように、いま船橋氏の眼中には誰がキーマンとして映っているのだろうか。中国の何が変わり何が変わらないままなのだろうか。鄧小平の遺訓政治はすでに終わったのだろうか、継続しているのだろうか。今後の言動に引き続き注目していきたい。

5　毛里和子　同時代中国を見つめる眼——突き放しつつ、文化に逃げず

二〇一三年一一月二九日　早稲田大学にて

毛里和子（もうり・かずこ）

東京都出身。お茶の水女子大学文教育学部卒業、東京都立大学大学院人文科学研究科修士課程修了、政治学博士（早稲田大学、二〇〇四年）、一九六二—八七年、㈶日本国際問題研究所助手・研究員・主任研究員、一九八一—八三年、在上海日本国総領事館専門調査員、一九八七—九四年、静岡県立大学国際関係学部教授、一九九四—九九年、横浜市立大学国際文化学部教授、一九九九—二〇一〇年、早稲田大学政治経済学術院教授。

単著に『中国の議会制度と地方自治』（東京都議会議会局、一九八八年）、『中国とソ連』（岩波書店、一九八九年）、『現代中国政治』（名古屋大学出版会、一九九三年、アジア太平洋賞大賞受賞）、『周縁からの中国——民族問題と国家』（東京大学出版会、一九九八年、大平正芳記念財団大平正芳賞受賞）、『現代中国政治を読む』（山川出版社、一九九九年）、『新版・現代中国政治』（名古屋大学出版会、二〇〇四年）、『日中関係——戦後から新時代へ』（岩波書店、二〇〇六年、石橋湛山賞）。『現代中国政治第三版　グローバルパワーの肖像』名古屋大学出版会、二〇一二年。共著に『グローバル中国への道程——外交一五〇年［叢書中国的問題群一二］』（川島真との共著、岩波書店、二〇〇九年）。主要編著に『現代中国の構造変動Ⅰ・Ⅶ』（東京大学出版会、二〇〇〇年、二〇〇一年）、『日中関係をどう構築するか——アジアの共生と協力をめざして』（張蘊嶺との共編、岩波書店、二〇〇四年）、『二一世紀の中国　政治・社会編　共産党独裁を揺るがす格差と矛盾の構造』（加藤千洋・美根慶樹との共編、朝日新聞出版、二〇一二年）、『陳情　中国社会の底辺から』（松戸庸子との共編、東方書店、二〇一二年）、『中国問題　キーワードで読み解く』（園田茂人との共編著、東京大学出版会、二〇一二年）などがある。

政治の季節から中国研究へ——安保闘争への情熱と失望

——台湾にいらしたそうですが、幼少期の台湾の印象はありますか？　それはその後の中国研究にどのような影響を与えましたか？　先生はこれまであまり踏み込んだ台湾研究をなさっていないように見受けられます。

父の家系は久留米藩の藩校で儒学を教えていました。漢学の出身ですね。下級武士でしたが、父の時に郷里との関係は絶えて、父は台北帝国大学の応用化学の教師として五年ほど台湾にいました。私にはほとんど記憶がありません。七歳の時に引き揚げてきました。一九四七年一月、駆逐艦で佐世保に着いてDDTをいきなり振りかけられたり、とても大変な思いをして列車で東京に着きました。でも満洲からの帰国者や朝鮮半島の引揚げ者よりは恵まれていましたでしょう。

かつて台湾と縁があったことは、私の中国研究に直接影響することはなかったと思います。物心ついたときは中国と台湾との間は不正常な関係でした。私自身、正統中国は大陸中国ではないかという気持ちが強かった。台湾それ自体がイデオロギー的でしたから、一種の避けたいという気持ちがあったかもしれません。台湾には大陸中国現代史の資料がかなりあります。特に一九三〇年代のソビエト運動に関する中共資料の現物が司法行政部にあり、日本人研究者で台湾に行って筆写して集めていた方もいました。でも素直にそれに依拠して研究しようという気持ちには、なかなかなれませんでした。

その後、台湾自体が変わりましたし、九〇年代になると台湾でも大陸中国研究が生まれてきました。台湾の中央研究院近代史研究所と時々お付合いがあるのですが、客観的研究が始まったばかりという印象です。ようやく政治学から中国政治を研究する若手が出てきていますので、お付合いがしやすくなりました。

——お茶の水女子大学の学生時代、六〇年安保闘争や生協運動にはどのように関わっていましたか？

大学一年生の時に東大生協の指導を受けてお茶大に生協をつくることになりました。準備委員会を立ち上げて委員長になったのですが、その事情はよくわかりません。そのころ、市古宙三先生が指導教官で担任でもありました。先生は生協運動に好意的で支えてくださったので、うまく生協ができました。

そのうち一九五九年後半になると安保闘争になり、毎日デモしていました。六〇年の五月一九日、国会で自然承認になるというので、阻止しようとみな何らかの形で国会デモに行きました。六月一五日のデモで樺《かんば》美智子さんが亡くなったことを、あとでニュースで知りました。

六〇年安保闘争はいまから考えると、前半は反米ナショナリズム、後半は民主主義擁護の運動でした。日本の政治史では珍しく、秩序ある大衆運動として二年ほど続きました。でも、三池闘争も含めて、岸内閣が総辞職したあとは、さまざまな組織ががたがたになってしまったようです。安保に参加したことは、意味のある政治的経験でしたが、混乱と無責任と憎悪が支配する末期の状況には大変落胆しました。そのため、以後、政治からは意識的に離れるようになりました。

——六〇年代の学部生当時、現代（同時代）中国論としてどのような本、どのような論者の影響を受けましたか？

中国に関しては、エドガー・スノーとかアグネス・スメドレーとかパール・バックを乱読しました。また党派的な読書をしました。トロツキーとかレーニンの『国家と革命』とかローザ・ルクセンブルクとか、わからないにもかかわらず読んでいました。

——毛沢東はどう読まれましたか？

「実践論」「矛盾論」などを通して、毛沢東はスターリンとは違うと思いました。思想・哲学として読んでいたのです。中国は、スターリン主義とか、ソ連の党官僚制とは違う、という印象を持っていました。大躍進は新しい未来を切り開くかもしれないと思いました。スターリンが硬い原理主義で凝り固まっていたとすれば、毛沢東は柔らかい情で包まれているような、人間らしさへの共鳴があったように思います。

五八年ころ言われた「主観の能動性」が毛沢東哲学の精髄だと思いました。人間それ自体に可能性があるという思考は若い未知なわれわれには魅力的でした。当時、密植した稲の上で人が横になっているという「大躍進」の記録映画にびっくりしたことを覚えています。

——大学卒業後、一九六二年に国際問題研究所に入るきっかけは何だったのですか？

卒業時、まずアジア経済研究所に行きたくて応募しようとしたのですが、女性は調査研究職に採用しないというので門前払いでした。普通の企業には行きたくなかったし、教員試験は受かったのですが、卒業まで職が決まらないのです。そのころ、外務省外郭の日本国際問題研究所（国問研）で助手を探していました。大学院には行くつもりがありませんでした。親も反対していましたから。

国問研に通ううちに、突然勉強したくなったのです。そのときは中国共産党関係の資料集の編纂作業に加わっていて、がぜん面白くなってきたのです。大学院に挑戦しようと思って、国問研の上司の山極晃先生（その後横浜市立大学教授）に相談したら、二年で出るならいいと許して下さいました。当時の国問研はとても寛容で、いまのような効率第一の、ぎくしゃくした感じはありませんでした。そこで一九六三年に東京都立大学の大学院に入ったのです。都立は昼夜開講していて、週に三日間、昼間は国問研に行き、夜の授業を受けていました。昼夜開講というのは勤労者にはまことにありがたい制度でした。

都立大学の先生は里井彦七郎先生でした。京大出身の左翼で、スターリンや唯物史観の講義を熱心になさいました。中国現代史について学んだ記憶はありません。都立大学の中国研究の中心は中国文学でしたが、歴史には、朝鮮史の旗田巍先生、モンゴル研究の村上正二先生、西洋史の太田秀通先生など、立派な方がたくさんいらっしゃいました。

――西村成雄先生も大学院は都立大学のご出身です。

西村さんとは重なりません。三、四年あとの後輩です。一、二年先輩に近代史の浜口允子さん（お茶の水女子大学出身、後に放送大学教授）がいて、清末民初の農民反乱を研究していました。

その当時、アジア・フォード財団問題（三一四頁参照）が中国研究をやっている大学院生を襲いました。財団からの研究資金の受け入れをめぐって激しい政治運動になり、東京教育大学・東京大学・東京都立大学・京都大学の大学院生が巻き込まれていきました。私は国問研にいるので、会合には出ましたが、立場上反対できないのです。研究所で編集していた『中国共産党史資料集』などの資料はほとんどアジア・フォード財団の援助をうけた、また米国のスタンフォード大学などが蓄積した、それこそ「米国帝国主義」そのものだったからです。それに、受け入れ派の中心は恩師の市古宙三先生ですから反旗を翻すわけにはいかなかったのです。近代中国研究をどうやってスタートさせるか、アジア・フォード財団から導入した資金で東洋文庫などの資料は充実しましたし、また一定の人材も育ちました。この時期もう一つの「国際交流」がありました。アジア・フォード受け入れに反対の立場の大学院生を中心に、国交がない中国と学術交流をやろうと、お金を集めながら手製で準備をしました。六四年に侯外盧先生や劉大年先生などを呼び、シンポジウムを開きました。なにを議論したのか、肝心なことは忘れてしまいましたが。

歴史研究から同時代中国研究へ――転機は林彪事件

――大学時代は中華民国史の研究ですね。

学部の卒論は東大東洋文化研究所（お茶の水女子大学のすぐそば）に通い、浙江財閥論を書きました。蒋介石・孔祥熙などの金融資本・官僚資本の実態がどういうことだったのか、二〇年代の『銀行週報』をつかって、政界、官界、金融界をつなぐ人的ネットワークについて研究しました。

卒業後入った日本国際問題研究所では、『中国共産党史資料集』や『新中国資料集成』などの編集に携わりました。毎日原資料に当たっているのですから、とても勉強になりました。この仕事が終わってからは、当代中国をどう分析するかということについて、現代中国研究プロジェクトをつくり、人を組織します。最終的には本の編集・出版まで進めました。また、研究所の出版物である『国際問題』や『国際年報』などを編集したり、いろいろ現代中国のことを執筆するようになりました。これも、その後の研究の土台作りに大変役に立ちました。

――同時代中国についてはどういうものを読んで参考にされていましたか？

誰かのものを読んだというより、研究会を通してですね。当時は当代中国について知ろうにも資料がない、依拠すべきデータがないのです。では当代中国をどう分析するか。当時中国外交を研究していた岡部達味先生は内容分析の手法を使って、『人民日報』の記事を分析しました。また、ある人の中台関係の分析について考えた方法は、台湾の「二二八事件」記念日に『人民日報』に必ず関連の社説が出るのですが、三〇年間の二二八事件を評価する社説を通して大陸中国から発信された台湾観を分析したのです。これも手法は内容分析です。私は最初に想定したことと内容分析後の議論は変わらないから、内容分析の意味がないではないかと思いましたが、みな手さぐりで大陸中国の何を基軸にどういう枠組みで分析しようか、苦闘していました。そういうとき研究会は大変勉強になりましたね。

――文革が終わり、改革開放になってもしばらくそういう状態が続きますか？

中国の外交行動や意思の表明は異常です。全国人民代表大会（全人代）の議事録がいまだに出ないのですから。今回の第一八期三中全会の決定はどうやって出たのか、何をやっているのかさっぱりわからない。形骸化した政策決定のレトリックがあるだけで、中身もプロセスも肝心なことがわかりません。ということは、中国政治については予測ができないということです。

最近中国は「防空識別圏」を設定したのですが、これも突然事実（国防部の声明と具体的行動）が出てきました。中国には防空識別圏を設置する権利はあるはずですが、問題はそのプロセスです。決定のプロセスを明らかにすること、対外的に説明努力をすること、これは「大国」としては守るべき当然のルールです。

――先生の中国研究には歴史還元主義的な視点が薄いような気がします。そのことは「突き放した中国観」という言葉によく体現されていると思います。それはどうしてでしょうか？　地域研究の方法論からくるものでしょうか？

私の中国観の一つの転換は一九七一年の林彪事件が契機になりました。文革は幸いまだ第一線にいなかったので、発言しないですんだのです。文革当時は現代史をやっていて、二〇年代・三〇年代の大長征とか、コミンテルンと中国共産党の関係とかを中心に研究しました。というのは国問研で『中国共産党史資料集』を作り、建国後についても『新中国資料集成』で四〇年代をやって、資料をほとんど読んでいますから、自分のなかに現代史のイメージが出来上がっていたのです。これはその後の中国研究の「肥料」となりました。

――現代中国研究者は一九七一年の林彪事件におおむね沈黙し、その後、現代中国研究は、とりわけ親中国派の立場からの研究は沈滞していきました。

文革についていろんな思いはありました。大混乱でしたが、何か新しいことをしているのではという期待がないではなかった。でもその期待を見事に裏切ってくれたのが林彪事件でした。林彪事件が明らかになるのは、かなり時間がたってからでした。当時いちばん冴えていた研究者は竹内実先生だったと思います。林彪事件から「批林批孔」にかけての竹内先生の評価は、現在の権力闘争は歴史に託して行なわれているという映射史学を踏まえたものです。つまり宮廷内の皇帝と宰相の間の闘争だというわけで、宰相型と皇帝型の権力論で分析なさっていました。いずれにせよ、中国共産党の唱えるお経は信じてはならない。自分の物差しで測らないとわからない、とつくづく思いました。

そのなかで頼りになるのはアメリカの中国研究でした。特に六〇年代終わりから七〇年代にかけて『チャイナ・クオータリー』などの雑誌を読むと、水準が高く、啓発されました。日本式の評論型研究やイデオロギーに託した研究ではだめだとつくづく思いました。一番好きなのはマイケル・オクセンバーグです。当時若い秀才として登場して、その上の世代にドーク・バーネットがいて、マックファーカーはまだ出てきていませんが、若手でアンドルー・ネイサンがいました。中国政治は五年ごとに右に左に振り子のように揺れるという「振り子の理論」をめぐって彼らは議論をしていました。衛藤瀋吉先生も中嶋嶺雄さんもアメリカの中国研究の影響を多少とも受けていましたね。

衛藤瀋吉・岡部達味・中嶋嶺雄・徳田教之《のりゆき》さんなど、当時有名な中国研究者にすべて入っていただいて国際問題研究所で研究会を始めました。これが「機能的中国研究」のはしりでした。改革開放で中国が変わり始めた一九七九年に、主査をお願いしますと衛藤先生のところにうかがったのです。衛藤先生は「機能的中国研究にいよいよ行きますか、いいでしょう」というわけで快く引き受けて下さいました。先生はとても真面目な方ですから、熱心に研究会を進めて下さいました。三年後に衛藤先生の編集で出たのが『現代中国政治の構造』（日本国際問題研究所、一九八二年）です。わたしは中国の幹部の問題について書きました（「中国政治における「幹部」問題」）。とても愛着のある論文です。

日中国交正常化と日中関係への憂慮

――一九七二年の国交正常化は、当時はどのように受けとめていましたか?

日中国交正常化のとき自分が何を考えていたのかあまり覚えていないのです。とにかく育児が大変で。石油ショックの前の高度成長期で、給料が三割ほどアップしました。あさま山荘事件がありました。あまりいろいろなことがあって、米中接近、日中正常化の肝心なことをよく覚えていないのです。ニクソンが北京に来たのはおぼろな記憶しかないし、田中角栄氏が北京に行ったときも強い関心があってテレビを観ていたわけではない。中国との国交正常化は大歓迎でしたので、いい時代に入ったなあとは思いましたが、主体的には関わりませんでした。

――日中国交正常化にいたる戦後日本の中国認識においては、戦争贖罪論・戦争責任論・賠償論や、中国が報復をしないことへの恩義論が強かった。しかし先生の日中関係論にはそのような発想が稀薄のように思います。

いまから考えて、日中国交正常化の賠償請求を中国がしないと言ったのが一九七二年の七月、周恩来首相と会談した時の「竹入メモ」がそれを伝えました。私は八〇年代から思っているのですが、中国が賠償請求を放棄したあの時に、日本側はなぜ賠償を払うと言わなかったのか。どのような形でもいいのです。基金によって建物をたてるのでもいいし、北京大学のどこかに賠償にもとづく記念講座を設けるのでもいいのです。なぜ後世に残るようなものを提供しなかったのか。なぜ中国が放棄した時、あっさり引き下がったのか。あのときなぜ中国研究者は黙っていたのか、何もしなかったのか。今は慙愧の思いでいっぱいです。

九〇年代の半ばに中国で、賠償請求を放棄したのはおかしい、全人代で民間賠償請求を要求せよという議題が提案されますが、中国政府からたえず退けられています。あの当時、日本の識者で誰か賠償せよと発言した人はいるのでしょうか。今年(二〇一三年)一〇月に中国研究の有志が集まって「新しい日中関係を考える研究者の会」を立ち上げましたが、立ち上げるにあたって、山田辰雄さん、平野健一郎さんや久保田文次さんと話をしました。そもそも日中関係の躓きのきっかけは一九七二年交渉の「不充分」さにあったのではないか、と思うのです。賠償をどんな形式であれ、日本国は絶対払うべきでした。つくづく時計の針を戻したいと思います。

――外務省の立場は、一九五二年の日華平和条約で解決済みで、台湾は賠償を放棄したということでした。台湾の国民党政府との間には心情的にも贖罪と恩義の関係がありました。

でも台湾と大陸中国では全然違います。外務省は七二年大陸中国との間で国交正常化を行なう際に、五二年の日華条約との整合性だけで考えたのではないでしょうか。そうではないのです。終戦当時、私は台湾にいました。一九四五年、米軍機が台北を空襲してわが家のニワトリが死にましたが、その程度で、台北では日本による戦争の被害はほとんどありませんでした。霧社事件とかそれ以前のものは別として、台湾人が日本の戦争で受けた被害は大陸中国とは比較にならないでしょう。日本軍は大陸中国で戦争をし、大勢の人を殺しました。

――今の日中関係あるいは「七二年体制論」を研究する学者の大半は外交史の研究者です。日中関係を外交史の観点からだけで見ていて、政府間交渉の枠組みだけが強調されていて、歴史・文化・心情といった要素が捨象されている印象があります。

日本は七二年交渉で勝利した、と考えているのではないでしょうか。外交史家として外交的にうまくやったという立場もわからないではないですが、これだけの戦争と侵略をして、後始末をどうつけるかというときに、あの決着のつけ方には問題が多いと今では思います。おそらく肝心なことは、日本がとるべき責任をとっていない、国内で戦争責任の問題に決着をつけることをしなかったという点にあるのでしょうね。

個人研究から共同研究へ

――先生が論壇に登場なさるのは「上海に現代中国の素顔を見る」(『中央公論』一九八三年八月号)が最初だと思います。どのような経緯での寄稿だったのでしょうか?

何かのきっかけで上海にいるときに上海について書くことになりました。短い文章でした。がんらい私にはあまり啓蒙的感覚はなくて、総合雑誌その他に頼まれれば書きますが、自ら何か書こうというと腰は重いと思います。それは能力の問題もあって、自由闊達な文章が苦手だからでしょう。

ただ上海で暮らして、中国は日本と違うということを伝えたかったのです。あの当時は上海近代史を書きたかったのです。上海史についてのいくつかの著作はあったのですが、あまり面白くないのです。馬場さんに翻訳でお世話になった杜月笙とかね(パンリン『オールド・シャンハイ――暗黒街の帝王』毛里和子・毛里興三郎訳、東方書店、一九八七年)。インチキなところがあるのですが、あのインチキさが上海の本体なのです。実は上海には上海人はいないのです。みな外来者で江蘇の北部の蘇北人が多い。そこは貧しいところで、上海で蘇北人というと蔑視の対象になるのです。そういう虚飾の上海を描きたかったのです。筆の力があれば横光利一みたいなものを書きたかったのですが、いかんせん、横光や金子光晴には足元にも及びません。

――八〇年代末から九〇年代以降、東西冷戦の終焉、天安門事件、ソ連の解体などに遭遇して、先生は中ソ関係論や中国周縁の少数民族論に入っていかれます。この分野ではパイオニア・ワークだったと思います。どのような経緯・動機からでしょうか?

私は中国政治とか中国社会に対して、文化ではない硬いところから攻めたい気持ちがもともとあるのです。文化に逃れたくない。中国人とは、中国文化とはこういうもの、というところから中国に迫ると、なんとでも語れるのです。そこで政治・社会・国際関係とか、硬いところから正攻法で行きたいと思ってきました。

でも、正面から入っても中国はわからない。そこで、いったん外から、周辺から、北京を照射してみてはどうかと前々から考えていたのです。私はオーウェン・ラティモアが好きで、彼についての論文を書いたことがあります(「オウエン・ラティィモア考」『お茶の水史学』第二二号、一九七九年)。フェアバンクのような主流ではない、ラティモアのへそ曲がりなところに惹かれます。彼は外国語も無手勝流で覚えますし、新疆を歩いてみようとして、歩く辺境学を作ろうとしました。地域研究の一つのタイプと言えましょう。

チベットや新疆ウイグルから北京を見るとどうなるだろうという、斜に構えた中国像を描きたかった。漢民族の研究者や優秀な知識人の顕著な弱点は、自分と異なるもの、たとえばウイグルやチベットが理解できないし、理解する気がないことだと思います。どんなにリベラルで優秀な中国人も、ウイグル地区で衝突があると、ウイグル人は残虐だ、ナイフを持って襲いかかってくると本気で言うのです。なぜリベラルかつ冷静に中国を分析する人が、ウイグルになると冷静になれないのか。彼らは自分とは異なるものを理解する気がない。実は日本も彼らにとっては異質で、理解する気がない。アメリカ以外は理解しようとしないのではないでしょうか。そういうと、なぜウイグルが周辺なのかと文句を言われます。そういうチャイナ・セントリックなところは実は私にもあって、割に相対的に見ているつもりですが、やはり中華思想から抜けられないようです。コツはいかに中国の世界に埋没しないか、いかに中華文化にからめとられないか、ということだと思います。ところがこれがとても厄介なのです。

――二〇〇〇年代以降、先生はそれまでの個人研究から、国問研以来の共同研究の方向に再び戻り、「現代中国の構造変動」「冷戦史研究」「アジア学の創生」を立て続けにオーガナイザー的役割で手がけられます。このような総合的かつ学際的研究への転換・発展の背景に、どのような構想があったのでしょうか?

アジア経済研究所(アジ研)のようなところのメリット

は、まず資料を収集・保管し、人材を輩出するところにあります。私がアジ研に期待したのは、どれだけいい共同研究をしたか、データバンクを作るかということです。日本ではこれだけ中国研究が盛んなのに、データバンクがなくて、人材が集中していない。それをするにはものすごくお金がかかりますが、少なくともアジア経済研究所は条件がそろってないわけではないので、リーダーとしてやってほしいですね。でもそれはたぶん無理で、お役所がそうさせないでしょう。管轄が通産省であって外務省ではないから、という理由で。

これからの日本の中国研究を考えると、一つはやはり共同研究ですね。相当大きなテーマで、共通問題を設定して、人を集めることです。もう一つは比較研究ができればいいですね。東南アジアや日本との比較とか、日本の近代化一五〇年と中国の近代化三〇年を比較してみるとか。そういうざっくりしたことをやるのが面白いのではないでしょうか。それには相当エネルギーが必要です。新しい世代の研究者に期待しましょう。

「文化から逃げない」と「文化に逃げない」

——先生は『戦後日本の中国研究』での川島真さんからのインタビューで、あるいは、『現代中国政治』第三版の冒頭で、「現代中国は手に余るものになった」との感慨を吐露しておられます。これは地域研究としての中国研究の限界をおっしゃっているのでしょうか?

たとえば両国の研究者同士が会うとしますね。三〇年前の中国では二人くらい出てきました。ところが、いまの中国では二〇人出てくるのです。他方日本はとなれば、いままで二人いたところが一人になってしまう。一対二〇というパワーシフトが学術の世界にも起こっているのです。物理的にいっても本当に手に余るのです。私が何か言うとあらゆるところで反応が出てきます。これからもどんどん中国からは人材が出てきます。ところが、われわれ日本の人材が豊かになる未来はなかなか描けません。まさに「手に余る」のです。

二一世紀に入ってからの中国は、やはり覇権型になったと思いますね。意識的にやっているのか、結果的にそうなっているのか、いまのところ後者だと思いますが、「韜光養晦」はともかく、することと言うことが違っています。中国はこれまでは国際社会の普遍的価値やルールに黙ってついていく、あるいはうしろについていく感じでしたが、いまや中国は中国を含む国際社会の新しい枠組みやルールを作るパワーを持ちつつあり、そういう志向を持ってきた。そういう意味では変わったなあと思いますね。

——中華帝国の復権という人もいます。

「帝国」というのは、相対的には平和で寛容な秩序でしょうから、それならまだ緊張が少ないと思います。いまの中国は帝国にはなれない、と思います。むしろ利益と主権に非常にセンシティヴな生粋の国民国家です。しかも、とてつもなく巨大な。帝国のような寛容な秩序を志向するならいいと思います。アメリカもアメリカ型帝国ですが、中国の場合は、今のところ非常に主権国家性が突出しています。「虐げられてきた近代」にリベンジしようとしているのでしょうね。ある意味でしょうがないかもしれませんが、周辺は心して、覚悟して中国との秩序作りを考えないといけないと思いますね。

——私はとりわけ『世界』二〇〇一年三月号での竹内実先生との対談が深く印象に残っています。「現代中国の構造変動」の成果をまとめられた頃で、竹内先生の中国観とのずれ、溝が印象的で、「水と油の中国論」だと当時思いました。ここには対象に没入し、生活者の視点から文化的紐帯意識や連帯の感情を重視する竹内先生と、対象を突き放し、がっちりした理論と方法論で冷静に分析しようとする毛里先生とのアプローチの違いが顕著に現われていると思いました。

竹内実先生の「文化から逃げない」と私の「文化に逃げない」というのは、日本の中国研究の宿命みたいなところがあって、日本は文化的に近いので、アメリカの研究者などが感じないジレンマというか「困境」があるのです。でもそれは日本の有利なところかも知れません。いま日本は対外発信が少ないですし、中国は日本の研究をパッシング（素通り）していますが、間違っていると思います。中国近現代史も現代中国論も中国経済論も、日本の中国研究は相当高いレベルにあります。相対的に中国が「測れる」からです。日本の中国研究のいいところを自信をもって出していくことが必要です。竹内実先生と文化をめぐって議論をしたように、文化についても考察する必要があります。六〇年間で中国がどう変わってどう変わらないのか、近代《モダニティ》から見ると、中国は「近代」に近づいているのか離れているのか。大胆な議論をする必要があります。いまこそ溝口雄三さんのような方がほしいですね。柔らかくて視野が広くて、歴史を踏まえていますからね。

——戦後、日中に二七年間の断絶の時代があり、人的交流が途絶えたためでしょうか、戦後の文学作品などに、日中双方で共有できるような作品が少ないような気がします。日中間には学術的アプローチ以外に、一般の人が入っていけるような回路がとても細くなっているのではないでしょうか。

たとえば村上春樹さんが中国で愛読されていますね。でも村上春樹さんの愛読者は中国に限らないでしょうね。では中国以外で、イギリスでもアメリカでもインドネシアでも、何らかの文化接触によって双方の紐帯になっていくような文化が生み出されているでしょうか。

たとえばアメリカ文学やアメリカ映画はどうでしょうか。五〇年代六〇年代のアメリカ映画に、知識人も一般庶民も魅了されたでしょう。でも今はそういうことはなくなったのではないですか。韓流ブームはありましたが、非常に表層的ですね。韓国でもあれほど日本ブームがあったのに、なぜいまこのように一挙に冷え込んでしまったのでしょうか。共通の文化的営みが行なわれていないということなのでしょうね。

　私自身は、もともと中国文化に魅力を感じているわけではないのです。興味・関心はありますが、情のところで、何か説明しがたいような愛情を感じているわけではない。物心がついたのは戦後なので、戦前の日本文化にどっぷりつかっていないし、戦後民主主義の申し子のようなところがあります。ただ、中国に対する戦争の問題は前の世代を引きずっています。われわれの世代で何とか少しでも中国への「借財」を返さなければなりません。日本が国益を議論するなら、アジア諸国と歴史問題を片づけていないことが最も国益を損ないます。政治家はまずそこを片づけるべきでしょう。

中国研究をいかに建て直すか

——文化功労者のお祝いパーティでの挨拶、あるいは川島さんへのインタビューで、戦前戦中の日本の東洋学や中国事情調査の成果を取り入れてこなかったことへの悔恨を吐露されました。戦後の中国研究が戦前の中国研究者の言葉を敗れた側の言説として退けてきた一般的傾向が、これまではありました。先生もそのように受け止めて忌避してこられたのでしょうか？

　関心がなかったのです。カール・ウイットフォーゲルの専制君主論や水利社会論は、アジアや中国の、遅れた後進性の表象であって、決して信じてはいけないと教えられてきて、無意識のうちに避けてきたのです。仁井田《にいだ》陞《のぼる》さんや坂野正高《ばんのまさたか》さんのものはかろうじて勉強いたしましたが、それ以外の戦前に成果を出した方のものはほとんど勉強しませんでした。主な原因は私自身の怠慢のせいですが、時代が忌避した面もありましょう。

——シナ学的なものを忌避してきたことへの悔恨の念はいつ頃からわいてきましたか？

　いつ頃だったでしょうか。『周縁からの中国』（一九九八年）を出したとき、序章で清朝の支配原理と国民国家・中華民国あるいは中華人民共和国の支配原理とは違うと書きました。帝国時代は能力の限界と固有の統治哲学によって、寛容な周縁政策しかとらず、それが周縁には幸いした。毛沢東は近代主義によって能力を超えた「近代」を実現しようとして失敗した、と書きました。当時、溝口雄三さんからお葉書をいただき、「毛里さんは伝統中国もやるのですね」と書かれていました。そうだったのか、私は無謀なことをやったのかなあ、うかうかしたことは言うべきではないなあ、と思いました。明や清の時代の統治を論じるならば、伝統的シナ学を充分踏まえた研究をすべきだったのですが、勉強する時間も意欲もなくきてしまったのでとても残念です。これも時計を巻き戻したい点です。周縁からの歴史をやっていると時代を超えたものが見えてくるように思います。最近は加藤弘之さん（神戸大学）が柏祐賢《かしわすけかた》を再評価するような研究をしていらっしゃいますね。戦前の中国社会の研究は、おそらく日本にしかできなかった水準の高いものだったのだと思います。きちんと誰かが発掘して正視しないといけないと思います。

――二〇一一年からの日中関係の悪化を、先生は深刻に受け止め、当初、ある種の無力感・絶望感にとらわれておられたように思います。しかし、公務を引退なさったにもかかわらず、二〇一三年九月「新しい日中関係を考える研究者の会」（「考える会」）を発足させられました。先生なりの動機は何だったのでしょうか？

　日本側の日中関係研究を立て直したいと考えています。外交史はあるのですが、戦前からを含めて日中関係には構造的にどういう問題があったのか、七〇年代からどう変わってきたのか。骨太の日中関係論・日中関係学をやりたいし、中国側がこの動きに反応してほしいと強い期待もしています。いずれにせよ、多数の中国研究者が「考える会」の呼びかけに呼応して下さったことに、改めて感激し感謝しています。

――大国化しつつある中国からすれば、外からどう見られているかということを知りたいという欲求が強いと思います。日本が中国をどう見てきたかを理路整然と示す必要がありますね。

　中国が日本に対して持つ重みと、日本が中国に対して持つ重みは、いかんせん非対称ですから、そのことは織り込んでおかないといけませんね。

――外交史研究は、どうしても対等の外交関係という前提に立ってしまいがちなので、非対称性のリアルな面が浮かび上がってこないきらいがあると思います。またその場合の非対称性には、国力の非対称性と同時に、認識の非対称性という側面もありますね。

　「考える会」としては、二〇一四年三月八日に「一九七二年体制をどうみるか」の国際シンポジウムを開きます。ボーゲル教授もいらっしゃるし、歩平さん（社会科学院近代史研究所の前所長）や牛大勇さん（北京大学）、章百家さん（中共中央党史研究室）も参加を承諾してくださいました。また、第二回の国際シンポジウムとして比較和解学を考えています。単純な比較ではなく、独仏とか、アメリカのネイティヴ・アメリカンや移民との「歴史的和解」とか、違うもの同士、支配・被支配同士のコンフリクトなどに光を当てて、日中問題を相対化してみようと考えています。

——それと関連して、「考える会」のアピール文ではとりわけ中国の覇権型ナショナリズムのあり方、方向性に警鐘を鳴らしておられます。先生は、現代中国のナショナリズムに対する今日的な学術的アプローチは、どう組み立てていけば日中間の学術対話がなりたつと思われますか？

ナショナリズムはイデオロギーの一種、一種の宗教とも言えます。今の韓国とか中国とかには顕著に見られますし、日本のごく一部にもあります。相互影響があって、こちらで主張すればあちらで強烈に反応します。東アジアでナショナリズムを超えた、何らかの共通の価値を求める「物語」を作っていかないと、大変なことになってしまいます。でもアジア各国は非常に非対称的です。これからは、アジアが主体になって初めて作る秩序です。それぞれが考えないといけないでしょう。われわれができることは限られていますが、市民団体、地方団体、学術団体などが、機能的コミュニティを積み上げていくことはできるでしょう。日中韓でどういう価値を共有すべきか、知識人が考え議論するネットワークを作りたいですね。中国研究者の世代も断絶があって、私どもの世代と三〇代、四〇代とはずいぶん違います。世代間の対話や融和も大事だと思います。

インタビューを終えて

毛里氏が早稲田大学を定年で退職した二〇一〇年の三月、最終講義で全著作目録のCDが配布された。「現代中国への知の挑戦」と題されたペーパーを見ると、学術論文だけで一六六本あり、最初の論文は、一九六八年に当時勤務先の日本国際問題研究所で発行されている『国際問題研究』に掲載された、「中国共産党の抗日民族統一戦線の理論の形成における若干の問題」である。当初は『中国共産党史資料集』の編纂に携わっていたこともあって、中国共産党を中心とする中国現代史に関する研究であったが、七六年頃から、同時代中国についての研究論文が主要テーマになっていく。いわば文革の終わり、毛沢東時代の終焉、改革開放時期に入ってから、現実中国の歩みとともに、その動向を見据えながら研究活動を続けてきた。その間、論文執筆の手を休めることなく、いわばスランプを知らない毎試合出場の鉄人ぶりを発揮した。

さらに一九九六年からは科研費の重点領域研究「現代中国の構造変動」の領域代表をきっかけに、次々と共同研究の代表の大任に当たっていった。この頃からか、誰ともなく研究者の間では氏のことを「毛里主席」と親しみをこめて呼ぶようになっていた。

その研究姿勢は、インタビューで「文化に逃れない」「政治・社会・国際関係とか、硬いところから正攻法でいく」と言われているように、真正面突破により、中央権力の構造を解明していくことにある。同時代中国で生起している事象について、なぜそうなったのかという政策決定者の政治過程を、普遍的な理論と確度の高い資料に基づいて実証するという政治学の王道を歩き続けている。

この研究姿勢の背景には、六〇年安保のあと、セクト間のいがみ合いを見て、権力とイデオロギーに絡めとられた人間は、暴力と排除への抑制をかなぐり捨てるものであるという人間の真実に直面させられたこと、七一年の林彪事件において、中国共産党の表看板に惑わされて特殊中国的な色眼鏡を通して見ると現実を見誤るという、権力の実像への観察があることがわかった。かくて毛里流の現代中国論は、特別な感情を抱かず、とりわけ日中関係の特殊な歴史的経緯に惑わされずに、冷たい情熱に支えられた、私の言葉でいえば、手堅い「客体観察型の対中国認識」の系譜に連なるものである。

二〇〇一年の竹内実氏との対談を企画し立ち会った私には、当時、竹内氏の文化・文学・思想からのアプローチと、毛里氏の政治・国際関係からのアプローチとをぶつけることで、現実の中国の陰翳をくっきりと浮き出してみたいというたくらみがあった。だが、最後まで二人の中国像は重なり合わないままだった。両者のアプローチを名づけるとしたら、機能としての中国の構造的解明（毛里氏）と、文化としての中国の実感的解明（竹内氏）とでも言えようか。どうか読者諸賢には前著『戦後日本人の中国像』での竹内実氏へのインタビューをご参照いただきたい。

その竹内氏も二〇一二年、帰らぬ人となった。今回、竹内氏との対談の印象を回想していただき、次第に溝口雄三氏の中国史からのアプローチ、柏祐賢の中国基層社会論からのアプローチへと関心を広げていることを確認した。絶えず進歩と革新を続ける毛里中国学の強靭さに、改めて意を強くした。

とはいえ、二〇一〇年からの尖閣諸島をめぐる日中両国の領有権争いは、歯止めが効かずエスカレートしていることに毛里氏は慨嘆し、しばし無力感・失望感に襲われた。半世紀にわたる中国研究に終止符を打ち、中国関連の資料・書籍を手放し、ロシア研究に移ろうとした矢先、現実はその密やかな愉しみには浸らせてくれなかった。再び踵を返して、「新しい日中関係を考える会」という有志の組織を立ち上げることとなった。

このさなかに、私は二つの拙著の掉尾の勇を奮う意図を込めて、卒業試験のつもりで毛里氏にインタビューを依頼した。そのために、終盤では本書終章で展開したような議論をぶつける、やや異例の恰好になっている。力んで投げたこちらのくせ球をさらりと打ち返す四番バッターの風格を見ていると、まだまだ引退するのは時期尚早のようだ。

なお、本インタビューに先行する氏へのインタビューとして、「現代中国は手に余るものになった」（聞き手・川島真氏）がある（平野健一郎・土田哲夫・村田雄二郎・石之瑜編『インタビュー　戦後日本の中国研究』平凡社、二〇一一年、に収録）。

あとがき

前著『戦後日本人の中国像』から三年半を閲して、続編の刊行に漕ぎつけることができた。前著を出版したときは、絞ってももはや何も出ない燃え尽き症候群状態だった。雑誌のバックナンバーを開いて、紙粉が舞うようななかで関連記事の収集に没頭するようなことは、真っ平御免の心境だった。

幸い前著は多くの新聞・雑誌の書評に採り上げられ、中国からも複数の書評が出された。日中国交正常化当時の外相を務めた、尊敬する外交家・大平正芳を記念しての大平賞特別賞の栄誉にも浴した。学界や論壇で声をかけていただいて研究発表をしたり、求められて駄文を草したりもするようになった。中国では前著を全訳した中国語版の出版が準備されている。

だが、前著刊行後、日中関係は急坂を転がり落ちるかのように、雲行きが怪しくなってきた。いったい何が両国関係を悪化させているのか、どうすれば修復できるのか。一九四五年から七二年にかけての二七年間の日中断交期という、今からすれば特殊な時代に限定した前著の研究成果からのみ得られた知見では、その問いに真正面から答えることは難しい。大きく変容を遂げつつある巨大な中国像と、凍結したまま戦後最悪と言われる日中関係という現状の事態に直面して、期間限定の特殊法則だけでは汎用性や耐用性において危うい。このままでは研究者として先はそう長くないかもしれない、と感じるようになってきた。

小器用に気の利いた現代中国論を披歴する才覚はないし、さりとて時評を禁欲して歴史研究の枠内に縛り付けるには、研究対象とした時代があまりに現代に近接しすぎている。このままでは、蟷螂の斧を振って単著を上梓したただけの一発屋で終わってしまうとの不安が、繭玉のように胸中に紡がれていった。

いつしか再び足は早稲田大学中央図書館に向かい、五年前の大学院時代と変わらぬ、会社勤め後の残業ならぬ「残学」生活に舞い戻っていき、二〇一二年の夏から、雑誌室に配架された諸雑誌の閲覧が始まった。翌年夏からは大学の近くに小さなアパートを借りて、平日夜間限定の学生生活に、三〇数年ぶりに舞い戻った。「真価は二冊目で問われる」との恩師、堀真清早稲田大学政経学術院教授からの励ましが、この間、背中を押し、ふらつく足元を支えてくれた。

ただし、前著の時とは周囲の研究環境に顕かな変化があった。それは、大学院という研究者予備軍の準アカデミック・サークルから、国内外の学界へと研鑽のアリーナが広がったことが大きい。以下に本書各章の初出を掲げながら、活動報告をしておきたい。

序章　書下ろし。ただし、①「日中国交正常化四〇年　首脳外交から国民外交へ――戦後日本の転機七二年の残した課題」（『毎日新聞』二〇一二年五月八日夕刊）、②「辛亥革命を同時代の日本人はどう見たか――日本で発行された雑誌を通して」（『アジア遊学』一四八号、勉誠出版、二〇一一年）、③「日本人的中國革命傳統――論其再生與消逝」（『台湾大学人文社会高等研究院院訊』二〇一二年第七巻第一期）などをもとに構成。
①は尖閣諸島問題で日中関係が冷え込んださなかの国交回復四〇年を記念して書いた時評。②③は前著において一九四五年以前の日本人の中国像について十分な論究ができなかったことを踏まえ、前著刊行後、戦前・戦中の中国論について調べたもの。とはいえ本格的な調査ではなく、輪郭を素描した程度でしかない。③は二〇一一年九月に台湾大学の人文社会高等研究院に招かれて講演した時に用意した原稿で、その後、徐興慶編『近代東アジアのアポリア』（国立台湾大学出版中心、二〇一四年刊）に収録された。講演に招いていただいた同研究院院長の黄俊傑先生、台湾大学文学院日本研究センター主任の徐興慶先生に感謝したい。

第一章　「戦後日本人は文章の終わりをどう迎えたか　一九七三―一九七八年」『アジア太平洋討究』（早稲田大学アジア太平洋研究センター）第二〇号、二〇一三年三月。

本号は大学院博士課程在学当時の主査である後藤乾一先生の退職記念号であり、私はその編集委員を務め、同年三月、先生の古希の誕生日直前に国際文化会館で開いた謝恩会で、幹事を務めさせていただいた。

第二章　「友好と離反のはざまできしむ日中関係　一九七九―一九八七年――中越戦争から民主化運動へ」『国研紀要』（愛知大学国際問題研究所）第一四一号、二〇一三年。

愛知大学現代中国学部は加々美光行先生が創設した学部であり、私は先生の御縁もあって、同大学に附置された国際問題研究所の客員研究員でもある。この間、先生からお招きを受けて文化大革命のワークショップで討議し、何度か名古屋に先生を訪ねて、術後のご体調も顧みず、長時間にわたる私的なインタビューを重ねた。

第三章　「天安門事件に到る道　一九八八―一九九〇年――日本から見た背景・経過・結末」『アジア太平洋討究』（早稲田大学アジア太平洋研究センター）第二一号、二〇一三年八月。

第四章　「天安門事件以後――反転する中国像　一九九一―一九九二年」『国際日本学』（法政大学国際日本学研究所）第一一号、二〇一四年三月。

第五章　書下ろし。ただし、「戦後日本知識份子視角下之臺灣」（中国語）第三届日本研究年会「転捩点上的日本研究：新課題與新典範　国際学術研討会」二〇一二年一一月一七日・一八日、国立中山大学社会科学院（台湾高雄）での発表を踏まえている。

台湾研究は私にとって未踏の領域であり、本章の研究を進めるにあたっては、研究メンバーとして末席に連ねさせていただいている科研「二〇世紀中国の政策決定過程における「世論」要因の分析」（基盤研究B、研究代表・家近亮子）での共同討議が参考になった。台湾での調査や先行研究について、家近先生のほか、共同研究メンバーの川島真先生、清水麗先生ほか各位のご指導を仰ぎ、台湾の近代史研究所・国史館・党史館などでの文書調査の手ほどきを受けた。

終章　書下ろし。ただし、①「東アジア文化の中の中国」報告（「戦後日本の対中国認識――雑誌メディアを中心に」）東北アジア歴史財団・東アジア史研究フォーラム、延世大学校学術情報院張起完国際会議室。二〇一二年一一月二・三日。②「日中相互認識的形成」（『読書』二〇一三年四月号）、③国際学術シンポジウム「中国と日本――相互認識の歴史と現実」（二〇一三年一〇月一四日、長春・中国東北師範大学外国語学院）での発表「戦後日本人の中国像の変遷――雑誌掲載の関連記事を通して」、④国際ワークショップ「日本対中国的知識史及東亜與東南亜的回応」（二〇一三年一二月一五日、台湾大学政治学系）での発表「囲繞戦後日本対中国認識的十個位相」、などをもとに構成した。

②は当時の『読書』編集長の葉彤氏にお世話になった。③は初めて訪れた東北師範大学での学術交流を通して、長くすぐれた日本研究の伝統があることを体感できた。日語系主任の徐冰先生、中央図書館館長の劉万国先生ほか、大学の関係の皆様に感謝したい。④は邵軒磊台湾師範大学東亜学系助理教授からのお誘いを受けたもので、彼の紹介で陳鵬仁先生へのインタビュー、石之瑜台湾大学政治学系教授との研究交流などを進めることができ、さまざまな教示をいただいた。

補章　"The Mongol Image of Japanese in Post WW2: From Geopolitical Interest to Literary Presentation", Edited by D. Shurkhuu and B. Serjav, *Mongolia–Japan in the Past and the Present: Focusing on the 20th Century*, 2011（モンゴル語）。その日本語版は、「戦後日本人のモンゴル像――地政学的関心から文学的表象へ」（ボルジギン・フスレ、今西淳子編著『二〇世紀におけるモンゴル諸族の歴史と文化――二〇一一年ウランバートル国際シンポジウム報告論文集』風響社、二〇一二年）。

これは二〇一〇年九月にウランバートルで行なわれた国際シンポジウムでの発表がもとになったもの。シンポジウムを組織し招いて下さった上に、転載を快諾されたフスレ氏に感謝したい。初めてのモンゴルの風土は懐かしくも新鮮で、中華文明圏に隣接しながらもそれとは異なる文明圏の伝統を体感できた。
補章に書いたことだが、叔父の池上正光は一九四五年三月に満洲・公主嶺で入隊し、侵攻したソ連軍の捕虜となり、シベリアに護送されたあと、モンゴルに送られ、翌一月極寒のなか抑留先で戦病死した。ウランバートル市郊外の日本兵捕虜のダンバダルジャ墓地に、中国・モンゴル研究者の楊海英（大野旭）氏、ボルジギン・フスレ氏、田中克彦氏などと共に訪れることができたことも感慨深い。墓地の傍らに、日本人を収容した廃墟となったアムラルト病院が荒れ果てて残っていた。おそらく叔父はそこで果てたのだろう。叔父の末期の眼には病院から眺める低い山の稜線が収まっていたはずである。それは、叔父や父が生まれ育った土地から眺める伊那谷の里山の山容によく似ていた。

ウランバートル郊外、ダンバダルジャ墓地の慰霊碑、「日本人捕虜埋葬地 1945-1947」と刻まれている（2010年９月12日著者写す）

最後になったが、今回も前著に続き新曜社編集部の渦岡謙一氏に編集の労を執っていただいたことを感謝したい。

二〇一四年二月八日
長野県伊那市　卒寿を迎えた父の病床の傍らで

追　記

父は三月一〇日、永眠した。享年九〇歳だった。この間、一週間ほどの休暇をとり、病床に寄り添い父の容態を窺いながら、食事を摂らせたり会話を交わしたり面会者との面談に立ち会ったりした。何十年ぶりかで持つ、濃密な親子の時間であった。最期は私の傍らで、当の私が一瞬気づかないくらい静かに呼吸を止めた。死顔も実に穏やかだった。

葬儀に寄せられたある戦友からの弔電には、「天空翔波された忠光君の霊安かれと祈る」との文字が打たれていた。おそらく父は俗世の雑事と病気のつらさから解放され、同期生たちの待つ天空へ、果たせなかった少年飛行兵の夢を抱いて飛翔したことと思う。ただ最晩年になって先の戦争への批判のトーンが増し、枕頭で「あの戦争は愚かな戦争だった。日露戦争で勝ってしまったために、自らの分を忘れて近隣に対して傲慢なふるまいをするようになった。そのことを忘れてはいけない。このままだと日本は危うい」と言い遺したことを付記しておきたい。

本書を父の墓前に捧げる。

二〇一四年三月二四日

馬場　公彦

2008	**3.14** チベット，ラサで民衆暴動。**3.22** ★総統選挙で馬英九当選。**5.12** 四川大地震。**8.8** 北京オリンピック。	**9.1** 麻生太郎内閣。**9** ☆リーマン・ショック。	**1.30** 毒ギョーザ事件。**4.26** 長野での北京オリンピック聖火リレーでチベット問題めぐり中国人留学生が動員。**5.6** 胡錦濤来日，「戦略的互恵関係の包括的推進に関する日中共同声明」。**10.23** 麻生首相訪中。
2009	**7.5** 新疆ウイグル自治区で民衆暴動。	**9.16** 鳩山由紀夫内閣。	**9.21** 鳩山首相，日中首脳会談で「東アジア共同体」創設を提案。
2010	**5** 上海万博開催。**10.8** 劉暁波，ノーベル平和賞。	**3** 岡田外相，核密約問題の調査結果公表。**6.8** 菅直人内閣。	**9.7** 尖閣諸島沖での中国漁船の海上保安庁巡視船への衝突事件。**10** 尖閣諸島の領有権をめぐり日本と中国でデモ。
2011	**1** 中国がGDPで日本を抜き，世界第２位の経済大国に。	**2** ジャスミン革命。**3.11** 東日本大震災。**9.2** 野田佳彦内閣。	
2012		**12.26** 第２次安倍晋三内閣。	**4** 石原都知事の尖閣諸島購入宣言。**9** 野田首相の尖閣諸島国有化宣言。
2013	**12** 習近平，国家主席に選出。	**10** 安倍首相，消費税８%表明。	

資料　・現代日中関係史年表編集委員会『現代日中関係史年表　1950-1978』岩波書店，2013年
・安藤正士『現代中国年表　1941-2008』岩波書店，2010年
・歴史学研究会編『日本史年表　増補版』岩波書店，1993年
・その他，本書本文の記述を踏まえる。

1998	**6.25** クリントン米大統領訪中,「3つのNO」。	**7.30** 小渕恵三内閣。**10.7** 金大中韓国大統領来日,「日韓共同宣言」。	**4.21** 胡錦濤副主席来日。**7.21** 日共と中共,両党関係正常化。**11.25** 江沢民主席来日,「日中共同宣言」。
1999	**4.25** 法輪功,中南海を包囲。**12.20** マカオ返還。	**5.24** 周辺事態法成立。**8** 国旗・国歌法成立。	**7.8** 小渕首相訪中。**7.30** 旧日本軍遺棄化学(毒ガス)兵器処理問題で中国国内廃棄同意の文書調印。
2000	**1.19** 西部大開発戦略。**3.18** ★台湾総統選挙で陳水扁当選。**7.17** プーチン・ロシア大統領訪中,「北京宣言」。**10** 高行健,ノーベル文学賞。	**4.5** 森喜朗内閣。**6.13** ☆金大中韓国大統領の平壌訪問。	**10.12** 朱鎔基首相来日。
2001	**6.14** 上海協力機構(SCO)成立。**7.1** 江沢民主席,「三つの代表」講話。**10.20** APEC,上海で開催。**12.11** WTO加盟。	**4.26** 小泉純一郎内閣。**9.11** ☆米国で同時多発テロ。**10.8** ☆米英軍,アフガニスタン攻撃。**10.29** テロ特措法成立。	**8.13** 小泉首相,靖国神社参拝。
2002	**2.21** ブッシュ米大統領訪中。**11.15** 胡錦濤,総書記に選出。**12.1** プーチン・ロシア大統領訪中。	**1.1** ユーロ流通開始。**5.20** 東ティモール独立。**5.30** 日韓サッカーWC共催。**9.17** 小泉首相,北朝鮮訪問。	**4.21** 小泉首相,靖国神社参拝。**5.8** 瀋陽日本総領事館に北朝鮮亡命者が駆込み。
2003	**3.15** 胡錦濤,国家主席に選出。	**3.20** ☆イラク戦争。**6.6** 有事関連三法成立。	**1.14** 小泉首相,靖国神社参拝。**10.29** 西安で日本人留学生への抗議デモ。
2004	**9.16** 胡錦濤総書記「科学的発展観」。	**5.22** 小泉首相訪朝。	**1.1** 小泉首相,靖国神社参拝。**11.28** 小泉首相,対中ODA廃止の意向表明。
2005	**1.17** 趙紫陽死去。**6.30** 胡錦涛主席訪ロ「21世紀の国際秩序に関する共同声明」。**11.19** ブッシュ米大統領訪中。		**4** 日本の国連常任理事国入り反対と歴史教科書問題抗議の反日デモ。**7.7** 盧溝橋の抗日戦争記念館再オープン。**10.17** 小泉首相,靖国神社参拝。
2006	**4.18** 胡錦濤主席訪米。	**6.28** 小泉首相訪米,「新世紀の日米同盟」。**9.26** 第1次安倍晋三内閣。	**10.8** 安倍首相訪中,「戦略的利益を共有する互恵関係の構築」。
2007	**3.5** 温家宝首相,「和諧社会」の構築。	**9.25** 福田康夫内閣。	**4.11** 温家宝首相来日,「氷を融かす旅」。**12.27** 福田首相訪中。

	「中国民主陣線」パリに成立（厳家祺主席）。10.5 ダライ・ラマ14世ノーベル平和賞。10.28 ニクソン元大統領訪中。11.6 鄧小平中共中央軍事委員会主席辞任，後任に江沢民。12.2 ★3つの選挙で国民党不振，民進党躍進。		
1990	3.16 ★中正記念堂で民主化要求の学生ら坐り込み。6.28 ★民主化のための超党派の国是会議。9.22 北京でアジア競技大会開催。10.7 ★総統府に「国家統一委員会」設置。11.21 ★「海峡交流基金会」成立。	5.24 盧泰愚韓国大統領来日。8.2 ☆イラク，クウェート侵略。9.24 金丸元副総理・田辺社会党副委員長訪朝。10.3 ☆ドイツ統一。11.12 天皇即位の礼。	7.5 鹿島建設，花岡事件の責任を認め，中国人生存者と補償交渉開始。11 日本政府，対中経済協力再開。12.18 日中長期貿易延長取決め締結。
1991	1.28 鄧小平，上海視察，経済の大胆な改革推進発表。2.23 ★台湾「国家統一綱領」。5.1 ★「反乱鎮定動員時期臨時条項」廃止。5.15 江沢民ソ連訪問。11.1「人権白書」発表。12.11 李鵬首相インド訪問。12.17 エリツィン大統領訪中。	1.17 ☆湾岸戦争。4.16 ゴルバチョフ大統領来日。4.24 海上自衛隊掃海艇のペルシャ湾派遣決定。11.5 宮沢喜一内閣。12.21 ☆ソ連邦解体。	8.10 海部首相訪中，対中円借款全面解禁。
1992	2.28 鄧小平「南巡講話」。2.25「領海法」採択。8.24 韓国と国交樹立。	1.7 ブッシュ大統領来日。6.15 PKO 法成立。7.6 日本政府，朝鮮人「慰安婦」調査結果発表。	4.6 江沢民来日，天皇訪中を要請。10.23-28 天皇・皇后訪中。
1993	3.27 江沢民国家主席就任。11.17 江沢民主席訪米。	5.29 ☆北朝鮮のミサイル実験。8.4 日本政府，「慰安婦」問題につき河野官房長官談話。8.9 細川護熙内閣。	
1994		4.28 羽田孜内閣。6.13 ☆北朝鮮 IAEA を脱退。6.30 村山富市内閣。	2.23 朱鎔基副首相来日。3.19 細川首相訪中。5.7 永野法相，南京事件に関する発言で辞任。
1995	1.30 江沢民主席，祖国統一のための八項目提案。6.8 ★李登輝総統訪米。	1.17 阪神・淡路大震災。3.20 地下鉄サリン事件。8.15 村山談話。	5.2 村山首相訪中。11.18 APEC 大阪会議で江沢民主席来日。
1996	3.8 中国軍，台湾近海でミサイル演習。3.23 ★台湾総統選挙で李登輝当選。	1.11 橋本龍太郎内閣。4.16 クリントン米大統領来日，「日米安保共同宣言」。	
1997	2.19 鄧小平死去。7.1 香港返還。10.26 江沢民主席訪米，「建設的で戦略的なパートナーシップ関係」。	7 ☆アジア通貨危機。9.23 日米新ガイドライン。11.1 橋本・エリツィン，クラスノヤルスク合意。	9.4 橋本首相訪中。11.11 李鵬首相来日。

1984	**1.3** 胡喬木，人道主義・社会主義疎外論は誤りと主張。**3.26** 14の沿海開放都市。**4.26** レーガン大統領訪中。**10.15** ★江南事件。**12.18** サッチャー首相訪中，中英共同声明。		**1.5** 中曾根首相，靖国神社参拝。**3.23** 中曾根首相訪中，日中友好21世紀委員会発足と第２次円借款表明。**9.24** 3000人の日本青年訪中。
1985	**5.23** 人民解放軍兵員100万人削減発表。	**1.2** 中曾根首相訪米，戦略防衛構想に理解表明。**9.22** プラザ合意。	**7.31** 日中原子力協定。**8.15** 中曾根首相，靖国神社公式参拝，「南京大虐殺記念館」開館。**9.18** 靖国神社公式参拝抗議の反日デモ。
1986	**8.27** 胡耀邦，政治体制改革の必要語る。**9.28** ★野党民進党結成。**10.7** ★蒋経国，「党禁」解除。**11.15** 方励之，上海交通大学で講演。**12** 安徽省中国科学技術大学や上海や北京で民主化要求学生デモ。		**6.4** 中国外交部，『新編日本史』に懸念表明。**8.15** 中曾根首相，胡耀邦に靖国神社公式参拝を行なわないとの書簡。**11.8** 中曾根首相訪中。
1987	**1.12** 方励之中国科学技術大学副学長解任，**1.16** 胡耀邦辞任。**7.7** ★戒厳令解除。**10.15** ★行政院，大陸への親族訪問許可。**10.25** 趙紫陽「社会主義初級段階論」。	**10.31** 竹下登内閣。	**2.26** 光華寮問題。**6.4** 日本外務省「鄧小平は雲の上の人」発言。**7.6** 盧溝橋に「中国人民抗日戦争記念館」落成。
1988	**1.13** ★蒋経国死去，李登輝総統就任。**2.6**「沿海地区経済発展戦略」，対外貿易体制改革，企業の請負経営責任制。**2.13** 党政分離。**3.25** 楊尚昆国家主席，鄧小平国家中央軍事委員会主席，李鵬首相選出。**6.11** CCTVで『河殤』放映。**9.16** ゴルバチョフ書記長，クラスノヤルスクで中国との関係正常化主張。		**5.11** 奥野国土庁長官，盧溝橋事件は偶発事件発言。**8.25** 竹下首相訪中，第３次円借款，日中投資保護協定締結。
1989	**1.6** 方励之，鄧小平に魏京生釈放を要求。**2.25** ブッシュ大統領訪中。**3.5** ラサでデモ，ラサに戒厳令。**4.15** 胡耀邦死去，追悼と民主化要求のの学生デモ。**4.26**『人民日報』「動乱」社説。**5.4** 天安門広場，五四運動70周年10万人デモ。**5.16** ゴルバチョフ書記長訪中，鄧小平，趙紫陽と会談。**5.18** 趙紫陽，天安門広場にハンスト学生を見舞う。**6.4** 天安門事件。**6.9** 鄧小平，戒厳部隊を接見。**6.23** 趙紫陽総書記解任，後任に江沢民。**6.26** ★台北でアジア・オープン・フォーラム。**9.24**	**1.7** 昭和天皇死去。**6.2** 宇野宗佑内閣。**8.9** 海部俊樹内閣。**12.22** ☆ルーマニア・チャウシェスク大統領夫妻射殺。	**4.12** 李鵬首相来日。**6.20** 日本外務省，第３次円借款，新規経済協力凍結決定。**9.17** 日中友好議員連盟訪中団（伊東正義団長）。**11.9** 日中経済協会訪中代表団（斎藤英四郎団長）。

1978	**2.19** ★蔣経国総統選出。**5.10**「実践は真理を検証する唯一の基準」論文。**11.10** 華国鋒自己批判。**11** 西単民主の壁,「北京の春」。**12.16** 米中共同声明。**12.16** ★蔣経国総統,米中国交樹立決定に厳重抗議。**12.18** 農業生産請負制。	**12.7** 大平正芳内閣。	**2.16**「日中長期貿易取り決め」締結。**4.12** 尖閣諸島付近に中国漁船団。**5.23** 宝山製鉄所建設に関する日中議定書。**8.12** 北京で日中平和友好条約調印。**10.26**〜**11.1** 中国各都市で日本映画上映。**10.22** 鄧小平来日。
1979	**1.1** 中米国交樹立。**1.1**「台湾同胞に告げる書」で「三通」呼びかけ。**1** 下放されていた青年らが出身地に帰ることを要求。**1.7** ベトナム軍のカンボジア侵攻を中国政府が非難。**1.28** 鄧小平訪米。**2.17** 中越戦争。**3.29** 魏京生逮捕。**4.1** 中ソ友好同盟相互援助条約廃棄。**4.10** ★台湾関係法。**10** 中南海で学生坐り込み。**10.26** 朴正煕暗殺。**12.10** ★美麗島事件。**12.31** ★米華相互防衛条約終了。		**2.23** 宝山製鉄所プラント輸入契約保留。**12.5** 大平首相訪中,日中文化交流協定。**12.27** ☆アフガニスタンにソ連軍事介入。
1980	**5.17** 劉少奇の追悼大会,鄧小平が弔辞。**5.21** 光州事件。**8.18** 鄧小平,政治体制改革について触れる。**8.30** 華国鋒首相辞任,趙紫陽首相就任。**10.25** 廖蓋隆「庚申改革案」。**11.20** 林彪・四人組裁判(〜**81.1.25** 判決)。**12.16** 中共中央工作会議で「調整」方針。	**7.17** 鈴木善幸内閣。	**4** NHK 特集『シルクロード』放映開始。**4.25** 円借款協定調印。**5.27** 華国鋒訪日。**7.3** 薄一波,「宝山製鉄所はお荷物」発言。**12.3** 第1回日中閣僚会議。
1981	**2.12** 大寨の経験を否定的に評価。**2.28**「五講四美」運動。**4.20** 白樺批判。**6.27**「歴史決議」採択。華国鋒降格。胡耀邦主席。**9.30** 葉剣英,統一のための九項目提案。	**5.8** 日米は「同盟関係」と共同声明。	
1982	**7.4** 鄧小平,人民解放軍の簡素化を発言。**9.1** 鄧小平,「中国の特色のある社会主義」建設発言。**12.2** 陳雲「鳥籠論」。	**5.1**〜**7.14** ☆フォークランド紛争。**11.27** 中曾根康弘内閣。	**5.31** 趙紫陽来日。日中合作映画『未完の対局』。**6** 歴史教科書問題〜**8** 近隣諸国条項。**9.26** 鈴木首相訪中,日中国交正常化10周年記念講演。
1983	**1.12** 鄧小平「先富論」。**1.17** 王若水,人道主義と社会主義社会における疎外を指摘。**6.10** 廖承志死去。**7** 愛国主義宣伝教育強化方針。**10.11** 鄧小平「精神汚染」一掃呼びかけ。	**1.18** 中曾根首相訪米,「日米運命共同体」声明。	

関連年表（1972-2013年）

年代	中国関連 （★台湾関連を含む）	日本関連 （☆世界情勢を含む）	日中関係
1972	**2.21** ニクソン大統領訪中。**2.27** 米中共同声明発表。	**2.28** あさま山荘事件。**5.15** 沖縄返還。**6.17** ☆米・ウォーターゲート事件。**7.7** 田中内閣成立。**9.1** 田中・ニクソンのハワイ会談。	**7.25** 竹入公明党委員長訪中。**9.25** 田中首相訪中，**29** 日中共同声明，同時に日華条約の存在意義失効と表明。
1973	**8.7** 批林批孔運動開始。	**1.27** ☆ベトナム戦争和平協定。**5.12** 日本人青年，魚釣島に上陸。**7.17** 自民党内に青嵐会結成。**8.8** 金大中拉致事件。**10.8** 田中首相訪ソ，ブレジネフ書記長と会談し，共同声明。	**4.24** 日中友好議員連盟結成。
1974	**3** 秦の兵馬俑発見。**4.9** 鄧小平，国連で「三つの世界論」演説。**7.17** 毛沢東，初めて四人組問題を提起。**8.15** ★『サンケイ新聞』「蔣介石秘録」連載開始。**11.10** 李一哲壁新聞，広州市内に。**12.26** ★モロタイ島で「中村輝夫」発見。	**1.7** 田中首相，東南アジア歴訪。ジャカルタで反日デモ。**2.13** ☆ソルジェニーツィン国外追放。**11.18** フォード米大統領来日。**12.9** 三木武夫内閣成立。	**1.3** 大平外相訪中，周恩来首相と航空協定問題について会談，日中貿易協定。**4.20** 日中航空協定。**9.29** 日中間定期航空路開設。**10.3** 鄧小平，尖閣諸島領有問題棚上げを発言。**11.13** 日中海運協定。
1975	**1.13** 第４期全人代第１回会議で周恩来「４つの近代化」を提唱。**4.5** ★蔣介石死去。**9.15** 「農業は大寨に学ぶ」全国会議。	**4.30** ☆米軍，ベトナム撤退。**7.19** 沖縄海洋博開幕。	**8.15** 日中漁業協定。
1976	**1.8** 周恩来死去～**1.15** 追悼大会，鄧小平が弔辞。**4.5** 第1次天安門事件。**7.7** 朱徳死去。**7.14** タンザン鉄道完成。**7.28** 唐山地震。**9.9** 毛沢東死去～**9.18** 追悼大会，華国鋒が弔辞。**10.6** 四人組逮捕。	**7.27** 田中前首相，ロッキード事件で逮捕。**12.24** 福田赳夫内閣。	
1977	**2.7** 華国鋒，「二つのすべて」主張。**4.10** 鄧小平「二つのすべて」批判。**8.29** 毛主席記念堂落成。**11** 安徽省で生産責任制導入。	**1.27** ロッキード事件公判。**5.2** 領海法（12カイリ）・200カイリ漁業水域暫定設置法公布。**8.18** 福田首相，マニラで福田ドクトリン発表。	

や　行

ら・わ　行

は　行

ま　行

な　行

た　行

さ　行

事項索引

欧文

あ　行

か　行

わ　行

や　行

ら　行

は　行

ま　行

な　行

た　行

さ　行

か　行

人名索引〔中国人の名前は便宜的に漢字の音読みで並べた〕

あ　行

著者紹介

馬場公彦（ばば きみひこ）

1958年，長野県伊那市生まれ。

1983年，北海道大学文学部大学院東洋哲学研究科修了。

2010年，早稲田大学大学院アジア太平洋研究科博士後期課程満期修了，学術博士。東アジア論・日中関係論。早稲田大学特別センター員，愛知大学国際問題研究所客員研究員，法政大学国際日本学研究所客員所員。

1984年より出版社に勤務し，編集に携わり，現在にいたる。

単著：『『ビルマの竪琴』をめぐる戦後史』（法政大学出版局，2004年），『戦後日本人の中国像――日本敗戦から文化大革命・日中復交まで』（新曜社，2010年，大平正芳記念賞特別賞）。

共著：『現代アジアのフロンティア――グローバル化のなかで』（小林英夫編，社会評論社，2004年），『戦争と和解の日英関係史』（小菅信子，ヒューゴ・ドブソン編著，法政大学出版局，2011年），『対立と共存の歴史認識――日中関係150年』（劉傑・川島真編，東京大学出版会，2013年）など。

新曜社

現代日本人の中国像

日中国交正常化から天安門事件・天皇訪中まで

初版第1刷発行　2014年5月9日©

著　者　馬場公彦

発行者　塩浦　暲

発行所　株式会社　新曜社
〒101-0051 東京都千代田区神田神保町3-9
電 話(03)3264-4973・FAX(03)3239-2958
e-mail　info@shin-yo-sha.co.jp
URL　http://www.shin-yo-sha.co.jp/

印刷所　星野精版印刷

製本所　イマヰ製本所

ISBN978-4-7885-1386-0 C1030

好評関連書

馬場公彦 著　**大平正芳記念賞特別賞受賞**
戦後日本人の中国像　日本敗戦から文化大革命・日中復交まで
「超大国」中国をかつて日本人はどう認識したか。論壇誌などのメディアの記述と論者の丹念な分析を通して探る「日本人の他者理解」の歴史。日中問題理解に必読の書。
A５判７２４頁
本体６８００円

福岡愛子 著
日本人の文革認識　歴史的転換をめぐる「翻身」
自分の信念が覆るような歴史の大転換を経験したとき、人はどう身を処するのか。これまでの「転向」研究を超えた意欲作。——上野千鶴子氏絶賛
A５判４０８頁
本体４４００円

福岡愛子 著　**大平正芳記念賞受賞**
文化大革命の記憶と忘却　回想録の出版にみる記憶の個人化と共同化
文革とは何だったのかという「事実」ではなく、個人の記憶と回想を手がかりに当事者にとっての「意味」を問い、国家の言説を相対化する。歴史研究にパラダイム転換を企図。
A５判４０８頁
本体４４００円

小熊英二 著
〈日本人〉の境界　沖縄・アイヌ・台湾・朝鮮　植民地支配から復帰運動まで
近代日本の植民地政策の言説を詳細に検証して〈日本人〉の境界とゆらぎを探求する。
A５判７９２頁
本体５８００円

鶴見俊輔・上野千鶴子・小熊英二 著
戦争が遺したもの　鶴見俊輔に戦後世代が聞く
戦中から戦後を生き抜いた知識人が、戦後六十年を前にすべてを語る瞠目の対話集。
四六判４０６頁
本体２８００円

大沢 昇 著　〈ワードマップ〉
現代中国　複眼で読み解くその政治・経済・文化・歴史
我々は隣の超大国をどれくらい知っているか。ホットな鍵概念で中国の「いま」を読み解く。
四六判２９０頁
本体２６００円

（表示価格は税を含みません）

新　曜　社